Handbuch

für den

Religionsunterricht

in den oberen Klassen.

Dritter Teil:

Glaubenslehre.

Von

Professor R. Heidrich,
Direktor des Königlichen Gymnasiums zu Nakel.

Berlin.
J. J. Heines Verlag.
1891.

Druck von Paul Schettler's Erben in Cöthen.

Vorwort.

Den letzten Band meines „Handbuches für den Religionsunterricht“, welcher die Glaubenslehre enthält, übergebe ich der Öffentlichkeit mit besonderem Dank gegen Gott, der es mir hat gelingen lassen, trotz der Arbeiten eines neuen Amtes, diesen Band so schnell, wie ich wünschte, auf den zweiten folgen zu lassen. Möge Gott mir nun auch für diesen schwierigsten Band meines Werkes so wohlwollende Leser schenken, wie die beiden ersten Bände sie gefunden haben; möge die Erwartung derjenigen nicht ganz getäuscht werden, welche schon vor dem Erscheinen dieses Bandes nach demselben freundlich gefragt und verlangt haben! Hoffentlich kann ich nun auch recht bald das in Aussicht gestellte Hülfsbuch für den Schüler dem vollendeten Handbuche für den Lehrer nachfolgen lassen.

Auch dieser Band ist natürlich kein „Compendium der Dogmatik“, sondern ein „Handbuch für den Religionsunterricht“. Auch hier beruht zwar das, was ich biete, natürlich auf dem Studium wissenschaftlicher Werke; aber die Form, in der es geboten wird, verdanke ich auch hier dem oft wiederholten Unterricht; ich hätte diesen Band natürlich nicht so schnell auf den zweiten folgen lassen können, wenn er nicht, schon seit längerer Zeit in den Grundzügen fertig und immer wieder bei neuer Darstellung der Sache aufs neue durchgearbeitet, nur noch der abschließenden Arbeit zu seiner Herausgabe bedurft hätte.

Aber nicht in der zu suchenden Form des Gebotenen liegt in diesem Bande die Hauptschwierigkeit, sondern im Inhalt. Der christliche Glaube war hier darzustellen; aber welchem Theologen soll der Religionslehrer folgen, und nach welchem Buche soll er sich richten? Wer auch nur eine Ahnung davon hat, wie groß noch heute der Gegensatz unter den Theologen ist, und wie feindselig eine Richtung der Theologie die andere bekämpft, der wird begreifen, daß es mir nicht leicht geworden ist, den Mut zu finden, mit einem Handbuche für den Unterricht im christlichen Glauben hervorzutreten. Ich habe es dennoch gewagt, und zwar in der Hoffnung, gerade hiermit manchem Amtsgenossen einen Dienst erweisen zu können, und in dem Bewußtsein, daß ich mich nach Kräften bemüht habe, der schwierigen Aufgabe gerecht zu werden.

Am leichtesten ist natürlich diese Aufgabe für denjenigen zu lösen, welcher einfach das altkirchliche „System“ in einem „Compendium“ reproduziert. Aber selbst das ist heute nicht so einfach, da selbst die strenggläubigen Theologen im einzelnen oft recht weit auseinandergehen. Ein solches Compendium ist aber für die Schule nicht zu brauchen; hier gilt es, andere Wege einzuschlagen, und dadurch wird allerdings die Schwierigkeit der Sache etwas verringert. Ich bin natürlich nicht im stande, ein „Handbuch der Dogmatik“ zu schreiben, welches den Streit der Theologen schlichtet; aber das ist auch nicht die Aufgabe des Religionslehrers; derselbe soll „den von den Vätern ererbten, in den Bekenntnisschriften niedergelegten Heilsglauben in Herz und Geist der Jugend pflanzen“, wie es das Programm der Religions-Zeitschrift vom Religionslehrer mit Recht fordert. Und diese Aufgabe ist ja für den Religionslehrer in der Schule und auch für den Pastor in der Kirche leichter zu lösen, als für den Professor an der Universität, der seine Zuhörer natürlich ebenfalls zum Glauben der evangelischen Kirche führen soll. „Milch und nicht starke Speise“ hat der Religionslehrer auch den oberen Klassen darzubieten; dadurch fällt manche Frage weg, welche besondere Schwierigkeiten darbietet. Ja, selbst wenn der Schüler nach manchem fragt, was der Lehrer absichtlich bei Seite läßt, so wird von dem Schüler der oberen Klassen schon gefordert werden dürfen, daß er selber einsehe, daß es uns nicht beschieden ist, alle Fragen in befriedigender Weise zu beantworten.

Und „Suchende“ hat der Lehrer in der Schule vor sich; solche sind aber leichter zu befriedigen, als ein System begehrende Theologen und auf Einzelfragen mehr des Wissens, als des Glaubens, versessene Erwachsene. Wie dankbar ist ein von Zweifeln geplagter Schüler der oberen Klassen, wenn er auch nur etwas Licht durch den Lehrer gewinnt. Hier gilt es aber auch für den Lehrer, den glimmenden Docht nicht auszulöschen, und ja nicht den zu verdammen, der nicht alles glauben will! Heißt es doch im A. T., daß Gott nicht den Zweifler Hiob, sondern seine eigenen Verteidiger gescholten habe, und hat nicht Jesus mit seinen Jüngern, ja sogar mit einem Judas, große Geduld gehabt?[1])

Für solche Suchende habe auch ich geschrieben, und zwar im Geiste des Glaubens; ich würde mich freuen, wenn mein Buch als ein brauchbares Hülfsmittel für den Unterricht von allen denen anerkannt würde, welche mit mir im Sinne der bibelgläubigen Theologie unserer Zeit in den Reformatoren ihre Führer zu Christus erkennen, auch wenn sie nicht mehr auf den Buchstaben der alten Dogmatik sich verpflichten lassen.

[1]) Ein Beispiel solcher echt christlichen Geduld mit dem Zweifel enthält auch Rojegger's köstlicher „Waldschulmeister“ (vergl. die Scene am Sterbebette einer Zweiflerin!).

Aber nicht zu der Menschen Füßen, nicht einmal der Reformatoren, sollen Lehrer und Schüler sich setzen, sondern zu den Füßen dessen, der auch der Reformatoren Meister war; zu Jüngern Jesu Christi, zu gläubigen Hörern des Wortes Gottes in der heiligen Schrift die Schüler zu machen — das ist die Aufgabe, welcher mein Buch dienen soll; möge es dazu brauchbar erfunden werden!

Nakel, den 22. Juli 1891.

Prof. R. Heidrich.

Druckfehlerverzeichnis.

S. 13, Z. 2: das letzte Wort zu streichen.
S. 42, Z. 5, lies: Religion entstanden?
S. 61, Z. 6, hinter „hat" ist ein Kolon zu setzen.
S. 64, letzte Zeile: die Klammer hinter intellectu ist zu streichen.
S. 95, Z. 3, lies: den Bösen von seinen bösen W.
S. 98, Z. 13 v. u. lies: schwereren Weg.
S. 98, letzte Zeile, lies: Perfektor.
S. 101, Z. 11, lies: Hesek. 28, 13s.
S. 108, Z. 4, hinter „müsse" ist eine Klammer zu setzen.
S. 140, Z. 20, lies: ein Vorbild.
S. 145, Z. 12 v. u. lies: Christus.
S. 147, Mitte: β unter den Sprüchen ist zu streichen.
S. 152, Z. 2 v. u. lies: Nr. 27b, und
S. 211, Z. 5 lies: hat er auch herrlich g.
S. 240, Z. 8 v. u. lies: Sittlichkeit.

Inhaltsverzeichnis.

Glaubenslehre.

Erster Abschnitt.

„Wo findet die Seele die Heimat der Ruh?"
„Du hast uns zu Dir geschaffen, o Gott, und unser Herz ist unruhig, bis es Ruhe findet in Dir!"
„Ich glaube an Gott den Vater, den Allmächtigen, Schöpfer Himmels und der Erden."

Zweiter Abschnitt.

„Du bist zwar Gottes Sohn,
Doch ach, nur der verlorne.“

Dritter Abschnitt.

„Also hat Gott die Welt geliebt, daß er seinen eingeborenen Sohn gab, auf daß alle, die an ihn glauben, nicht verloren werden, sondern das ewige Leben haben.“ Joh. 3, 16.

Vierter Abschnitt.

Wie wird der Mensch vor Gott gerecht?

Fünfter Abschnitt.

Das Reich Gottes auf Erden und im Himmel.

---

[1]) Für die ganze Glaubenslehre sind also etwa 70 Stunden erforderlich (das zweite Jahr der Prima); bei mangelnder Zeit könnten einige Abschnitte (z. B. 3. Abschn. V. [Gnadenmittel] und Nr. 59 [Lektüre zum Römerbriefe]) mit der Kirchengeschichte verbunden werden.

Übersicht der erklärten Bibelabschnitte[1].

[1]) Von den einzelnen, kurz erwähnten Bibelversen ist hier meistens abgesehen worden.

Alphabetische Übersicht
über Personen und Sachen, welche im Inhaltsverzeichnis nicht enthalten sind.

I. Die Entwickelung der evangelischen Glaubenslehre.

a. Ihren Glauben findet die evangelische Kirche (wie auch die alte Kirche) zunächst ausgesprochen in ihren Bekenntnisschriften, vornehmlich im Katechismus, und der Religionsunterricht in der Schule stellt den christlichen Glauben mit Recht im Anschluß an den Katechismus dar. Aber selbst in den unteren Klassen, geschweige denn in den mittleren und oberen Klassen, wird doch der Katechismus nicht bloß auswendig gelernt, sondern auch erklärt und das Einzelne zusammengefaßt. Mit der Erklärung und Zusammenfassung geht nun aber der Lehrer schon über den Katechismus hinaus, und vollends in der Prima, wo im Anschluß an den Katechismus und an die heilige Schrift der christliche Glaube als Ganzes im Zusammenhange dargestellt wird, gewinnt der Schüler eine über den Katechismus hinausreichende und die biblischen Abschnitte zusammenfassende Darstellung des christlichen Glaubens.

Was nun noch heute der Religionslehrer thut, das hat auch die evangelische Kirche von Anfang an gethan, indem sie von Melanchthon an den evangelischen Glauben im Zusammenhange darzustellen unternommen hat. Wenn nun durch die Jahrhunderte hindurch eine Reihe von Dogmatikern aufgetreten ist, und wenn heute, wie auch früher, verschiedene Dogmatiker neben einander stehen, so kann der Religionslehrer der oberen Klassen diese Entwickelung der Dogmatik nicht unbeachtet lassen, sondern er soll auch von *diesen* großen Männern (ebenso wie für andere Gebiete von den großen Männern der andern Wissenschaften) lernen, wie er zunächst für sein *wissenschaftliches* Bedürfnis, dann aber für das Bedürfnis der *Schule* den christlichen Glauben aufzufassen und darzustellen hat.

Es ist nun die Sache der wissenschaftlichen Handbücher, den Lehrer in die geschichtliche Entwickelung der Dogmatik vollständig einzuführen; hier sollen nur einige Grundzüge dieser Entwickelung dargelegt werden, um den Lehrer für den Unterricht in der Glaubenslehre die Schwierigkeit seiner Aufgabe und den Weg zu ihrer Lösung erkennen zu lassen.[1])

b. Man kann die Geschichte der protestantischen Glaubenslehre in vier Perioden teilen.

In der *ersten* Periode, der reformatorischen, begegnet uns zwar bereits eine grundlegende Exposition des neuen Bewußtseins in lehrhafter Form, aber noch keine förmliche *systematische* Dogmatik. Der Begründer der protestantischen Dogmatik war aber *Philipp Melanchthon* durch

[1]) Das Folgende beruht auf: *Nitzsch*, Lehrbuch der evang. Dogmatik (1889), § 5 und 6.

die Abfassung seiner „Loci theologici“ (1521), von welchem Werke allmählich mehr als funfzig lateinische und deutsche Ausgaben erschienen, die letzte von Melanchthon selbst besorgte im Jahre 1559. Diesem Werke Melanchthons trat in der reformierten Kirche Calvins Institutio christianae religionis (1536) ebenbürtig zur Seite, deren letzte von Calvin selbst besorgte Ausgabe ebenfalls im Jahre 1559 erschien.

Während diese beiden Werke zunächst noch mehr Bekenntnisschriften als Lehrschriften waren, gewannen doch beide bereits durch die Bearbeitung ihrer Verfasser und noch mehr durch die ihrer Nachfolger einen immer mehr lehrhaften Charakter, und allmählich bildete sich in der zweiten Periode der protestantischen Glaubenslehre eine Gestalt der Dogmatik aus, welche man mit Recht als protestantische Scholastik bezeichnet hat. Die jetzt erscheinenden Dogmatiken tragen nämlich insofern einen scholastischen Charakter, als sie nicht mehr eine selbständige Reproduktion des christlichen Glaubens darstellen, sondern vielmehr die überlieferte Glaubenslehre (aber nicht mehr im Anschluß an Melanchthon, sondern, im Gegensatz zu Melanchthon, im Anschluß an die Concordienformel) so darstellen, als ob inhaltlich nichts mehr an ihr geändert werden dürfe, so daß es also nur noch einer genaueren Darstellung und begrifflichen Ausgestaltung der als unantastbar geltenden Satzungen der Bekenntnisschriften (bei den Lutheranern besonders der Concordienformel) bedürfe. Eine solche scholastische Dogmatik des 17. Jahrhunderts lernt der Lehrer kennen in der Neubearbeitung der Dogmatik eines im Jahre 1616 verstorbenen Dogmatikers durch einen Theologen der Neuzeit: Hase, Hutterus redivivus, wo von dem neueren Bearbeiter der Standpunkt der Scholastik festgehalten, aber auch die Entwickelung der späteren Zeit vom scholastischen Standpunkte aus berücksichtigt wird. Aus der evangelischen Glaubenslehre wurde nunmehr ein Kunststück des logischen Verstandes, ausgestattet mit dem Scheine einer tadellosen Wissenschaftlichkeit und einer tadellosen Schriftgemäßheit, aber in Wahrheit nicht nur ohne religiöse Wärme, sondern auch ohne philosophische Tiefe, vor allem aber ohne eine gesunde und unbefangene Schriftforschung, welche durch eine falsche Inspirationslehre beherrscht wurde.[1])

Das Ungenügende dieser neuen Scholastik kam den Theologen in der dritten Periode allmählich zum Bewußtsein, und die Scholastik wurde aufgelöst durch den Pietismus und den Rationalismus. Wenn der Pietismus statt der von der Scholastik betonten „reinen Lehre“ den „lebendigen Glauben“ betonte, so übte im Rationalismus der sogenannte gesunde Menschenverstand an der Kirchenlehre eine strenge Kritik, da der Verstand auch in Sachen des Glaubens den Primat zu beanspruchen habe; eine besondere Offenbarung Gottes gebe es nicht[2]); mit der Bibel fand man sich dadurch ab, daß man sagte, Christus und die Apostel hätten nicht alles von ihnen Gelehrte selbst geglaubt, sondern sich an die Wahnvorstellungen ihres Volkes und ihrer Zeit akkommodiert.

Die Mängel der Scholastik und das Ungenügende des Rationalismus zu überwinden, ist die Aufgabe der vierten Periode der protestantischen

---

[1]) Vgl. H. Gesch. Nr. 11.

[2]) Vgl. Nr. 31 b β.

Dogmatik, welche mit Schleiermacher beginnt und bis zur Gegenwart reicht. Es galt, die positiven Grundlagen der Reformation wieder zur Geltung zu bringen, aber in einer besseren Form, als in der Scholastik, und das Menschliche vom Göttlichen in der Heiligen Schrift zu unterscheiden, aber anders als im Rationalismus. War diesem schon der Supranaturalismus entgegengetreten, welcher zwar nicht mehr die alte Inspirationslehre, aber doch den Glauben an eine Offenbarung Gottes festhielt, so hat doch erst Schleiermacher sowohl den Rationalismus als auch den das Wissen in der Religion allzu sehr betonenden Supranaturalismus überwunden, indem er für die Religion, welche damals das Gnadenbrot der Philosophie oder der Moral hatte essen müssen, wieder eine eigene Provinz im menschlichen Gemüte eroberte und das Gefühl als das alleinige Organ für das Unendliche betrachtete. Der christliche Glaube war ihm zunächst nicht ein System von metaphysischen oder moralischen oder historischen Lehrsätzen, sondern ein Gemütszustand, ein im unmittelbaren Bewußtsein gegebenes Leben, welches der Christ auf Christus zurückführt.[1]) Als Aufgabe der Dogmatik betrachtete Schleiermacher die Darstellung der Thatsachen des religiösen Gemütes in seiner positiv-christlichen Bestimmtheit und als Ausdruck des evangelisch-kirchlichen Gemeingeistes.[2])

c. An Schleiermacher hat sich nun die neuere Entwickelung der protestantischen Dogmatik in verschiedener Weise angeschlossen, teils mehr zum älteren Standpunkte zurücklenkend, teils seine Ansichten entwickelnd und ergänzend. Unter diesen neueren Dogmatikern lassen sich aber fünf Gruppen unterscheiden.

Die erste Gruppe bilden die konfessionellen Dogmatiker, als deren Repräsentanten Philippi (Kirchl. Glaubenslehre, 6 Bde), Thomasius (Christi Person und Werk), Kahnis (Die lutherische Dogmatik) und Frank (System der christlichen Gewißheit; System der christlichen Wahrheit) genannt werden mögen.

Eine zweite Gruppe bilden die spezifisch biblischen Dogmatiker, als deren Vertreter Beck (Einl. in das System der christlichen Lehre; christliche Lehrwissenschaft; Vorlesungen über christliche Glaubenslehre), Hofmann (Schriftbeweis) und v. d. Goltz (Die christlichen Grundwahrheiten) zu nennen sind.

Eine dritte Gruppe bilden die spekulativen Dogmatiker, welche sich an Schelling oder noch mehr an Hegel anschlossen und zum Teil auch zugleich an Schleiermacher. Hierher gehören Pfleiderer (Grundriß der christlichen Glaubens- und Sittenlehre — viel bedeutender für den Lehrer ist seine Religionsphilosophie), Martensen (Christliche Dogmatik — noch wichtiger für den Lehrer ist seine Ethik) und Dorner (System der christlichen Glaubenslehre).

Eine vierte Gruppe von Dogmatikern hat sich mehr oder weniger eng an Schleiermacher angeschlossen; so namentlich Lipsius (Lehrbuch der evangelisch-protestantischen Dogmatik; der Lehrer beachte namentlich sein

---

[1]) Seine Hauptschriften sind: Reden über die Religion (1799) und: Der christliche Glaube nach den Grundsätzen der evangelischen Kirche (1829).

[2]) Vgl. unten Nr 8.

kleines Schriftchen: Die Hauptpunkte der christlichen Glaubenslehre, 1889; 1 Mark).

Als Vertreter einer fünften Gruppe sind zu nennen Ritschl (Lehre von der Rechtfertigung und Versöhnung; Unterricht in der christlichen Religion) und dessen Schüler oder Geistesverwandte Herrmann (Die Religion im Verhältnis zum Welterkennen und zur Sittlichkeit; der Verkehr des Christen mit Gott; die Gewißheit des Glaubens und die Freiheit der Theologie) und Kaftan (Wesen der christlichen Religion; Wahrheit der christlichen Religion). Der Streit für und wider Ritschl ist der dogmatische Hauptstreit der Gegenwart.

d. In der evangelischen Kirche hat sich nämlich, wie die Kirchengeschichte zeigt,[1]) im Laufe der Jahrhunderte eine innere Entwickelung vollzogen, welche naturgemäß auch eine Entwickelung der evangelischen Glaubenslehre zur Folge gehabt hat, wie sie eben dargestellt worden ist. Aber worauf beruht nun diese Entwickelung? Diese Frage wird sehr verschieden beantwortet. Während die einen dieselbe damit beantworten, daß sie in der neueren Theologie nur einen Abfall vom Glauben der Väter sehen, so daß es also die Aufgabe unserer Zeit wäre, einfach wieder zum Glauben der Väter zurückzukehren, suchen andere diesen Entwickelungsproceß der Theologie so zu erklären, daß seine Notwendigkeit zugestanden, aber damit natürlich auch die schwere Forderung aufgestellt wird, daß die Theologie nicht bei der Auflösung des alten Glaubens stehen bleibe, sondern in neuer Weise der Aufgabe gerecht werde, den in seinem innersten Wesen festgehaltenen Glauben der Reformatoren auf Grund der neueren Betrachtung der heiligen Schrift in einer den Anforderungen unserer Zeit entsprechenden Weise darzustellen.

Von diesem Standpunkte aus, den natürlich nicht alle Theologen teilen, wird nämlich die Entwickelung der evangelischen Dogmatik in folgender Weise erklärt.[2])

Die Umgestaltung der evangelischen Theologie, welche in der neueren Zeit erfolgt ist, beruht vor allem darauf, daß die Inspirationslehre der alten Dogmatiker heute ziemlich allgemein aufgegeben ist. Mag nun an die Stelle der alten eine neue Inspirationslehre oder vielmehr eine richtige Anschauung von der Bedeutung der Heiligen Schrift für den christlichen Glauben treten, so wird doch diese neue Lehre einen ganz anderen Platz im Zusammenhange des theologischen Systems einnehmen, als ihn die alte Lehre einnahm, indem sie nicht mehr die Grundlage des ganzen Lehrsystems bildet. Aber auch ihrem Inhalte nach unterscheidet sich die neuere Lehre von der Heiligen Schrift wesentlich von der alten Inspirationslehre. Wir stehen der heiligen Schrift gegenüber mit dem Glauben des evangelischen Christen, für dessen Glauben die Bibel auch heute Gottes Wort bleibt; aber wir wollen mit freiem Auge sehen, was die wirkliche Heilige Schrift enthält. Was aber das freie Auge sieht, ist allerdings ein anderes Bild, als das herkömmliche, und es ist nun das

---

[1]) Vgl. meine Kircheng. Nr. 60—61.

[2]) Vgl. Kaftan, Wahrheit des Christ. I, 5, und Kaftan in „Zeitschrift für Theol. und Kirche" (1891) I, 1.

dringende Bedürfnis der Gegenwart, das wirkliche Bild der heiligen Geschichte mit dem Auge des Glaubens sehen zu lernen, und die dringende Aufgabe der heutigen Theologie, zu zeigen, daß das für den Glauben nicht Verlust sondern Gewinn bedeutet.[1])

Die Umgestaltung der Theologie beruht sodann aber auch darauf, daß heute (aber nicht von allen) zugestanden wird, daß die wichtigsten Sätze der kirchlichen Lehre nicht so, wie sie lauten, aus der Heiligen Schrift entnommen, sondern das Produkt einer Entwickelung sind, in welcher sich das Christentum mit nichtchristlichen Elementen verbunden hatte.

Die göttliche Offenbarung war nämlich in der alten Kirche zunächst in der Weise angeeignet worden, daß der christliche Glaube einen Kompromiß mit der antiken Kultur schloß; das Reich Gottes hat zuerst eine hierdurch bedingte Gestalt in der Geschichte angenommen: so stellt es sich als die katholische Kirche dar. Und zwar gilt das nun vom kirchlichen Leben nach allen Seiten, auch von der Formulierung der christlichen Wahrheit im kirchlichen Dogma. Keine Frage, daß diese geschichtliche Entwickelung sich unter der Leitung des göttlichen Geistes vollzogen hat; jedoch nicht so, daß nun die Niederschläge derselben deshalb eine definitive Autorität zu beanspruchen haben, auch nicht, was die Lehre betrifft; die protestantische Theologie ist durch die Geschichte selbst darauf angewiesen, die Lehre vollkommener, als es bisher geschehen ist, im Sinne des wahren Christentums auszubauen.

Die Reformation bezeichnet nun den Bruch mit dem Christentum in der Form der griechisch-römischen Kultur. Aber auch hier gewahren wir wieder die Erscheinung, daß das Neue zunächst in den Formen des Alten angeeignet wird: die protestantische Theologie hat zuerst den Versuch machen müssen, den evangelischen Glauben in dem Material der katholischen Scholastik theologisch zu gestalten.

Von hier aus angesehen, wird nun die Zersetzung des Dogmas in der protestantischen Theologie, wie sie seit dem 18. Jahrhundert eingetreten ist, als ein notwendiges Moment in der Gesamtentwicklung verständlich. Sie ist allerdings keineswegs eine Fortsetzung der Reformation im Sinne eines positiven Fortschritts, indem gerade auch die positiven Ideeen des Protestantismus mit in den Auflösungsproceß hineingezogen worden sind; nichtsdestoweniger dürfen wir auch hier von einer Leitung und Wirksamkeit des göttlichen Geistes reden. Was zersetzt worden ist, ist keineswegs der christliche Glaube, sondern das katholische Dogma, der darin vorliegende Kompromiß dieses Glaubens mit der alten Philosophie, und das ist dazu geschehen, damit der christliche Glaube in der protestantischen Christenheit zu einer der Reformation entsprechenden reinen Darstellung und konsequenten Durchführung gelange.

e. Es versteht sich nun von selbst, daß mit dieser Erklärung der Entwickelung der protestantischen Theologie und mit der Forderung einer Erneuerung der Glaubenslehre nicht alle Theologen einverstanden sind. So ist denn heute allerdings „ein tiefer Graben zwischen alter und moderner

[1]) Über diese Frage vgl. die ausführliche Darlegung in meiner H. Gesch. Nr. 11—15.

Theologie", wie ein neuerer, strenggläubiger Theologe gesagt hat,[1]) und der Lehrer findet den Unterschied der beiden Richtungen in dem Buche eines bibelgläubigen Theologen ausführlich dargestellt.[2]) Aber auch strenggläubige Theologen haben anerkannt, daß „auch die Theologie unserer Orthodoxesten ein durchaus anderes Antlitz hat, als die unserer Vorfahren vor 200 Jahren; daß es eine nach dem Wortlaut der symbolischen Schriften korrekte Orthodoxie heute gar nicht mehr giebt."[3])

Infolge dessen giebt es heute natürlich (wie auch früher, wo Orthodoxie und Pietismus, später Rationalismus und Supranaturalismus mit einander kämpften) die heftigsten Kämpfe zwischen den verschiedenen Richtungen in der Theologie, und es dürfte sobald nicht zum Frieden zwischen den verschiedenen theologischen Richtungen kommen. Gegenüber diesem Gewirr der Kampfesstimmen ertönen doch aber auch immer wieder Stimmen des Friedens, und zwar von beiden Seiten, und mit einem solchen Worte des Friedens soll meine Darstellung schließen.[4])

„Daß es evangelische Theologen giebt, die mit ihrer Lehre jenseits dessen stehen, was christlich und evangelisch ist, kann ich nicht leugnen. Aber ich möchte doch behaupten, daß das Einigungsband, welches alle im Dienste der Kirche arbeitenden Theologen trotz ihrer reichlichen dogmatischen Differenzen verbindet, die Erkenntnis und Lehre von der Rechtfertigung aus Gnaden ist, und zwar Rechtfertigung des Sünders, des von Natur sündhaften Menschen, der nicht aus eigner Kraft und Vernunft an Jesum Christum glauben oder zu ihm kommen kann, durch die freie Gnade unsers Vaters im Himmel. Diesen Grundgedanken unseres reformatorischen Bekenntnisses finde ich bis tief in die Reihen einer vornehmlich kritisch, skeptisch oder spekulativ gerichteten Theologie lebendig.

Ich behaupte das, trotzdem ich die großen dogmatischen Gegensätze, welche hinsichtlich der Lehre von der Erbsünde, von Christus, von der Versöhnung innerhalb unserer Theologie bestehen, sehr wohl kenne. Diese vorhandenen Meinungsverschiedenheiten geben aber meines Erachtens kein Recht, den in der modernen Theologie dennoch weithin lebendigen evangelischen Rechtfertigungsgedanken geringzuschätzen und ihr zu sagen, sie gehe von Vorurteilen aus, welche es ihr unmöglich machen, das von einem Paulus oder Luther Erlebte nachzuerleben."

Hoffentlich gelingt es dem ernsten Streben der Theologen, allmählich den noch heute herrschenden Zwiespalt zu überwinden und in einer neuen, die verschiedenen Richtungen befriedigenden und versöhnenden Weise den evangelischen Glauben darzustellen. Daß nämlich die Theologie nicht bloß einfach zur alten Glaubenslehre zurückkehren könne, das wird heute von allen Seiten her mehr und mehr zugestanden, und es ist nicht unbemerkt geblieben, daß auch die strenggläubige „Deutsch-Evangelische Kirchenzeitung"

---

[1]) Delitzsch, Der tiefe Graben zwischen alter und moderner Theologie.

[2]) Kübel, Über den Unterschied zwischen der positiven und der liberalen Richtung in der Theologie.

[3]) Kähler in „Kirchl. Monatsschrift" (Organ der positiven Union) I, 1.

[4]) Vgl. „Die christl. Welt" 1888, Nr. 41 (Recension der Schrift von Delitzsch, Der tiefe Graben zwischen alter und moderner Theologie).

unlängst den Ausspruch gethan hat[1]): „Die Evangelische Allianz muß versuchen, ein gemeinsames Bekenntnis zu finden; wir brauchen einen schlagenden Lehrausdruck für die Güter der Reformation.“ In dieser Forderung stimmen, wie es scheint, die verschiedensten Richtungen der evangelischen Kirche mit einander überein; Gott gebe, daß es der evangelischen Theologie gelinge, einen von allen theologischen Richtungen anerkannten „schlagenden Lehrausdruck für die Güter der Reformation“ zu gewinnen!

II. Der Unterricht in der Glaubenslehre.

a. Anweisung zum Unterricht.

„Den von den Vätern ererbten in den Bekenntnissen niedergelegten Heilsglauben, wie er sich auf die heilige Schrift gründet, in Herz und Geist der Jugend zu einer wahrhaftigen Überzeugung, zu einer lebendigen Kraft zu machen“ — dieses hohe Ziel, welches die im Jahre 1889 ins Leben gerufene „Zeitschrift für den evang. Religionsunterricht“ in ihrem Programm für ihre Aufgabe überhaupt erklärt hat, es ist besonders die Aufgabe des Unterrichts in der Glaubenslehre, und an der Lösung dieser Aufgabe hinsichtlich der Glaubenslehre mitzuwirken, das will auch der Verfasser dieses Buches versuchen.

α. Schon in den unteren Klassen der höheren Schulen wird der Schüler (wie in der Volksschule) durch den Unterricht in der biblischen Geschichte zum christlichen Glauben geführt, denn die frommen Männer der heiligen Geschichte, welche er kennen lernt, lernt er ja nicht vornehmlich deshalb kennen, damit sich sein Wissen bereichere, sondern damit er in ihnen Vorbilder für seine Frömmigkeit gewinne, an denen sich seine eigene Frömmigkeit entwickelt und erhebt.

Wenn nun die unteren Klassen vornehmlich bei der biblischen Geschichte verweilen und nur von ihr aus zum Katechismus fortschreiten, so muß dagegen in den mittleren Klassen (wie auf der Oberstufe der Volksschule und im Konfirmanden-Unterricht) der Katechismus eine selbständige und zusammenhängende Behandlung erfahren, damit der Schüler ein ausreichendes Verständnis des christlichen Glaubens mit ins Leben hineinnehme, wie es durch die bloße Lektüre der Bibel, ohne eine Zusammenfassung in der Art des Katechismus, nicht leicht gewonnen wird.[2])

β. Über diese Stufe des Konfirmanden- und des Unterrichts der Oberstufe der Volksschule hinaus führt nun der Religionsunterricht der oberen Klassen der höheren Schulen. Wenn nämlich die Aufgabe des Unterrichts

[1]) 1891, Nr. 18 (wahrscheinlich ein Artikel von Stöcker).

[2]) Vgl. v. Zezschwitz Katechetik II, 2, 1² (Bibelunterricht) S. 222—223: „Der Ausschluß des Katechismusunterrichts von der Religionslehre der Schule hat die größten Bedenken gegen sich; einige Sicherheit in der Katechismuslehre und damit in dem erkenntnismäßigen Bewußtsein und Ausdruck der Heils- und Kirchenlehre kann bei den Kindern nicht erzeugt werden, wenn diese nicht schon früher und länger im Schulunterricht auch durch eigentlichen Katechismusunterricht fundamentiert wird.“

in der Glaubenslehre für die **oberen** Klassen bezeichnet werden soll, so wäre es meines Erachtens ein großer Irrtum, dieselbe so zu bestimmen, daß der Lehrer vom Katechismus nunmehr zum „System der Dogmatik" vorschreiten müsse. Diesen Gedanken erwecken aber unwillkürlich die „Kompendien für den Unterricht in der Glaubenslehre", welche für Lehrer und Schüler vielfach geschrieben worden sind; ein „Kompendium der Dogmatik" mag für den Studenten und den Religionslehrer geschrieben werden, aber der Gang des Unterrichts in der Schule soll nicht vom „System der Dogmatik", wie es im „Kompendium" verkürzt vorliegt, bestimmt werden. **Vom Katechismus nicht vorwärtszuschreiten zum System, sondern beim Katechismus zu bleiben, aber zugleich wieder zurückzuschreiten zur Bibel, als der Grundlage des Katechismus** — das scheint mir der richtige Grundsatz für den Unterricht in der Glaubenslehre in den oberen Klassen der höheren Schulen zu sein. Ich erlaube mir, diesen Grundsatz, nach welchem das vorliegende Handbuch gearbeitet ist, etwas genauer zu erläutern.

γ. Nicht zum „System der Dogmatik" soll der Schüler der oberen Klassen geführt werden; auch hier gilt es, immer noch mehr Ernst zu machen mit der so sehr beachtenswerten Forderung der Erläuterungen zu den Lehrplänen der höheren Schulen (S. 17), daß auch „die höhere Schule nicht Theologie lehre, sondern Religionsunterricht erteile"; das System gehört auf die Universität, nicht in den Schulunterricht.

So mag also auch der Schüler der oberen Klassen — das ist die erste Aufgabe, die hier zu lösen ist — nm mit Luther zu reden, „**beim Katechismus bleiben**," und hoffentlich erreicht es der Lehrer, daß der Schüler „auch gerne beim Katechismus bleibt." Wenn der Schüler der oberen Klassen, der in den mittleren Klassen und im Konfirmanden-Unterricht den Katechismus genauer kennen gelernt hat, auch wieder in der Kirchengeschichte, wie es in meinem Handbuche ausgeführt ist[1]), in den Inhalt und Zusammenhang des Katechismus eingeführt wird, so wird er für den Unterricht in der Glaubenslehre eine Grundlage gewonnen haben, welche bei diesem Unterricht in der Prima einen **engen** aber **freien** Anschluß an den Katechismus möglich und fruchtbringend macht. Denn das soll ja in diesem Unterricht allerdings nicht geschehen, daß derselbe einfach eine neue Katechismus-Auslegung wird, damit wäre dem Schüler nach dem Konfirmanden-Unterricht zu **wenig** geboten; jetzt gilt es, den Katechismus, der nunmehr hoffentlich „ihnen **festsitzt**, den Schülern wieder **lose** zu machen, so daß sie **frei** darüber disponieren können und im Katechismus wirklich zu **Hause** sind."[2]) In dieser freieren Weise bildet Luther's Katechismus die Grundlage meines Handbuchs der Glaubenslehre für die oberen Klassen.

Wenn nun der Katechismus das Gerüst für die Glaubenslehre bildet, so sind die Bausteine derselben die biblischen Abschnitte, auf welchen der Bau der einzelnen Abschnitte der Glaubenslehre beruht. **Vom Katechismus zurück zur Bibel, als der Grundlage des Katechismus** —

---

[1]) Vgl. Kirchengesch. Nr. 57.
[2]) Vgl. L. Schulze, Katechetische Bausteine (Wanderungen durch den] Katechismus).

das ist die zweite Aufgabe, welche hier zu lösen ist. „Inhalt und Zusammenhang der heiligen Schrift" hat der Schüler in der Sekunda durch den Unterricht in der Heiligen Geschichte kennen gelernt; wenn er dort die göttliche Offenbarung von Moses bis zu Christus und den Aposteln in ihrer Entwickelung kennen gelernt hat, so lernt er nunmehr hier den christlichen Glauben als Ganzes kennen, und so gewinnt er aus der Heiligen Schrift im Anschluß an den Katechismus „eine zusammenfassende und vertiefende Übersicht der religiösen, biblischen und christlichen Grund= und Heilsbegriffe," wie sie z. B. Frick[1]) der Prima zuweist. Damit lernt der Schüler wiederum die Bibel als Ganzes kennen, aber nicht nach der Stufenfolge der göttlichen Offenbarung, sondern nach ihrem Glaubensgehalt im ganzen als der Norm für des Christen Glauben und Leben.

Ein Ganzes gewinnt also der Schüler allerdings auch hier, aber trotzdem nicht ein System; dazu fehlt die wissenschaftliche Vollständigkeit, auf welche der Unterricht in der Schule verzichten muß; das vorliegende Handbuch behandelt weder alle Fragen der wissenschaftlichen Dogmatik noch der biblischen Theologie. Auch hier gilt es: „Eins ist not"; wenn der Schüler eine Antwort geben lernt auf die Frage: „Welches ist dein einiger Trost im Leben und im Sterben?" — so hat der Unterricht seinen Zweck erfüllt; nicht zu einem vollständigen Wissen aller Glaubenssätze der Dogmatik, sondern zu einem festen Glauben an die Gnade Gottes in Christus soll der Unterricht in der Glaubenslehre den Schüler führen.

δ. Der Gang des Unterrichts in der Glaubenslehre, für welchen nach meiner Meinung das zweite Jahr der Prima zu verwenden ist (das für die einzelnen Abschnitte erforderliche Zeitmaß ist beim Inhaltsverzeichnis angegeben) wird sich also so gestalten, daß der Lehrer meist von der Lektüre des bezeichneten Bibelabschnittes ausgeht, denselben mit dem Katechismus verknüpft und schließlich das dogmatische Resultat gewinnt. Dieser Gang ist aber in der Schule nicht immer möglich, und so muß denn der Lehrer manchen Abschnitt (namentlich auch aus Mangel an Zeit und an geeigneten zusammenhängenden Bibelabschnitten) mehr vortragend darstellen und zum Verständnis bringen; in diesem Falle ist es natürlich erst recht erwünscht, wenn die Darlegung an ein Wort des Katechismus oder an ein anderes bedeutsames und inhaltreiches Wort (vgl. z. B. den ersten Abschnitt mit seiner Anknüpfung an ein Wort des Augustinus) sich ungezwungen darbietet.

ε. Die Abschnitte, in welche das Ganze zerfällt, stimmen im ganzen mit den Teilen des gewöhnlichen dogmatischen Systems überein, aber ohne sich genau an dieselben zu binden; die Schule darf auch hier selbständig verfahren, wie es für ihre Aufgabe am geeignetsten zu sein scheint. Darum sind auch in diesem Bande meines Handbuchs die einzelnen Teile des Ganzen nicht mit gleichmäßiger Ausführlichkeit behandelt; das Wichtigere und Schwierigere ist auch hier sehr ausführlich behandelt (z. B. der Römerbrief), manches ziemlich kurz, da es als von früher her bekannt

---

[1]) Lehrproben, Heft 28, Nr. 2 (Tabelle zum Lehrplan der Gymnasien).

betrachtet werden darf, oder nicht so wichtig ist, daß es ausführlich behandelt werden muß; mancher Abschnitt könnte auch, wenn die Zeit nicht ausreicht, an einer anderen Stelle (z. B. bei der Kirchengeschichte) behandelt werden. Die Darstellung aller Abschnitte aber ist darauf berechnet, den Schüler in die Tiefen der Weisheit und Erkenntnis hineinzuführen, welche im Worte Gottes enthalten sind, und sie zu bewußten und gläubigen Anhängern des evangelischen Glaubens zu machen, wie er im Katechismus enthalten ist.

b. Die Anforderungen an den Religionslehrer.

Wer nun aber in der Schule (wie auch im Hause und in der Kirche) die Jugend zum christlichen Glauben führen will, der muß natürlich vor allem selber im christlichen Glauben stehen — das ist die erste Voraussetzung bei diesem Unterricht. Man kann eine geschichtliche Periode darstellen, z. B. die Periode der Reformation, und man kann als Katholik diese ganze Bewegung beklagen oder verdammen; aber man kann nicht den christlichen Glauben in der rechten Weise darstellen, ohne denselben für wahr zu halten; denn wie könnte ein Lehrer — was doch hier das Ziel des Unterrichts ist — in seinem Zöglinge Glauben erwecken, wenn er selber des Glaubens entbehrt! Ein Wissen um den Glauben würde vielleicht noch die Frucht solches Unterrichts sein, aber nicht der Glaube.

So ist denn für die Darstellung des christlichen Glaubens in der Schule (wie sogar noch in der Wissenschaft) die Subjektivität des Lehrers, der eigene Glaube desselben, von großer Bedeutung; ein ungläubiger Lehrer wirkt anders als ein gläubiger; ein ungläubiger Lehrer kann und darf keinen Religionsunterricht erteilen.

Aber auch gläubige Lehrer wirken sehr verschieden; ein gläubiger Katholik und ein gläubiger Protestant werden sehr verschieden über den christlichen Glauben sprechen. Das beruht nun darauf, daß jeder einer andern Kirche angehört. So ergiebt sich also als zweite Voraussetzung für den Lehrer, daß er auf dem Standpunkte seiner Kirche stehen muß, um die ihm anvertraute Jugend im christlichen Glauben in rechter Weise unterrichten zu können. Zum katholischen Glauben wird der Schüler nur durch den Unterricht eines katholischen Lehrers gelangen, zum evangelischen Glauben wird nur der Unterricht eines evangelischen Lehrers führen; nur wer selber die Rechtfertigung allein aus dem Glauben im Herzen erfahren hat, der wird auch seine Schüler zum alleinigen Vertrauen auf die Gnade Gottes in Christus führen können.

Wenn nun der katholische Religionslehrer sich damit begnügen kann, daß er selber ein gläubiger Christ ist und den Glauben seiner Kirche in der Schule darstellt, so kennt der evangelische Religionslehrer für seinen Unterricht noch eine dritte Voraussetzung, welche der Katholik zwar nicht bestreitet, aber doch weniger betont, nämlich daß sein Unterricht, den er mit gläubigem Herzen und im Sinne seiner Kirche erteilt, beruhen müsse auf der heiligen Schrift und derselben jedenfalls nicht widersprechen dürfe. Auf die heilige Schrift sind ja die Reformatoren zurückgegangen, um die in Irrtümer hineingeratene Kirche zu reformieren; auf die heilige Schrift muß darum auch heute der evangelische Religionsunterricht zurückgehen, um sich als wahrhaft christlich und als wirklich berechtigt dem Schüler zu erweisen, denn die heilige Schrift gilt ja mit Recht als die entscheidende Autorität in der evangelischen Kirche, und auch der Schüler hat das Recht, nach der Heiligen Schrift zu prüfen, ob es sich also verhalte, wie der Lehrer sagt.

c. Die Schwierigkeit des Unterrichts in der Glaubenslehre und der Weg zu ihrer Überwindung.

Aber aus den drei Forderungen, welche für den Unterricht im christlichen Glauben an den Lehrer gestellt werden, ergeben sich nun auch große Schwierigkeiten, welche auch für den gläubigen und tüchtigen Lehrer nicht leicht zu überwinden sind.

α. Zwar daß auch der Lehrer, wie jeder Christ, immer wieder von sich bekennen muß: „Ich glaube, Herr, hilf meinem Unglauben!" — diese Erfahrung, welche keinem Religionslehrer erspart bleibt, macht den Unterricht nicht unmöglich. Welcher Christ wäre im Leben und vollends im Glauben frei von jeder Anfechtung! Und welcher ehrliche und verständige Beurteiler, ja, selbst welcher erwachsene Schüler wird es nicht natürlich finden, daß auch der Lehrer Zweifel und Bedenken kennt und hat, die er ebenso wenig völlig zu überwinden vermag, wie ein anderer Christ! Trotzdem muß es bei der Forderung bleiben, daß der Lehrer selber im Glauben stehe.

β. Daß sodann des Lehrers Glaube sich mit der heiligen Schrift in Übereinstimmung befinden müsse — diese dritte Forderung an den Religionslehrer (von der zweiten wird nachher die Rede sein) ist ja allerdings eine nicht geringe Forderung; aber sie scheint mir auch in der heutigen Zeit nicht unerfüllbar zu sein. Ich brauche hier aber auf diese Forderung nicht genauer einzugehen, da ich bereits in meiner Heiligen Geschichte dargelegt habe, welche Stellung der Lehrer gegenüber der Heiligen Schrift zu gewinnen suchen soll und zu gewinnen vermag.[1])

γ. Was nun aber die zweite Forderung an den Religionslehrer betrifft, daß sein Glaube sich in Übereinstimmung mit dem Glauben seiner Kirche befinden müsse, so ergeben sich hier Schwierigkeiten, welche nicht leicht zu überwinden sind. Die evangelische Kirche ist ja ganz deutlich verschieden von der katholischen Kirche, und evangelischer und katholischer Glaube sind leicht von einander zu unterscheiden. Aber die evangelische Kirche ist ja nicht eine unveränderliche, unfehlbare Kirche, sondern sie hat eine innere Entwickelung durchgemacht, und sie soll sich auch innerlich entwickeln, indem sie darnach trachtet, die in der Heiligen Schrift enthaltene Offenbarung immer besser und immer tiefer zu verstehen, und indem sie immer aufs neue darnach ringt, ihren Glauben auch mit der Wissenschaft in Übereinstimmung zu bringen, da es für den Christen nicht eine doppelte Wahrheit giebt, eine Wahrheit des Glaubens und eine Wahr-

[1]) Vgl. H. Gesch. Nr. 11—15 (Die Kritik im Verhältnis zur Bibel und zur Offenbarung).

heit der Wissenschaft, sondern nur eine einzige Wahrheit, in welcher Glaube und Wissenschaft mit einander übereinstimmen. Wie sich diese innere Entwickelung der evangelischen Kirche vollzogen hat, habe ich in meiner Kirchengeschichte [1]) dargelegt; wie sich die evangelische Glaubenslehre entwickelt hat, ist oben dargelegt worden. [2])

Infolge dieser inneren Entwickelung der evangelischen Kirche und ihrer Theologie stehen heute die verschiedensten Richtungen einander in der Theologie gegenüber; aber von denselben ist eigentlich keine eine unbedingte Vertreterin der älteren Dogmatik. „Auch die Theologie unserer Orthodoxesten hat ein durchaus anderes Antlitz, als die unserer Vorfahren vor 200 Jahren; eine nach dem Wortlaut der symbolischen Schriften korrekte Orthodoxie giebt es heute gar nicht mehr." [3]) Dieses Zugeständnis eines streng kirchlichen Theologen wird heute von den meisten Theologen beider theologischen Richtungen, der mehr liberalen und der mehr orthodoxen, als richtig anerkannt. Wenn nun aber dennoch „ein tiefer Graben zwischen alter und moderner Theologie" vorhanden ist, wie soll der Religionslehrer im Gedränge des Zweifelns und Forschens — da man von ihm doch nicht verlangen kann, daß er die bisher ungelöste Aufgabe löse, diesen Graben auszufüllen — wie soll der Lehrer in der Schule Religionsunterricht erteilen in der Freudigkeit und Sicherheit eines Glaubens, der nicht sucht, sondern hat?

Ich lasse darauf einen anerkannt bibelgläubigen Theologen der Gegenwart antworten [4]):

„Jeder echte Theologe ist im Werden; es ist eine Unnatur, schon von neu ins Amt tretenden Theologen ein Fertigsein im Sinne der positiven Anschauung zu verlangen. In der Hauptsache soll der ins Amt tretende Theologe fertig sein; aber wer will formulieren, was für die eigene Überzeugung jenes „„in der Hauptsache fertig sein"" ist? Wer selbst gekämpft hat und vielleicht noch kämpft, der wird bei Männern, die im Kämpfen stehen, zufrieden sein, wenn sie, ohne positive Verletzung der kirchlichen Lehre, zunächst auch nur eine Vorstufe des Heiligtums ernst und treu vertreten."

So mag denn der Lehrer danach ringen, im heutigen Streite der Parteien für sein eigenes Herz und für die Schule den festen Standpunkt des Glaubens zu finden, den er für sich selber und für sein Wirken in der Schule braucht; auch an ihm wird sich, wenn er ernstlich kämpft und ringt, das Wort Christi erfüllen: „Mein Geist wird euch in alle Wahrheit leiten." Auch ein noch nicht fertiger, aber ernstlich suchender Religionslehrer wird im stande sein oder wenigstens ernstlich danach ringen, die ihm anvertraute Jugend im Sinne der evangelischen Kirche im christlichen Glauben zu unterrichten.

Diese Aufgabe wird aber dem Religionslehrer einigermaßen dadurch erleichtert, daß es sich ja im Unterricht der Schule nicht darum handelt,

---

[1]) Vgl. Nr. 60—61.
[2]) Vgl. Nr. I.
[3]) Kähler in der „Kirchl. Monatsschrift" (Organ der positiven Union) I, 1.
[4]) Kübel, Über den Unterschied zwischen der positiven und der liberalen Richtung in der modernen Theologie, S. 134.

zu entscheiden, ob Ritschl recht hat oder nicht, ob die Kenosis-Lehre begründet ist oder nicht, ob die Anselm'sche Genugthuungslehre richtig richtig ist oder nicht, sondern nur darum, den christlichen Glauben auf Grund der Heiligen Schrift und des Katechismus im Sinne der Reformatoren vom bibelgläubigen Standpunkte aus darzustellen. Die Schule soll nicht Theologie lehren, sondern Religionsunterricht erteilen; wer das beachtet, für den treten die theologischen Differenzen zurück, und es wird ihm möglich sein, das zu leisten, was das Programm der Religionszeitschrift fordert, „den von den Vätern ererbten in den Bekenntnissen niedergelegten Heilsglauben, wie er sich auf die Heilige Schrift gründet, in Herz und Geist der Jugend zu einer wahrhaftigen Ueberzeugung, zu einer lebendigen Kraft zu machen.

III. Der Bücherschatz des Religionslehrers für den Religionsunterricht in den oberen Klassen der höheren Schulen.

Den angehenden Religionslehrer auf diejenigen Bücher hinzuweisen, welche nach seiner Erfahrung, oder, soweit er sie etwa nicht kennt, nach dem Urteil von Autoritäten [1]) dem Religionslehrer für seine Aufgabe gute Dienste leisten können — diese Aufgabe hat der Verfasser des vorliegenden Buches schon in einem Artikel der Religionszeitschrift zu lösen begonnen; [2]) im folgenden soll diese Aufgabe, die dort nur für die Kirchengeschichte gelöst war, für den ganzen Religionsunterricht in den oberen Klassen der höheren Schulen zu lösen versucht werden.

Den Bücherschatz des Religionslehrers will ich also im folgenden aufzuweisen versuchen. Das ist nun aber nicht so gemeint, daß ich auf die streng wissenschaftliche Litteratur hinweisen will; deren Kenntnis kommt für denjenigen weniger in Betracht, der nicht speziell Theologe ist. Auch nicht diejenigen Bücher will ich nennen, welche der Schüler für die Religionsstunde braucht und besitzt; diese findet der Lehrer in einem Hefte des Centralblattes vollständig zusammengestellt [3]) und unten in einer Übersicht zusammengefaßt. [4]). Ich will auch nicht auf solche Bücher hinweisen, welche für den Lehrer denjenigen Stoff vollständig darbieten, den er für den Unterricht braucht, also Handbücher im Gegensatz zu den Schulbüchern; auf solche Bücher (und auf die Schulbücher) wird der Religionslehrer in der Zeitschrift für den Religionsunterricht immer wieder hingewiesen, und im Anhange zu dem Jahresbericht über das höhere

---

[1]) Meine Verweisungen beschränken sich aber auf den Theolog. Jahresbericht, da es mir hier nicht möglich ist, andere Zeitschriften zu Rate zu ziehen; da ich aber die meisten Bücher selbst kenne, so war die Benützung von anderen Zeitschriften nicht unbedingt erforderlich.

[2]) Vgl. ZRU II, 1: Bücherschatz für den Unterricht in der Kirchengeschichte.

[3]) Vgl. Centralblatt 1890, Juni.

[4]) Vgl. den folgenden Abschnitt dieses Buches!

Schulwesen von Rethwitsch (Evang. Religionslehre) werden diese Bücher in dankenswerter Weise zusammengestellt und besprochen. Die Aufgabe, die ich mir hier stelle, ist nur die, auf diejenigen Bücher hinzuweisen, welche dem Lehrer (abgesehen von seinen streng wissenschaftlichen Privatstudien) gute Dienste thun können, um sich teils für die Prüfung in der Religion vorzubereiten, teils den ihm in seinem Handbuche dargebotenen Stoff noch gründlicher kennen zu lernen und noch tiefer zu erfassen. Einen solchen Bücherschatz braucht jeder Lehrer für jeden Unterricht, besonders auch der Religionslehrer, wenn sein Unterricht nicht trocken und dürftig werden soll; wer als Lehrer ausstudiert hat, der hätte besser gethan, überhaupt nicht zu studieren. „Sowohl der Prediger als der Katechet muß mehr besitzen, als er von sich giebt; im Hintergrunde ihres öffentlichen praktischen Wirkens müssen klare Einsicht und wissenschaftlich begründete Principien vorhanden sein."[1])

Die Aufgabe, die ich mir hier stelle, ist eine so umfassende, daß ich mich zunächst — der Bestimmung meines Handbuches entsprechend — auf den Religionsunterricht in den oberen Klassen der höheren Schulen beschränken muß. Eine Ergänzung zu meiner Darlegung dürfte der Lehrer an verschiedenen Orten finden, z. B. auch in der (nächstens in neuer Bearbeitung erscheinenden) Geschichte der Methodik des Religionsunterrichts in der Volksschule von Kehr. Ich stelle zunächst einige allgemeine Hülfsbücher für den Religionslehrer zusammen, um dann den Bücherschatz für die einzelnen Gebiete (Heilige Geschichte, Kirchengeschichte, Glaubenslehre) zusammenzustellen.

1. Allgemeine Hülfsmittel für den Religionsunterricht.

Eine Zusammenfassung einerseits des theologischen, andererseits des pädagogischen Wissens, welches ihm für seinen Unterricht gute Dienste thun kann, findet der Lehrer in zwei großen Werken, welche ihm die Schulbibliothek (wenn er sie nicht selber besitzt) zur Verfügung stellen mag:

Herzog, Real-Encyklopädie für die protestant. Theologie und Kirche, 2. Aufl. 18 Bde.

Schmid, Encyklopädie des gesamten Erziehungs- und Unterrichtswesens, 2. Aufl. 10 Bde.

Für seine Privatbibliothek wird der Religionslehrer wenigstens ein kleineres Handbuch des gesamten theologischen Wissens nicht entbehren können; das neueste dieser Werke ist:

Perthes Handlexikon für evang. Theologen. 3 Bde, 30 M.

Von zusammenfassenden theologischen Handbüchern wäre etwa Zöckler's Handbuch der theologischen Wissenschaften zu nennen (4 Bde, 50 M.); dasselbe ist aber in vielen Abschnitten gar zu kurz und gar zu kompendienartig, leider auch nur zum Teil in einzelnen Abteilungen, die für den Lehrer brauchbar und nötig wären, zu beziehen.

Außerdem dürfte für den Religionslehrer zu beachten sein das im Erscheinen begriffene große Werk:

---

[1]) Nitzsch, Lehrbuch der ev. Dogmatik (1889) § 2.

Zimmer, Handbibliothek der praktischen Theologie, 17 Bde, dessen Lieferungen und Bände einzeln zu haben sind und dem Religionslehrer manches sehr Brauchbare bieten dürften (ausführlicher Prospekt von dem Verleger, Perthes in Gotha, durch jede Buchhandlung zu erhalten).

Von den allgemeinen pädagogischen Werken werden für den Lehrer der höheren Schulen namentlich die bekannten Werke von Schrader (Erziehungs- und Unterrichtslehre) und Schiller (Handbuch der prakt. Pädagogik) in Betracht kommen; der Lehrer mag außerdem die Lehrpläne für die höheren Schulen mit ihrer Erläuterung und die Verfügungen der vorgesetzten Behörden beachten, wie sie bei Wiese-Kübler (Verordnungen und Gesetze für das höhere Schulwesen) zu finden sind.

Von besonderen Werken über den Religionsunterricht sind zu beachten:

Kehr, Geschichte der Methodik des Religionsunterrichts in der Volksschule (neue Auflage nächstens erscheinend);

Palmer, Katechetik;

v. Zezschwitz, System der Katechetik (das große Hauptwerk über diesen Gegenstand);

davon besonders zu beachten:

Der Katechismus (Bd II, 1) 2. Aufl. 1872.

Der Bibelunterricht (Bd II, 2, 1). 2. Aufl. 1874.

Von der obengenannten Handbibliothek der praktischen Theologie werden hierher gehören:

Band 8: Katechetik (davon erschienen der dritte Abschnitt: Höhne, der Religionsunterricht an höheren Schulen, Mk. 4,80);

Band 9: Evang. Schulkunde (noch nicht erschienen).

Für höhere Schulen kommt außer dem genannten Werke von Höhne besonders noch in Betracht:

Trosien, Über den Religionsunt. an evang. Gymnasien. 1889.

Gottschick, Der evang. Religionsunterricht in den oberen Klassen höherer Schulen. 1886.

Wiese, Der evang. Religionsunterricht im Lehrplan der höheren Schulen. 1890.

Außerdem sind natürlich die Programme zu beachten, welche oft wertvolle Beiträge für den Religionsunterricht enthalten, und sodann namentlich die für den Religionslehrer unentbehrliche Zeitschrift für den evang. Religionsunterricht von Fauth und Köster, sowie das Ergänzungsheft zu Rethwitsch, Jahresberichte für die höheren Schulen (besonders zu haben):

Evang. Religionslehre von Witte, seit 1889 erscheinend.

2. Heilige Geschichte.

Um sein Wissen in der Heiligen Geschichte zu vertiefen und gründlicher in die Heilige Schrift einzudringen, bedarf der Religionslehrer einer Anzahl Bücher, welche aus der hier fast unübersehbaren Litteratur auszuwählen eine besonders schwierige Aufgabe ist. Diese Aufgabe wird aber noch erschwert durch die Verschiedenheit des theologischen Standpunktes, welche sich bei der Betrachtung der Bibel natürlich viel mehr geltend macht, als bei der Kirchengeschichte. Ich will nunmehr versuchen, mit Angabe des verschiedenen theologischen Standpunktes, wo derselbe in Betracht kommt, eine Auswahl von empfehlenswerten Schriften für den Religionslehrer zusammenzustellen, von der Meinung ausgehend, daß der Religionslehrer der oberen Klassen nicht umhin kann, von den verschiedenen Standpunkten Notiz zu nehmen, auch nachdem er selber einen bestimmten Standpunkt gewonnen hat.

Obwohl wir nächstens eine revidierte Bibel erhalten werden, so wird doch derjenige, welcher auf den Grundtext überhaupt nicht oder nicht immer zurückgehen kann, nach einer Bibel-Übersetzung verlangen, welche ihm den Grundtext einigermaßen ersetzen kann. Eine solche erscheint eben von

Kautzsch, Die Heilige Schrift des Alten Testaments. 9,00;
sie liegt bereits vor von

Weizsäcker, Das Neue Testament übersetzt. Geb. 4,00.

Daß der Lehrer eine Bibelauslegung für die ganze Bibel bedarf, versteht sich von selbst; er wird je nach Verlangen eine kürzere oder längere und je nach seinem theologischen Standpunkt die eine oder die andere der vielen Auslegungen sich anschaffen. Das neueste größere Bibelwerk (noch nicht vollendet) ist das von Strack und Zöckler; ein kleineres ist z. B. die Calwer Bibel.[1]) Von Kommentaren zu einzelnen Büchern sollen unten einige genannt werden.

Sodann wird der Lehrer aber auch für die Bibel ein Nachschlagebuch nicht entbehren können, welches ihm über sachliche Dinge vollständigen Bescheid giebt; ein solches ist z. B. das biblische Handwörterbuch von Riehm. In den Gedankeninhalt des N. T. wird der Lehrer hineingeführt durch Cremer's biblisch-theologisches Wörterbuch der NTlichen Gräcität (bereits in 7. Auflage erschienen).

Übersetzung, Auslegungsbuch und Handwörterbuch der Bibel sollen nun den Lehrer befähigen, die Bibel selber gründlich zu studieren, und sich dadurch zum Unterricht in der heiligen Geschichte tüchtig zu machen. Aber der Lehrer ist ebenso wenig, wie der Theologiestudierende und der Pastor, in der glücklichen Lage, die ganze Bibel erst gründlich durchstudieren zu können, um auf Grund eines solchen Studiums in den oberen Klassen unterrichten zu können.

Schon aus diesem Grunde muß also der Lehrer weitere Führer für den Unterricht in der heiligen Geschichte suchen, da er nach meiner Meinung sich mit dem „Handbuch für den Unterricht in der Heiligen Geschichte" nicht begnügen darf.

Für diesen Zweck, um den Unterrichtsstoff gründlicher und tiefer zu erfassen, als er ihm im Handbuch geboten wird, bedarf er nun der im folgenden genannten Lehrbücher, welche ihm den ganzen Stoff vorführen.[2])

---

[1]) Eine Art von Kommentar zur Heiligen Schrift ist auch die Illustrierte Bibel (Berlin, Pfeilstücker) durch die Abbildungen der Altertümer, welche sie darbietet.

[2]) Für die einzelnen Abschnitte der Heil. Geschichte wird unten die besondere Litteratur angegeben.

Zunächst braucht der Lehrer wissenschaftliche Handbücher der heiligen Geschichte, sodann der biblischen Einleitung und der biblischen Theologie.

Ein neueres Lehrbuch der Geschichte des A. T. ist für den Lehrer schwer zu bezeichnen, da die Ansichten über die Entwickelung der ATlichen Geschichte noch so sehr auseinander gehen. Um den traditionellen Standpunkt kennen zu lernen, wäre Köhler, Lehrbuch der bibl. Gesch. des A. T. (leider noch unvollendet, mindestens 3 Bde) zu empfehlen.[1] Den Wellhausen'schen Standpunkt lernt der Lehrer aus der unten zu nennenden Einleitung von Reuß oder aus Stade's israel. Geschichte (in Onckens großem Geschichtswerk) kennen. Die mit der Geschichte Israels so eng verbundene orientalische Geschichte in neuerer (und zwar kurzer) Darstellung findet der Lehrer in J. Müllers Handbuch der Altertumswissenschaft (Bd. III, 1. Abt.), auch als Sonderdruck erschienen: Hommel, Abriß der Geschichte des alten Orients, M. 1,80, vom Theol. Jahresbericht (VII, 4) mit Recht bezeichnet als „ein vortrefflicher Gesamtüberblick über die Geschichte des alten Orients." Wie durch Hommel, so lernt der Lehrer das Volk Israel in seiner Verflechtung mit den andern Völkern auch kennen durch Brugsch, Steininschrift und Bibelwort, M. 5,00.

Für die Geschichte Israels in der späteren Zeit giebt es ein kleines, sehr gutes Buch: Albrecht, der Fall Jerusalems (von Herodes anfangend); das wissenschaftliche Hauptwerk ist das eben in zweiter Aufl. vollendete, jetzt zweibändige Werk von Schürer, Gesch. Israels im Zeitalter Jesu Christi, M. 36,00.

Für das Leben Jesu wird der Religionslehrer die beiden neuesten wissenschaftlichen Darstellungen von Beyschlag und von Weiß studieren müssen. Den Standpunkt der heutigen freisinnigen Theologie in der Auffassung des Lebens Jesu kann der Lehrer aus Holtzmanns neuem Kommentar zum N. T. kennen lernen; auch Strauß und Renan dürfen dem Religionslehrer der oberen Klassen nicht ganz unbekannt bleiben. Außerdem sei hingewiesen auf Delitzsch, Ein Tag in Kapernaum. Einen Tag aus dem Leben Jesu, und zwar den Karfreitag, hat derjenige kennen gelernt, welcher das Panorama der Kreuzigung Jesu gesehen hat; interessant ist auch die dazu herausgegebene Erläuterung (München, Universitäts-Buchdruckerei).

Das apostolische Zeitalter ist von freisinniger Seite dargestellt in dem bedeutenden Werke von Weizsäcker; den andern Standpunkt lernt der Lehrer kennen in der NTlichen Einleitung von Weiß.

Um nun die Geschichte Israels und des Christentums noch besser kennen zu lernen, muß der Lehrer auch eine Einleitung in das A. T. (Riehm, 2 Bde, für den Lehrer sehr zu empfehlen; den Wellhausen'schen Standpunkt vertritt Reuß, Geschichte der H. Schr. des A. T.) und in das N. T. (Weiß; einen andern Standpunkt vertritt Reuß) kennen lernen.

---

[1]) Theol. Litt.-Ztg. 1889, Nr. 26: „Nicht geschwind gefertigte, leichte Ware wird hier dargeboten, sondern das langsam in schwerer Arbeit gereifte Ergebnis redlicher Forschung, welche nicht selten auch da, wo sie irrt, noch anregend wirken kann."

Außerdem sei hier hingewiesen auf Luthers Vorreden zur H. Schrift (Berlin, Evang. Bücherverein M. 1,20.).

Vornehmlich aber muß der Lehrer die ATliche Theologie (neuestes Buch von Riehm; anderer Standpunkt in Hermanns Werk) und ebenso die NTliche Theologie studieren (Weiß).

Wenn diese Werke den Lehrer über das Ganze der Heil. Geschichte nach verschiedenen Seiten belehren, so sollen nunmehr auch noch einige Werke genannt werden, welche für einzelne, besonders wichtige Abschnitte dem Lehrer besonders zu empfehlen sein dürften.

Eine Orientierung über die Semiten im allgemeinen bietet dem Lehrer das Buch von Hommel: Die Semiten und ihre Bedeutung für die Kulturgeschichte. 1881. M. 2,00.

Über das Land Kanaan wird der Lehrer genauer orientiert durch die Schriften von Bäßler, Das Heilige Land u. a. Eine neue, schöne Handkarte von Palästina von Fischer und Guthe ist eben (Leipzig, Debes) erschienen, M. 2,00. Beachtenswert ist auch Bädeker, Palästina und Syrien. 3. Aufl., 1891. 12,00.

Um das mosaische Zeitalter kennen zu lernen, mag der Lehrer das treffliche Buch von Mezger zur Hand nehmen: Hülfsbuch für den Unterricht in der Heil. Geschichte (bis zur Richterzeit reichend — der Verf. ist leider durch den Tod verhindert worden, in seiner trefflichen Art das ganze A. T. zu behandeln; aber auch das unvollendete Werk ist für den Lehrer sehr zu empfehlen).

Die Propheten und die messian. Weissagung lernt der Lehrer genauer kennen aus Riehm (Mess. Weiss.) und Delitzsch (Mess. Weiss.); von den Propheten dürfte namentlich Jesaias für den Lehrer in Betracht kommen (Kommentare von Delitzsch und von Dillmann).

Für das Buch Hiob sei hingewiesen auf die Übersetzung von Reuß, für den Psalter auf den wissenschaftlichen Kommentar von Delitzsch.

Die Predigt Jesu mag der Lehrer (außer aus Beyschlags und Weiß' Leben Jesu) noch gründlicher kennen lernen durch das Studium wissenschaftlicher Kommentare zu den Evangelien (z. B. Meyer, neu bearbeitet von Weiß). Die Bergpredigt findet der Lehrer erklärt z. B. in Tholucks Kommentar, das Vaterunser in Kamphausens Schrift: Das Gebet des Herrn, 1866. M. 2,50.

Von den Briefen des N. T. wird der Lehrer wohl ebenfalls einige (Römerbrief, Galaterbrief, Jakobusbrief, Korintherbriefe), und ebenso die Offenbarung Joh. (wenn er dazu Zeit gewinnt) durch das Studium wissenschaftlicher Kommentare genauer kennen lernen (vergl. wiederum Meyer, neu bearb. von verschiedenen Verfassern). Auch sei hier hingewiesen auf Kögel, Der Brief an die Römer, in Predigten, 1853.

Ein kürzerer Kommentar zum N. T., aus welchem der Lehrer den freisinnigen Standpunkt der Gegenwart kennen lernt, ist eben bei Mohr in Freiburg erschienen, herausgeg. von Holtzmann und andern Theologen.

Um sich nun auch über die verschiedenen Standpunkte der neueren Theologie gegenüber der Heiligen Schrift im allgemeinen einigermaßen zu orientieren, sei der Lehrer hingewiesen auf folgende Schriften:

R. Schmid, Der ATliche Religionsunterricht im Obergymnasium, Progr. von Schönthal 1888, Nr. 549.
Meuß, Unsere Stellung zur Schrift, 1887. M. 0,60.
Kübel, Wesen und Aufgabe einer bibelglaubigen Theologie, 1890. M. 1,00.
Diestel, Gesch. des A. T. in der chr. Kirche, 1869. (Herabges. Preis.)
Beyschlag, Leben Jesu, Bd. I (Vorfragen des Lebens Jesu).
Weiß, Einl. in das N. T. (§ 1—4: Einl.)
Reuß, Gesch. der H. Schr. des N. T. (Fünfter Abschnitt: Gesch. der Exegese.)

3. Kirchengeschichte.

a. Von allgemeinen Werken, durch welche der Lehrer sein Wissen in der KG (= Kirchengesch.) erweitern und vertiefen kann, nenne ich vor allem folgende:

Weingarten, Zeittafeln und Überblicke zur KG, 1888. 4,50 M. (Theol. Jahresb. VIII, 2, 133: „Aus einem brauchbaren Buche, das es schon früher war, ist es nun ein unentbehrliches geworden.")

Allgemein bekannt und geschätzt sind:

Hase, KG (vgl. unten b). 10 M.
Kurtz, Lehrbuch der KG für Studierende. 2 Bde, 16 M.

Im Erscheinen begriffen:

Möller, KG, Band I und II (Alte Kirche und Mittelalter), 23 M. (mir noch nicht bekannt, im Jahresber. 1889, S. 153 bezeichnet als „in jeder Beziehung geeignet, Kurtz zu ersetzen.")
Hase, KG nach den Vorlesungen, Band I und II (Alte Kirche und Mittelalter), 24 M. (der einbändigen KG desselben Verfassers noch vorzuziehen).

Ein sehr empfehlenswertes Buch für den Lehrer sind auch die Vorlesungen über KG von Hagenbach, leider 7 Bände, 41 M. (besonders Bd. 6 u. 7 [18. und 19. Jahrhundert] wertvoll, einzeln zu haben, 10 M.); der Herr Verleger würde sich meines Erachtens ein Verdienst auch um die Schule erwerben, wenn er dies Werk nicht bloß erneuern (wie jetzt geschieht), sondern auch in kürzerer Bearbeitung erscheinen ließe.

Außerdem sind vom Lehrer zu beachten:

Uhlhorn, Die christliche Liebesthätigkeit. 3 Bde.
H. Schmidt, Symbolik. 1890.
Loofs, Leitfaden der Dogmengeschichte. 2. Aufl. 1890. 5 M.

Endlich weise ich noch hin auf: Piper, Die Zeugen der Wahrheit, 4 Bde, herabges. 6 M. (400 Biographieen des bekannten ev. Kalenders). Von den nicht-theologischen Werken, die hierher gehören (namentlich geschichtlichen Schriften), nenne ich hier nur:

Freytag, Bilder aus der Vergangenheit.

b. Für die Geschichte der alten Kirche findet der Lehrer einige Abschnitte weiter ausgeführt in folgenden Werken:

Bäßler, Altchristl. Geschichten und Sagen. 1864.
Uhlhorn, Kampf des Christentums mit dem Heidentum. 3 M.

Schmidt, Umgestaltung der Gesellschaft der alten Welt durch das Christentum. 1857.

Von den nicht-theologischen Schriften ist hier besonders auf Mommsen, Röm. Gesch. V, hinzuweisen, woselbst die Zustände der einzelnen Länder des Römerreichs in der Kaiserzeit, also in der Zeit der Ausbreitung des Christentums, von der Meisterhand des anerkannten Forschers dargestellt werden.

c. Für die KG des Mittelalters ist besonders zu empfehlen:

Hauck, KG Deutschlands, Bd. I, bis zu Bonifatius' Tod reichend, 10,50 M., Bd. II, die Zeit der Karolinger umfassend, 16 M. (Theol. Jahresb. VII, 162: „Eine vortreffliche Arbeit, die auf eindringlichem Quellenstudium und einer gesunden Kritik beruht.")

Wer den mittelalterlichen und heutigen Katholicismus in seinen Bräuchen und Anschauungen im einzelnen kennen lernen will, der könnte sich einige populäre katholische Schriften anschaffen, die oft sehr interessante Dinge enthalten, von denen die meisten Evangelischen keine Ahnung haben. Eine zusammenfassende Schrift ist die des bekannten Altkatholiken Reusch, Die deutschen Bischöfe und der Aberglaube, 1879. Das Hauptwerk ist Hase's Polemik. Dazu dienen als Ergänzungen das bekannte klassische Werk gegen die Jesuiten: Pascal, Provinzialbriefe, und außerdem:

Weber, Staat und Kirche nach dem Ultramontanismus. 1873.

Schultze, Die Macht der römischen Päpste. 1871.

v. Schubert, Rom's Kampf um die Weltherrschaft. (Nr. 23 der Schriften des Reformationsvereins.)

d. Am besten ist, wie es ja begreiflich ist, von evangelischer Seite die Reformationszeit mit geeigneten Schriften für den Religionslehrer bedacht; hier ist die Fülle so groß, daß man kaum weiß, was man empfehlen soll. Ich nenne nur einige der vielen guten Schriften. Zuerst einige allgemeine Werke:

Strack, Reformationsgeschichte (alle vier Reformatoren), 1864 (Populäres Buch).

Henke, Vorlesungen über neuere KG, das Politische überall voranschickend und gut orientirend. (3 Bde, von der Reformation bis zur Gegenwart; 22,50 M.)

Bezold, Ref.-Gesch. (in Oncken's Geschichtswerk — eben vollendetes „ausgezeichnetes Werk"; vgl. Jahresb. 1889, 202).

Freytag, Bilder aus dem Jahrh. der Reformation (hier besonders zu beachten).

Hier sind auch die Schriften des Vereins für Ref.-Gesch. zu beachten, welche viele wertvolle Beiträge zur Ref.-Gesch. enthalten.

Alsdann Biographieen von Luther:

Köstlin, Luthers Leben (große Ausg. in 2 Bdn, 18 M., das Hauptwerk über Luther; kleinere Ausg. in 1 Bde, 8 M.).

Meurer, Luthers Leben aus den Quellen erzählt. Größere Ausg., 1870. — Außerdem die populären Schriften von

Plitt, Thoma und besonders Martin (Rade), Luthers Leben, Thaten und Meinungen (mit Auszügen aus L. Schriften), 3 Bde, 10,50 M.

(Theol. Jahresb. VII, 202: „Ein kühnes und großes Unternehmen, in würdiger Weise zum Abschluß geführt.")

Das Gegenstück zu diesen Darstellungen bietet bekanntlich Janssen, Gesch. des deutschen Volkes. Gegen diese und andere katholische Entstellungen der Wahrheit[1]) richtet sich

Walther, Luther im neuesten röm. Gericht (Heft 7 u. 13 der Schriften des Vereins für Ref.-Gesch.)

Hier sei auch hingewiesen auf einige billige, gute Abbildungen zu Luther's Leben:

Luther-Nummer der Leipziger Ill. Zeitung. 1,20 Mk.

Bilder aus der Lutherzeit. München, Hirt. 2 M. (Theol. Jahresb. III, 199: „Eine vorzügliche, reichhaltige Sammlung, die von ganz hervorragendem Interesse für den Freund der Geschichte ist.")

Das allen evang. Volksschulen von Kaiser Wilhelm geschenkte Lutherbild für die Schule ist erklärt und besprochen von

Kannegießer, Das Jubiläumsgeschenk K. W. für die Volksschule.

Endlich sei hier noch auf die verschiedenen Lutherfestspiele hingewiesen, welche bereits eine zusammenfassende Schrift hervorgerufen haben:

Erdmann, Lutherfestspiele. 2,40 M.

Von Ausgaben der Schriften Luther's nenne ich aus der großen Fülle ebenfalls nur einige, die für den Lehrer besonders in Betracht kommen:

Grosse, Auswahl aus L. Schriften. 1886.

Salkowski, Quellen zur Ref.-Gesch. aus L. Werken. Zwei Programme von Memel. (Theol. Jahresb. III, 161: „Ein praktischer und fruchtbarer Gedanke.")

Luther als Klassiker. 3 Bde, 12 Mk. (Th. Jahresb. III, 159: „Die beste Sammlung ihrer Art.")

Meyer und Prinzhorn, Luther's Gedanken über Erziehung und Unterricht. 5 M. (Auf eine Einleitung über die damaligen Zustände des Schulwesens folgen Auszüge aus L. betr. Schriften.)

Eine Sammlung von Lutherschriften für das Volk von Fachmännern bearbeitet (4 Bände) erscheint bei Schwetschke in Braunschweig; eine neue Auswahl von Lutherschriften für die Schule in Halle, Waisenhaus („Denkmäler der älteren deutschen Litteratur"); eine kleinere, aber treffliche Auswahl von L. Schriften ist bei Perthes in Gotha erschienen:

Vademecum aus L. Schriften.

Eine schöne Ausgabe von L. Brief an sein Söhnlein Hänschen, mit Holzschnitten von L. Richter ist bei Dürr in Leipzig erschienen.

Zu den drei besonderen Schätzen, welche unsere Kirche Luther verdankt, Bibel, Katechismus und Gesangbuch, verweise ich auf folgende, in wissenschaftlicher Hinsicht orientierende Schriften.

Für die Bibel kommen in Betracht:

---

[1]) Über die neueste Erfindung, daß Luther als Selbstmörder geendet habe, vgl. Kolde und Kawerau.

Grosse, Luthers Sendbrief vom Tolmetschen. Progr. von Memel, 1878, Nr. 20. (Im Buchhandel leider vergriffen.)

Grimm, Geschichte der L. Bibelübersetzung. 1884.

Vorrede der Probebibel.

L. Vorreden zur heil. Schrift. 1,20 M. (Berlin, Verein für Erbauungsschriften.)

Für den Katechismus sind zu nennen:

v. Zezschwitz, Der Katechismus (Katechetik II, 1). 2. Aufl. 1872. 9 Mk.

Genzken, Zur Jubelfeier des kl. K. L. 0,90 M.

Calinich, L. kleiner Kat. (Textrevision) 1882. Angenommener Text Stuttgart, Grüninger, 1885.

Göpfert, Wörterbuch zu L. Katechismus.

Außerdem weise ich hier hin auf:

Rinn, die Augsb. Konfession mit Einl. und Anmerkungen. 1879.

Für das Gesangbuch kommen in Betracht:

Goedeke, L. Dichtungen. Brockhaus.

Fischer, Bunsens Gesangbuch neu bearbeitet. 6 M. 1881. („Ein Handbuch für tiefer forschende Freunde des Kirchenliedes." — Im Anhang „eine ausgezeichnete Übersicht des Entwicklungsganges des ev. Kirchenliedes." Th. Jahresb. II, 352.)

Bäßler, Auswahl chr. Lieder aus allen Jahrhunderten.

Sperber, Ev. Schulliederschatz (Lieder und Geschichte). 1877.

Lauxmann, Die Kernlieder unserer Kirche im Schmucke ihrer Geschichte. 1876. 7,50 M.

Vergl. auch Frick-Polack, Aus deutschen Lesebüchern, Bd. IV (das evang. Kirchenlied).

Der christliche Gottesdienst wird in folgenden Schriften dargestellt:

Alt, Der chr. Gottesdienst.

Alt, Das chr. Kirchenjahr.

W. Schultze, Mothes und Prüfer, Das ev. Kirchengebäude. 3 M.

Lübke, Vorschule zum Studium der kirchl. Kunst des Mittelalters. 1866.

Piper, Über den christl. Bilderkreis. 1852.

e. Für die neuere Kirchengeschichte sind als allgemeine Werke zu empfehlen:

Koffmane, KG des 19. Jahrh. (Abschluß zu der KG von Herzog).

Landerer, Dogmengeschichte der Neuzeit (Th. Jahresb. I, 185: „Ein herrliches, reiches und tiefes Buch, das kein Theolog ungelesen lassen sollte.")

Hagenbach, Vorlesungen Bd. 6 und 7. 10 M. (Hier besonders zu empfehlen.)

Über das kirchliche Leben und Streben der Gegenwart wird sich der Lehrer am leichtesten orientieren durch die Lektüre einer Kirchenzeitung und eines Missionsblattes. Über die kirchlichen Ereignisse jedes Jahres orientiert die jährlich erscheinende Kirchl. Chronik von Matthes und dessen Fortsetzern. Eine zusammenfassende Übersicht über die neu erschienene theol. Litteratur bietet der theol. Jahresbericht (jährlich erscheinend, 12 M.)

Für die Missionsgeschichte sei noch besonders hingewiesen auf

Warneck, Die Mission in der Schule. 2 M.

Gundert, Die ev. Mission.

Frick, Geschichten und Bilder aus der Mission.

Daß der Lehrer die Lokal- und Provinzial-Geschichte auch bei der KG besonders zu beachten hat, brauche ich wohl kaum zu bemerken; die Litteratur dafür wird jeder Lehrer sich selber zu verschaffen wissen.

4. Glaubenslehre.

Wenn schon bei der Heiligen Geschichte die Verschiedenheit des theologischen Standpunktes es schwer macht, dem Religionslehrer einen Rat zu geben, wie er seine Kenntnisse erweitern und vertiefen soll, so gilt das natürlich erst recht für die Glaubenslehre; ich bitte daher um Entschuldigung, wenn ich es nicht allen Lesern recht machen kann.

Um sich auf dem schwierigen Gebiete der Glaubenslehre zunächst im allgemeinen zu orientieren', dazu können dem Lehrer folgende Schriften empfohlen werden:

Luthardt, Die modernen Weltanschauungen. Neue Aufl. 1891.

Kaftan, Wesen und Wahrheit des Christentums, 2 Bde (Jahresb. I, 199: „Das bedeutendste der diesmal zur Apologetik vorliegenden Werke.").

Ziegler, Zum Entscheidungskampf um den chr. Glauben.

Im Kampf um die Weltanschauung (Anonym erschienen, Freiburg bei Mohr).

Böhmer, Entwickelung der naturwiss. Weltanschauung. 1872.

Carrière, Die sittl. Weltordnung. 1890.

Pfleiderer, Religionsphilosophie auf geschichtlicher Grundlage.

Saussaye, Lehrbuch der Religionsgeschichte.

Um sich über die Gegensätze in der Dogmatik der Gegenwart einigermaßen zu orientieren, dazu dürften für den Lehrer folgende Schriften brauchbar sein:

Nitzsch, Lehrbuch der evang. Dogmatik, 1889 (besonders Einl. § 6—7).

Landerer, Dogmengeschichte der neuesten Zeit (Vgl. Theol. Jahresbericht I, S. 185: „Ein herrliches, reiches und tiefes Buch, das kein Theolog ungelesen lassen sollte.").

Kübel, Über den Unterschied zwischen der positiven und der liberalen Richtung in der modernen Theologie.

Speziell über Ritschl und seine Gegner kann sich der Lehrer Rats erholen in den beiden Schriften:

Stählin, Kant, Lotze und A. Ritschl, 1888. (Jahresb. VIII, 356: „Das Scharfsinnigste und Einschneidendste, was von konfessioneller Seite gegen Ritschl geschrieben worden ist.)

Gottschick, Die Kirchlichkeit der sogen. kirchlichen Theologie, 1890.

Von den Kompendien der Dogmatik dürften dem Lehrer besonders zu empfehlen sein:

Nitzsch, Lehrbuch der Dogmatik. 1889. (**Ganz besonders zu empfehlen.**)

Luthardt, Apologetische Vorträge, Bd. I u. II.

Luthardt, Kompendium der Dogmatik.

Bornemann, Unterricht im Christentum.

L. Schultze, Katech. Bausteine (1891, **erweiterte Ausgabe**).

H. Schmidt, Symbolik. 1890.

Über die größeren dogmatischen Werke ist oben das Nötige gesagt.

Für das Studium der Ethik nenne ich

Weiß, Einl. in die Ethik. 1890. (Jahresb. IX, 439: „Ein vortreffliches Buch.")

Luthardt, Apologet. Vorträge, Bd. 3 (Die Moral des Christentums.).

Martensen, Die christliche Ethik.

Für einige besonders wichtige Abschnitte der Glaubenslehre dürften dem Lehrer noch folgende Bücher gute Dienste leisten.

Über das Wesen der Religion mag der Lehrer außer der trefflichen Zusammenfassung bei Nitzsch (Ev. Dogm. § 8—18) und den Darstellungen von Kaftan (Wesen der Religion) und Ziegler (Zum Entscheidungskampf um den christlichen Glauben) noch folgende besondere Schriften beachten:

Schleiermacher, Reden über die Religion.

Herrmann, Die Religion im Verhältnis zum Welterkennen und zur Sittlichkeit.

Max Müller, Natürliche Religion, 1890.

Fichte (der jüngere), Die theistische Weltansicht, 1873.

Für die Christologie sei besonders hingewiesen auf:

Geß, Christi Person und Werk, 3 Bde.

Beyschlag, Leben Jesu, Bd. I.

Kühl, Die Heilsbedeutung des Todes Jesu, 1890.

Für die Rechtfertigungslehre wird der Lehrer den Römerbrief studieren müssen; dazu braucht er natürlich einen wissenschaftlichen Kommentar (z. B. Meyer-Weiß); eine Zusammenfassung der Resultate des Römerbriefs und der Heiligen Schrift überhaupt bietet ihm die biblische Theologie, für das A. T. z. B. Riehm, ATliche Theologie, für das N. T. z. B. Weiß, NTliche Theologie.

Daß der Lehrer die bedeutenderen Katechismus-Auslegungen und für die auszulegenden Bibelabschnitte die Bibelkommentare zu beachten hat, versteht sich von selbst; auch in den Programmen wird der Lehrer manches Brauchbare finden.

Ich weiß gar wohl, wie viel ich selber den großen Meistern der Wissenschaft auch für den Unterricht in der Schule verdanke; es wird mich freuen, wenn auch andere Religionslehrer durch meinen Dienst zum Nutzen der Schule auf die Schätze von Weisheit hingewiesen werden, welche in den Werken der von mir verehrten Meister uns Lehrern dargeboten werden.

IV. Die Schulbücher für den evangelischen Religionsunterricht in den höheren Schulen von Preußen.

Nach dem Centralblatt für die Unterrichtsverwaltung 1890, Juni.

Es dürfte für den Religionslehrer nicht uninteressant sein, aus den einfachen Angaben des Centralblatts über die in den höheren Schulen Preußens eingeführten evangelischen Religionsbücher eine Übersicht zu gewinnen, welche ihn einerseits auf die am meisten verbreiteten, bez. auf vielleicht ihm noch nicht bekannte Bücher hinweist, und welche ihm andrerseits zeigt, welche große, ja, wohl übergroße Menge von Büchern auch auf diesem Gebiete existiert, so daß vielleicht manchem angehenden Schriftsteller der Mut schwinden dürfte, noch eine neue bibl. Geschichte u. dgl. in die Welt hinauszuschicken.

Die Gesamtzahl der für den evang. Religionsunterricht eingeführten Schulbücher beträgt im J. 1890: 182[1]); die Zahl der im J. 1880 eingeführten Bücher betrug 160. Dieselben zerfallen in fünf Gruppen:

a) Biblische Geschichten, wenigstens 52 (einige vielleicht noch in den „Hilfsbüchern" enthalten).
b) Katechismen, 23 besondere (abgesehen von den Anhängen in den andern Religionsbüchern).
c) Liederbücher, 45 besondere (abgesehen von den Anhängen in den andern Religionsbüchern).
d) Hilfsbücher: 32.
e) Lehrbücher, meist für die oberen Klassen: 31.

Wenn man nun diese fünf Gruppen etwas genau betrachtet, so ergiebt sich hinsichtlich der Verbreitung der einzelnen Bücher an den höheren Schulen Preußens folgendes Resultat.

a) Unter den 52 biblischen Geschichten werden gebraucht

16	an 1 Anstalt,		1	an 7	Anstalten,
12	an 2 Anstalten,		1	an 9	„
3[2])	an 3	„	1	an 10	„
4	an 4	„	1	an 11	„
4	an 5	„	2	an 12	„
			1[3])	an 22	„

Am meisten sind verbreitet drei Bücher:

Preuß (Nr. 120) Bibl. Geschichte, an 73 Anstalten (1880: 85 Anst.), Schulz-Klix (Nr. 149), Bibl. Lesebuch, an 99 Anstalten[4]) (1880 in dieser Bearbeitung noch nicht vorhanden),

---

[1]) a—e ergeben 183 Bücher, da Nr. 134 an zwei Stellen zu rechnen war (Bibl. Gesch. und Lehrbuch).

[2]) Darunter befindet sich Hofmann's Schulbibel.

[3]) Wendel, bibl. Geschichte.

[4]) Hinsichtlich dieses Buches verweise ich den Lehrer auf das Programm von Buxtehude 1886 Nr. 313 (Pansch, Einige Bemerkungen über Bibellektüre und Lehrbücher für bibl. Geschichte.)

Zahn (Nr. 179. 180. 181. 182) in vier verschiedenen Ausgaben, zusammen an 160 Anstalten (1880 an 172 Anst.).

b) Besondere Katechismen (23) mit Erklärungen oder auch nur Spruchbüchern sind nur an wenigen Anstalten eingeführt:

14 an 1 Anstalt,	1 an 5 Anstalten,
4 an 2 Anstalten,	1 an 6 „
1 an 4 „	1 an 8 „

Nur ein einziger Katechismus ist etwas mehr verbreitet, aber doch auch nur an 15 Anstalten (1880: 11 Anst.):

Erck-Spieker, Spruchbuch zu den fünf Hauptstücken.

c) In größerer Zahl sind wieder Liederbücher eingeführt (45), und zwar

30 an 1 Anstalt,
8 an 2 Anstalten,
2 an 3 „
1 an 5 „
1 an 6 „

Am meisten verbreitet sind:

Klix, christl. Gesangbuch für Gymnasien, an 13 Anstalten (1880: 10 Anst.),

Anders-Stolzenburg, geistliche Lieder, an 14 Anst. (1880: 17 Anst.),

Die 80 Kirchenlieder, an 42 Anst. (1880: 36 Anst.).

d) Außer diesen für die unteren und mittleren Klassen bestimmten Büchern (Bibl. Gesch. und Katech.) und den Liederbüchern ist nun noch eine Anzahl von Büchern verschiedener Art und mehrfachen Inhalts eingeführt, die ich unter dem Namen Hilfsbücher (32) zusammenfasse, welche teils denselben Inhalt haben wie die oben genannten Bücher, teils vielleicht noch einen davon verschiedenen, der aus dem Titel meist nicht zu ersehen ist. Von diesen Büchern sind eingeführt:

21[1]) an 1 Anstalt,
7 an 2 Anstalten,
2 an 3 „

Am meisten verbreitet sind:

Hollenberg, Hülfsbuch, erste Abt. (Lieder und Katech. mit Sprüchen), an 14 Anst. (1880: 17 Anst.),

Spruch- und Liederkanon (Duisburg, Ewich), an 34 Anst. (1880 noch nicht vorhanden).

e) Von den vornehmlich in den oberen Klassen gebrauchten 31 Lehrbüchern sind eingeführt:

9 an 1 Anstalt,	1 an 7 Anstalten,
6 an 2 Anstalten,	1[3]) an 11 „
3 an 3 „	1[4]) an 12 „
1[2]) an 4 „	1[5]) an 15 „
4 an 5 „	1[6]) an 16 „
1 an 6 „	

[1]) Darunter befinden sich auch zwei Bibelatlanten (Nr. 24 u. 93).
[2]) Vademecum aus Luthers Schriften. Gotha, Perthes.
[3]) Hagenbach. [4]) Schäfer. [5]) Petri. [6]) Holzweißig.

Am meisten verbreitet sind:
Noack, Hilfsbuch für den Religionsunterricht, an 130 Anst. (1880: 73 Anst.),
Hollenberg, Hilfsbuch für den Religionsunterricht, an 171 Anstalten (1880: 186 Anst.).

Aus diesem Überblick ergiebt sich, daß von 182 Schulbüchern 91 (also gerade die Hälfte) nur an einer einzigen Anstalt eingeführt sind. Genau dasselbe Resultat ergiebt sich seltsamer Weise für das Jahr 1880, wo von 160 Schulbüchern gerade 80 nur an einer einzigen Anstalt eingeführt waren.

Einer größeren Verbreitung erfreuen sich nur 3 biblische Geschichten, 1 Katechismus, 3 Gesangbücher, 2 Hilfsbücher und 2 Lehrbücher; unter diesen vielgebrauchten Büchern sind am meisten verbreitet:

Hollenberg,	an 171 Anstalten,
Noack,	an 130 "
Jahn (vier Ausgaben),	an 160 "
Schulz-Klix,	an 99 "
Preuß,	an 73 "

Es wäre für den Religionslehrer interessant, wenn die hier nur für die höheren Schulen Preußens gegebene Zusammenstellung durch Angaben über die andern Gebiete von Deutschland ergänzt würde.

V. Lehrplan für den Religionsunterricht in den höheren Schulen.

Vorbemerkung.

Nicht eine ausführliche Anweisung für den Religionsunterricht in den höheren Schulen will der folgende Abschnitt darbieten (das ist die Sache der Katechetik), sondern nur einen etwas ausführlichen Lehrplan für den Religionsunterricht in den höheren Schulen, der dem angehenden Religionslehrer zeigen soll, wie auf Grund der jetzigen Bestimmungen die Gliederung und Gruppierung des Lehrstoffs in den einzelnen Klassen der höheren Schulen sich gestalten kann, aber nicht muß, da natürlich auch andere Gruppierungen möglich sind. Ausführlichere Anweisungen für den Unterricht in den oberen Klassen habe ich den einzelnen Bänden meines Handbuchs beigegeben; vielleicht kann ich solche später auch (nach dem Erscheinen des neuen Lehrplans) für die mittleren und unteren Klassen aufstellen und meinem Handbuche beigeben.

Übersicht.

VI.

Bibl. Geschichte des A. T. bis Esra und Nehemia.
Weihnachts- und Ostergeschichte (vor den betr. Festen).
Katech., Sommer: I mit Erkl. und Sprüchen;
Winter: II und III ohne Erkl., aber mit einigen Sprüchen.
Lieder, Sommer:
O Gott, du frommer Gott.

Lobe den Herren.
Wer nur den lieben Gott läßt walten.
Nun danket alle Gott.

Winter:

Gott des Himmels und der Erden.
Mit Ernst ihr Menschenkinder.
Lobt Gott ihr Christen alle gleich.
Nun ruhen alle Wälder.
O daß ich tausend Zungen hätte.

V.

Nach Ostern: Apostelgeschichte und Abschluß des apost. Zeitalters.
Im Anschluß daran:
a) Jüdische Geschichte von Esra bis zur Zerstörung Jerusalems.
b) Luther (vgl. die Anweisung in meiner Kirchengesch. S. 1, untere Stufe!).

Hauptpensum: Leben Jesu.
Katech., Sommer: I mit Erkl. und Sprüchen.
Winter: II mit Erkl. und Sprüchen.

Lieder, Sommer:

Jesus meine Zuversicht.
O Gott du frommer Gott.
In allen meinen Thaten.
Ach bleib mit deiner Gnade.

Winter:

Befiehl du deine Wege.
Dies ist der Tag, den Gott gemacht.
Gott des Himmels und der Erden.
Nun ruhen alle Wälder.

IV.

Heil. Gesch. des A. T. (nach Schulz-Klix),
im Sommer: etwa bis zu Josua's Tod; dazu:
das heilige Land;
im Winter: bis zur Zerstörung Jerusalems durch Titus.
Bibl. Bücher (Einteilung, Lutherbibel, Bibelgesellschaften).
Kirchenjahr und Festgeschichten (bei den betr. Festen).
Katech., Sommer: II mit Erkl. und Sprüchen.
Winter: III mit Erkl. und Sprüchen.
I mit Erkl. wiederholt.

Lieder, Sommer:

Jesus meine Zuversicht.
Lobe d n Herren.
Nun danket alle Gott.
Mir nach, spricht Christus unser Held.

Winter:

Was Gott thut, das ist wohlgethan.
Dies ist der Tag, den Gott gemacht.

Wer nur den lieben Gott läßt walten.
O Haupt voll Blut und Wunden.

III B.

Ost. bis Joh.: Die Bibel (Einteilung, Lutherbibel, Bibelgesellsch.; Reihenfolge der bibl. Bücher lernen).
Kat. II, 1.
Dazu: Ausgewählte Psalmen.

Joh. bis Mich.: Kat. I.
Reden Jesu, besonders Matth. 5—7 und andere Abschnitte zur Auslegung des Dekalogs.
Schluß der Gebote:
a. Bild Gottes und Sünde.
b. Bedeutung des Gesetzes.
c. Verheißung (Messian. Weissagungen erklären und lernen).

Mich. bis Weihn.: Kat. II, 2.
Reden Jesu Auswahl (Luk. 15, Matth. 13 und andere Abschnitte).
Kirchenjahr, Weihnachtsfest und Weihnachtsgeschichte.

Weihn. bis Ost.: Leben Jesu, Ostergeschichte und Osterfest. Kat. II, 3.
Bibl. Bücher und Messian. Weissagungen lernen.
Katech.: I und II im Sommer und Winter wiederholen mit Erkl. und Sprüchen.

Lieder, Sommer:
Jesus meine Zuversicht.
Allein Gott in der Höh' sei Ehr'.
In allen meinen Thaten.
Ach bleib' mit deiner Gnade.

Winter:
O Gott du frommer Gott.
Gelobet seist du Jesu Christ.
Was Gott thut, das ist wohlgethan.
O Haupt voll Blut und Wunden.

III A.

Ost. bis Joh.: Kat. IV und V.
Luthers Katechismus (Entstehung und Gliederung).
Die Unterscheidungslehren.

Joh. bis Mich.: Apostelgesch. K. 1—15 (bis zum Apostelconcil).
Galaterbrief (bei Apg. 15).

Mich. bis Weihn.: Apostelgesch. K. 15—28.
Ausgang des apostolischen Zeitalters.
Kirchengesch. bis zur Reformation (vgl. den Lehrplan in meiner „Kirchengesch.").

Neuj. bis Ostern: Kirchengesch. seit der Reformation (vgl. den Lehrplan in meiner „Kirchengesch.").
Gesangbuch und Gottesdienst.

Katech. III.
Bibl. Bücher und Zahlen der Kirchengesch. lernen.
Katech., Sommer: IV und V lernen,
Winter: I und II wiederholen, III mit Erkl. und Sprüchen.
Lieder, Sommer:
Gott des Himmels und der Erden.
Lobe den Herren.
Nun ruhen alle Wälder.
Nun danket alle Gott.
Winter:
Befiehl du deine Wege.
Mir nach spricht Christus unser Held.
Ein' feste Burg ist unser Gott.
Wer nur den lieben Gott läßt walten.

II B. (Vgl. meine Heilige Geschichte!)

Sommer: Die Bibel.
Geschichte Israels bis Esra und Nehemia.
Das heilige Land (bei Josua).
Die Gesetzesreligion. Ausgew. Abschnitte aus den Propheten.
Winter: Leben und Reden Jesu.
Kirchenjahr, Weihnachtsfest und Weihnachtsgeschichte.
Ostergeschichte und Osterfest.

II A. (Vgl. meine H. Geschichte!)

Ost. bis Joh.: Die Propheten und die Messian. Weissagung.
Joh. bis Mich.: Psalmen, Sprüche Sal. und Hiob.
Zuletzt (wenn Zeit bleibt): Gesangbuch und Gottesdienst.
Mich. bis Ost.: Apostelgesch. und ausgew. Briefe.
Ausgang des apostolischen Zeitalters.
Gesch. Israels von Esra bis Titus.
Zu Apostelgesch. 15 (wenn Zeit bleibt): Katechismus (Entstehung und Gliederung) und Unterscheidungslehren.

Lieder in Sekunda wie in III B und III A. Bibl. Bücher, mess. Weissagungen, Zahlen der H. Geschichte und der Kirchengesch. wiederh.! Wiederholung des Katech. in jedem Halbjahr!

I B. (Vgl. meine Kirchengeschichte!)

Sommer: Kirchengesch. bis 1309 (bez. 1517).
Winter: Kirchengesch. von 1309 (bez. 1517) bis zur Neuzeit.
Am Ende der Reformationsgeschichte:
Lektüre der Augsb. Confession.
Katechismus und Unterscheidungslehren.
Wiederholungen im Sommer und Winter aus der H. Geschichte und der Glaubenslehre (Hauptabschnitte!).

I A. (Vgl. meine Glaubenslehre!)

Der christliche Glaube nach der H. Schrift und dem Katechismus. Lektüre ausgewählter Abschnitte der H. Schrift, besonders des Römerbriefes. Wiederholungen im Sommer und Winter aus der H. Geschichte und der Kirchengeschichte (Hauptabschnitte!)

Lieder in Prima wie in III B und A. Bibl. Bücher, meff. Weissagungen, Zahlen der H. Geschichte und der Kirchengeschichte wiederholen! Wiederholung des Katechismus in jedem Halbjahr!

Erläuterungen.

Die höhere Schule zerfällt in drei Stufen: untere, mittlere und obere Klassen, und zwar in der Weise, daß Sexta und Quinta die untere, Quarta und Tertia die mittlere, Sekunda und Prima die obere Stufe bilden. Dadurch entstehen Pensa von 2, 3 und 4 Jahren, so daß, der immer größeren geistigen Reife der Schüler entsprechend, immer tiefer und umfassender wesentlich derselbe Gegenstand auf allen drei Stufen durchgenommen werden kann.

Die untere Stufe des Religionsunterrichts wird nun den Schüler hauptsächlich durch die biblische Geschichte zur Lebensgemeinschaft mit Gott in Christus zu führen haben; die anderen Stoffe treten noch wenig hervor, dürfen aber doch nicht unbeachtet bleiben.

Das Hauptpensum der Sexta ist die Einführung in die biblische Geschichte des Alten Testaments, als der Grundlage des Christentums. Hier wird der Lehrer sich damit begnügen müssen, die Darstellung bis zur Wiederherstellung des Gottesreiches unter Esra und Nehemia zu führen, damit der Anfang, die Geschichte der Patriarchen, die so recht für diese Stufe geeignet ist, ausführlich behandelt werden kann.

Aber auch hier muß vor den großen Festen des Kirchenjahres die Festgeschichte gelesen und besprochen werden (Weihnachts- und Ostergeschichte), da es unnatürlich wäre, das Kind ohne Hinweisung an diesen Festen vorübergehen zu lassen.

An die biblische Geschichte schließt sich der Katechismus an, im Sommer das erste Hauptstück, welches mit Erklärung und Sprüchen zu besprechen und zu lernen ist, im Winter das zweite und dritte Hauptstück, noch ohne Erklärung, aber mit einigen Sprüchen.

Endlich sind einige Kirchenlieder zu besprechen und zu lernen.

Das Hauptpensum der Quinta bildet die biblische Geschichte des Neuen Testaments, dessen Hauptinhalt das Leben Jesu ist. Hier kommt es nun darauf an, den Stoff so zu gruppieren, daß das Kirchenjahr berücksichtigt, also namentlich vor Ostern die Ostergeschichte (nicht etwa die Apostelgeschichte) den Gegenstand des Unterrichts bildet. Aus diesem Grunde scheint es mir praktisch zu sein, nach Ostern mit der Apostelgeschichte zu beginnen, die ja gerade an Ostern anknüpft, und die Ostergeschichte hat der Schüler vor Ostern kennen gelernt. So ergiebt sich als Aufgabe des ersten Vierteljahres die Durchnahme der Apostelgeschichte. Dieses Pensum mag seinen Abschluß erhalten durch drei Zusätze, welche dem Schüler darbieten: erstens den Abschluß des apostolischen Zeitalters, sodann den Abschluß der jüdischen Geschichte (Esra bis Titus), endlich eine kurze Darstellung der Reformationsgeschichte (vgl. dazu die Anweisung in meiner Kirchengesch., S. 1, untere Stufe). Diese drei Beigaben können natürlich nur kurz sein, am längsten muß die dritte werden; es ist wichtig, daß auch auf dieser Stufe Luther dem Schüler nicht fremd bleibt.

Das Hauptpensum der Quinta ist das Leben Jesu.

Demselben mag als Einleitung der erste Artikel und das erste Hauptstück des Katechismus vorangeschickt, der zweite und dritte Artikel (hier nun mit Erklärung und Sprüchen) eingefügt werden.

Auch hier sind natürlich Lieder zu lernen, bez. zu wiederholen.

Auf der mittleren Stufe der höheren Schulen bildet zwar ebenfalls die biblische Geschichte die Grundlage des Unterrichts, aber hier muß der Katechismus doch eine selbständige und zusammenfassende Behandlung erfahren und auch durch Hinzufügung der Sakramentslehre abgeschlossen werden, um die nötige Grundlage für den Konfirmanden-Unterricht zu bieten und dem abgehenden Schüler das zu gewähren, was er für sein Leben in der christlichen Gemeinschaft braucht: eine deutliche Einsicht in das Ganze des christlichen Glaubens. Auch auf dieser Stufe sind wieder Lieder zu lernen, bez. zu wiederholen.

In der Quarta bildet nun das Hauptpensum die Heilige Geschichte des Alten Testaments. Wenn nun in Sexta besonders der Anfang derselben hervortrat, so muß derselbe hier kürzer behandelt werden, damit der Schluß der jüdischen Geschichte (von Esra bis Titus, besonders dessen Hauptmomente: Herodes, Pilatus, Zerstörung Jerusalems) etwas genauer behandelt werden kann.

Hier mag nun (vorbereitend für Tertia) auch schon eine kürzere Besprechung des Bibelbuches erfolgen, und ebenso (bei den Festen) eine kurze Besprechung des Kirchenjahres und seiner Feste, wobei die Festgeschichte zu wiederholen ist.

Endlich aber muß auch Zeit gewonnen werden, um die drei Hauptstücke mit Erklärung und Sprüchen zu wiederholen, bez. zu lernen und zu besprechen; die Besprechung des zweiten Hauptstückes mag kürzer gehalten werden, da sie in der Tertia wiederkehrt.

Das Hauptpensum der Untertertia ist das Leben Jesu; die Zeit mag so eingeteilt werden, wie es der Lehrplan angiebt.

Das erste Vierteljahr giebt als Einleitung zum Hauptpensum erstens eine Besprechung des Bibelbuches (Einteilung, Lutherbibel, Bibelgesellschaften, wobei natürlich die Reihenfolge der bibl. Bücher einzuprägen ist), sodann eine Besprechung des ersten Artikels, und endlich werden, im Anschluß an denselben, ausgewählte Psalmen gelesen.

Nach Johannis werden im Anschluß an das erste Hauptstück (welches wiederholt und übersichtlich zusammengefaßt wird) Reden Jesu gelesen und besprochen, besonders die Bergpredigt und andere Abschnitte, welche den Schüler erkennen lassen, wie Jesus die Gebote auslegt. Zuletzt folgt in Anknüpfung an den Schluß der Gebote eine Besprechung über folgende Punkte: Bild Gottes und Sünde, die Bedeutung des Gesetzes (Riegel, Spiegel, Regel) und die Verheißung (mess. Weissagung); der letzte

Gegenstand wird, wenn das Sommerhalbjahr kurz ist, mit dem Anfangspensum des Winterhalbjahrs (zweiter Artikel) verbunden.

Das Pensum des dritten Vierteljahres bildet der zweite Artikel, darauf wiederum Reden Jesu (hier besonders die Reden von der Gnade und dem Reiche Gottes, Luc. 15, Matth. 13 und andere Abschnitte) und endlich eine Besprechung des Kirchenjahres und des Weihnachtsfestes, wobei die Weihnachtsgeschichte gelesen und besprochen und somit der Anfang des Lebens Jesu dargestellt wird.

Das letzte Vierteljahr gehört ausschließlich dem Leben Jesu an, wobei nun besonders der äußere Gang desselben hervortritt (die Reden sind schon vorher besprochen); den Schluß bildet die Ostergeschichte und die Besprechung des Osterfestes. Mit dem Leben Jesu verbindet sich die Erklärung des dritten Artikels.

Der Hauptgegenstand der Obertertia ist die Kirche; dies Pensum gliedert sich in folgender Weise.

Im ersten Vierteljahr werden die Sakramente besprochen. Nunmehr erfolgt, nachdem der Katechismus ganz durchgesprochen ist, eine zusammenfassende Besprechung des Katechismus als eines Ganzen (Entstehung und Gliederung des Katechismus); daran schließt sich eine Besprechung der Unterscheidungslehren.

Das zweite Vierteljahr wird ausgefüllt durch die Lektüre der Apostelgeschichte; mit Kap. 15 wird die Lektüre des Galaterbriefes verbunden.

Im dritten Vierteljahr wird, da der Lehrer im zweiten kaum über Apg. 15 hinauskommen wird, der Schluß der Apg. (kürzer) gelesen und der Ausgang des apostol. Zeitalters kurz dargestellt. Daran schließt sich die Kirchengeschichte bis zur Reformation. (Vgl. die Überschriften dazu in meinem Handbuch!)

Das vierte Vierteljahr stellt die Kirchengeschichte seit der Reformation dar. (Vgl. wiederum mein Handbuch!) Hieran schließt sich eine Besprechung des dritten Hauptstücks, sowie des Gesangbuchs und des Gottesdienstes der evang. Kirche an.

Die obere Stufe, vier Jahre umfassend, bietet nun den reiferen, meist schon konfirmierten Schülern eine tiefere Einführung in das Wesen und die Grundlage ihres Glaubens. Auch hier werden der Katechismus und die gelernten Lieder wiederholt (aber keine neuen mehr gelernt); andere Memorierstoffe (bibl. Bücher, Zahlen der Kirchengeschichte, messian. Weissagungen) sind ebenfalls nicht zu vernachlässigen; soweit es möglich ist, werden in Sekunda einige zusammenhängende Bibelabschnitte gelernt, in Prima wiederholt; dabei habe ich mich auf die Psalmen und die Bergpredigt beschränkt (Ps. 1; 23; 90, 2—12; 139, 1—12; Mt. 5, 3—10, 13—20; 6, 19—21 u. 24—34; 7, 13—21).

Der Sekunda gebührt nun eine tiefere und zusammenhängende Einführung in die heilige Geschichte, so daß der Schüler „Inhalt und Zusammenhang der heiligen Schrift" kennen lernt. Das kann ja nun in der Weise geschehen, daß der IIB das Alte Test., der IIA das Neue Test. zugewiesen wird. Ich habe mit Rücksicht darauf, daß mit der IIB für viele Schüler ein Abschluß ihrer Bildung eintritt und um der IIA die schwereren Pensa vorzubehalten, in dem obigen Lehrplan (wie schon in meinem Handbuch der H. Gesch., vgl. S. 6) folgenden Gang vorgeschlagen.

Das erste Vierteljahr der Untersekunda beginnt mit der Besprechung der Bibel als eines Ganzen, und darauf wird die Geschichte Israels bis zu Esra und Nehemia[1]) dargestellt.

Das zweite Vierteljahr führt dem Schüler die Gesetzesreligion in ihrem Wesen vor; die noch übrige Zeit mag der Lehrer auf die Lektüre ausgewählter Abschnitte aus den Propheten verwenden (besonders Jesaias, Jeremias und Jesaias II).

Der Winter führt dem Schüler Leben und Reden Jesu vor; es dürfte sich empfehlen mit den Reden Jesu zu beginnen, so daß die Darstellung des Lebens Jesu vor Weihnachten beginnt, wobei an die Besprechung der Weihnachtsgeschichte sich die des Weihnachtsfestes und des Kirchenjahrs anschließt. Die Besprechung endet mit der Ostergeschichte und dem Osterfest.

Der Obersekunda fallen zu vom Alten Testament: Messian. Weissagung (erstes Vierteljahr) und Psalmen, Sprüche, Hiob (zweites Vierteljahr); an den Psalter schließt sich, wenn das Vierteljahr nicht zu kurz ist, eine Besprechung des Gesangbuchs und des Gottesdienstes der evang. Kirche an.

Das Pensum des Winters ist die Apostelgeschichte, an welche sich die Lektüre einer Auswahl aus den Briefen anschließt. Mit Apostelgesch. 15 ist (wenn Zeit bleibt) eine Besprechung des Katechismus und der Unterscheidungslehren zu verbinden. An Apg. 28 ist einerseits die Darstellung des Ausgangs des apostol. Zeitalters und andererseits des Ausgangs der jüdischen Geschichte (Esra, bez. Herodes bis Titus) zu verbinden.

Der Prima gebührt die Darstellung der Kirchengeschichte (Unterprima — das leichtere Pensum) und der Glaubenslehre (Oberprima). Eine genauere Anweisung für beide Pensa ist meinen Handbüchern vorangeschickt.

Für die Primaner bedarf es nun zunächst wegen der Abiturienten, aber nicht bloß zu ihrem Nutzen (abgesehen von der Wiederholung des Katechismus u. s. w., welche oben gefordert ist), auch einer Wiederholung aus den andern Pensen, welche in dem betr. Jahre nicht durchgenommen werden; die Anweisung dazu ist im Lehrplan gegeben. Der Lehrer wird es verstehen, dieselben nicht zu einer Last für den Schüler zu machen. „Repetitio est mater studiorum"; Wiederholungen sind für den Schüler überhaupt (nicht bloß in der Religion) wünschenswert (auch wo es beim Abiturienten-Examen keine mündliche Prüfung giebt); auch die oberste Klasse der höheren Schule ist keine Universität, wo fortwährend nur vorzutragen ist, sondern der dargebotene Stoff soll auch zum sicheren Eigentum der Schüler gemacht werden, und dazu bedarf es der Wiederholung;

[1]) Bis zu Herodes (wie ich im Handbuch S. 6 vorgeschlagen habe) wird der Lehrer nur ausnahmsweise kommen.

auch ist es gerade bei der Wiederholung, die sich natürlich auf die Hauptabschnitte beschränkt,[1]) erst möglich, die vereinzelt durchgenommenen Stoffe zu größeren Ganzen zu verbinden. Gott gebe, daß es dem Lehrer gelingt, bei der Wiederholung wie beim Unterricht, auch „den Weg vom Kopf zum Herzen" des Schülers zu finden!

[1]) Hauptabschnitte aber sind von der H. Gesch.: Gesetzesreligion, mess. Weissagung, Hiob, Bergpredigt, Apostelgeschichte; von der Kirchengeschichte: Christentum in Deutschland, Reformation, Union, Gesangbuch, Gottesdienst; von der Glaubenslehre: Bibel, Katechismus, Römerbrief, Heilsordnung, Unterscheidungslehren.

Glaubenslehre.

Erster Abschnitt.

„Wo findet die Seele die Heimat der Ruh'?"

„Du hast uns zu Dir geschaffen, o Gott, und unser Herz ist unruhig, bis es Ruhe findet in Dir!"[1]

„Ich glaube an Gott den Vater, den Allmächtigen, Schöpfer Himmels und der Erden."

Vorbemerkung für den Lehrer.

Vom Glauben des Menschen an Gott handelt der erste Abschnitt der Glaubenslehre; derselbe zerfällt aber in fünf Teile, von denen der erste das Wesen der Religion, der zweite das Recht des Glaubens, der dritte das Wesen Gottes, der vierte Gott als Schöpfer, der fünfte Gott als Erhalter und Leiter der Welt darstellt. Das Wesen Gottes (dritter Teil) wird hier aber nicht in dogmatischer Vollständigkeit dargestellt, sondern nur soweit es hier in Betracht kommt; von der Dreieinigkeit ist erst die Rede, nachdem von Christus und dem Heiligen Geiste gesprochen worden ist. So gewinnt der Schüler allmählich eine immer tiefere Erkenntnis von Gott, und dieser allmähliche Fortschritt in der Erkenntnis ist, wie ich glaube, für die Schule dem systematischen Gange der Wissenschaft vorzuziehen.

Bei diesem Teile (wie auch in andern Abschnitten des Buches) sind für den Lehrer einige Erläuterungen und Ausführungen beigefügt, wie sie mir für den Lehrer erwünscht schienen; dieselben sind durch kleineren Druck oder durch eine darauf bezügliche Bemerkung, als nur für den Lehrer bestimmt, kenntlich gemacht.

I. Ursprung und Wesen der Religion.

1. Einleitung.

Es ist die Aufgabe des vorliegenden Buches (des kommenden Jahres im Schulleben), den christlichen Glauben darzustellen. Derselbe ist uns ja nichts Fremdes, da wir ihn schon längst aus dem Katechismus kennen gelernt haben. Hier gilt es nun, denselben tiefer und gründlicher zu erfassen, ebenso wie wir auch die Heilige Geschichte und die Geschichte der Kirche noch gründlicher kennen gelernt haben als in den unteren und mittleren Klassen.

[1] „Tu nos fecisti ad te, et cor nostrum inquietum est, donec requiescat in te." Augustinus.

Wenn wir nun die christliche Religion genauer betrachten wollen, so werden wir zuerst nach der Religion überhaupt fragen und ihren Ursprung und ihr Wesen zu verstehen suchen müssen. Was ist Religion, und woher stammt die Religion — diese Frage müssen wir zunächst beantworten.

Auf diese Frage werden wir die Antwort bekommen: die Religion erhalten wir durch die Überlieferung; aber die uns überlieferte Religion wird in uns nur darum lebendig, weil in uns selber das Verlangen nach Gott lebt; diesem Verlangen nach Gott kommt aber entgegen die Offenbarung Gottes an den Menschen.

Drei Gedanken sind es also, die wir hier zu betrachten haben: die Religion in der Welt, das Verlangen des Menschen nach Gott und die Offenbarung Gottes an den Menschen — auf diesen drei Dingen beruht des Menschen Glaube an Gott.

2. A. Die Religion in der Welt.

a. Wenn wir heute an Gott glauben, so verdanken wir das unsern Eltern, Lehrern und Geistlichen, die uns von Jugend an zu Gott geführt haben, indem sie uns lehrten, betend die Hände falten, noch ehe wir sprechen konnten, und von dem Gott im Himmel erzählten, als wir ihre Worte noch kaum verstanden. Auch zu unsern Eltern und Voreltern war aber der Glaube an Gott durch Überlieferung gekommen. Denn nicht in jedem einzelnen Menschen entsteht die Religion aufs neue und ohne Zusammenhang mit den andern Menschen; das ist so wenig bei der Religion der Fall, wie bei der Sprache und bei der geistigen Bildung. Von andern Menschen lernt der Mensch sprechen, und von andern empfängt er zunächst geistige Bildung; so empfängt er auch zunächst von andern Menschen die Religion. Denn nicht in den einzelnen Menschen, sondern in den großen Gemeinschaften der Stämme oder Völker ist die Religion zunächst in der Welt vorhanden, und von den Gemeinschaften kommt sie erst zu den einzelnen Menschen. Jeder Mensch wird, wie in eine staatliche und sprachliche und geistige, so auch in eine religiöse Gemeinschaft hineingeboren, und durch die objektiv in der Gemeinschaft vorhandene Religion wird die subjektive Religion des einzelnen Menschen hervorgerufen.

Diese objektiv vorhandene Religion wirkt nun auf den einzelnen Menschen ein; wer dieselbe aber nur äußerlich aufnimmt, der verfällt einem toten Ceremoniendienste, von welchem das Herz unberührt bleibt. Die objektive Religion soll also zum lebendigen Eigentum des Menschen werden; nur derjenige, in welchem das geschieht, hat in Wahrheit Religion.

b. Die in der Welt vorhandenen objektiven Religionen, die Religionsgemeinschaften,[1]) stellen sich aber dar in einer besonderen Stiftungsgeschichte, in einem Kultus, in einem Dogma und in besonderen socialen Sitten.

Jede bestimmte Religion (und es giebt nur solche — eine sogen. natürliche Religion giebt es ebensowenig, wie eine natürliche Sprache) hat ihre mündlich oder schriftlich überlieferte Stiftungsgeschichte. Dem Stifter der Religion entstammen nun

---

[1]) Eine Übersicht über dieselben findet der Lehrer in meiner Kirchengesch. Nr. 80.

oder seiner Stiftung entsprechen wenigstens Kultusvorschriften und Glaubenssätze; je nach der Religion sind diese oder jene überwiegend. Die Hauptformen des Kultus sind Gebet und Opfer,[1]) welche, von der niedrigsten Stufe aufwärts, sich immer weiter entwickeln, je mehr die Religion sich entwickelt. Endlich hängen auch bestimmte sociale Sitten mit der Religion zusammen.

Diese verschiedenen Dinge werden durch ein Band der Einheit im Menschen zusammengehalten; nicht eins dieser Elemente für sich, sondern erst alle mit einander machen die Religion aus; in der Religion sind diese einzelnen Elemente zu einer Einheit zusammengefaßt.

c. Aber wie ist nun die Religion zuerst entstanden? — So fragt heute die Wissenschaft, die ja die Anfänge aller Dinge zu erforschen sucht. Schon frühzeitig haben die Menschen nach dem Ursprunge des Glaubens an Gott gefragt, und es ist nicht gleichgültig, was man auf diese Frage antwortet; wer sie unrichtig beantwortet, der kann auch das Wesen der Religion leicht verkennen.

Die Entstehung der Religion ist aber ebenso schwer zu erforschen, wie die Entstehung des ganzen geistigen Lebens der Menschen überhaupt, der Sprache, der Sittlichkeit, des Rechtes u. s. w. Es ist daher kein Wunder, daß die Meinungen der Forscher über die Entstehung der Religion heute noch weit auseinandergehen. Für den Schüler ist aber gewiß richtig, was Kaftan über diese Frage überhaupt sagt: „Es fördert die Frage nach dem Wesen der Religion nicht, wenn sie mit der andern nach dem geschichtlichen Ursprunge derselben verbunden wird".[2])

Es dürfte hier daher jedenfalls genügen, den Lehrer kurz auf den Hauptgegensatz bei der Beantwortung der Frage nach dem Ursprunge[3]) und der Entwickelung der Religion hinzuweisen.

Nach der einen Ansicht[4]) hat sich die Religion allmählich von der niedrigsten[5]) bis zur höchsten Stufe, dem Monotheismus, entwickelt; diese Forscher stehen also auf dem Standpunkte der Entwickelungstheorie. Wer es aber nicht für richtig hält, den Menschen aus dem Tiere, die Sprache aus den tierischen Lauten sich entwickeln zu lassen, der wird auch die Religion nicht mit der uns heute entgegentretenden niedrigsten Stufe derselben, welche manche Forscher sogar schon beim Tiere finden wollten, beginnen lassen.

Nach der andern Ansicht[6]) bildet den Anfang der Religion zwar nicht eine vollkommene (wie man früher dachte), aber jedenfalls eine nicht unrichtige Erkenntnis Gottes, welchen der Mensch in den Naturerscheinungen wirksam glaubte (also die Naturanschauung) oder für die Not des Lebens als Helfer verlangte und

---

[1]) In den niedrigsten Religionen geht denselben voran die Nachahmung des göttlichen Thuns durch den Menschen, welcher durch dieselbe das Wohlgefallen der Götter zu gewinnen hofft. Auf dieser Nachahmung beruht noch z. B. bei uns die Sitte des Polterabends, indem der Donner der im Gewitter wahrgenommenen himmlischen Hochzeit bei der irdischen Hochzeit nachgeahmt wird.

[2]) Kaftan, Wesen des Christ., S. 20.

[3]) Über den Ursprung ergiebt sich auch noch manches aus dem, was unten über das Wesen der Religion gesagt wird.

[4]) Tiele (Religionsgeschichte), Gerland, Duncker (Gesch. des Alt.), Preller (griech. Myth.) u. a.

[5]) Als solche gilt aber einigen Forschern der Geisterglaube (Animismus), aus welchem sich der Fetischismus entwickelt habe, anderen der Glaube an Naturmächte, welche die Menschen in den Naturerscheinungen wirksam zu sehen glaubten.

[6]) V. v. Strauß, M. Müller, Pfleiderer, Carrière u. a.

wirksam glaubte (also die Lebenserfahrung).[1]) Diese Religion war aber, wenn auch nicht ein strenger Monotheismus, so doch Henotheismus d. h. Anbetung nur eines Gottes, ohne bewußte Ausschließung der Existenz anderer Götter, und von dieser ursprünglichen Religion aus ist einerseits eine Weiterentwickelung, andrerseits ein Verfall der Religion erfolgt. Einerseits ist aus dem Henotheismus ein bewußter Monotheismus geworden, vom Heidentum mehr erstrebt als erreicht, vom Judentum, Christentum und Islam wirklich erreicht. Andererseits ist die ursprünglich reinere Gottesfurcht allmählich verdunkelt worden, indem an die Stelle Gottes allmählich die Naturkräfte und Naturerscheinungen traten. Da nun aber in der Natur dem Menschen so verschiedene Erscheinungen und entgegengesetzte Kräfte entgegentreten, so wurde aus der Verehrung des einen Gottes die Verehrung vieler Götter (Polytheismus oder wenigstens Dualismus). Wenn der Mensch ursprünglich im Himmel, im Sturm, im Feuer u. s. w. nur eine mannigfache Offenbarung der einen Gottheit erkannt hatte, so sah er später in diesen Erscheinungen, auch durch die Sprache, besonders die Poesie, dazu verleitet, verschiedene Götter. Wenn es sogar noch bei einem neueren Dichter (S. Dach) heißt:

„Dieser Monat ist ein Kuß,
Den der Himmel giebt der Erde,
Daß sie jetzo eine Braut,
Künftig eine Mutter werde“ —

ohne daß doch dieser Dichter Himmel und Erde als persönliche Mächte betrachtet, so ist es nicht zu verwundern, wenn in der alten Zeit, wo die Phantasie viel mächtiger war als heute, aus Himmel und Erde zwei göttliche Personen wurden, die sich in einem „heiligen Ehebunde“ mit einander verbanden.[2])

Dies Herabsinken der Religion von einem ursprünglichen Monotheismus (oder wenigstens Henotheismus) zum Polytheismus haben die Gelehrten für verschiedene Religionen noch nachzuweisen vermocht, z. B. für die indische Religion (M. Müller), für die griechische (Curtius) u. s. w. Auch im Christentum ist ja ein solches Herabsinken der Religion vom Monotheismus zum Polytheismus wahrzunehmen; der Heiligendienst vieler Katholiken, vollends die Spaltung der einen Maria in verschiedene Marieen, welche an verschiedenen Orten wirksam sind und sich mehr oder weniger hilfreich erweisen, ist offenbar ein Herabsinken zum Polytheismus.

3—8. B. Das Verlangen des Menschen nach Gott.

3. Einleitung.

Von seinen Mitmenschen empfängt der einzelne Mensch, wie die Sprache und andere Dinge, so auch die Religion. Aber er nimmt die Religion nur darum an, weil in ihm selber ein Verlangen nach Gott vorhanden ist, und die Religion wird in ihm nur soweit lebendig, als das Verlangen nach Gott erwacht; sonst bleibt sie ein toter Schatz für den Menschen.

Worauf beruht nun das Verlangen des Menschen nach Gott?

---

[1]) Über diesen Gegensatz in der Erklärung der Religion folgt unten Genaueres.

[2]) Von diesem „heiligen Ehebunde“ spricht wohl auch Homer (Ilias 14), ohne freilich von der Entstehung und Bedeutung dieses Mythus (wie auch der anderen Mythen) noch etwas zu wissen.

Auf diese Frage geben die Gelehrten sehr verschiedene Antworten, indem sie die Religion auf sehr verschiedene Weise aus dem Wesen des Menschen herleiten. Einige führen die Religion auf die Phantasie, andere auf den Verstand, wieder andere auf den Willen, endlich noch andere auf das Gemüt zurück, und da das alles nun wieder in sehr verschiedener Weise geschehen kann, so ergiebt sich eine große Anzahl von Antworten auf die Frage, worauf das Verlangen des Menschen nach Gott beruhe, und wie demgemäß die Religion entstanden sei.

Eine Übersicht über diese verschiedenen Antworten soll im folgenden so gegeben werden, daß für den Schüler nur die Hauptansichten, für den Lehrer auch andere Ansichten vorgeführt werden.[1]).

4. a. Die Herleitung der Religion aus der Phantasie.

Aus der Phantasie kann die Religion in sehr verschiedener Weise hergeleitet werden, nämlich entweder so, daß sie als ein eitles oder so, daß sie als ein berechtigtes Phantasiegebilde erscheint. Ob aber die Religion als ein berechtigtes Phantasiegebilde dem Menschen im Glauben an Gott etwas der Wirklichkeit Entsprechendes darbietet, ist wiederum zweifelhaft.

Aber auch von demjenigen, welcher die Religion nicht aus der Phantasie herleitet, wird anerkannt, daß die Phantasie in der Religion eine Rolle spielt. Die Mythen der heidnischen Religionen erhalten wenigstens ihre Gestalt durch die Phantasie, und auch in der Religion der Bibel spielt die Phantasie eine berechtigte Rolle; die Schilderungen der Propheten von dem zukünftigen Gottesreiche beruhen wenigstens in ihrer Form auf der Phantasie, und dieses Walten der Phantasie ist jedenfalls auch in der Religion als berechtigt anzusehen.

Diejenigen nun, welche die Religion überhaupt aus der Phantasie herleiten, thun dies in folgender Weise.

α. Es hat Zeiten gegeben, wo die Religion den Menschen verdächtigt wurde als eine (auf der Phantasie beruhende) Erdichtung kluger Fürsten[2]) oder auch listiger Priester, welche durch diese Erfindung das gemeine Volk beherrschen und ausbeuten wollten; das hätten die Priester für sich im Auge gehabt, oder die Könige in ihrem Interesse beabsichtigt, durch Benutzung der Priester, welche ihnen halfen, ihre Herrschaft auch dahin auszudehnen, wohin Gesetz und Richter, Polizei und Soldaten nicht reichen. — Es hat leider zu allen Zeiten und in allen Religionen solche Priester gegeben, denen die Religion bloß ein Mittel war, um Herrschaft und Reichtum zu gewinnen. Es hat auch zu allen Zeiten Herrscher gegeben, welche die Religion dazu benutzt haben, um ihr Volk noch mehr zu knechten. Aber wenn auch in der That die Religion in dieser Weise gemißbraucht worden ist, so ist es doch durchaus verkehrt, zu glauben, daß sie durch heuchlerische Priester und herrschsüchtige Könige erfunden worden sei. Wo es Priester gab, war die Religion bereits vorhanden;

---

[1]) Wer eine vollständige Übersicht über diese Frage gewinnen will, mag z. B. die Dogmatik von Nitzsch (1889), § 8—18, vergleichen.

[2]) So zuerst der Sophist Kritias (vgl. Nitzsch, Dogmatik, 1889, § 9).

die Religion ist also älter, als die Priester. Könige aber, die die Religion benützen wollten, mußten dieselbe doch ebenfalls schon kennen. Und wie wäre es denn möglich, der ganzen Menschheit etwas aufzubürden, wovon sie nur Schaden hätte, und wonach sie doch in ihrem eigenen Innern gar kein Verlangen trüge, was ihrer Natur ganz fremd, und was ganz falsch und nur erdichtet wäre! Das ist ganz undenkbar, und heute glaubt kein Mensch mehr an einen derartigen Ursprung der Religion. Priester und Fürsten haben zwar oft die vorhandene Religion gemißbraucht, aber sie nicht erfunden.

β. Als die Griechen an ihrem Glauben irre wurden, da trat unter ihnen ein Philosoph auf, Namens Euhemeros (c. 300 vor Chr.), welcher nachzuweisen unternahm, daß ihre Götter nur (durch die Phantasie) vergötterte Menschen seien. Hier sei ja Zeus geboren, dort gestorben und begraben, wie die Sage erzähle — daraus folge offenbar, daß Zeus und ebenso die andern Götter nur Menschen gewesen und erst nach ihrem Tode vergöttert worden seien. Diese Entdeckung des Euhemeros fand damals großen Beifall — aber mit Unrecht. Zunächst erklärt ja Euhemeros gar nicht, woher denn die Griechen den Begriff eines Gottes gehabt haben, den sie auf Zeus übertrugen; er erklärt also gar nicht, was er erklären wollte, wie die Menschen zum Glauben an Gott gekommen seien. Sodann aber meint man heute, gerade das Gegenteil von dem, was Euhemeros gesagt habe, sei das Richtige: viele menschliche Helden der Griechen (und anderer Völker) seien ursprünglich Götter gewesen, und erst später seien sie vermenschlicht worden (z. B. Herakles und Siegfried). Auch die Ansicht des Euhemeros ist heute von der Wissenschaft gänzlich aufgegeben.[1])

γ. Wenn von Euhemeros die Religion auf Vergötterung fremder Menschen zurückgeführt wurde, so hat dagegen in der Neuzeit Feuerbach die Religion auf die Vergötterung eigener Wahngebilde zurückgeführt. Der Mensch sucht nämlich nach Feuerbach in der Religion sein eigenes Wohl und Freiheit vom Übel zu gewinnen; diese Güter hofft er aber zu gewinnen durch ein Wesen, welches ihm seine Phantasie als existierend vorführt, ohne daß es doch existiert; aus dem Wunsche des Menschen, daß ein Gott existiere, ist nach Feuerbach der Glaube an die Existenz Gottes entsprungen. Dies Phantasiegebilde ist aber das Gebilde einer kranken Phantasie, und dasselbe wirkt schädlich auf den Menschen, indem es ihn auf Gott hinweist statt auf seine eigene Kraft. Darum ist im Interesse der Sittlichkeit die Vernichtung der Religion, als eines thörichten Menschenwahns (wie etwa des Hexenwahns), zu fordern.

Von Feuerbach unterscheidet sich Lange (Geschichte des Materialismus) dadurch, daß er die Religion zwar ebenfalls auf die Phantasie zurückführt, aber ihre Wahrheit nicht für undenkbar, und die Religion namentlich nicht für schädlich, sondern für außerordentlich wertvoll und segensreich hält. Aber auch für Lange ist doch die Gottheit nur ein Gebilde der Phantasie, von dessen Wirklichkeit der Mensch sich nicht überzeugen könne.

So ist denn die Religion, wenn man sie auf die Phantasie zurückführt, in Gefahr, als ein eitles Wahngebilde zu erscheinen; ob eine Gottheit wirklich existiert, bleibt bei dieser Herleitung der Religion mindestens zweifelhaft.

[1]) Aber „wie stark der Euhemerismus auch verschrieen ist, so muß man doch anerkennen, daß manchen Mythen historische Ereignisse zu Grunde liegen.“ Saussaye, Religionsgesch. § 25.

5. b. Die Herleitung der Religion aus dem Verstande.

Viel angemessener scheint es zu sein, die Religion aus dem Verstande herzuleiten; die Frage nach einer letzten Ursache der Welt liegt dem Menschen so nahe; ist nicht vielleicht aus dieser Frage des Verstandes die Religion entstnden?a

Und selbst wenn im Verstande nicht der Ursprung der Religion zu suchen ist, so spielt jedenfalls der Verstand auch in der Religion eine Rolle. Der Verstand prüft die Wahrheit der ihm überlieferten Religion, und er faßt in bestimmte Sätze, was die Religion verkündet; auch wird eine Religion, welche dem Verstande gar nicht einleuchten will, schwerlich auf die Dauer ihre Herrschaft in der Welt behaupten.

Wie wird nun die Religion aus dem Verstande hergeleitet?

Viele Forscher glaubten den Ursprung der Religion daraus erklären zu können, daß der Mensch nach einem Urheber der Welt geforscht und als solchen Gott erkannt habe. Aber wenn auch in der That nur der Glaube an Gott des Menschen fragende und forschende Seele befriedigt, so ist doch auf diesem Wege die Religion nicht entstanden, und das Erkennen Gottes, als des Urhebers der Welt und der Menschen, ist noch nicht Religion. Wer Gott erkennt, der weiß von ihm, und das Forschen und Wissen ist die Sache der Wissenschaft. Das rechte Wissen von Gott ist eine sehr wertvolle Sache und auch für die Religion sehr wichtig; aber man kann von Gott eine richtige Erkenntnis haben, und doch ist man nicht fromm („Die Teufel glauben auch und zittern"), und man kann von Gott sehr Thörichtes sagen und denken, und dennoch sehr fromm sein. Mancher Katholik, der auf sein Heiligenbild ein nach unsrer Meinung verkehrtes Vertrauen setzt, ist frömmer, als viele Evangelische, die ihn wegen seines Aberglaubens verspotten; jener glaubt an Gott (wenn auch in Schwachheit), sie aber wissen nur von Gott, ohne daß sie ihr Herz ihm hingeben.

So war es also unrichtig, wenn die Dogmatik des 17. Jahrh. im Christentum vornehmlich die reine Lehre betonte; die Lehre ist eben ein Ergebnis des Verstandes. Der klassische Repräsentant dieser Richtung ist aber Hegel, für welchen die Religion die durch die Vernunft bewirkte Aufhebung des vom Menschen erkannten Gegensatzes des Absoluten und des Ich ist; auch für ihn kommt es bei der Religion vornehmlich auf die Erkenntnis der Wahrheit an. Von neueren Forschern gehören hierher Hartmann und M. Müller (Oxford).

Aber „das religiöse Bewußtsein ist nicht eine Stufe auf derselben Leiter, in derselben Richtung, in welcher die Philosophie den Schlußpunkt bildet, nämlich in der Richtung auf das objektive Denken und Wissen, auf theoretische Welterklärung oder metaphysische Gottes- und Welterkenntnis. Allerdings wächst der Causalitätsdrang auf einer bestimmten Entwickelungsstufe leicht mit dem religiösen Triebe zusammen, aber er ist nicht die erste Wurzel desselben. Die Religion ist nicht Volksmetaphysik."[1])

Und diese Erklärung des Ursprungs der Religion „paßt auch nicht auf den geschichtlichen Thatbestand; denn es giebt sehr viele religiöse Vorstellungen, welche man

---

[1]) Nitzsch, Lehrb. der ev. Dogm. (1889) § 16, 3.

durchaus nicht oder kaum als Versuche zur Erklärung der Erscheinungen (in der Natur) betrachten kann."[1])

6. c. Die Herleitung der Religion aus dem Willen.

Wie nicht auf der Phantasie und auf dem Verstande, so beruht die Religion auch nicht auf dem Willen. Wenn Kant das Wesen der Religion darin fand, daß der Mensch die sittlichen Gebote als Gebote Gottes erkenne, so hat er damit die Sittlichkeit an die Stelle der Religion gesetzt. Aber Religion und Sittlichkeit sind von einander zu unterscheiden. Der sittliche Mensch thut das, was von seinem Gewissen gebilligt wird, ganz abgesehen davon, ob er an einen Gott glaubt oder nicht; der religiöse Mensch aber thut, was der Gottheit wohlgefällig ist (Beten und Opfern), damit sie ihm die begehrten Güter gewähre. Der sittliche Mensch thut Gutes, der religiöse Mensch erstrebt Güter für sein Leben. Religion und Sittlichkeit können zu einem Thun führen, aber auch zu verschiedenem Thun, denn mancher Fromme handelt, um Gott zu gefallen, gegen sein Gewissen; jedenfalls sind Religion und Sittlichkeit nicht dasselbe.[2])

7—8. d. Die Herleitung der Religion aus dem Gemüt.

7. Darstellung für den Schüler.[3])

α. Luk 12, 19. Liebe Seele, du hast einen großen Vorrat auf viele Jahre; habe nun Ruhe, iß, trink' und habe guten Mut!
1. Kor. 15, 32. Lasset uns essen und trinken, denn morgen sind wir tot.
Luk. 6, 24. Wehe euch Reichen, denn ihr habt euren Trost dahin!

β. Luk. 6, 20. Selig seid ihr Armen, denn das Reich Gottes ist euer!
Luk. 15, 17—19. Ich verderbe im Hunger; ich will mich aufmachen und zu meinem Vater gehen und zu ihm sagen: Mache mich als einen deiner Tagelöhner!
Unser täglich Brot gieb uns heute!
„Not lehrt beten."

γ. Luk. 15, 18—19. Vater, ich habe gesündigt in den Himmel und vor dir, und bin hinfort nicht mehr wert, daß ich dein Sohn heiße.
Vergieb uns unsre Schuld und führe uns nicht in Versuchung!
Matth. 5, 6. Selig sind, die da hungert und dürstet nach der Gerechtigkeit, denn sie sollen satt werden.

δ. Dein Reich komme!
Matth. 6, 33. Trachtet am ersten nach dem Reiche Gottes und nach seiner Gerechtigkeit, so wird euch solches alles zufallen.
Matth. 5, 3. Selig sind, die da geistlich arm sind, denn das Himmelreich ist ihr.

[1]) Saussaye, Religionsgeschichte § 24.
[2]) Von Gedanken Kant's ausgehend, hat auch Herrmann (die Religion im Verhältnis zum Welterkennen und zur Sittlichkeit, 1879) seinen Religionsbegriff gebildet. Kant weniger nahe steht Ritschl.
[3]) Im Anschluß an die verzeichneten Bibelsprüche wird Ursprung und Wesen der Religion für den Schüler in möglichst einfacher Weise verdeutlicht.

Ps. 42 und 43. Was betrübst du dich, meine Seele, und bist so unruhig in mir? Harre auf Gott, denn ich werde ihm noch danken, daß er meines Angesichts Hülfe und mein Gott ist.

Joh. 16, 33. In der Welt habt ihr Angst; aber seid getrost, ich habe die Welt überwunden.

Augustinus, Confessiones I, 1: Tu nos fecisti ad te, et cor nostrum inquietum est, donec requiescat in te. Du hast uns zu Dir geschaffen, o Gott, und unser Herz ist unruhig, bis es Ruhe findet in Dir.

α. Es giebt zwar kein einziges Volk, welches gar keine Religion hätte, aber allerdings einzelne Menschen, welche, wenn auch vielleicht nur eine kurze oder lange Zeit, ohne Glauben, ja ohne das Verlangen nach Gott dahinleben, nicht gerade Leugner der Gottheit, überzeugte Atheisten (die es freilich auch giebt), aber praktische Atheisten und Materialisten, für welche es nur irdische Güter und irdische Interessen giebt. Einen solchen Menschen führt uns Jesus vor in dem reichen Manne, der zu seiner Seele spricht (Luk. 12, 19): „Liebe Seele, du hast einen großen Vorrat auf viele Jahre; habe nun Ruhe, iß, trink' und habe guten Mut!" So spricht ein Mensch, der an Gott nicht denkt und ihn nicht braucht, der keine Religion hat und keine braucht; bei solchen Leuten heißt es: „Laßt uns essen und trinken, denn morgen sind wir tot!" (1. Kor. 15, 32. Jes. 22, 13.) Da ein solcher Sinn sich nun vornehmlich bei reichen Leuten findet, so ist es zu begreifen, daß die Bibel die Reichen so oft als die Gottlosen, d. h. die von Gott Losgelösten, betrachtet, und daß es bei Lukas geradezu heißt: „Wehe euch Reichen, denn ihr habt euren Trost dahin!" (Luk. 6, 24.) Die Bibel hat selber dafür gesorgt, daß wir das Wort nicht dahin deuten, daß alle Reichen ohne weiteres als gottlos anzusehen sind; es giebt Reiche, welche fromm sind, wie es Arme giebt, welche gottlos sind. Aber freilich das bleibt richtig, daß nur der zu Gott kommt, der nicht in den Gütern dieser Welt und in der Sorge darum (mag er viele oder wenige Güter haben) sein volles Genügen findet.

β. Dagegen heißt es nun bei Lukas nicht mit Unrecht: „Selig seid ihr Armen, denn das Reich Gottes ist euer!" (Luk. 6, 20.) Wer Gott nicht braucht, in dem erwacht auch kein Verlangen nach Gott; wer aber die Not des Lebens erfährt, der sieht sich, wenn seine Macht nicht weiterreicht, nach einem Helfer um, der ihn vor dem leiblichen Untergange bewahrt. So machte es der verlorene Sohn, als er sein Gut verbracht hatte; da dachte er an den Vater in der Ferne: „Ich verderbe im Hunger; ich will mich aufmachen und zu meinem Vater gehen und zu ihm sagen: Mache mich als einen deiner Tagelöhner!" (Luk. 15, 17—19.) Es ist nur ein geringer Anfang der Religion, wenn der Mensch in der Not sich an Gott, als an einen mächtigen und wohlwollenden Helfer, wendet, und die Religionen der Naturvölker stehen ja allerdings vielfach auf dieser niederen Stufe, daß es sich auch beim Glauben an Gott nur um Segen an irdischem Gut und bei der Sorge um die Ewigkeit um die Fortdauer der Lebensmittel handelt. Aber ist etwa bei uns dieser Gedanke aus der Religion ganz verschwunden, und soll er etwa ganz verschwinden? Auch wir beten ja noch: „Unser täglich Brot gieb uns heute!" Und da wir einen Leib haben, so werden wir auch niemals aufhören können, für denselben durch Arbeit und Gebet zu sorgen; wenn die Arbeit für des Leibes Notdurft den Menschen nicht erniedrigt, so darf er erst recht, namentlich in der Not, zu Gott um irdische Güter beten; „Not lehrt beten" — so heißt es im Sprüchwort; Gott gebe, daß die Not die Menschen nur immer zu Gott führe, nicht zu Unrecht und Sünde; auch den, der nur aus Not zu Gott kommt, wird er nicht von sich stoßen, sondern er nimmt ihn an, wie der Vater den verlorenen Sohn.

γ. Ja, der Vater führt den verlorenen Sohn auch noch näher an sich heran. Die Not führt zu Gott. Der verlorene Sohn wird zunächst nur von irdischer Not getrieben, zum Vater zu gehen; aber er erkennt doch andererseits auch infolge der Not, daß er gesündigt habe gegen den Himmel und vor Gott (Luk. 15, 18). Und auch die Völker erkennen in den Nöten, die sie treffen, Strafgerichte Gottes über ihre Sünde, und wenn sie dann beten und opfern, so wünschen sie auch den Zorn Gottes, den sie in der Not als über ihnen waltend erkannt haben, von sich abzuwenden. Als die Griechen vor Troja von der Pest heimgesucht werden, da fragen sie, warum die Gottheit „so sehr zürne", und welche Sünden sie wohl begangen haben könnten.[1]) So entwickelt sich aus dem Gebete um irdische Güter durch die Betrachtung der Not als einer Schickung Gottes die Bitte um geistliche Güter, und auch wir beten nach der Bitte um das tägliche Brot: „Vergieb uns unsre Schuld und führe uns nicht in Versuchung!" So schließt sich also an den leiblichen Hunger der geistliche Hunger an, von welchem die Bergpredigt spricht: „Selig sind, die da hungert und dürstet nach der Gerechtigkeit, denn sie sollen satt werden." (Matth. 5, 6.)

δ. Wenn die heidnischen Religionen den Menschen so zu Gott führen, als dem Helfer in leiblicher Not und auch dem Spender sittlicher Güter (auch wenn die Gottheit selbst nicht eine sittliche Macht ist, sondern nur eine dem Menschen überlegene äußere Macht bleibt), so führt die Offenbarungsreligion des Alten und des Neuen Bundes noch weiter. Wir beten im Vaterunser nicht bloß um irdische und sittliche Gaben, sondern wir wollen Gott selber, als „unser Heil und höchstes Gut" erlangen, indem wir mit ihm in Gemeinschaft treten und an seiner Seligkeit teilnehmen, und zwar nicht bloß jeder einzelne für sich, sondern in Gemeinschaft, so daß wir alle ihm angehören; wir beten nämlich: „Dein Reich komme!" Und diese Bitte nebst den ihr beigeordneten (Dein Name werde g. — Dein Wille g.) hat ja Jesus in seinem Gebete den Bitten um irdische und sittliche Güter sogar vorangestellt, und warum er das gethan hat, sagt er uns selber in dem Worte: „Trachtet am ersten nach dem Reiche Gottes (Bitte 1—3) und nach seiner Gerechtigkeit (Bitte 5—7), so wird euch Nahrung und Kleidung (Bitte 4) zufallen!" (Matth. 6, 33). Und so ist es denn ein schöner Anfang seiner Bergpredigt, wenn Jesus sagt: „Selig sind, die da geistlich arm sind, denn das Himmelreich ist ihr" (Matth. 5,3); wer da arm ist, aber nicht bloß leiblich, sondern auch geistlich, der kommt zu Gott, und er begehrt in ihm nicht bloß den Helfer

---

[1]) Homer, Ilias 1, 64—67.

in Leibesnot, sondern auch in Seelennot; ja, der verlangt schließlich nach Gemeinschaft mit Gott, nach Teilnahme am Gottesreich. Das ist das höchste Gut, welches der Mensch begehren kann, ein Gut, welches das Heidentum nicht kennt, ein Gut aber, wonach das Volk Israel verlangte, und welches im Christentum für den Menschen vorhanden ist.

ε. So beruht die Religion auf dem Gemüte, auf dem Herzen, wie Paulus sagt: „So man von Herzen glaubt, so wird man gerecht" (Röm. 10,10); sie hat ihren Ursprung nicht im Verstande, der etwa durch Beweise vom Dasein Gottes überzeugt wird. Man kann einsehen, daß es einen Gott giebt; aber das Wissen führt nicht notwendig zur Religion; es kann aus demselben sogar eine Philosophie sich entwickeln, und der Philosoph braucht nicht an Gott in religiösem Sinne zu glauben; „die Teufel glauben auch und zittern" (Jak. 2,19). Man kann andrerseits im Verstande zweifeln und doch zu Gott beten: „Ich glaube, Herr, hilf meinem Unglauben!" (Mark. 9,24) — und dieser schwache Glaube ist bereits Religion. Aus dem Gefühl der Not entwickelt sich im Gemüte die Religion als Vertrauen auf Gott, als einen Helfer in der Not zuerst des Leibes, dann auch der Seele, endlich als Verlangen nach ihm als dem höchsten Gut, wertvoller als alle einzelnen Gaben für Leib und Seele. Auf diesen Ursprung der Religion deutet schon das A. T. hin, wenn es daselbst heißt (Ps. 42 u. 43): „Was betrübst du dich, meine Seele, und bist so unruhig in mir? Harre auf Gott, denn ich werde ihm noch danken, daß er meines Angesichts Hilfe und mein Gott ist." Und sagt doch auch noch Jesus zu seinen Jüngern (Joh. 16,33): „In der Welt habt ihr Angst; aber seid getrost, ich habe die Welt überwunden," wobei er nun allerdings nicht mehr bloß an die leibliche Angst denkt, oder wenigstens gilt doch sein Trost auch der geistlichen Angst seiner Jünger, der Angst wegen ihrer Sünde; im Glauben an ihn sollen sie Trost und Frieden finden. Und so hat denn der berühmte Kirchenlehrer Augustinus am Anfange seiner Lebensbeschreibung (Confessiones I, 1) ganz im Sinne der H. Schrift das Wesen der Religion bezeichnet, wenn er sagt: „Tu nos fecisti ad te, et cor nostrum inquietum est, donec requiescat in te." „Du hast uns zu Dir geschaffen, o Gott, und unser Herz ist unruhig, bis es Ruhe findet in Dir!" Nur in Gott findet das durch leibliche und geistliche Not geängstigte Gemüt Ruhe und Frieden.

8. Darstellung für den Lehrer.

α. Gegenüber der Ableitung der Religion aus der Phantasie, dem Verstande oder dem Willen wird von andern, namentlich in der neueren Zeit von Schleiermacher, die Religion aus dem Gefühl hergeleitet; der Sitz der Gefühle ist aber das Gemüt.

Mit Recht hat nun Schleiermacher zuvörderst darauf hingewiesen, daß die Religion, rein für sich betrachtet, weder ein Wissen, noch ein Thun, sondern eine Bestimmtheit des Gefühls ist; ein religiöser Mensch ist ein frommer Mensch, und die Frömmigkeit zeigt sich zunächst in eigentümlichen Gefühlen. Man kann von Gott sehr viel wissen, aber ein bloßes Wissen von Gott ist noch nicht Religion; ein solcher Glaube ist ein toter Glaube;

ein bestimmtes Wissen gehört allerdings zur Religion, aber das Wissen ist nicht Religion. Man kann ferner alle Ceremonien des Gottesdienstes mitmachen, aber Religion braucht man trotzdem nicht zu haben. Man kann sogar sittlich handeln, ohne fromm zu sein, und unsittlich handeln infolge seiner (mangelhaften) Religion; das Thun des Menschen ist gleichfalls nicht die Religion, obwohl ein bestimmtes Thun allerdings mit der Religion verbunden ist. Der Kern der Frömmigkeit ist dagegen das fromme Gefühl; wer auch nur ein solches Gefühl hätte, hätte schon Religion, auch wenn dasselbe nicht mit einem bestimmten Wissen und Thun verbunden wäre; er hätte eine bloße Gefühlsreligion, aber doch Religion.

In der Religion handelt es sich nämlich nicht um eine Vorstellung von der Welt oder von Gott; das ist die Sache der Wissenschaft. Bei dem Gebildeten entwickelt sich das Wissen, aber vielleicht weniger die Religion; beim Ungebildeten kann es zu einem rechten Wissen vielleicht gar nicht kommen, aber wohl auf Grund des Gefühls zu einem regen religiösen Leben. Aus Beobachtung der Welt und aus Nachdenken über die Welt entsteht die Wissenschaft; auf Grund eines bestimmten Gefühls, mit welchem wir der Welt gegenüberstehen, entsteht die Religion. Darum kann auch die Religion niemandem durch Beweis aufgenötigt werden, wie das Wissen, sondern sie ist, als eine Sache des Gefühls, eine Sache der Freiheit, wie ja auch das Gefühl für Recht und Unrecht (das Gewissen), für Schön und Häßlich (der Geschmack) nicht durch Beweis aufgenötigt werden kann.

β.. Und welches ist denn nun das eigentümliche Gefühl, welches der Religion zu Grunde liegt?

Nicht um das Gefühl für das Schöne und Häßliche handelt es sich hier; darauf beruht die Kunst; auch nicht um das Gefühl für Gut und Böse; darauf beruht die Sittlichkeit. Hier handelt es sich um ein Gefühl, welches nicht zum Wollen des Guten oder zum Schaffen des Schönen führt, sondern um ein Gefühl, welches im Menschen erweckt wird durch das Leben in der Welt, sofern er zu leben begehrt und doch in seinem Anspruch auf Leben sich bedrängt und bedroht sieht durch Not und Drangsal, die ihn umgiebt, und die ihn den Blick über die Welt erheben und wider die Not des Lebens Hülfe suchen läßt bei der Gottheit, als einer Macht, welche ihm in seiner Lebensnot Hülfe gewähren kann. Das Gefühl der Not ist es, welches den Menschen, der auf Leben Anspruch macht, zur Religion führt — das zeigt die Betrachtung aller Religionen, der niedrigsten wie der höchsten. Der religiöse Kultus besteht aus Handlungen (Opfer und Gebet), welche ursprünglich dem Zwecke dienen, das Wohlwollen der Götter und dadurch allerlei Güter des Lebens zu gewinnen, oder das Übelwollen der Götter abzuwenden, welches dem Menschen die Güter des Lebens versagt.

Das Gefühl der Not ist es also zunächst, welches im Menschen die Religion entstehen läßt; er kann sich selber nicht verschaffen, was er zum Leben braucht, und nicht mit eigener Kraft abwehren, was sein Leben bedroht. Da wendet er sich an die Gottheit, damit sie ihm die erwünschten Güter gewähre und das drohende Unheil abwende. Wir stehen heute den meisten Naturerscheinungen ganz anders gegenüber, als der Mensch der

Vorzeit. Gleichmütig sehen wir die Sonne untergehen und rechnen darauf, daß sie wieder aufgeht; unser Kalender sagt uns bis auf die Minute die Zeit ihres Aufgangs voraus. Wir sehen die Tage immer kürzer werden, ohne uns zu ängstigen, denn wir wissen, wann der Tag wieder länger wird. Wir betrachten auch ein Gewitter mit ziemlicher Ruhe und haben dabei vielleicht ebenfalls unsere Gedanken und Gefühle, aber etwa solche, wie sie Klopstock in seiner „Frühlingsfeier" ausspricht. Ganz anders stand der Mensch in der alten Zeit der Natur gegenüber, und noch heute viele Naturvölker. Wie hat doch eine Sonnenfinsternis manchmal durch den Schrecken, den sie erregte, eine Schlacht entschieden! Mit welcher bangen Sorge warteten in der Winternacht unsere Vorfahren auf die Wiederkehr der längeren und helleren Tage! Welche große Rolle spielt in den Mythologieen das Gewitter![1])

γ. Im Gegensatze zu denjenigen, welche die Religion vornehmlich aus dem theoretischen Bedürfnis einer Erklärung der Naturerscheinungen herleiten, stehen also diejenigen, für welche das Motiv der Religion ein praktisches Bedürfnis des Menschen ist. Wie sehr hier auch im einzelnen die Meinungen auseinandergehen, so stimmen doch alle Vertreter dieser Erklärung des Ursprungs der Religion darin überein, daß sie als die Wurzel des religiösen Bedürfnisses das Verlangen nach Sicherstellung und Förderung der eigenen Person und des Lebens betrachten.

Hier gilt es aber, eine falsche Ansicht abzuwehren.

Wenn man nämlich, und zwar schon in alter Zeit[2]), die Behauptung aufgestellt hat, die Religion sei entstanden durch die Furcht vor den in der Welt wirkenden unheimlichen und schädlichen Mächten, denen der Mensch nicht beizukommen wisse, so ist an dieser Erklärung etwas Richtiges; aber in der Hauptsache ist sie doch falsch. Wenn die Religion nur in der Furcht vor den dunklen und schädlichen Naturgewalten bestände, dann würde sie immer mehr aufhören müssen, je mehr wir die Natur erkennen; dann könnte auch einmal eine Zeit kommen, wo sie ganz aufhörte, weil alle Naturgesetze erkannt wären, also alle Furcht vor den dunklen Naturmächten aufhören würde. Die Religion soll aber nach unserer Meinung niemals aufhören, und zwar schon darum nicht, weil die Grundstimmung der Religion nicht die Furcht ist, sondern Vertrauen und Liebe. Wenn man dagegen die Teufelsfurcht erklären wollte, so wäre diese Erklärung zu brauchen.

δ. Wenn nun der Mensch die für ihn nötigen oder ihm angenehm erscheinenden Dinge der Welt begehrt, so hat er dieses Begehren allerdings mit dem Tiere gemein; aber der Mensch begehrt diese Dinge nicht bloß von andern Menschen oder sucht sie durch eigene Kraft zu erringen, sondern er begehrt sie von einem Gotte — und dadurch unterscheidet er sich vom

[1]) Vgl. auch Schömann, griech. Alterth.[3], II, 280: Aus dem Wunsche nach göttlicher Belehrung, wenn der Mensch in seinem Handeln unsicher und ratlos ist, entspringt die Mantik. — Auch hier also führt die Not zu Gott.

[2]) Aber nicht, wie man gewöhnlich sagt, Lucretius, sondern Petronius in einem in des Statius Thebais III, 661 citierten Worte: „Primus in orbe deos fecit timor" (Die Furcht hat zuerst die Götter in die Welt gebracht); vgl. Saussaye Religionsgeschichte I, S. 22, Anm. 1.

Tiere. Er begehrt also etwas von seinem Gott, und darum betet er zu ihm; Gott ist nicht ein Ergebnis seines Denkens, sondern er glaubt an einen Gott, weil er eine Macht braucht, die ihm gewährt, was er bedarf, und die von ihm abwehrt, was er fürchtet.

Aus der Not des Lebens entwickelt sich also in der That die Religion, nicht aus dem Nachdenken; auf dem Gefühl der Ohnmacht des Menschen beruht der Glaube an eine höhere Macht in der Welt, welche dem Menschen in der Not hilft.

ε. Sinnliche Güter für sein leibliches Leben begehrt nun der Mensch zunächst von der Gottheit. Da aber das Leben des Naturmenschen zunächst ziemlich einförmig verläuft[1]), so braucht er auch nur einen Gott, und die ursprüngliche Religion ist wohl die Verehrung nur eines Gottes gewesen — allerdings noch ohne den Gedanken, daß es für alle Menschen nur einen Gott gebe[2]). Da nun aber in der Natur verschiedene Mächte wirksam sind, so ist es kein Wunder, daß der Mensch später zur Verehrung zweier (Persien) oder vieler Götter fortgeschritten ist.

Wenn aber der Mensch von seinen Göttern nur sinnliche Güter begehrt und in seinen Göttern nur die Spender natürlicher Güter sieht, so stehen seine Götter nicht über den Naturmächten; sie sind launisch und neidisch, wie die Mächte der Natur ja dem Menschen erscheinen können, wenn sie zerstören, was er mühsam geschaffen hat, und sie stehen unter der Gewalt eines blinden Schicksals, welches ja gar oft in der Welt zu walten scheint. Dann kann allerdings der Mensch auch an der Gottheit irre werden, und den Gipfel dieses Irrewerdens bezeichnet auf religiösem Gebiete[3]) der Buddhismus, welcher die hier auf Erden und in den irdischen Gütern vergeblich erstrebte Seligkeit im Nirwana findet, d. h. in der Abkehr von allem weltlichen Leben und der Vernichtung des persönlichen Lebens (oder, nach andern Forschern, im Aufgehen des einzelnen Menschen in der Gottheit). Aber auch der Buddhismus ist noch Religion, da er ja, wie alle Religion, auf dem Verlangen nach Gütern, ja sogar nach dem höchsten Gute beruht.

ζ. Der Mensch braucht zum Leben zunächst sinnliche Güter, und sinnliche Güter sind es darum auch zunächst, die er von den Göttern begehrt. Aber im Verlaufe der geschichtlichen Entwickelung entwickelt sich der Mensch zur Sittlichkeit, und nunmehr begehrt er von den Göttern auch sittliche Güter, da er weder für sich selber eine vollkommene Sittlichkeit durch eigene Kraft zu gewinnen, noch eine solche in der Welt zu begründen vermag. Ja, die sittlichen Güter erscheinen dem Menschen als wertvoller, denn die irdischen Güter; er giebt für sie (z. B. für das Vaterland) sogar seine irdischen Güter, selbst das Leben hin, weil diese Güter ohne das Vaterland für ihn keinen Wert haben.

Wenn nun die Götter nicht mehr bloß als Spender irdischer Güter, sondern auch als Hüter der Sittlichkeit betrachtet werden, dann hat sich die Religion bereits zu einer höheren Stufe entwickelt.

---

[1]) „Seine Wünsche beschränkt der Ernten ruhiger Kreislauf." Schiller, Spaziergang.
[2]) Also Henotheismus, noch nicht Monotheismus.
[3]) Hier wird also vom Atheismus und Materialismus abgesehen.

Endlich aber giebt es auch Religionen — und in ihnen ist die höchste Stufe der Religion erreicht — in welchen das Verlangen des Menschen sich über die irdischen und auch über die einzelnen sittlichen Güter hinaus zum Verlangen nach Teilnahme am Leben der Gottheit, als dem höchsten Gute des Menschen, erhebt. Das geschieht schon in Indien (wie in aller Mystik), aber besonders im Christentum; das höchste Gut, um welches der Christ bittet, ist die Gemeinschaft mit Gott; in dem überweltlichen Gottesreiche erkennt der Christ des Menschen höchstes Gut, und nur in der Gemeinschaft mit Gott „findet die Seele die Heimat der Ruh'."

η. Die Erkenntnis von Gott, welche der Naturmensch von Gott besitzt, ist aber nicht die unsere, nicht die eines einigen Gottes, sondern die Gotteserkenntnis des Heidentums, die Vielgötterei. Die Phantasie des Naturmenschen beseelt nämlich die ganze Natur und sieht in allen Naturvorgängen himmlische Mächte in verschiedener Weise thätig, und die Verschiedenheit der Völker, ja der menschlichen Stände läßt eine ganz verschiedene Auffassung derselben Naturvorgänge entstehen. Überall aber erkennt der Mensch in der Natur befreiende und helfende Mächte, aber eben nur mächtige Götter, und zwar in größerer Zahl, nicht einen Gott, nicht einen heiligen und gnädigen Gott; das ist erst das Werk des Judentums und des Christentums. Und das ist ja kein Wunder: die Natur zeigt ja auch nur die Macht Gottes, nicht einen heiligen und gnädigen Gott; der Blitz erschlägt den Gottlosen und den Frommen, die Pest rafft Gute und Schlechte dahin, die Sonne scheint über Böse und Gute.

Und die Götter des Heidentums spenden und sollen auch zunächst nur irdische Gaben spenden. Der Naturmensch hat zunächst nur sinnliche Nöte und sinnliche Wünsche, und „wie der Mensch, so ist sein Gott." Aber diese Güter empfängt er doch als Gaben der gütigen Gottheit, wie auch wir ja noch beten um das tägliche Brot. Aber wir beten nicht bloß um das tägliche Brot. Der Mensch lernt allmählich auch geistige Güter kennen und vermissen, und dann bittet er um die Zuwendung solcher Güter (Weisheit und Frömmigkeit) und um den Erlaß der Sündenschuld. Ein Gott aber, der um solche Güter gebeten wird, wird auch selber aus dem bloß mächtigen zu einem sittlichen Gotte.

Und endlich lernt der Mensch Gott nicht mehr bloß als seinen Herrn anrufen, dessen Zorn er durch Opfer abzuwenden sucht, sondern er erblickt in Gott seinen Vater, mit dem er als sein Kind in persönliche Gemeinschaft treten will, so daß er betet: „Dein Reich komme!" Wahrlich, ein andrer Gott ist unser Gott, als der heidnische Gott, und doch liegt im Anfange der Religion der Kern auch unseres Glaubens verborgen; auch für den Naturmenschen ist sein Gott die ihn von Übel und Angst erlösende Macht, der Grund seiner Seligkeit.

So ist zwar auch das Heidentum bereits Religion, aber es ist nicht gleichgültig, an was für einen Gott man glaubt; ein geläuterter Gottesbegriff trägt doch auch wesentlich zur Förderung der Frömmigkeit bei. Was haben nicht die Heiden alles für recht gehalten, nicht blos trotz, sondern grade infolge ihrer Religion; der reinere Glaube der Bibel hat auch die Frömmigkeit veredelt und gehoben.

3. Schleiermacher hat also mit Recht die Religion aus dem Gefühl hergeleitet. Die Religion beruht in der That vorwiegend auf dem Gefühl; aber Denken und Wollen sind weder bei der Entstehung noch bei dem Bestehen der Religion vom Gefühl auszuschließen, sondern auch bei der Religion, wie bei dem gesamten geistigen Leben des Menschen, mit dem Gefühl verbunden.

Da nämlich die Religion in jedem einzelnen Menschen dadurch entsteht, daß die im Volke bestehende Religion ihm zunächst überliefert wird, so entsteht die Religion des einzelnen Menschen zunächst dadurch, daß religiöse Vorstellungen im Denken des Menschen erweckt werden, und das Denken hört auch im entwickelten religiösen Leben nicht auf, sondern auch der religiös herangereifte Mensch faßt den Inhalt seiner Frömmigkeit für das Denken in Glaubenssätzen (Dogmen) zusammen, deren Wahrheit ihm feststeht, auch wenn er sie wissenschaftlich nicht beweisen kann. So ist also das Denken für die Religion unentbehrlich.

Aber die uns überlieferte Religion würde von uns gar nicht oder höchstens äußerlich angenommen werden, wenn nicht in uns ein angeborenes Verlangen nach Gott vorhanden wäre, welches zunächst freilich nur irdische, dann aber auch geistliche Güter, endlich Gemeinschaft mit Gott selbst erstrebt.

Wenn nun die uns überlieferte Religion von unserm Denken aufgenommen wird, weil sie unserm angeborenen Verlangen nach Gott entspricht, dann eignen wir uns die uns zunächst äußerlich überlieferte Religion auch innerlich an, und diese innere Aneignung der Religion vollzieht sich im Gefühl, und erst durch das Gefühl wird die Religion in uns lebendig.

Aber wie das Denken, so ist auch das Wollen mit der Religion verknüpft; der Glaube an Gott führt den Frommen zum Beten und Opfern, und des Christen Glaube ist tot, wenn er nicht in der Liebe thätig ist; mit der Religion ist auch ein Thun verknüpft, sowohl ein religiöses, wie ein sittliches; das Leben des Glaubens zeigt sich in guten Werken.

So beruht also die Religion auf dem Gefühl, aber Denken und Wollen sind bei der Frömmigkeit, wie beim ganzen geistigen Leben des Menschen, mit dem Fühlen verbunden. „Indem aber Schleiermacher das religiöse Gefühl als das schlechthinige Abhängigkeitsgefühl definiert, giebt er die Bedeutung des Gefühls in der Religion thatsächlich auf und räumt dem Gedanken einer absoluten Causalität die oberste Stelle in der Religion ein. Denn es ist nicht richtig, die Gefühle insgesamt nach dem Gegensatz von Freiheit und Abhängigkeit zu ordnen, sondern es giebt nur einen Gegensatz, dem sich alle Gefühle einordnen; das ist der Gegensatz von Lust und Unlust[1]); der Gegensatz von Freiheit und Abhängigkeit hat seinen Ort nicht im Gefühl als solchem, sondern in den begleitenden Vorstellungen und Gedanken. Schleiermacher hat in seiner Definition der Religion den Gedanken von der absoluten Causalität, welcher seiner Philosophie entsprach, in das subjektive Gefühl

[1]) Das erkennt übrigens auch Schleiermacher selber einmal als richtig an (Glaub. § 32, 1): „Das fromme Gefühl prägt sich zum wirklichen Moment nur aus als Lust oder Unlust."

übersetzt. Aber in der wirklichen Religion giebt es nichts, was diese Definition rechtfertigt; höchstens von dem Fatalismus kann man sagen, daß seine Anhänger eine vom schlechthinigen Abhängigkeitsgefühl bestimmte Religion haben. Für das im Wesen des Christentums begründete Abhängigkeitsverhältnis dürfte der angemessene Ausdruck der sein, den die Apostel gebildet haben, wenn sie vom Gehorsam des Glaubens sprechen. Jedoch das Verhältnis der Abhängigkeit ist zwar eine Seite der Religion, aber dieselbe kommt immer nur mit anderm zusammen und diesem andern untergeordnet vor. So ist also der weitgehende Gebrauch, der seit Schleiermacher bei der Definition der Religion von der Kategorie der Abhängigkeit gemacht worden ist, in der Sache nicht begründet." [1])

ι. Die Religion ist also zunächst eine Sache des Gefühls und beruht auf dem Gemüt, sie ist nicht ein Wissen und beruht nicht auf dem Verstande; aber die Religion ist doch auch mit Glaubenssätzen verknüpft, und jede Religion gewinnt ihre bestimmte geschichtliche Gestalt in den Glaubenslehren, welche sie verkündet. Wie hängen die Glaubenssätze mit der Grundlage der Religion, dem Gefühl, zusammen, und mit welchem Recht hält der Gläubige seine Glaubenssätze für wahr?

Alle Glaubenssätze sind Urteile zunächst über Gottes Wesen und Willen, sodann auch über Welt und Mensch, aber nicht über Welt und Mensch an sich (solche Sätze gehören der Wissenschaft an), sondern über Welt und Mensch in Beziehung auf Gott. Wenn die Not des Lebens den Menschen bedrängt, so sucht er Hülfe bei der Gottheit, und so ist mit der Religion der Glaube an Gott gegeben. Die Gottheit nun, an welche der Mensch als die helfende Macht sich wendet, wird zuerst als von der Welt verschieden betrachtet; sie soll eben helfen, wo der Mensch in der Welt keine Hülfe gewahrt. Sodann wird der Gottheit eine außerordentliche Macht beigelegt, denn sie soll ihm ja in der Not helfen und für ihn unerreichbare Güter gewähren. Endlich erscheint die Gottheit dem Menschen als eine verständige und wollende Macht, als eine geistige Macht. Mit diesen Aussagen von Gott ist also auch schon eine Aussage über Welt und Mensch gewonnen: die Welt steht unter der Macht der Gottheit, und der Mensch steht in einem (verschieden gedachten) Verhältnis zur Gottheit. Von dieser religiösen Betrachtung der Gottheit kann die wissenschaftliche ganz verschieden sein; unser Verstand sucht ja allerdings eine letzte Ursache der Welt; aber dieselbe kann mit der Welt zusammenfallen (Pantheismus), sie braucht keine von den Weltkräften verschiedene Macht zu besitzen, und sie kann ohne Verstand und Willen gedacht werden (das „Unbewußte" ist nur Wille, der Gott des Pantheismus gewinnt erst im Menschen Verstand und Willen); Religion giebt es gegenüber dieser obersten Weltursache nicht, sondern nur Resignation gegenüber dem unabwendbaren Schicksal [2]).

---

[1]) Kaftan, Wesen des Christ.,^{2} S. 139—145.

[2]) Preller, griech. Mythol.^{3} I, 431: „Die Vorstellungen von der göttlichen Vorsehung haben von jeher mit denen vom Schicksal im Kampfe gelegen; es ist eine verschiedene Art sich die Ordnung der Dinge in letzter Instanz zu denken, entweder als eine natürliche und in allgemeinen Weltgesetzen begründete, oder als eine von dem persönlichen Willen Gottes oder der Götter abhängige."

Allen Religionen ist also der Glaube gemeinsam, daß es einen Gott giebt, daß Gott eine große Macht besitzt, und daß ihm Verstand und Wille zukommen. Wenn nun aber die verschiedenen Religionen teils polytheistisch, teils monotheistisch sind, so beruht das auf der inneren Verschiedenheit der Religion; wenn der Mensch nach vielen äußeren Gütern trachtet, so wird er auch viele Götter anbeten; wer nur ein höchstes Gut kennt, der wird auch nur an einen Gott glauben[1]).

Und seinen Glauben hält nun der religiöse Mensch notwendig auch für wahr; wenn der Mensch zweifelt oder leugnet, daß es einen Gott giebt, daß Gott mächtig ist, und daß er Verstand und Willen hat, dann hat er nicht bloß theoretische Sätze umgestoßen, sondern dann hört auch die Religion auf, welche ohne den Glauben an Gott nicht bestehen kann.

ϰ. Die Religion ist zunächst eine Sache des Gefühls, sie ist nicht ein Wissen, und sie ist auch nicht ein Thun; aber die religiösen Gefühle führen zu einem Thun. Ebenso führt die Sittlichkeit zum Thun. Im menschlichen Handeln treffen also Religion und Sittlichkeit zusammen, und doch fallen religiöses und sittliches Handeln zunächst nicht zusammen. Des Menschen Streben ist von Natur darauf gerichtet, das ihm von Natur eingepflanzte Verlangen nach Leben und Glück zu befriedigen. Indem er die Erfahrung macht, daß er nicht im stande ist, sich das erwünschte Glück selber zu verschaffen und zu sichern, entsteht die Religion. Was der Mensch auf dem Gebiete der Religion thut, sein Beten und Opfern, ist darauf gerichtet, den Willen der Gottheit zu gewinnen, daß sie ihm die begehrten Güter gewähre; darum thut er, was er für der Gottheit wohlgefällig hält. Der sittliche Mensch dagegen thut das, was von seinem Gewissen gebilligt wird. In beiden Fällen handelt also der Mensch nicht nach seinem natürlichen Willen, sondern nach dem Willen einer höheren Macht, der Fromme nach dem Willen der Gottheit, der Sittliche nach der Stimme des Gewissens. Aber der religiöse Mensch erstrebt mit seinem Thun Güter für sein Leben, der Sittliche sucht das Gute zu thun. Beiderlei Thun kann nun äußerlich neben einander bestehen, aber auch mit einander in Konflikt geraten, oder auch zusammenfallen. Wo ein höchstes Gut in der Religion, ein höchstes Ideal in der Sittlichkeit erstrebt wird, da werden sich das religiöse und das sittliche Thun gegenseitig vollkommen durchdringen, so daß alles religiöse Thun auch sittlich und das sittliche Thun auch religiös ist. Aber religiöses und sittliches Handeln können auch mit einander in Konflikt geraten; das geschieht z. B., wenn die Religion noch Menschenopfer fordert, während die Sittlichkeit sie bereits verpönt[2]); das sehen wir an den Pharisäern, bei denen die Sittlichkeit durch die Frömmigkeit geschädigt wird (Opfer höher als Barmherzigkeit); das geschieht bei der katholischen Frömmigkeit des Mittelalters und der Gegenwart (Ketzerverfolgung und Menschenliebe), aber auch in der evangelischen Kirche sind der Sittlichkeit aus der Religion ernste Gefahren erwachsen (Orthodoxie und Pietismus).

---

[1]) Die Heiligen-Verehrung des Katholiken ist also als ein Rückschritt in der Religion anzusehen, indem die irdischen Güter in der Religion wieder eine zu große Rolle spielen, welche man eben durch die Heiligen zu erlangen hofft.

[2]) Vgl. Goethe's Iphigenie im Unterschiede von der des Euripides.

Aber die Sittlichkeit kann auch unter den Schutz der Götter gestellt sein; wie die Götter irdische Güter gewähren, so sollen sie der menschlichen Gemeinschaft auch die sittlichen Güter sichern, namentlich da, wo die menschliche Obrigkeit nicht mehr hinreicht; die Götter strafen den Meineid, beschützen den Fremdling, entdecken den Frevler durch das Gottesgericht. Das sollen die Götter thun, welche doch oft selber noch nur Naturmächte, nicht sittliche Mächte sind[1]); wie viel mehr geschieht das in unserer Religion, wo die Gottheit eine sittliche Macht ist, und wo auch die Sittlichkeit zu den Gütern gehört, welche die Religion erstrebt, ja, durch welche erst die höchste Sittlichkeit in die Geschichte eingeführt worden ist.

9. C. Die Offenbarung Gottes an den Menschen.

a. „Ich bin der Herr, dein Gott."

Röm. 1, 20. Gottes unsichtbares Wesen, das ist seine ewige Kraft und Gottheit, wird ersehen, so man des wahrnimmt, an den Werken, nämlich an der Schöpfung der Welt (richtiger: wird seit der Schöpfung der Welt mittels der Vernunft an den Werken wahrgenommen).

Röm. 2, 14—15. Denn die Heiden, die das Gesetz nicht haben und doch von Natur thun des Gesetzes Werk, sind ihnen selbst ein Gesetz, als die da beweisen, des Gesetzes Werk sei beschrieben in ihrem Herzen, sintemal ihr Gewissen sie bezeuget.

Apg. 17, 26—28. Gott hat Ziel gesetzt und zuvor versehen, wie lange und weit der Menschen Geschlechter wohnen sollen, daß sie den Herrn suchen sollten, ob sie ihn doch fühlen und finden möchten.

Hebr. 1, 1—2. Nachdem vor Zeiten Gott manchmal und mancherlei Weise geredet hat zu den Vätern durch die Propheten, hat er am letzten in diesen Tagen zu uns geredet durch den Sohn.

b. Ps. 14, 1. Die Thoren sprechen in ihrem Herzen: Es ist kein Gott.

Hebr. 11, 1. Es ist aber der Glaube eine gewisse Zuversicht des, das man hoffet, und ein Nichtzweifeln an dem, das man nicht siehet.

„Ich glaube an Gott."

c. „Wir sollen Gott über alle Dinge fürchten, lieben und vertrauen."

„Vater unser, der du bist im Himmel."

„In Gott findet die Seele die Heimat der Ruh'."

Daß der einzelne Mensch Religion hat, verdankt er zunächst seinen Mitmenschen, welche ihm die Religion überliefert haben. Aber der Mensch würde diese Überlieferung gar nicht angenommen haben, oder die Religion würde wenigstens in ihm niemals lebendig werden, wenn nicht in ihm ein Verlangen nach Gott lebte; auf diesem Verlangen beruht die lebendige Annahme der überlieferten Religion durch den einzelnen Menschen.

Die Religion beruht nun allerdings auf einem Verlangen nach Gott, welches dem Menschen angeboren ist, aber es war unrichtig, wenn man dem Täufling schon Glauben beilegte (alte Dogmatik) oder auch schon im Täufling die innere Wiedergeburt sich sofort bei der Taufe voll=

[1]) Vgl. Ilias IV, 160s. mit 68s. (Zeus wird den Vertragsbruch des Pandaros strafen, den er selber gebilligt hat).

ziehen ließ. Nur die Anlage zur Religion ist dem Menschen angeboren, und aus ihr kann und soll sich die Religion entwickeln, und diese Anlage zur Religion ist einer der Hauptunterschiede zwischen Mensch und Tier; auch das klügste Tier hat keine Anlage zur Religion.

Aber diese Anlage zur Religion stammt nun von Gott her, und so ist denn die Religion nicht bloß für eine Schöpfung des Menschen, sondern ebenso sehr für eine Schöpfung Gottes zu halten; Gott hat ja das Verlangen nach seiner Gemeinschaft in unser Herz gelegt. Aber auch noch darum ist die Religion für eine Schöpfung Gottes zu halten, weil Gott dem Verlangen des Menschen nach Gemeinschaft mit ihm auch seinerseits entgegenkommt. Der Mensch verlangt nach Gott, und Gott offenbart sich dem Menschen; alle Religion beruht auf der Überlieferung und auf dem Verlangen des Menschen nach Gott und auf göttlicher Offenbarung.[1])

Wie offenbart sich nun Gott dem nach seiner Gemeinschaft begehrenden Menschen?

a. „Ich bin der Herr, dein Gott" — so beginnt unser Katechismus, und dies erste Wort weist uns auf den Ursprung der Religion hin, auf den sich dem Menschen offenbarenden Gott. Und wo offenbart sich nun Gott dem Menschen?

„Gottes unsichtbares Wesen, das ist seine ewige Kraft und Gottheit, wird seit der Schöpfung der Welt mittels der Vernunft an den Werken wahrgenommen"[2]) — so sagt Paulus im Römerbriefe (1,20), und er weist damit auf die erste Quelle unserer Gotteserkenntnis hin, und die Betrachtung der Natur kann und soll ja die Menschen zur Erkenntnis Gottes führen. Aus der Betrachtung der Natur sind ja auch die Naturreligionen erwachsen; der Zeus der Griechen ist eine Naturmacht, und darum darf man von ihm nicht ein sittliches Thun fordern; die griechischen Götter sind sämtlich nur Naturmächte. Es hat auch in der neueren Theologie eine Richtung gegeben (der Rationalismus), welcher nur noch die Offenbarung Gottes in der Natur anerkennen wollte; aber schließlich ist man auch an dieser Offenbarung Gottes in der Natur irre geworden, und auf den Rationalismus ist der Materialismus gefolgt, welcher in der Natur keinen Gott mehr fand. Gott offenbart sich zwar in der Natur, wie auch in anderer Weise, aber nicht jeder Mensch nimmt diese Offenbarung wahr.

Aber nicht bloß in der Natur offenbart sich Gott dem Menschen, sondern auch in seinem Gewissen spricht Gott zu jedem Menschen.

„Die Heiden, die das (mosaische) Gesetz nicht haben und doch von Natur thun des Gesetzes Werk, sind ihnen selbst ein Gesetz, als die da beweisen, des Gesetzes Werk sei beschrieben in ihrem Herzen, sintemal ihr Gewissen sie bezeuget" — so sagt wiederum Paulus im Römerbriefe (2,14—15), und es ist ja den Menschen zu allen Zeiten geläufig gewesen, von der im Gewissen redenden Stimme Gottes zu sprechen. Und in der That macht sich ja im Gewissen dem Menschen eine höhere Macht geltend, welche unbedingten Gehorsam fordert. Aber es hat doch stets Menschen gegeben, welche zwar das Gewissen respektieren, also sittliche Menschen

---

[1]) Dorner: „Es giebt keine Religion als durch Offenbarung"; Lipsius: „Offenbarung und Religion sind Wechselbegriffe."

[2]) So lautet der Spruch nach dem Grundtext.

sein wollten, aber an Gott nicht glaubten. Auch diese Offenbarung Gottes zwingt den Menschen nicht zum Glauben.

Und wie im Leben des einzelnen Menschen, so läßt sich auch in der Geschichte der Völker und der Menschheit die Gottheit erkennen. Den Athenern ruft Paulus (Apg. 17,26—28) zu: „Gott hat Ziel gesetzt und zuvor versehen, wie lange und weit der Menschen Geschlechter wohnen sollen, daß sie den Herrn suchen sollten, ob sie ihn doch fühlen und finden möchten." Die Weltgeschichte zeigt ja in der That eine in ihr waltende Gottheit, und wenn nach unserer Meinung ein Zusammenhang in der Weltgeschichte nicht zu verkennen ist,[1]) so führt dieser Zusammenhang auf einen Gott, der sich in der Geschichte offenbart. Und erst von der Geschichte aus erkennen wir ja Gottes Walten oft noch besonders deutlich auch in der Natur, wenn er die Naturereignisse so leitet, daß die Natur den Zwecken Gottes dienstbar wird.[2]) Aber wer den Finger Gottes in den Ereignissen der Welt nicht sehen will, den kann man zu diesem Glauben nicht zwingen.[3])

Aber wenn auch in der Weltgeschichte überhaupt das Walten Gottes zu erkennen ist, so ist doch dasselbe ganz besonders deutlich in der Geschichte des Volkes Israel zu erkennen. In diesem Volke hat Gott sich von Moses an in den Geschicken des Volkes und durch die Predigt der Propheten immer aufs neue und zuletzt am vollkommensten in Christus offenbart, und die Geschichte des Volkes Israel und der christlichen Kirche zeigt besonders deutlich das Walten der Gottheit. Die vollkommene Offenbarung Gottes in Israel ist in Jesus Christus erschienen, welcher mit Recht sagen konnte: „Wer mich siehet, der siehet den Vater." Und doch hat es alle Zeit viele Menschen gegeben, welche auch in Christus eine Offenbarung Gottes nicht erkannt haben.

b. So giebt es denn eine vielfache Offenbarung Gottes für die Menschen, und in mannigfacher Weise ertönt an sie der Ruf: „Ich bin der Herr, dein Gott." Trotzdem sprechen die Thoren in ihrem Herzen: „Es ist kein Gott" (Ps. 14,1); sie thun das aber darum, weil sie nur an das glauben wollen, was sie sehen; der Glaube ist aber ein „Nichtzweifeln an dem, das man nicht siehet" (Hebr. 11,1). Aber die höchsten Dinge kann man gar nicht sehen, und darum sagen wir mit Recht mit unserm Katechismus: „Wir glauben an Gott."

c. Wenn wir nun an den Gott glauben, der sich uns offenbart, dann sollen wir diesen Gott „über alle Dinge fürchten, lieben und vertrauen"; dann treten wir mit diesem Gott in die innigste Gemeinschaft, die uns sprechen läßt: „Vater unser, der du bist im Himmel", und in diesem Gotte findet nun unsere Seele die „Heimat der Ruhe", die wir in den Nöten und Stürmen des Lebens so oft begehren.

So bezeichnet also unser Katechismus in trefflicher Weise den Weg, wie wir zu Gott kommen, schon in den Anfangsworten der drei ersten

---

[1]) Den z. B. Geibel in seinem „Tiberius" für den Schüler in interessanter Weise darlegt.

[2]) Vgl. den Zug der Israeliten durch das Rote Meer, den Untergang der Armada und Napoleons I.

[3]) Z. B. nicht den Papst, daß er im Untergange des Kirchenstaates die göttliche Antwort auf die Unfehlbarkeitserklärung erblicke.

Hauptstücke. „Ich bin der Herr, dein Gott“ — dies Wort weist uns darauf hin, daß Gott sich dem nach seiner Gemeinschaft sehnenden Menschen offenbart. „Ich glaube an Gott“ — dies Wort weist darauf hin, daß der Mensch an den sich ihm offenbarenden Gott glauben muß, um zu Gott zu kommen; denn „wer zu Gott kommen will, der muß glauben, daß er sei“ (Hebr. 11, 6). Und mit dem Gott, an den er glaubt, muß der Mensch, damit er Religion habe, in Gemeinschaft treten; in diese Gemeinschaft tritt er, wenn er betet: „Vater unser, der du bist im Himmel.“

II. Aber ist der Glaube an Gott auch kein leerer Wahn?

Das Unrecht des Materialismus; die Beweise für das Dasein Gottes; das Recht des Glaubens.

10. Das Unrecht des Materialismus.

Dem Glauben an Gott und dem Verlangen nach einer Seligkeit, welche auf der Gemeinschaft mit Gott, als dem höchsten Gute, beruht, tritt nun aber eine Richtung des Denkens entgegen, welche den Glauben an Gott bestreitet und, wenn man ihre Konsequenzen zieht, den materiellen Genuß für den allein vernünftigen und höchsten erklären muß, die Denkweise des Materialismus. Die wenigsten Menschen freilich, welche den materiellen Gütern und Genüssen anhängen, sind im Denken Materialisten, und die wenigsten Materialisten leben nach ihren Grundsätzen; der Mensch ist eben selten ganz konsequent — gar oft zu seinem Glücke. Aber allerdings, wer ein bloß materielles Leben und Streben rechtfertigen wollte, der müßte auch im Denken Materialist sein.

Welches ist nun der Inhalt dieses Systems? Was lehrt der Materialismus über den Ursprung, den Inhalt und das Ziel der Welt und des Menschen, und was sagt er von der Religion?

a. Für den Materialisten giebt es keinen Gott als Anfang der Welt; indes einen Anfang unserer Welt nimmt auch der Materialist an, da ja die Welt offenbar nicht immer so gewesen ist, wie sie heute ist. Als Anfang der Welt betrachtet er die Atome; aus ihnen ist allmählich unsere Welt entstanden. Die Atome sind nämlich — und das ist die zweite Annahme des Materialismus — von Ewigkeit her in Bewegung, und durch ihre Bewegung, die natürlich nicht von einem Gotte gelenkt wird, sondern dem Zufall anheimgegeben ist, ist allmählich unsere Welt entstanden. Aus dieser Betrachtung ergeben sich aber folgende Konsequenzen.

α. Der gewöhnliche Mensch glaubt in der Welt Ordnung und Zweckmäßigkeit wahrzunehmen; der Materialist leugnet das und muß es leugnen, da er ja keinen Gott anerkennt. Wir sprechen von Naturgesetzen, nach welchen sich der Verlauf des Weltlebens vollzieht; aber wer von Gesetzen spricht, der hat schon eine zusammenhaltende Macht in der Welt anerkannt, und eine solche kann der Materialist nicht anerkennen. Die Ordnung in der Welt muß der Materialist als ein Werk des Zufalls ansehen; aber wer glaubt wohl, daß sein eigenes Leben nur vom Zufall bestimmt sei und gar nicht durch Überlegung und Absicht? Möglich ist es ja freilich, daß Gregor VII., wie die Sage erzählt, aus den Hobelspänen in der Werkstatt seines Vaters als kleines Kind, ehe er noch lesen und schreiben konnte, den Satz zusammengestellt hätte: „Dominabor a mari usque ad mare“ (Ich werde herrschen von Meer zu Meer); aber wer das heute glaubte, der würde es als ein Wunder (d. h. als eine That Gottes) betrachten. Und die große Welt mit ihrer tausendmal größeren Ordnung sollte ein Werk des Zufalls sein? Das ist ein Glaube, der von uns mehr fordert, als wenn wir an Gott glauben.

β. Und ein neues Rätsel tritt uns entgegen, wenn der Materialist sagt und sagen muß, daß nicht bloß die Sterne und alles Stoffliche in der Welt mit seiner Ordnung ein Produkt des Zufalls sei, sondern daß auch wieder durch Zufall aus den Atomen alles Lebendige entstanden sei, Pflanzen und Tiere und Menschen. Nach der gewöhnlichen Betrachtung ist in den lebendigen Wesen etwas enthalten, das Leben, was über den bloßen Stoff hinausragt, was eben den toten Stoff zu einem lebendigen Wesen macht. Deshalb können wir ja die lebendigen Wesen zwar in ihre Atome zerlegen, aber wir können kein lebendiges Wesen aus seinen Atomen zusammensetzen. Ein Lebendiges kann nur von Lebendigem herstammen, und der Anfang des Lebens in der Welt ist ebenso unerklärlich wie der Anfang der Welt. Wir schreiben ihn dem Urheber der Welt zu; der Materialist muß natürlich auch das Leben auf den bloßen Stoff zurückführen, da er ja keinen andern Ursprung für Welt und Leben kennt; aber eine Erklärung dieses Rätsels vermag er nicht zu geben; eine solche findet sich nur in dem Glauben an Gott, als den Urquell alles Lebens.

γ. So ist also für den Materialisten die ganze unorganische Welt wie auch alle lebendigen Wesen nur ein Werk des Zufalls. Augen und Ohren und alle Glieder des Leibes sind durch einen glücklichen Zufall entstanden, sie hätten ebenso gut auch nicht entstehen können; durch einen zweiten glücklichen Zufall sind sie an die Stelle gekommen, die sie inne haben, nicht an eine Stelle, wo sie uns weniger nützen würden. Nicht zweckmäßig ist alles am Menschen und an Tier und Pflanze und in der ganzen Welt gebildet, sondern es kann nur benutzt werden; von Zweckmäßigkeit in der Natur kann ja nur derjenige sprechen, welcher einen Zwecke setzenden und verfolgenden Gott in der Welt thätig glaubt. Und der Mensch setzt sich doch wohl Zwecke und verfolgt Ziele, und wer unter uns möchte wohl seines ganzen Lebens Glück dem Zufall anheimgeben und auf das zweckmäßige Handeln verzichten?

b. Durch zufällige Bewegung der Atome ist also die ganze Welt entstanden, der Sternenhimmel mit seiner Ordnung wie die Erde mit ihren lebendigen Geschöpfen — das behauptet der Materialist. Und welches ist nun der Inhalt des also betrachteten Menschenlebens?

Die ganze Welt ist etwas bloß Materielles, und der Mensch natürlich gleichfalls. Wir haben einen Leib, aber keine Seele. Der gewöhnliche Mensch führt sein Erkennen und Wollen auf die Seele zurück; der Materialist muß in dem ganzen geistigen Leben des Menschen eine bloße

Bewegung der Atome erblicken. Aber diese Bewegung ist doch wieder nur ein äußerer Vorgang; Sein und Bewußtsein sind doch aber zwei verschiedene Dinge; wenn die Atome sich im Gehirn bewegen, so ist es doch etwas Neues, wenn sie davon wissen. Die Räder in der Uhr bewegen sich, aber sie wissen nichts von ihrer Bewegung; ja, sie zeigen sogar durch die Bewegung ,der Zeiger am Zifferblatte, daß sie sich bewegen; aber weder die Räder noch die Zeiger wissen etwas von ihrem Thun. So vermag der Materialist das Bewußtsein des Menschen nicht zu erklären.

Und ebensowenig kann er das Wollen und Fühlen erklären; auch sie betrachtet er als materielle Vorgänge, und damit ist doch ihr Wesen durchaus nicht begriffen. Und wenn es kein Wollen giebt, sondern nur ein Bestimmtwerden durch die Bewegung der Atome, so giebt es auch keine Freiheit; wo aber keine Freiheit ist, da giebt es auch kein Gutes und kein Böses; Sünde ist eine Einbildung, Reue ist eine Thorheit des Menschen; alle meine Thaten sind Produkte der bewegten Atome; wie kann ich bereuen, was ich thun muß?

Dann bleibt also für den Menschen als Inhalt seines Lebens nur übrig das materielle Leben und dessen möglichste Förderung, auch durch Sünde und Unrecht. Jeder ist sich selbst der Nächste, und es ist eine Thorheit, den Nächsten zu lieben wie sich selbst. Der Staat hat jedem den möglichst höchsten Genuß zu verschaffen, und nur darum giebt es Gesetze, damit in diesem Streben jeder möglichst wenig gehemmt werde. Das Stehlen ist nicht eine Sünde, sondern nur deshalb verboten, damit man im Besitze und Genusse nicht gestört werde; an sich ist es durchaus berechtigt; denn man darf doch keinen Menschen deshalb tadeln, weil aus seinem Herzen oder Gehirn andere Entschlüsse hervorkommen, als bei einem andern; alles, was der Mensch thut, ist ein Produkt der Notwendigkeit. Sein Leben der Wissenschaft zu widmen, ist eine Thorheit — eigentlich doch auch für den Materialisten, der besser thäte, die materielle Welt zu genießen, als materialistische Bücher zu schreiben, denn wie kann man eines andern Gedanken widerlegen wollen, da doch seine Gedanken ebenso Produkt der Notwendigkeit sind, wie die seines Gegners. Aber so denken und handeln nicht einmal die Materialisten selber.

c. Der Inhalt eines solchen Lebens wäre eitel und nichtig, und nicht besser als sein Anfang und sein Inhalt wäre auch sein Ausgang.

„Ich gehe in das Nichts", so sagte Mirabeau auf seinem Sterbebette, und so muß der Materialist sagen. Des großen Cäsar Leib (und weiter hatte er ja nichts) verstopft als Lehm später das Spundloch eines Weinfasses, so sagt der Materialist und muß er sagen. Alles geht wieder zu Grunde, jetzt die einzelnen Wesen, später vielleicht auch einmal Pflanzen und Tiere und Menschen überhaupt, vielleicht auch einmal die ganze jetzige Welt. Aber bleiben werden die sich bewegenden Atome, und so könnte auch wieder einmal durch Zufall eine neue Welt entstehen, aber ebenfalls ohne Absicht und Zweck, wie die unsrige.

d. So beseitigt also der Materialismus den Glauben an Gott, Tugend und Unsterblichkeit; sein Gott ist der Stoff, seine Tugend die Selbstsucht, seine Unsterblichkeit ist die Ewigkeit des toten Stoffes. Für den Materialisten ist die Welt nicht ein Kosmos, sondern ein Chaos der sich blind durch einander bewegenden Atome; ein göttliches Leben in der Welt ist nicht vorhanden, nicht einmal im Menschen; eine Unsterblichkeit des Geistes ist nicht vorhanden, da es überhaupt keinen Geist giebt, weder in der Welt, noch im Menschen.

In diesem System, im Materialismus, findet nun die Seele des Menschen nicht die Heimat der Ruhe, die sie erstrebt; durch diese Anschauung von der Welt wird unser Verstand nicht befriedigt[1]), und auch nicht unser Herz; der Mensch ist nun einmal so geschaffen, daß er nicht eher Ruhe findet, als bis er zu Gott gekommen ist; Augustinus hat mit Recht gesagt: „Tu nos fecisti ad te, et cor nostrum inquietum est, donec requiescat in te, d. h.: Zu dir hast du uns, o Gott, geschaffen, und unser Herz ist unruhig, bis es Ruhe findet in dir.

e. Es ist anderwärts dargelegt worden, wie sich die materialistische Weltanschauung in der neueren Zeit entwickelt hat.[2]) Auch die neuere Form, in welcher der Materialismus heute verbreitet ist, die Entwickelungs- (Evolutions-) Lehre, wie sie namentlich durch Darwin in umfassender Weise verbreitet worden ist, vermag weder die Entwickelung der Natur noch der Menschheit zu erklären.[3]) Für diese Lehre giebt es nur Ursachen, nicht Zwecke, nur Gesetze, nicht Ideeen; ein Gott als Urheber der Welt ist nicht vorhanden. Zwar ist der (gewöhnliche) Materialismus in der Wissenschaft eher im Schwinden begriffen, aber noch nicht der Darwinismus. Gott sei Dank, daß das deutsche Volk an seinem Lieblingsdichter einen Prediger des Idealismus besitzt, um den uns manches Volk beneiden müßte[4]); und wer stimmt nicht dem schönen Worte unseres unvergeßlichen Kaisers Wilhelm bei: „Dem Volke muß die Religion erhalten bleiben.“

11. Die Beweise für das Dasein Gottes.[5])

a. Die Religion beruht auf dem Herzen, welches von Natur nach Gott verlangt, und auf der Offenbarung Gottes, welche diesem Verlangen entgegenkommt; sie beruht nicht auf dem Verstande, und darum wird sie nicht durch Beweise erzeugt und kann nicht durch solche erzwungen werden. Wessen Herz nach Gott nicht verlangt, dem offenbart er sich auch nicht; aber wir dürfen glauben, daß für jeden Menschen, auch für den ver-

---

[1]) Vgl. du Bois-Reymond, Über die Grenzen des Naturerkennens. Die sieben Welträtsel. [Nämlich folgende: 1. Das Wesen von Materie und Kraft. 2. Der Ursprung der Bewegung. 3. Die erste Entstehung des Lebens. 4. Die zweckmäßige Einrichtung der Natur. 5. Das Entstehen der Sinnesempfindung. 6. Der Ursprung des vernünftigen Denkens und der Sprache. 7. Die Willensfreiheit.]

[2]) Vgl. meine Kirchengesch. Nr. 61.

[3]) Vgl. unten Nr. 21.

[4]) Der deutsche Unterricht wird dem Schüler die philosophischen Gedichte Schiller's in Herz und Sinn zu schreiben suchen.

[5]) „Wenn die Beweise von dem Dasein Gottes auch für den im christlichen Glauben Stehenden von keiner Bedeutung sind, so üben sie doch in Zeiten des Zweifels zumal auf das Herz der Jugend keinen geringen Einfluß aus und sind wohl geeignet, einen festen Halt zu geben.“ Päd. Encykl.[2] VII, 52 fin.

worfensten, doch einmal die Stunde kommt, wo er empfänglich wird für den Gott, der sich ihm offenbart. Wie es kein Volk giebt, welches Gott nicht kennt, so wird auch jeder einzelne Mensch früher oder später Gott kennen, und wenn er nicht durchaus in der Sünde verharren will, auch dereinst Gott lieben und sich ihm hingeben. Aber freilich, jetzt giebt es wohl noch Menschen, wie schon die Bibel sie gekannt hat. „Thoren, welche sprechen in ihrem Herzen, es ist kein Gott“ (Ps. 14, 1), Materialisten, welche das Dasein Gottes bestreiten und sich um ihn nicht kümmern. Und kann nicht auch der Fromme, wie das Beispiel Hiob's zeigt, an Gott irre werden, wenn er den Weltlauf so wenig der göttlichen Gerechtigkeit entsprechen sieht? Und giebt es nicht gerade heute eine Weltanschauung (der Pessimismus), nach deren Ansicht die Welt so schlecht ist, daß sie doch unmöglich das Werk eines gütigen und gerechten Gottes sein kann? Für solche Zweifel, von denen kaum jemand, der überhaupt nachdenkt, in seinem Leben immer verschont bleibt, sind die sogen. Beweise für das Dasein Gottes, welche zum Teil schon von den Heiden aufgestellt worden sind, doch nicht zu verachten. Zwar das ist und bleibt richtig, daß sie nicht solche Beweise sind, wie die der Mathematik, welche jeden zum Glauben zwingen, daß die bewiesene Sache richtig ist. Aber das ist ja auch kein Wunder, daß sie das nicht leisten können. Die Mathematik hat es nur mit Zahl und Form der Dinge zu thun; ob aber die Dinge sind, das vermag sie und braucht sie nicht zu sagen und zu wissen. Hier aber handelt es sich nicht um Zahl und Form, sondern um das Sein Gottes. Ebensowenig, wie man durch einen mathematischen Beweis erweisen kann, daß es einen Cäsar, einen Luther, einen Kaiser Wilhelm gegeben habe, oder daß es einen Achilles, einen Romulus, einen Tell nicht gegeben habe, ebensowenig kann durch solche Beweise bewiesen werden, daß es einen Gott giebt oder nicht giebt. Und doch sind diese Beweise nicht ganz wertlos, wie sich bei der Darstellung derselben ergeben wird.

Die Beweise für das Dasein Gottes gehen aber aus zunächst von dem als vorhanden angenommenen Dasein und der anerkannten Ordnung der Welt, sodann von dem in der Welt und im Menschen vorhandenen Glauben an Gott, und endlich von dem als vorhanden angenommenen Gewissen der Menschen, und suchen von diesen als vorhanden angenommenen Thatsachen aus das Dasein Gottes zu erweisen. Wer diese Thatsachen bezweifelt oder bestreitet (es ist aber kaum möglich, dieselben insgesamt zu bestreiten), für den sind sie wertlos; wer diese Thatsachen als vorhanden anerkennt, der kann dadurch zur Anerkennung der Existenz Gottes geführt werden, aber er wird dazu nicht gezwungen, da überall ein Einwand übrig bleibt, den der Verstand nicht beseitigen kann. Der Glaube an Gott bleibt eine Sache der Freiheit, eine That des Herzens.

b. Die Beweise für Gottes Dasein sind nun folgende.

α. Die beiden ersten Beweise gehen aus von dem Dasein und der Ordnung der Welt, welche als vorhanden anerkannt werden, und zwar zunächst der kosmologische Beweis von dem Dasein der Welt.

„Ein jeglich Haus wird von jemand bereitet; der aber alles bereitet, das ist Gott“ (Hebr. 3,4) — so heißt es schon in der Bibel; wie alles einzelne einen Urheber hat, so hat ihn auch die ganze Welt — das ist der Schluß, der in diesem Worte gemacht wird. Wenn es im Römerbriefe heißt (1,20) „Gottes unsichtbares Wesen, das ist seine ewige Kraft und Gottheit, wird seit der Schöpfung der Welt mit der Vernunft erkannt an den Werken,"[1]) so weist der Apostel also darauf hin, daß man aus den Werken auf den Schöpfer schließen könne. Wie geschieht das? — In der Welt nehmen wir lauter einzelne Wesen wahr; dieselben sind aber nicht durch sich selber, sondern sind die Wirkungen von Ursachen (die Eichel stammt von der Eiche, das Ei vom Huhne u. s. w.); aber diese Ursachen selbst sind auch ihrerseits wieder Wirkungen andrer Ursachen (die Eiche stammt von einer früheren Eichel, das Huhn von einem früheren Ei u. s. w.) Auch diese Ursachen sind aber nicht die letzten Ursachen, sondern wir gehen durch eine, wie es zunächst scheint, endlose Kette von Ursachen und Wirkungen hindurch, ohne zu einem Ende dieser Reihe kommen zu können. Aber unsre Vernunft verlangt nach einer letzten Ursache alles Bestehenden, und die Naturwissenschaft zeigt ja auch einen Anfang des Pflanzenreichs und des Tierreichs; der Anfang für Tiere und Pflanzen ist nämlich zu erkennen in den Zellen, und diese bestehen aus Atomen, auf welche die Naturwissenschaft die Welt zurückführt. Bei diesem Anfange bleibt diese Wissenschaft stehen, da sie über denselben nicht hinauskommt. Aber unsere Vernunft frägt auch für die Atome nach einem Anfang, und sie findet denselben in Gott, als der letzten Ursache alles Seienden. Aber freilich könnte nun der Verstand auch hier wieder nach einer Ursache von Gott fragen; doch diese Frage lehnt unsre Vernunft ab, da sie in Gott den zureichenden Grund für die Welt erblickt. Und wenn das ja nun auch kein zwingender Beweis für Gott als den letzten Grund des Daseins aller Dinge ist, so ist doch diese Antwort auf die Frage nach der letzten Ursache der Welt mindestens ebenso berechtigt, wie die Antwort, bei welcher sich die Naturwissenschaft zunächst beruhigt; ja, aus Gott ist doch wohl die Welt besser (und allein) zu erklären, als aus den bewegten Atomen.

„Der da alles bereitet hat, das ist Gott" — das ist also das Ergebnis des kosmologischen Beweises, bestritten zwar vom Materialismus, aber überzeugend für den, der in der Welt mehr als Stoff wahrnimmt.

β. Der zweite Beweis, der teleologische[2]), geht aus von der als vorhanden anerkannten Ordnung und Zweckmäßigkeit der Welt, und schließt von ihr auf Gottes Dasein in folgender Weise.

Die Welt ist ein zweckmäßig geordnetes, einheitliches Ganze; Ordnung aber setzt einen Ordner voraus; also muß auch für die Welt ein Ordner vorausgesetzt werden.

Freilich auch dieser Beweis ist nicht zwingend. Die Welt ist zwar im ganzen ein geordnetes Ganze; aber wie viele Störung der Ordnung ist doch in ihr wahrzunehmen! Die Blüten kommen der Ordnung gemäß im Frühjahr zum Vorschein; aber es ist nicht in der Ordnung, daß sie oft sämtlich in einer kalten Mainacht erfrieren. Daß die Menschen sterben,

---

[1]) So lautet dieser Spruch nach dem Grundtext.

[2]) Von dem griechischen Worte τέλος = Zweck.

erscheint uns jetzt als eine göttliche Ordnung; aber daß so viele Kinder schon im ersten Lebensjahr sterben, erscheint uns nicht als Ordnung. — Aber wenn so auch in der Welt nicht alles geordnet erscheint, so bleibt doch jedenfalls die Ordnung im ganzen als bestehend anerkannt, und im schlimmsten Falle müßten wir die Ordnung in der Welt auf Gott, die Unordnung daneben auf eine neben Gott bestehende feindliche Macht zurückführen, wie das in der altpersischen Religion geschah. Indes gelingt es ja der Wissenschaft immer mehr, auch da Ordnung zu erkennen, wo man früher sie nicht wahrnehmen konnte, und es ist kein thörichter Glaube, wenn wir annehmen, daß es dereinst uns gelingen könnte, alles in der Welt als wohlgeordnet zu erkennen, und daß für eine höhere Einsicht schon jetzt in der Welt nur Ordnung besteht.

Aber muß denn auch wirklich für alle Ordnung ein Ordner angenommen werden? Kann nicht die Ordnung auch ein Produkt des Zufalls sein? — Das kann allerdings der Fall sein; aber das ist so unwahrscheinlich, daß wir es nicht annehmen können, am wenigsten für die große, ganze Welt. Wenn man mit drei Würfeln dreimal hinter einander nur drei wirft, so ist das wahrscheinlich ein Zufall. Wenn aber mit diesen Würfeln fast immer nur drei geworfen wird, so glaubt man nicht mehr an den Zufall, sondern sucht und findet wahrscheinlich auch eine Ursache für diesen Zufall. Und die Welt besteht aus so vielen einzelnen Teilen, die in so merkwürdiger Weise zusammenstimmen, daß wir uns nicht davon losmachen können, mit dem Psalmisten zu rufen (104, 24): „Herr, wie sind deine Werke so groß und viel; du hast sie alle weislich geordnet, und die Erde ist voll deiner Güter!"

Und wie wir in der Natur eine Ordnung wahrnehmen, so nehmen wir auch in der Geschichte eine Ordnung und einen Zusammenhang wahr, den wir ebenfalls nicht als ein Werk des Zufalls betrachten können. Es war doch wohl kein Zufall, daß, als das Römertum verfiel, das Germanentum sich erhob und das Christentum in die Welt trat, die neuen Mächte, welche an die Stelle des Römertums treten sollten. Und der Abschluß des Mittelalters in der so lange vergeblich erstrebten Reformation — ist derselbe wohl auf den Zufall des Auftretens eines kirchenfeindlichen Mönches zurückzuführen? So läßt uns die Weltgeschichte immer aufs neue einen Zusammenhang erkennen, der nicht das Werk des Zufalls, sondern eines Ordners sein muß, obwohl natürlich auch in der Geschichte manches zunächst unerklärt bleibt.

Einen Ordner der Welt ergiebt also der teleologische Beweis, einen Schöpfer der Welt der kosmologische; es wird also der Ordner der Welt auch wohl ihr Schöpfer sein; ein Ordner, der die Welt nicht geschaffen hätte, hätte doch nur zufällig ihrer auch so mächtig sein können, um sie ordnen zu können. Auch widerspräche es dem Streben der Wissenschaft, für jede Sache zunächst nur einen letzten Grund anzunehmen, wenn man neben dem Schöpfer einen besonderen Ordner für die Welt annehmen wollte. So führen also diese beiden Beweise auf einen Schöpfer und Ordner der Welt, also auf einen Gott als Urheber der Welt; aus der Schöpfung wird der unsichtbare Gott mit der Vernunft wahrgenommen, wie es im Römerbriefe, K. 1, 20 (nach dem Grundtext), heißt.

γ. Zwei weitere Beweise für das Dasein Gottes gehen aus von dem als vorhanden anerkannten Glauben der Menschen an Gott und schließen aus demselben auf die Existenz Gottes. Der erste derselben ist der historische Beweis.

Schon Cicero[1]) hat darauf hingewiesen, daß der Glaube an Gott unter den Menschen allgemein sei, und die neuere Wissenschaft hat seine Behauptung durchaus bestätigt. Es mag einzelne Menschen geben, welche nicht an Gott glauben (aber oft bloß nicht an denjenigen, welchen ihnen ihre Zeit oder ihre Kirche predigt); aber es giebt kein Volk, welches der Religion entbehrte. Der allgemeine Glaube an Gott führt aber mit Notwendigkeit zu der Annahme, daß dieser Glaube nichts Willkürliches und Gemachtes sei, sondern auf der Natur des Menschen beruhe. Was aber naturgemäß ist, das wird wohl auch nicht unvernünftig sein, da es nicht denkbar ist, daß alle Zeiten und alle Menschen an einem unvernünftigen Glauben festhalten sollten.

So führt also der allgemeine Glaube an Gott doch wenigstens zu der Wahrscheinlichkeit, daß es auch einen Gott giebt.

δ. Daß aber der Glaube an Gott sogar mit Notwendigkeit zur Anerkennung der Existenz Gottes führe, suchte ein gelehrter Theologe des Mittelalters, der Erzbischof Anselmus von Canterbury, † 1109[2]), durch folgenden Schluß zu erweisen:[3]) In unserem Geiste wohnt die Idee eines vollkommensten Wesens. — Vollkommen aber ist nur das, was nicht bloß in unserem Geiste existiert, sondern auch in der Wirklichkeit; es wäre nämlich von zwei angeblich vollkommenen Dingen doch nur dasjenige wirklich vollkommen, welches außer den anderen Eigenschaften, welche zur Vollkommenheit gehören, auch die Eigenschaft des Seins besäße; denn das letztere Wesen besäße dann außer den Eigenschaften des ersteren auch noch die Eigenschaft des Seins, also eine größere Vollkommenheit als jenes. — Also muß Gott, als dem vollkommensten Wesen, auch die Eigenschaft des Seins zugeschrieben werden.

Aber dieser Beweis leistet, wie blendend er auch zuerst scheinen mag, doch nicht, was er leisten soll: das Sein ist keine Eigenschaft, wie man mit Recht bemerkt hat; ein gedachtes Tier würde nicht vollkommener werden, wenn es auch zum wirklichen Tiere würde, als ein nur gedachter Mensch; man darf nur Gedachtes mit Gedachtem, Wirkliches mit Wirklichem vergleichen.

So führt denn dieser sogen. ontologische Beweis nicht mit Notwendigkeit vom Glauben an Gott zu der Gewißheit, daß Gott auch existiere. Auch hier freilich ist es ja richtig, daß dieser Glaube wohl am wahrscheinlichsten aus der Offenbarung eines seienden Gottes zu erklären ist; aber zwingend beweisen läßt sich das nicht.

---

[1]) Tuscul. 1, 13 und Nat. D. I, 17: Omnes esse vim et naturam divinam arbitrantur; de quo autem omnium natura consentit, id verum esse necesse est; esse igitur Deos confitendum est.

[2]) Derselbe hat auch eine berühmt gewordene Theorie über die Versöhnung aufgestellt; vgl. Nr. 44c.

[3]) Est in intellectu aliquid, quo nihil maius cogitari potest. — Hoc autem non potest esse in intellectu solo, nam maius est id, quod est et in re quam id, quod est in intellectu). — Ergo est Deus.

ε. Endlich suchen noch zwei Beweise aus dem als vorhanden anerkannten Gewissen des Menschen die Existenz Gottes zu erweisen; der erste derselben ist der moralische Beweis im engeren Sinne.

Schon der Apostel Paulus weist auf die Grundlage dieses Beweises im Römerbriefe hin (2, 14—15): „Die Heiden, die das Gesetz nicht haben und doch von Natur thun des Gesetzes Werk, sind ihnen (= sich) selbst ein Gesetz, als die da beweisen, des Gesetzes Werk sei geschrieben in ihrem Herzen, sintemal ihr Gewissen sie bezeuget.“ In jedem Menschen macht sich bei seinem Thun das Gewissen geltend, teils warnend und mahnend vor der That, oder strafend und lobend nach der That. Diese Stimme, die in jedem Menschen sich vernehmen läßt und zu allen Zeiten und unter allen Völkern sich geltend macht, kann nicht ein Produkt des Menschen sein; sie muß als Äußerung einer über dem Menschen stehenden Macht angesehen werden, wie sie ja auch unbedingt gebietend im Menschen auftritt.[1]) So weist das Gewissen über den Menschen hinaus auf Gott, als die heilige Macht, welche des Menschen Leben bestimmen und regieren soll.[2])

Freilich der Materialist leugnet das Gewissen; aber auch er handelt meist nach dem Gewissen, und seine Leugnung hat für diejenigen keine Bedeutung, welche die Stimme des Gewissens in sich vernehmen; man müßte höchstens zugeben, daß es Menschen ohne Gewissen giebt; für die anderen würde doch eine über ihnen stehende heilige Macht als Urheber des Gewissens anerkannt bleiben müssen. Erzwungen von allen kann also der Glaube an Gott auch durch diesen Beweis nicht werden.

ζ. Auf der Anerkennung des Gewissens beruht endlich noch ein zweiter Beweis, welcher aus der moralischen Weltordnung auf das Dasein Gottes schließt. Im Leben des einzelnen Menschen wie in der Geschichte der Völker und der ganzen Menschheit sehen wir das vom Gewissen geforderte Gute nach Herrschaft streben; zwar nirgends ist diese Herrschaft erreicht, aber die Herrschaft des Guten ist doch unverkennbar das Ziel der Entwickelung der Welt. Diesem Streben dient sogar bisweilen die äußere Natur, wenn sie in wunderbarer Weise das Gute fördert, das Böse vernichtet (Pharao's Untergang, Napoleons Vernichtung durch feindliche Naturmächte). Freilich gar oft vermissen wir noch den Sieg des Guten, noch öfter sehen wir den Guten unglücklich und den Bösen glücklich (vgl. Hiob und Lazarus). Aber wir hoffen trotzdem auf den endlichen, vollkommenen Sieg des Guten über das Böse in der Welt, wie ihn ja schon die erste Weissagung der Bibel verkündet (1. Mose 3, 15). Und diese Hoffnung kann nur erfüllt werden durch einen Gott, von dem wir glauben, „daß er ein Vergelter sein werde.“ (Hebr. 11, 6.)

Aber freilich ist das ja nur eine Hoffnung, die wir hegen vom Siege des Guten und von dem endlichen auch äußeren Glücklichsein der Guten; wir können den nicht widerlegen, der in der Welt das Böse siegreich und das Gute unterdrückt sieht. Aber selbst dann würde doch wenigstens das Gute als eine neben dem Bösen in der Welt vorhandene Macht anzuerkennen sein, und der Ursprung des Guten ist doch jedenfalls

[1]) Als kategorischer Imperativ (Kant) — vgl. Schwab's Gedicht: Johannes Kant.
[2]) Vgl. Schiller, Die Worte des Glaubens.

in Gott zu suchen, da eine so weit verbreitete, oder wie wir glauben, überall sich kräftig erweisende Macht nicht auf den Menschen und noch weniger auf die leblose Natur zurückgeführt werden kann.

c.[1]) In einer anderen Weise hat man in der Neuzeit versucht, von der Sittlichkeit ausgehend, den Glauben an Gott als berechtigt zu erweisen; ich biete diese Darlegung wenigstens dem Lehrer dar, da sie für den Schüler vielleicht zu schwer ist.

α. Wenn man dem Katholiken die Frage vorlegt, worauf sich denn seine Überzeugung stütze, daß sein Glaube wahr sei, so weist er hin auf den unfehlbaren Papst und die unfehlbaren Concilien, denen Gott seinen Geist verleihe, daß sie niemals irren können und niemals geirrt haben. Und doch hat ein Concil das andere verdammt, und ein Papst hat den andern für einen Ketzer erklärt'

Wenn man den evangelischen Christen im 17. Jahrh. fragte, worauf sich seine Überzeugung von der Wahrheit seines Glaubens stütze, so wies er hin auf die von Gott den Schriftstellern buchstäblich diktierte Heilige Schrift, als die Quelle seines Glaubens. Dadurch kam ja allerdings der evangelische Christ zu einem besseren Christentum als der Katholik; aber auch sein Glaube ruhte auf einer Grundlage, welche heute von allen Theologen für falsch gehalten wird. So muß denn für unsern Glauben eine bessere Grundlage gesucht werden.

Wie gelangt nun heute der evangelische Christ zur Überzeugung von der Wahrheit seines Glaubens? Welches ist das feste Fundament, auf welchem sich das Gebäude unseres Glaubens heute erheben kann?

β. Christus hat den Juden nicht ein neues Lehrgebäude vorgetragen, sondern er verkündete ihnen, im Anschluß an ihr Gesetz, die wahre Sittlichkeit und Frömmigkeit, und sein Leben entsprach seiner Predigt. Wenn die Heiden in der alten Zeit für das Christentum gewonnen wurden, so war es weniger die christliche Lehre, durch welche sie gewonnen wurden, als die lautere Frömmigkeit der Christen, welche sie zum Übertritt bewog. Als Luther gegen die katholische Kirche auftrat, bekämpfte er nicht zuerst die katholische Glaubenslehre, sondern die falsche Frömmigkeit der Katholiken, wie sie ihm im Ablaßhandel entgegentrat; erst von hier aus gelangte er dazu, auch die katholische Lehre zu bekämpfen.

Von der Sittlichkeit müssen auch wir ausgehen, um zum Christentum zu gelangen, und das hat ja Christus selber auch ausgesprochen, indem er sagt: „So jemand will Gottes Willen thun, der wird inne werden, ob meine Lehre von Gott sei" (Joh. 7, 17). Die Sittlichkeit ist das feste Fundament, auf welchem sich für den heutigen Menschen der Glaube erbaut, natürlich nur dann, wenn er ein sittlicher Mensch ist oder wenigstens ein solcher werden will. Wer ein sittlicher Mensch werden will, der wird auch zum Glauben an Gott kommen, und wer an Gott glaubt, der wird auch erkennen, daß Gott sich in Christus geoffenbart hat. Von der Sittlichkeit zum Glauben an Gott, vom Glauben an Gott zum Glauben an Christus — das ist der Weg, auf welchem der heutige Gebildete zur Religion und zum Christentum gelangt.

γ. Wie kommt nun der sittlich sein wollende Mensch zum Glauben an Gott?

Wer sittlich handeln will, der thut das zuvörderst in der Voraussetzung, daß er seinen Vorsatz durchführen könne; er nimmt also an, daß sein Körper und sein Geist und die ihn umgebende Welt so eingerichtet sind, daß eine sittliche Thätigkeit für den

---

[1]) Vgl. Ziegler, Zum Entscheidungskampf um den christl. Glauben. 1887

Menschen möglich ist. Er glaubt also nicht, daß Mensch und Natur von vorn herein darauf angelegt sind, das Sittliche nach Kräften unmöglich zu machen, sondern er nimmt an, daß das Sittliche für ihn und in der Welt möglich ist. Eine auf die Sittlichkeit angelegte Welt ist aber schwerlich eine solche Welt, wie der Materialist sie annimmt: eine bloß durch die Bewegung der Atome entstandene Welt, denn in einer solchen Welt kann von einer Förderung des Guten doch gar keine Rede sein.

Wer sittlich handelt, der thut das ferner von dem Standpunkte aus, daß er sittlich zu handeln verpflichtet ist. Aber wer hat ihn denn dazu verpflichtet? Doch nicht eine Welt, welche nur ein Produkt der sich blind bewegenden Atome ist! Wenn der Mensch nur ein Produkt der sich bewegenden Atome ist, dann giebt es für ihn keine Pflicht, sondern nur eine Notwendigkeit, dann giebt es keine Freiheit und kein Gutes, aber auch kein Böses; dann ist alles gleich berechtigt, was jeder Mensch thut, das Gute wie das Böse. Wer eine Pflicht zum Guten anerkennt, der erkennt eine höhere Macht in der Welt an, als die bloßen Atome.

Wer sittlich handelt, der wird sogar dann sittlich handeln, wenn er fürchten muß, sein Ziel nicht erreichen zu können, denn er hofft wenigstens darauf, daß das von ihm nicht erreichte Ziel von anderen erreicht werden könne. Wer das aber glaubt, der glaubt an eine sittliche Weltordnung, wie sie nicht vorhanden ist für den Materialisten.

Ja, wer sittlich handelt, der wünscht wenigstens, daß es auch ihm selber beschieden sei, das Ziel der vollkommenen Sittlichkeit zu erreichen. Da er nun dies Ziel auf Erden nicht erreicht, so hofft er auf eine Vollendung seiner Sittlichkeit durch eine Gottheit in einem jenseitigen Leben. Aber für den Materialisten giebt es keinen Gott und „kein Jenseits und kein Wiedersehn".

So führt das sittliche Handeln den Menschen über die materialistische Weltanschauung hinaus zur Anerkennung einer sittlichen Weltordnung, zum Glauben daran, daß das Gute in der Welt möglich ist und gefordert und erstrebt wird; eine Welt aber, welche dem Guten nicht gleichgültig gegenübersteht, wie die Welt des Materialisten, ist beherrscht von einer sittlichen Macht, von einem Gotte.

δ. So führt die Anerkennung der Sittlichkeit zwar nicht des Menschen Verstand durch zwingende Beweise, aber wohl sein Herz mit innerer Notwendigkeit zum Glauben an Gott. Ein Ergebnis des Glaubens ist allerdings die Anerkennung Gottes; aber wer nicht an Gott glaubt, verdankt das ebenfalls nicht der Notwendigkeit und der Wissenschaft, sondern wiederum seinem Glauben, oder vielmehr seinem Unglauben; denn er vermag nicht zu glauben, daß das Sittliche in der Welt, oder wenigstens daß es in jedem einzelnen Menschen dereinst die vollkommen herrschende Macht werden wird. Daß das unmöglich ist, hat auch der Ungläubige nicht gesehen oder bewiesen, ebensowenig wie der Gläubige das Gegenteil gesehen oder bewiesen hat; beide Annahmen beruhen auf einem Glauben.

ε. Wenn nun der Mensch erkennt, daß seine Kraft nicht ausreicht, um sich selber vollkommen sittlich zu machen und das vollkommene Reich der Sittlichkeit in der Welt zu begründen, und wenn er dennoch an dem Glauben festhält, daß das Reich des Guten das höchste Ziel für den einzelnen Menschen wie für die ganze Welt ist, so erhebt er sich dadurch zu dem Glauben, daß es eine Macht geben muß, eine Gottheit, welche ihm nicht bloß äußere Güter spendet, sondern die Sittlichkeit in jedem einzelnen Menschen und in der ganzen Welt zur unbedingten Herrschaft führt. Wer das nicht glauben wollte, der kann entweder das Sittliche nur in der Menschheit und dann doch nur von selbst zum Siege gelangen lassen (und es ist kein Grund abzusehen, warum das geschehen müßte), oder er verzichtet überhaupt auf den Sieg der Sittlichkeit in der Welt (und das ist der angemessene Standpunkt für den Materialisten). Aber selbst dem Materialisten will es meist nicht gelingen, das Sittliche ganz abzustreifen; er ist zu seinem Glücke nicht konsequent genug, um mit dem Glauben an Gott auch die Sittlichkeit aufzugeben; aber er zieht auch nicht die Konsequenzen, welche sich aus der von ihm festgehaltenen Sittlichkeit ergeben; er erhebt sich nicht zum Glauben an den Sieg des Guten in der Welt und in jedem einzelnen Menschen; sein Kleinglaube läßt ihn nicht zu Gott kommen. Der Glaube ist eben eine freie That des Menschen; wer wirklich an den Sieg des Guten glaubt, der gelangt auch zum Glauben an Gott und an ein ewiges Leben; wer zu dem Glauben an diesen Sieg sich nicht zu erheben vermag, der gelangt auch nicht zum Glauben an Gott.

d. So führen denn alle diese Beweise für das Dasein Gottes nicht mit mathematischer Sicherheit zum Glauben an Gott, der Glaube bleibt stets eine Sache der Freiheit und des Herzens; aber sie sind doch auch nicht ganz wertlos. Der Glaube an Gott ist durch sie nicht entstanden, und er entsteht noch heute nicht auf dem Wege des Beweises; aber sie sind doch nicht ganz wertlos gegenüber dem Zweifel, dem jeder Denkende ausgesetzt ist, und sie zeigen doch wenigstens so viel, daß der nicht aus dem Verstande entsprungene Glaube doch mit dem Verstande nicht geradezu im Widerspruche steht, wenn auch der Verstand nicht jedes Rätsel lösen kann, welches sich aus dem Glauben an Gott ergiebt.

e. Und was ist nun das Ergebnis dieser Beweise?

Der historische und der ontologische Beweis weisen hin auf Gott als Gegenstand des Glaubens aller Menschen und suchen, freilich nicht mit zwingender Gewalt, den geglaubten Gott als wirklich existierend zu erweisen. Der kosmologische Beweis weist hin auf Gott, als den Schöpfer der Welt; der teleologische Beweis läßt in Gott den Ordner der Welt erkennen. Die beiden moralischen Beweise weisen auf Gott als den Urheber des Gewissens und den Vollstrecker der moralischen Weltordnung hin. Gott, an dessen Existenz wir auf Grund des historischen und des ontologischen Beweises glauben, ist also (kosmologischer Beweis) der allmächtige Schöpfer der Welt und (teleologischer Beweis) der weise Ordner der Welt, wie auch (moralische Beweise) der heilige Herr der Menschen und der Lenker der Weltgeschichte. Das ist das Resultat dieser Beweise — wertvoll genug trotz der Zweifel, die sie freilassen, wertvoll auch für die Frage, die wir im folgenden zu beantworten haben, wo es sich handelt um die Erkenntnis des Wesens Gottes.

12. Das Recht des Glaubens.

Joh. 20, 29. Selig sind, die nicht sehen und doch glauben.

Röm. 1, 20. Gottes unsichtbares Wesen, das ist, seine ewige Kraft und Gottheit, wird seit der Schöpfung der Welt mit der Vernunft wahrgenommen an den Werken.

Hebr. 11, 1. Es ist aber der Glaube eine gewisse Zuversicht des, das man hoffet, und ein Nichtzweifeln an dem, das man nicht siehet.

Wenn der Materialismus recht haben sollte, so müßte er unsern Verstand und unser Herz befriedigen oder wenigstens ihnen nicht

Unmögliches zumuten. Er befriedigt aber unsern Verstand nicht, denn er mutet uns zu, die Ordnung in der Welt für ein Werk des Zufalls zu halten, das Leben aus dem toten Stoffe abzuleiten, das geistige Leben für ein bloß materielles Leben zu halten, Wissenschaft und Tugend für Hirngespinste zu erklären, Gott und Unsterblichkeit preiszugeben. Und wer das alles preisgiebt, was bleibt dem noch für sein Herz? Ein bloßes materielles Leben bietet dem Herzen keine wahre Befriedigung, nicht einmal dem Materialisten, der ja ebenfalls noch die Wissenschaft betreibt, die Kunst anerkennt und der Sittlichkeit nicht entgegentritt. Nicht einmal der Materialist selber findet in seiner Weltanschauung Ruhe und Befriedigung für seine Seele.

Nun kann ja allerdings der Glaube an Gott durch die Beweise an Gott nicht erzwungen werden; überall bleibt eine Frage übrig, die wir nicht beantworten können, ein Rätsel, das wir nicht lösen können. Aber jedenfalls ist doch der Glaube an Gott auch nichts Unverständiges; er erklärt die Thatsachen der Welt und des Menschenlebens doch jedenfalls besser, als der Materialismus, und wenn wir nicht alles verstehen und begreifen, auch wenn wir an Gott glauben, und namentlich auch das Wesen Gottes selber nicht wirklich und vollständig begreifen, so ist doch das eben das Los des Menschen, daß sein Wissen immer Stückwerk bleibt; der Materialismus befriedigt unsern Verstand noch weniger, als der Glaube, der doch wenigstens unser Herz befriedigt.

So bleibt allerdings der Glaube eine Sache der Freiheit, und er kann vom Verstande nicht durch Beweise erzwungen, aber auch nicht durch Beweise widerlegt werden. Der Glaube beruht nämlich auf dem Herzen, welches nach Gott verlangt; „unsere Seele dürstet nach Gott, nach dem lebendigen Gott“, und nur in Gott „findet die Seele die Heimat der Ruh'“. Zwar ändert sich ja nun des Menschen Verlangen in den verschiedenen Lebensaltern und in den verschiedenen Geschichtsperioden, aber das Verlangen nach Gott äußert sich in gleicher Weise bei den verschiedensten Menschen und in den verschiedensten Zeitaltern, und das Verlangen nach Gemeinschaft mit Gott ist der innerste Kern der niedrigsten wie der höchsten Religion.

Und diesem Verlangen des Herzens kommt nun die Offenbarung Gottes entgegen, welchen wir, allerdings nicht mit den leiblichen Augen, sondern mit der Vernunft als sich offenbarend wahrnehmen: „Selig sind, die nicht sehen und doch glauben“ — so heißt es mit Recht in der Bibel, denn die leiblichen Augen und die Sinne überhaupt nehmen ja nur das Irdische wahr; Gott aber ist Geist, und geistige Dinge können, wie Paulus im Römerbriefe mit Recht sagt, nur mit der Vernunft wahrgenommen werden; nur der Vernunft offenbart sich unsere Seele wie auch das Dasein Gottes.

Aber was nun die Vernunft uns erschließt, das ist eben das Höchste, was es für den Menschen giebt, höher als die von den Sinnen wahrnehmbaren irdischen Dinge, höher als die vom Verstande erfaßbaren Wahrheiten der Mathematik, welche uns nur über Zahl und Form der Dinge belehrt, aber über das innere Wesen, ja, auch nur über die Existenz der Dinge gar nichts aussagt. Nur mit der Vernunft nehmen wir in der

Welt die Offenbarung Gottes wahr, und so ist denn der Glaube ein auf der Vernunft beruhendes „Nichtzweifeln an dem, das man nicht siehet."

Im Glauben an Gott besitzt nun der Mensch das höchste Gut, die Gemeinschaft mit Gott, und nur in diesem Glauben „findet die Seele die Heimat der Ruh'".

III. Was ist Gott?

A. Gottes Wesen und Eigenschaften.

13. Einleitung.

Wenn im vorhergehenden gezeigt worden ist, wie der Mensch zum Glauben an Gott kommt, und daß der Glaube an Gott kein thörichter Wahn ist, so müssen wir nunmehr nach dem Wesen Gottes fragen, da von unserer Auffassung des Wesens Gottes auch unsere Stellung zu Gott bedingt ist. Eine Antwort auf diese Frage ergiebt sich schon aus den Beweisen für das Dasein Gottes; dieselben beruhen aber auf seiner Offenbarung in Natur und Geschichte. Aber ein vollkommeneres, wenn auch nicht ein philosophisches Wissen um Gott, jedoch ein Wissen um Gott als „unser Heil und höchstes Gut" erschließt sich uns aus der Offenbarung Gottes in Israel und im Christentum. Wenn man nämlich die Welt und die Geschichte betrachtet, so nimmt man in denselben gewisse Thatsachen wahr, welche nur erklärt werden könncn durch die Annahme, daß es einen Gott giebt, welcher als der ausreichende Grund für diese Thatsachen gelten kann. Wenn man sodann die Offenbarung Gottes in Moses und den Propheten und in Christus beachtet, so gewinnt man eine noch vollkommenere Erkenntnis vom Wesen Gottes.

Wenn man nun das, was sich in dieser Weise über Gott ergiebt, zusammenzufassen sucht, so dürfte dies vielleicht am einfachsten so gelingen, daß man Gott vor allem als Leben und Geist, sodann als den Heiligen und endlich als die Liebe betrachtet; aus diesen Aussagen über das Wesen Gottes lassen sich auch seine Eigenschaften ohne Zwang herleiten. In dieser Weise soll im folgenden die Lehre von Gott dargestellt werden.

14. Gott ist Leben und Geist.

a. Er ist der lebendige Gott, der ewiglich bleibet. Dan. 6, 27.
In ihm leben und weben und sind wir. Apg. 17, 28.
Gott ist Geist. Joh. 4, 24.
Ich glaube an Gott den Allmächtigen. Katech. II, 1.

b. Herr Gott, du bist unsre Zuflucht für und für; ehe denn die Berge wurden und die Erde und die Welt geschaffen wurden, bist du, Gott, von Ewigkeit zu Ewigkeit. Ps. 90, 2.
Wo soll ich hingehen vor deinem Geist, und wo soll ich hinfliehen vor deinem Angesicht? Führe ich gen Himmel, so bist du da; bettete ich mir in die Hölle, siehe, so bist du auch da. Nähme ich Flügel der Morgen-

röte und bliebe am äußersten Meer, so würde mich doch deine Hand daselbst führen und deine Rechte mich halten. Ps. 139, 7—10.

Ich bin der allmächtige Gott; wandle vor mir und sei fromm. 1. Mose 17, 1.

Herr, du erforschest mich und kennest mich; ich sitze oder stehe auf, so weißt du es; du verstehst meine Gedanken von ferne; ich gehe oder liege, so bist du um mich und siehst alle meine Wege; denn siehe, es ist kein Wort auf meiner Zunge, das du, Herr, nicht alles wissest. Ps. 139, 1—4.

Herr, wie sind deine Werke so groß und viel! Du hast sie alle weislich geordnet, und die Erde ist voll deiner Güter. Ps. 104, 24.

a. Wie wir glauben, daß im Leibe des Menschen eine Seele wohnt, durch welche der tote Stoff, aus welchem der Menschenleib besteht, erst zum lebendigen Organismus wird, so glauben wir auch, daß die Welt, da sie nicht bloß toter Stoff ist, sondern lebendige Wesen enthält, von einem Gotte erfüllt ist, welcher der Urquell alles Lebens in der Welt, also ein lebendiger Gott ist (Dan. 6, 27)[1]. Alles Leben in der Welt stammt nun von Gott, und mit Recht heißt es in der Bibel: „In ihm leben und weben und sind wir" (Ap. 17, 28). Als der Urquell alles Lebens in der Welt ist aber Gott ein ewiger Gott (Ps. 90, 2), da von ihm allein alles Leben in der Welt herstammt und er selber sein Dasein keinem andern Wesen verdankt. Und der lebendige Gott ist auch allgegenwärtig (Ps. 139, 7—10), denn wie über die Schranke der Zeit, so ist er auch über die des Raumes erhaben, indem seine Kraft die ganze Welt durchdringt. Und Gottes Kraft ist es auch allein, welche alles geschaffen hat, und auf welcher alles beruht; daher betrachten wir Gott mit Recht als allmächtig (1. Mose, 17, 1); es giebt in der Welt keine zweite Macht neben Gott; alles Leben beruht auf dem einen Gott.

b. Aber Gott ist nicht bloß Leben, eine Macht, welche in der Welt waltet, sondern er ist auch Geist, d. h. nicht eine ohne Bewußtsein und ohne Willen wirkende Macht (wie der Pantheismus annimmt), sondern Gott besitzt als Geist, wie auch der Mensch, Bewußtsein und Willen, ja, er ist allwissend und allweise. Nicht so, wie die Kraft im Magneten, wirkt Gott in der Welt, sondern er weiß, was er thut (Ps. 139, 1—4). Die Tiere thun, was sie Zweckgemäßes thun, ihrem Instinkt folgend, d. h. ohne ein Bewußtsein über die Zweckmäßigkeit ihres Thuns zu besitzen. Der Mensch thut zwar manches gleichfalls, ohne daß er sich der Gründe seines Handelns bewußt wird; aber vorwiegend handelt er doch mit Bewußtsein; Gott würde also hinter dem Menschen zurückstehen, wenn er nicht wüßte, was er thäte. So ist Gott allwissend (Ps. 139, 1—4); denn wer vermöchte eine Schranke zu ziehen, wo sein Wissen beginnen und wo es aufhören sollte? Und Gott ist auch allweise (Ps. 104, 24), d. h. er setzt sich mit Bewußtsein Ziele, die er erreichen will, und er weiß dieselben vollkommen und ohne Mühe zu erreichen, besser als der Mensch, der gar manches erstrebt, aber oft nicht findet, wie er sein Ziel erreichen kann.

[1]) Gott ist also selber nichts Materielles, und er besitzt keinen Körper; daher kann er auch nicht durch ein Bild dargestellt werden; das jüdische Bilderverbot war also berechtigt.

c. So ist also Gott zuvörderst Leben und Geist; Gott, als der lebendige Gott, besitzt die Eigenschaften der Ewigkeit, Allgegenwart und Allmacht; Gott als Geist ist allwissend und allweise. Soviel ergiebt sich zunächst, wenn wir die Welt und den Menschen betrachten; was in der Wirkung vorhanden ist (Leben und Geist), muß ja auch der Ursache zugeschrieben werden; ein Gott ohne Bewußtsein und Willen wäre kleiner als der von ihm herstammende Mensch.

Als die die ganze Welt durchdringende lebendige Macht wird aber Gott auch vom Pantheismus betrachtet, und auch in der Bibel heißt es ja von Gott: „In ihm leben und weben und sind wir" (Ap. 17, 28). Jedoch der Gott des Pantheisten ist nur Leben, nicht aber Geist; er durchdringt zwar die ganze Welt, aber er waltet in ihr ohne Bewußtsein und ohne Willen; erst im Menschen entwickelt sich nach dem Pantheismus die bis dahin unbewußt wirkende Gottheit zu Bewußtsein und Willen.

Als bewußte Mächte werden dagegen die Götter zwar schon im Heidentum betrachtet, aber da das Heidentum viele Götter annimmt, so ist jeder einzelne Gott durch die andern beschränkt, und wenn auch fast überall ein oberster Gott angenommen wird, so wird doch auch dessen Macht und Einsicht nicht für unbeschränkt gehalten; einen wirklich allmächtigen und allwissenden Gott kennt erst die Bibel.

15. Gott ist der Heilige.

a. Ihr sollt heilig sein, denn ich bin heilig, der Herr, euer Gott. 3. Mose 19, 2.

b. Du aber bleibest, wie du bist. Ps. 102, 28.

Gott vergilt dem Menschen, danach er verdienet hat. Hiob 34, 11.

Wenn der Pantheismus Gott zwar als das Leben der Welt betrachtet, wenn das Heidentum bereits seine Götter als geistige Wesen betrachtet, so wissen doch Pantheismus und Heidentum nichts von einem heiligen Gott; der Gott des Pantheismus ist nur lebendig, aber keine sittliche Macht, weder gut noch böse; Zeus ist, wie alle griechischen Götter, zunächst eine Naturmacht, aber kein heiliger Gott. Zwar werden auch schon die heidnischen Götter vielfach über die Sphäre des Naturlebens erhoben und zu Beschützern der Sittlichkeit gemacht, aber zu heiligen Göttern werden sie dadurch doch nicht. Erst das Volk Israel kennt den heiligen Gott; ja, in diesem Volke ist gerade die Heiligkeit Gottes der vorherrschende Wesensbegriff von Gott geworden, der das ganze Leben dieses Volkes gestalten sollte. „Ihr sollt heilig sein, denn ich bin heilig, der Herr, euer Gott" — das ist der Lebensgrundsatz für das Volk Israel. Der heilige Gott ist aber zunächst der von der Welt gesonderte,[1]) der nicht eine Naturmacht ist wie die heidnischen Götter, dann aber besonders der der Sünde gegenüberstehende Gott, der sittlich vollkommene und gute Gott. Aus dieser sittlichen Vollkommenheit Gottes ergeben sich dann die Eigenschaften der Unveränderlichkeit und der Gerechtigkeit Gottes, welche gleichfalls im A. T. ganz besonders hervortreten. Gott ist

[1]) Aber nicht im Sinne des Deismus, welcher die Welt von Gott so trennte, daß er eigentlich mit der Welt nichts zu thun hatte.

unveränderlich (Ps. 102,28: Du aber bleibest, wie du bist) — das ist der Trost Israels in aller Trübsal; die Götter der Heiden handeln bald so, bald anders; auf seinen Gott kann Israel sich immer verlassen; selbst wenn es ihm untreu geworden ist, bleibt er doch treu. Und Gott ist gerecht — das wird immer aufs neue im A.T. gepredigt: „Gott vergilt dem Menschen, danach er verdienet hat" (Hiob 34,11). Diese richtige Predigt wird ja sogar im A. T. so weit ausgedehnt, daß der fromme Israelit schon auf Erden die Gerechtigkeit Gottes vollkommen geoffenbart zu sehen hoffte, und erst allmählich (vgl. das Buch Hiob[1]) erkannte, daß sich die Gerechtigkeit Gottes auf Erden noch nicht vollständig offenbart, und daß deshalb ein ewiges Leben geglaubt werden müsse.

16. Gott ist die Liebe.

a. Gott ist die Liebe. 1. Joh. 4, 16.
Vater unser, der du bist im Himmel.

b. Herr, wie sind deine Werke so groß und viel! Du hast sie alle weislich geordnet, und die Erde ist voll deiner Güter. Ps. 104, 24.
Oder verachtest du den Reichtum seiner Güte, Geduld und Langmütigkeit? Weißt du nicht, daß dich Gottes Güte zur Buße leitet? Röm. 2, 4.
Herr, Herr, Gott, barmherzig und gnädig und geduldig und von großer Gnade und Treue! Der da bewahret Gnade in tausend Glieder und vergiebt Missethat, Übertretung und Sünde. 2. Mose 34, 6—7.
Also hat Gott die Welt geliebt, daß er seinen eingeborenen Sohn gab, auf daß alle, die an ihn glauben, nicht verloren werden, sondern das ewige Leben haben. Joh. 3, 16.

Aber nicht bloß den heiligen Gott verkündet das A. T., sondern es kennt auch schon Gott als Vater und als gnädigen Gott (2. Mose 34,6—7), allerdings noch nicht in der Weise des Christentums; Gott ist zwar der Vater des Volkes und seines Repräsentanten, des Königs, aber nicht des einzelnen Israeliten. Selbst dem Heidentum ist ja die Gnade der Gottheit nicht ganz unbekannt. Aber erst das Christentum hat deutlich und ernstlich gepredigt: „Gott ist die Liebe" (1 Joh. 4,16), und erst Jesus hat diesen Begriff zu dem die Religion beherrschenden gemacht. Erst Jesus hat die Menschen dahin geführt, daß sie nicht bloß beten: „Herr unser Gott, strafe uns nicht in deinem Zorn," sondern daß sie anrufen als Kinder ihren „Vater im Himmel". Trotz seiner Heiligkeit, welche unsere Sünde haßt, ist doch Gott auch voll Liebe gegen den Sünder und nimmt ihn zu seinem Kinde an — das ist die Predigt des Christentums; „lasset uns ihn lieben, denn er hat uns zuerst geliebt," so lautet die Mahnung unseres Glaubens.

Auf der Liebe Gottes beruhen aber die Eigenschaften der Güte, der Geduld und der Gnade Gottes. „Die Erde ist voll seiner Güter" (Ps. 104,24) — so ruft uns schon die Betrachtung der Natur zu, und wer hätte Gott nicht für viele Güter zu danken, die er von ihm empfangen

[1]) Vgl. H. Gesch. Nr. 80,3 D.

hat und fortwährend empfängt, auch wenn er arm und unglücklich ist! Und noch herrlicher ist die Eigenschaft der „Geduld und Langmütigkeit" Gottes, welche den Menschen zur Buße leiten soll (Röm. 2,4). Gott ist zwar ein gerechter Gott, aber als langmütiger Gott verzieht er mit der Strafe; ja, er will als gnädiger Gott den Menschen bekehren, um ihn überhaupt nicht bestrafen zu müssen. Das hat ja schon Moses erkannt (2. Mose 34, 6—7), aber das ist nun vornehmlich die Predigt des N. T. von Gott: „Also hat Gott die Welt geliebt, daß er seinen eingeborenen Sohn gab, auf daß alle, die an ihn glauben, nicht verloren werden, sondern das ewige Leben haben" (Joh. 3,16) — das ist das Herrlichste, was das Christentum verkündet, das Hohelied von der Liebe Gottes, der dann unsre Liebe zu den Brüdern entsprechen soll (1. Kor. 13).

Über diese Predigt von Gott als der Liebe, wie wir sie im Christentum vernehmen, ist keine Religion hinausgekommen, und was sollte es auch Höheres geben, als die Liebe! Macht und Weisheit und Heiligkeit stehen hinter der Liebe zurück: so ist denn das Christentum mit seiner Predigt von der Liebe Gottes die höchste Religion; ja, die andern Religionen haben die Höhe und Reinheit dieser Predigt nicht erreicht, geschweige denn übertroffen. Nur ein Gott, der die Liebe ist, ist der Vollkommene, der Absolute, wie ihn das Denken fordert, und nur in dem Gotte der Liebe „findet die Seele die Heimat der Ruh'".

17. B. Die Einheit Gottes.

Höre, Israel, der Herr unser Gott ist ein einiger Herr 5. Mose 6, 4

Ich bin der Herr dein Gott, du sollst nicht andere Götter haben neben mir.

Von ihm und durch ihn und zu ihm sind alle Dinge. Ihm sei Ehre in Ewigkeit! Amen. Röm. 11, 36.

a. Die neuere Religionswissenschaft hat (wenigstens für die Indogermanen) die frühere Vermutung zu erweisen vermocht, daß dem in der geschichtlichen Zeit überall verbreiteten Polytheismus (dem Glauben an viele Götter) ein ursprünglicher Glaube an einen Gott[1]) vorangegangen sei. Es war aber kein Wunder, daß die Völker zu dem Glauben an viele Götter gelangten, da sie einerseits vielerlei Güter begehrten[2]) und andrerseits so verschiedene Kräfte in der Natur wirksam sahen, welche noch dazu einander oft zu bekämpfen schienen. So sind denn sowohl die Griechen und die Römer, als auch unsre alten Vorfahren Polytheisten gewesen, aber allen diesen Völkern war der eine Gott, den auch sie einst gekannt hatten, nicht ganz fremd geworden; an der Spitze der Götterwelt steht meistens

---

[1]) Aber nur Henotheismus, nicht strenger Monotheismus, d. h. Glaube an einen Gott, der einerseits für andere Völker auch andere Götter anerkannte, und andererseits im einzelnen Falle nur zu einem Gott beten läßt, ohne aber die Existenz anderer Götter geradezu zu bestreiten.

[2]) Darum haben sich auch die Katholiken von dem einen Gott wieder zu den vielen Heiligen gewandt, von welchen die Spendung der verschiedenen Güter oder die Abwehr der verschiedenen Übel abhängt; wird doch sogar die eine Maria eigentlich in verschiedene Gestalten zerteilt, indem um bestimmte Güter bald die eine, bald die andere Maria angerufen wird.

auch bei den Heiden doch nur ein Gott; die Anbetung richtet sich zunächst meist nur an einen Gott (verschieden je nach dem Anlaß des Gebetes), und die Philosophie der heidnischen Völker strebte dem einen Gotte zu, ohne ihn allerdings deutlich zu erkennen, und namentlich ohne seine Anbetung für das Volk allgemein machen zu können.

Wenn heute der Naturforscher, der doch zunächst ebenfalls verschiedene Kräfte in der Welt wirksam sieht, gleichfalls danach trachtet, diese verschiedenen Kräfte auf eine einzige Kraft zurückzuführen, so ist er von demselben Streben geleitet, welches die Philosophie schon bei den Griechen erfüllte, die Welt als eine einige Welt, als von einer einzigen Macht bestimmt und geleitet, zu erkennen.

b. Dieser Auffassung der Welt als einer Einheit steht aber vornehmlich der Gegensatz von Stoff und Kraft, von Leib und Geist, von Gutem und Bösem hindernd im Wege, und es war deshalb nicht zu verwundern, daß schon im Altertum die persische Religion zwar nicht viele, aber doch zwei Götter lehrte, einen guten und einen bösen Gott; im Gegenteil, man muß sich wundern, daß auch diese Religion bereits das Böse schließlich vom Guten überwunden werden ließ und den einen, guten Gott als alleinigen Herrscher der Zukunft dachte. Das zu glauben, gelingt noch heute demjenigen nicht, der da meint, daß das Böse in der Sinnlichkeit, im Leibe seinen Sitz habe, und daß nur durch Abstreifung der Sinnlichkeit (aber dann auch sicher und bei allen) der Sieg über die Sünde gewonnen werden könne. Bei dieser Anschauung ist der Leib und die Sinnlichkeit eine zweite Macht in der Welt, welche Gott für immer und notwendig feindlich gegenübersteht, als wäre sie eine Schöpfung des Teufels (als eines ebenfalls ewigen Wesens, wie er sogar von den Christen vielfach betrachtet worden ist), nicht aber Gottes. Nach der Bibel ist die Sinnlichkeit, der Stoff, der Leib nicht etwas Gottfeindliches, sondern von Gott geschaffen und nicht die Ursache der Sünde; die Bibel lehrt nicht einen Dualismus (zwei entgegengesetzte Mächte als Ursachen der Welt), sondern sie führt die ganze Welt auf den einen Gott zurück.

c. Das nämlich ist ja[1]) der besondere Vorzug des Volkes Israel vor den andern Völkern, daß es (trotz aller Abirrungen zu verschiedenen Zeiten) den Glauben an den einen Gott festgehalten, wenn auch noch fast gar nicht in der Welt verbreitet hat. Wohin die andern Völker kaum am Ende ihrer Entwickelung gelangen, damit beginnt die Geschichte des Volkes Israel, nämlich mit der Predigt von dem einen Gotte: „Höre, Israel, der Herr, unser Gott, ist ein einiger Gott.“ Und an den einen Gott glauben heute nicht bloß Juden und Christen, sondern auch die Mohammedaner und die Buddhisten, also bereits etwa zwei Drittel der Menschheit; das eine Drittel der Menschen betet freilich noch zu vielen Göttern.

Und neben dem einen Gotte kennt nun die Bibel nicht, wie die heidnische Mythologie, ein Chaos, d. h. einen ungeordneten Stoff, aus welchem die Welt (und oft auch die Götter) von selbst entstanden oder durch die Götter gebildet worden ist, während doch das Chaos selber von

[1]) Wie in der Heil. Gesch. ausführlicher dargelegt ist, vgl. Nr. 29.

Ewigkeit her oder von langer Zeit her neben Gott bestanden habe oder mit Gott zugleich aus dem Nichts entstanden sei; der Gott Israels ist allein der Ewige, die Welt ist seine Schöpfung. Wenn aber auch die Israeliten in der älteren Zeit den Göttern der Heiden noch eine gewisse Existenz zuerkannten, so haben die Propheten immer mehr und immer deutlicher erkannt und gepredigt, daß der eine Gott nicht bloß der Gott Israels, sondern auch der Heiden sei; Welt und Mensch sind des einen Gottes Schöpfung, und das Ziel der ganzen Menschheit ist die Aufrichtung des Reiches des einen Gottes Israels; „von ihm und durch ihn und zu ihm sind alle Dinge; ihm, dem einen Gotte, sei Ehre in Ewigkeit! Amen." Röm. 11, 36.[1])

18. C. Die Bedeutung der Erkenntnis Gottes für die Gemeinschaft des Menschen mit Gott.

Die Furcht des Herrn ist der Weisheit Anfang. Ps. 111, 10.
Ich bin der allmächtige Gott; wandle vor mir und sei fromm. 1. Mose 17, 1.
Ihr sollt heilig sein, denn ich bin heilig, der Herr euer Gott. 3. Mose 19, 2.
Lasset uns ihn lieben, denn er hat uns zuerst geliebt. 1. Joh. 4, 19.
Die Liebe ist des Gesetzes Erfüllung. Röm. 13, 10.

Wenn es schon im gewöhnlichen Leben von Wichtigkeit ist, eine richtige Kenntnis der Dinge und Personen zu besitzen, mit denen man zu thun hat, um vor verkehrtem Handeln sicher zu sein,[2]) so ist es erst recht wichtig, eine richtige Erkenntnis von Gott zu besitzen. Zwar beruht ja die Religion vornehmlich auf dem Gemüt, und eine innige Frömmigkeit kann auch da vorhanden sein, wo der Mensch von Gott recht wenig weiß und ganz unrichtig denkt; aber durch die unrichtigen Vorstellungen von Gott ist doch auch die Frömmigkeit des Menschen gefährdet. Das zeigt sich, wenn man die verschiedenen Vorstellungen von Gott nach ihrer Bedeutung für die Frömmigkeit betrachtet.

Wenn der Pantheist Gott nur als das unbewußte Leben der Welt betrachtet, so kann er es nur als die Aufgabe der Religion ansehen, daß der Mensch mit seinem Leben in dem allgemeinen Weltgeiste aufgehe; ein persönliches Verhältnis zu Gott giebt es für den Pantheisten nicht, da ja sein Gott keine Person, sondern nur eine unpersönliche Macht ist. Diese Versenkung in Gott, dieses Aufgehen in dem allgemeinen Leben wird in den verschiedensten Religionen von der sogenannten Mystik gepredigt[3]); auch die christliche Mystik ist oft genug in diese pantheistische Richtung hineingeraten, bei welcher die Persönlichkeit Gottes dem Gläubigen entschwindet und als das Ziel der Religion das Aufgehen des Menschen in der unpersönlichen Gottheit gedacht wird.[4])

---

[1]) Von der Dreieinigkeit ist in der Schule erst später zu sprechen, vgl. Nr. 47.

[2]) Dasselbe kann ohnedies noch eintreten, da das Handeln ja nicht bloß auf dem Verstande, sondern auch (und zwar vorwiegend) auf dem Gemüt beruht.

[3]) Das besagt vielleicht auch das Nirwana des Buddhismus, wenn es nicht, wie andere Forscher meinen, die gänzliche Vernichtung des Menschen bezeichnet.

[4]) Vgl. z. B. die Gedichte im „Cherubinischen Wandersmann" von Angelus Silesius, welche ganz anders klingen als sein Lied: „Mir nach, spricht Christus unser Held."

Die Götter der Heiden werden ja nun zwar als Personen betrachtet, und der Heide hat in Wahrheit Religion, d. h. ein persönliches Verhältnis zu seinen Göttern; aber infolge des Glaubens an viele Götter sind dieselben zunächst gar zu sehr in ihrer Macht beschränkt[1],) als daß der Mensch ihnen ein unbedingtes Vertrauen entgegenbringen könnte; was der eine Gott will, will vielleicht der andere nicht. Sodann ist auch die Einsicht der Götter allzu beschränkt, als daß sie alles wissen und für alles sorgen könnten. Aber noch schlimmer ist es, daß die Götter der Heiden auch in ihrer Gesinnung gar zu niedrig gestellt werden. Die Götter haben bei Homer doch eigentlich vornehmlich nur die Aufgabe, mit Essen und Trinken und andern Genüssen sich die Zeit angenehm zu vertreiben. Ja, selbst wenn sie sich um die Menschen kümmern, so sind sie doch nicht heilige Götter und Vertreter der sittlichen Weltordnung, wie der Gott der Bibel. Wenn Zeus in der Ilias dem gekränkten Achilles zu seinem Rechte verhilft, so „ist es nicht die Verletzung der sittlichen Weltordnung durch Agamemnon, welche Zeus' Ratschluß herbeiführt, sondern Zeus gewährt der Thetis ihre Bitte aus persönlichen Motiven [nicht aus Vernunftmotiven], weil er ihr wegen der von ihr ihm früher geleisteten Dienste ihre Bitte nicht abschlagen mag."[2]) Sodann erscheinen die Götter den Heiden vornehmlich als die Spender irdischer Gaben.[3]) Aber da sie dieselben nicht jedem zu teil werden lassen, so erscheinen sie auch als neidische Mächte, welche dem Menschen es nicht gönnen, daß er eines ungetrübten Glückes sich erfreue, welches nicht einmal ihnen beschieden ist, da ja auch sie selber vor mancherlei Leiden nicht sicher sind.

Trotzdem haben auch die Heiden Religion, aber ihre Religion ist doch noch keine rechte Gemeinschaft des Herzens mit Gott; sie fürchten die Gottheit mehr, als daß sie sie lieben und ihr vertrauen; aber die Bibel hat recht, wenn sie sagt: „Die Furcht Gottes ist der Weisheit Anfang."

Wenn nun die Bibel Gott nicht bloß als das Leben der Welt, sondern auch als Geist, als eine wissende und wollende Macht betrachtet, und überdies nur einen Gott kennt, welcher allmächtig und allwissend ist, so ergiebt sich aus dieser höheren Einsicht alsbald auch eine höhere Stufe der Religion. Diesem Gotte kann man ganz anders vertrauen als den Göttern der Heiden, da ja alle Macht in der Hand des einen Gottes vereinigt ist. Wenn schon zu Abraham Gott sagt: „Ich bin der allmächtige Gott, wandle vor mir und sei fromm" (1. Mose 17, 1), so ist schon die Hingebung an den allmächtigen Gott eine vollkommenere Religion, als die der Heiden. Und der allmächtige Gott ist nun auch ein heiliger Gott. Er thut also nichts Böses, er gönnt auch keinem Menschen aus Neid etwas Böses, sondern er liebt das Gute und verlangt, daß die Menschen ebenfalls Gutes thun, und damit ist ein besserer Grund zur Sittlichkeit gelegt, als er im Heidentum zu finden ist, wo doch die Sittlichkeit höchstens durch die Furcht vor den Göttern erweckt wird. Wenn

---

[1]) Zeus braucht zwar nur das Haupt zu neigen, um den Olymp zu erschüttern, aber allmächtig ist er dennoch nicht, obwohl das in der Odyssee (10,306) von den Göttern gesagt wird, denn das Schicksal ist mächtiger als die Götter.

[2]) Ameis-Hentze, Anhang zu Ilias I, S. 10—11.

[3]) Odyssee 8, 325: θεοί, δωτῆρες ἑάων.

Gott selber heilig ist, dann wird der Mensch zwar den heiligen Gott erst recht fürchten als den Rächer des Bösen, aber er wird sich auch zur Heiligkeit viel mehr angetrieben fühlen, als wenn er seinen Gott selber manches Unrechte thun sieht.

Aber freilich auch die Sittlichkeit Israels war noch nicht die höchste Sittlichkeit, ebenso wenig wie seine Religion; die Furcht vor Gott ist doch erst der Weisheit Anfang; mehr als die Furcht wirkt die Liebe. Und so schafft denn das Christentum mit seiner Predigt von der Liebe Gottes auch eine höhere Sittlichkeit[1]). Wenn Gott uns liebt, dann werden auch wir ihn wieder lieben; wer aber Gott liebt, der ist frömmer als derjenige, welcher Gott nur fürchtet; wer seinen Nächsten liebt, der steht ja auf einem höheren Standpunkte als derjenige, welcher ihm bloß „keinen Schaden noch Leid thut". Gott zu lieben, das ist die höchste Stufe der Religion, und die Mitmenschen zu lieben, ist der höchste Standpunkt für des Menschen Thun; die Liebe ist des Gesetzes Erfüllung (Röm. 13, 10).

So ist es also sehr wichtig für unsere Frömmigkeit, wie für unsere Sittlichkeit, daß wir eine richtige Erkenntnis von Gott besitzen; wer von Gott nichts Rechtes weiß, der kann auch leicht in der Religion und in der Sittlichkeit in gefährliche Irrtümer und auf falsche Bahnen geraten. Aber so soll denn unsere bessere Erkenntnis uns auch zu einer besseren Frömmigkeit und Sittlichkeit führen, als die Frömmigkeit und Sittlichkeit der Heiden und Juden ist; sonst „werden wir eine um so größere Verdammnis empfangen." Diese Frömmigkeit zeichnet uns unser Katechismus, wenn er uns sprechen heißt: „Ich glaube an Gott den Vater", und beten heißt: „Vater unser, der du bist im Himmel", und ein Leben fordert, welches erfüllt ist von dem Streben, „Gott über alle Dinge zu fürchten, zu lieben und zu vertrauen."

IV. „Ich glaube an Gott den Schöpfer Himmels und der Erden."

Vorbemerkung für den Lehrer.

Die vorhergehenden Abschnitte des Buches enthalten zwar Gedanken der Bibel und Betrachtungen, welche zur Bibel hinführen, können aber in der Schule nicht in der Weise der wissenschaftlichen „bibl. Theologie" aus der Bibel entwickelt werden; in diesem Abschnitt (wie auch in den meisten folgenden) ist es möglich, die Lehren des im Katechismus ausgesprochenen christlichen Glaubens aus bestimmten längeren Abschnitten der Bibel zu entwickeln, und so für den Schüler Katechismus und Bibel in diejenige Verbindung zu bringen, welche für die oberen Klassen mir sehr wertvoll erscheint. Der Lehrer wird nun also immer (wozu er natürlich eines Kommentars be-

---

[1]) Den Gott der Liebe hatte das Mittelalter wieder verloren, indem ihm Christus zum „Herrgott" wurde; daher wandte man sich an Maria, die Mutter und die Frau, von der man mehr Liebe erwartete als von Christus und dem Vater.

darf, der hier nicht gegeben werden kann) die bezeichneten Bibelabschnitte zuerst mit dem Schüler lesen, und dann (nur dazu giebt die folgende Darstellung das Material) die gewonnenen Gedanken benützen zur Darstellung des christlichen Glaubens, wo möglich im Anschluß an den Katechismus. Wenn dabei auch kein „System der Dogmatik" herauskommt, so ist das für die Schule kein Unglück.

19. Die Liebesoffenbarung Gottes.

„Gott ist die Liebe" — das ist das Höchste, was wir von Gott zu sagen wissen; worin hat sich nun die Liebe Gottes geoffenbart? Zuerst in der Schöpfung, sodann in der Erlösung, endlich in unsrer Heiligung und Vollendung, — in drei großen Werken, wie sie uns in den drei Artikeln unseres Glaubens vorgeführt werden. Das erste Liebeswerk Gottes ist also die Schöpfung; Gott hat sich damit „uns zum Vater geben, daß wir seine Kinder werden." Aber wir sind leider „verlorene Söhne" geworden. Da „kam sein Sohn auf Erden", um uns zum Vater zurückzuführen. Daß wir nun zum Sohne und durch ihn zum Vater kommen und durch Gottes Liebe dereinst als vollkommene Kinder Gottes in das vollkommene Gottesreich kommen, das ist das Werk des Heiligen Geistes. So wirkt die Liebe Gottes an uns alles, was wir haben und hoffen, und unser ganzer Glaube beruht auf dem Glauben an die Liebe Gottes. Die einzelnen Stufen dieser Liebesoffenbarung Gottes werden uns die folgenden Abschnitte im Anschluß an Katechismus und Bibel vorführen.

20. Die Schöpfung der Welt.

Am Anfang schuf Gott Himmel und Erde. 1. Mose 1, 1.

Durch den Glauben merken wir, daß die Welt durch Gottes Wort fertig ist, daß alles, das man siehet, aus nichts geworden ist. Hebr. 11, 3.

Ich glaube an Gott den Vater, den Allmächtigen, Schöpfer Himmels und der Erden. Kat. II, 1.

a. Auch die nichtchristlichen Religionen, welche den Gott der Liebe nicht kennen, kennen doch Gott als den Herrn der Welt, und es gehört zum Wesen der Religion, daß der Mensch in Gott seinen Herrn erkennt. Aber wenn Gott wirklich der Herr der Welt sein soll, so muß dieselbe auch in ihrem Ursprunge von Gott abhängig, also von Gott geschaffen sein. Hätte Gott die Welt nicht geschaffen, sondern stünde sie ihm als ein zweites, gleich ewiges Wesen gegenüber, so wäre es nicht notwendig, daß er auch ihr Herr wäre; dann wäre es wunderbar, wenn er sie nach seinem Willen gestalten könnte, während doch der Mensch nicht aus jedem jedes machen kann. Das haben aber die heidnischen Religionen nicht recht oder gar nicht erkannt; sie lassen Gott den Stoff zwar gestalten, aber nicht schaffen; ein ursprüngliches Chaos steht meist Gott gegenüber und ist ewig wie Gott; ja, aus dem Chaos geht wohl neben dem Menschen auch erst die Gottheit oder die Götterwelt hervor. Erst das Volk Israel hat Gott als den Schöpfer der Welt deutlich erkannt und bekannt.

b. Wie also die auf dem Gemüt beruhende Religion, so führt auch die auf dem Verstande beruhende Wissenschaft zur Frage nach der

Entstehung der Welt. Dieselbe antwortet darauf mit dem Hinweis auf die Entwickelung der Welt aus früheren Zuständen und läßt schließlich den bloßen Stoff, allerdings als sich bewegenden, als Ursprung der Welt erkennen. Aber wie oben dargelegt ist,[1]) kann nicht einmal die materielle Welt, noch weniger die Welt des Lebens und des Geistes aus dem toten Stoffe allein erklärt werden, sondern nur aus einem lebendigen, geistigen Gotte kann die Welt hergeleitet werden.

c. Und auf den lebendigen Gott führt nun die Bibel auf ihrem ersten Blatte, führt der Glaube des Volkes Israel die Entstehung der Welt zurück. Nur dieses Volk lehrt deutlich eine Schöpfung aus Nichts (Hebr. 11, 3 ist eine richtige Deutung von 1. Mose 1 und 2), während doch der Verstand meint, daß aus Nichts auch Nichts werde; nicht bloß die Gestaltung eines Chaos, sondern auch die Schöpfung desselben lehrt die H. Schrift.[2]) Und wenn Gott nun die Liebe ist, so ist eben die Schöpfung eine That seiner Liebe, und wenn zwar auch die Tiere die Güte Gottes erfahren, so ist der höchste Zweck der Liebe Gottes die Seligkeit der von ihm geschaffenen Menschen.

Zwar bietet ja nun die Lehre von der Schöpfung der Welt dem Verstande große Rätsel dar, aber trotzdem halten wir an ihr fest. Wie Gott den Stoff habe schaffen können, das kann freilich niemand erklären; aber wenn der Stoff nicht von Gott geschaffen wäre, dann stände ein anderes Rätsel vor uns, woher es doch komme, daß Gott denselben nach seinem Willen gestalten und beherrschen könne. Was Gott gethan habe vor der Schöpfung, hat sodann der Verstand gefragt, und Luther sagte bekanntlich scherzhaft, er habe im Walde gesessen und Birkenruten geschnitten für Leute, die unnütze Fragen thun würden. Philosophen und Theologen haben in alter und neuer Zeit gemeint, dies Rätsel, daß Gott zuerst ohne Welt existiert habe, dann eine Welt geschaffen habe (wodurch doch also eine Veränderung in das Leben des ewig veränderlichen Gottes hineingetragen werde) — dies Rätsel dadurch zu lösen, daß sie die Schöpfung als ewig dachten; Schöpfung und Erhaltung seien als eins zu denken; ohne die Welt sei Gott nicht zu denken. Aber ist es etwa leichter, eine ewige Welt neben einem ewigen Gotte zu denken?

So bleibt hier also ein ungelöstes Rätsel für unser Denken. Wenn man von Gott ausgeht, so kommt man zu der Meinung, daß der ewige Gott auch von Ewigkeit her geschaffen habe. Wenn man von der Welt ausgeht, so kommt man auf einen Anfang der Welt. Eine Lösung dieses Rätsels zu finden, ist dem Denken noch nicht gelungen.

21. Die Gestaltung der Welt und die Geschöpfe auf Erden.

Lesen: 1. Mose 1, 1—2, 4a. 2, 4b—25. Ps. 104.

a. Aber nicht sogleich fertig und vollendet stand die von Gott geschaffene Welt da; Gott ist von Ewigkeit her derselbe und entwickelt sich nicht;

---

[1]) Vgl. Nr. 10

[2]) Wenn das auch in 1. Mose 1, 1 nicht enthalten wäre, wie manche Bibelerklärer meinen, so ist es doch jedenfalls der Gedanke der sonstigen Schriftlehre — vgl. unten 21 d, Anm. 1.

dagegen ist alles Geschaffene allmählich geworden, und die Bibel stellt uns ebenso wie die Wissenschaft die Welt im ganzen wie im einzelnen als eine sich allmählich entwickelnde dar. Es ist nun die Aufgabe der Wissenschaft, zu erforschen, wie sich die Welt allmählich zu der heutigen Gestalt entwickelt hat, und die heutige Naturwissenschaft weiß ja nun, im Verhältnis zur Wissenschaft des Altertums und des Mittelalters, über die Entwickelung der Welt nicht wenig zu sagen. Man hat deutlich zu machen gesucht, wie aus dem noch ungeschiedenen Stoffe allmählich die für uns unzählbaren Sterne sich gebildet haben, deren Zahl mit der Vergrößerung der Fernrohre, ja, unlängst durch die erst jetzt erkannte unser Auge übertreffende Lichtempfänglichkeit der photographischen Platte noch immer größer wird. Man hat erforscht, wie die Erde wohl ihre heutige Gestalt bekommen haben könne, welche lebendigen Wesen in verschiedenen Zeiträumen auf ihr entstanden und wieder untergegangen sind, ehe die heutigen Pflanzen und Tiere, und ehe die Menschen auf ihr zu finden sind. Freilich kennt man nun aber nur die Aufeinanderfolge der verschiedenen Erdperioden, aber ihre Zeitdauer kann man nicht angeben.

b. Eine Entwickelungsgeschichte der Welt und der Erde mit ihren Geschöpfen zu geben, ist also die Sache der Wissenschaft; damit hat die Religion zunächst nichts zu thun; wir glauben an einen „Schöpfer Himmels und der Erde"; jeder einzelne von uns soll auch sich selber als ein Geschöpf Gottes betrachten; wann und wie aber Gott die einzelnen Wesen geschaffen hat, das könnten wir getrost der Allwissenheit Gottes anheimstellen; durch dies Wissen würde der Mensch zwar klüger, aber nicht frömmer und besser; für die Religion genügt der Glaube an die Schöpfung, auch ohne eine genauere Kenntnis über ihren Vorgang.

Wenn wir also eine Schöpfungsgeschichte auch in der Bibel finden, so wollen wir nicht glauben, daß damit die Wissenschaft der Schöpfungsgeschichte entbehrlich gemacht oder berichtigt werden solle; die Bibel ist kein Lehrbuch der Naturwissenschaft, überhaupt kein Lehrbuch der Wissenschaft, nicht einmal der Religionswissenschaft,[1]) sondern eine Sammlung von Urkunden des Glaubens und der Frömmigkeit; wie das Reich Gottes sich gestaltet und entwickelt, lernen wir aus ihr, nicht die Entstehungsgeschichte der Erde und der Welt. Das haben schon in der alten Kirche angesehene Männer erkannt, und das darf in unserer Zeit wohl als allgemein anerkannt gelten. Zwar noch Luther wollte von des Kopernikus neuer Lehre nichts wissen, weil dieselbe mit der Bibel nicht übereinstimme, und Galilei ist wegen derselben von der Inquisition verfolgt worden; beide Kirchen geben aber heute zu, daß des Kopernikus Lehre nicht deshalb für falsch erklärt werden dürfe, weil sie der Bibel fremd ist. Wir brauchen also auch bei der biblischen Schöpfungsgeschichte nicht darum besorgt zu sein, ob sie auch mit der Wissenschaft übereinstimme, oder gar, ob sie auch Zeit und Raum lasse zur Anbringung aller Ergebnisse und Vermutungen der Wissenschaft; auch die biblische Schöpfungsgeschichte ist nur nach ihrem religiösen Gehalte für uns von ewiger Bedeutung; ein Konflikt zwischen

---

[1]) Vgl. Heil. Gesch. Nr. 13 d.

Religion und Wissenschaft kann auch hier nur entstehen, wenn die Grenzen beider verrückt oder ungebührlich erweitert werden.

c. Um nun den religiösen Gehalt der biblischen Schöpfungsgeschichte zu erkennen, ist es zunächst nötig, den Inhalt derselben zu betrachten.

Die biblische Schöpfungsgeschichte besteht, wie heute alle Bibelforscher annehmen, aus zwei, von verschiedenen Erzählern herrührenden (und erst später im 1. Buch Mose vereinigten) Berichten: K. 1, 1—2, 4a und K. 2, 4b –25.[1]) An den ersten Bericht schließt sich die dichterische Darstellung in Ps. 104 an; der zweite Bericht bildet mit Kap. 3 ein zusammenhängendes Ganze. Diese beiden Berichte zeigen im Hebräischen einen Unterschied im Gebrauch der Gottesnamen, welcher sich durch die fünf Bücher Mose und das Buch Josua hindurchzieht. Der erste Bericht gebraucht nämlich den hebräischen Gottesnamen Elohim (Gott), der zweite Jehovah Elohim (Gott der Herr) und diese Verschiedenheit im Gebrauche der Gottesnamen zieht sich, wie schon gesagt, durch die genannten sechs Bücher hindurch, nur daß sonst vom zweiten Erzähler bloß Jehovah gebraucht wird; hier dagegen (in K. 2 und 3) ist diesem Gottesnamen das in K. 1 gebrauchte Elohim noch beigesetzt, um den Leser darauf hinzuweisen, daß die zweite Erzählung nicht etwa von einem anderen Gotte handle, als die erste, in welcher Gott als Elohim bezeichnet wird. Die beiden Erzähler nennt man aber nach diesem Unterschiede im Gebrauch der Gottesnamen den Elohisten und den Jehovisten.[2])

Der Inhalt der beiden Berichte über die Schöpfung ist aber folgender.

α. Die erste (elohistische) Schöpfungsgeschichte (1. Mose 1, 1—2, 4a) erzählt, wie die Schöpfung der Welt in sechs Tagen und acht Werken vollendet worden ist.

V. 1—5. Gott, der Schöpfer von Himmel und Erde (d. h. der Welt — der Hebräer hat kein Wort für diesen Begriff), hat aus der gestaltlosen, wässerigen und finsteren Erdmasse, welche zuerst geschaffen worden war, indem sein Geist dieselbe durchdrang, zuerst das Licht hervorgerufen, welches dem Altertum als ein geheimnisvoller, an einem besonderen Orte befindlicher Stoff galt, welcher sich beim Aufgang der Sonne über die Erde verbreitet. Fortan hat nun Licht und Finsternis mit einander gewechselt, und als zum zweiten Mal das Licht erschien, war der mit der Lichtschöpfung begonnene erste Tag vollendet. (Erster Tag, erstes Werk.)

V. 6—8. Darauf trennt Gott die chaotische Wassermasse durch den als ein festes Gewölbe gedachten Himmel in zwei Teile, von denen der eine sich auf der Erde, der andere über dem Himmel befindet, von wo er durch Öffnungen auf die Erde herabkommen kann.[3]) (Zweiter Tag, zweites Werk.)

V. 9—10. Darauf wurden auf der Erde Wasser und Land von einander geschieden. (Dritter Tag, drittes Werk.)

---

[1]) Die Einteilung in Kapitel und Verse ist gerade am Anfang der Bibel mißlungen: die erste Schöpfungsgeschichte schließt mit V. 4a des zweiten Kapitels.

[2]) Daß diesen beiden Quellenschriften des Hexateuchs noch andere zur Seite stehen, ist in der Heil. Gesch. dargelegt worden — vgl. Nr. 44.

[3]) In diesem Himmelswasser fährt der ägyptische Sonnengott jeden Tag in seinem Kahn über die Erde.

V. 11—13. Die nunmehr trocken gewordene Erde wird mit der Pflanzenwelt bekleidet. (Dritter Tag, viertes Werk.)

V. 14—19. Während bisher nur das Licht da war, welches sich selbständig über die Erde verbreitete, werden erst jetzt die Sterne geschaffen und zu Lichtträgern für die Erde gemacht, indem fortan zugleich mit ihnen das Licht sich über die Erde verbreitet, und zugleich durch sie der Zeitlauf geregelt und Zeichen außerordentlicher Dinge gegeben werden. (Vierter Tag, fünftes Werk.)

V. 20—23. Wasser und Himmel, welche schon **vor** der Erde da waren, werden darauf auch **vor** der Erde mit Tieren erfüllt, welche in ihnen leben. (Fünfter Tag, sechstes Werk.)

V. 24—25. Darauf werden die Landtiere geschaffen: Vieh, kleinere Tiere und wilde Tiere. (Sechster Tag, siebentes Werk.)

V. 26—31. Das letzte und höchste Werk Gottes ist der hinsichtlich seines geistigen Wesens nach Gottes Bilde geschaffene und zum Herrn der Tiere bestimmte Mensch; aber derselbe hat ursprünglich (wie das ja wieder auch ein Endziel der Entwickelung ist) mit der Tierwelt im Frieden gelebt, indem er sich mit Pflanzennahrung begnügte. (Sechster Tag, achtes Werk).

K. 2, 1—3. Den siebenten Tag, an welchem er selber vom Schaffen geruht hat, bestimmt Gott auch zu einem Ruhetage für den Menschen. Auch bei der **Ruhe** spricht der Erzähler von einem **Tage**, wie er vorher von **Werken** der Tage gesprochen hat; wir dürfen natürlich auch diesen Tag weder als einen Tag von 24 Stunden bezeichnen, noch ihn beliebig verlängern; nur der Grundgedanke ist auch hier festzuhalten: die **schaffende** Thätigkeit Gottes war mit der Erschaffung des Menschen zu Ende.

V. 4a („Dies ist die Entstehungsgeschichte von Himmel und Erde, da sie geschaffen wurden") ist, als Unterschrift der ersten Schöpfungsgeschichte, von dem zweiten Halbverse (4b) zu trennen; diese Unterschrift gehört, wie der Sprachgebrauch zeigt, dem Elohisten an, nicht dem im Folgenden erzählenden Jehovisten.

β. Der an die erste Schöpfungsgeschichte sich anschließende **Psalm 104** stellt ebenfalls die Schöpfungswerke Gottes dar, aber ohne der Tage zu gedenken und ohne die Werke zu zählen.

V. 1—4 faßt die Werke der beiden ersten Tage zusammen: die Schöpfung des Lichtes und die Erschaffung des Himmels, über welchem sich die oberen Wasser befinden; auf den Wolken fährt Gott im Sturme dahin wie auf einem Wagen.[1])

V. 5—18 stellt die Werke des dritten Tages dar: die Scheidung des Wassers vom Lande (5—13)[2]) und die Bekleidung des Landes mit der Pflanzenwelt (14—18).

V. 19—23 stellt das Werk des vierten Tages dar: die Erschaffung von Sonne und Mond und ihre Bedeutung für das Leben auf der Erde.

---

[1]) Vgl. das griechische *αἰγίοχος* (von **Göbel** gedeutet: der in der Wetter… dahinfahrende).

[2]) In den Versen 5—8 hat Luther das Tempus verkannt: es muß das P…ritum stehen, wie in V. 9.

V. 24—30 faßt die Werke des fünften und sechsten Tages zusammen: die Schöpfung der lebendigen Wesen auf der Erde, welche von Gott auch erhalten werden.

V. 31—35 bildet den Schluß des Psalms; das hier zum ersten Mal im Psalter vorkommende Hallelujah (Lobet den Herrn) ist ein passender Schluß des Liedes, welches das Lob des Schöpfers verkündet.

γ. Die zweite (jehovistische) Schöpfungsgeschichte (1. Mose 2, 4a—25) hat folgenden Inhalt.

V. 4b—7. Als Gott die Welt schuf (4b), da bildete er, während (V. 5—6 sind als Nebensatz zu betrachten) noch keine Pflanze existierte (der Erzähler läßt uns nur vermuten, daß dieselben aber in dieser Zeit geschaffen wurden), den Menschen, der seinem Leibe nach von der Erde, dem Geiste nach von Gott stammt.[1])

V. 8—17. Den von ihm geschaffenen Menschen setzt Gott in ein Wonneland (Eden) im Osten, wo man seit alter Zeit den Ursitz der Menschheit sich dachte (das Paradies, wie, nach einem persischen Worte, der Gottesgarten in Eden von der LXX genannt wird, ist als ein eingehegter Raum in Eden gedacht); die Lage desselben ist freilich trotz der Beschreibung des Erzählers nicht zu bestimmen; eine geschichtliche Kunde über den Wohnsitz der ersten Menschen vermag uns auch die Bibel nicht zu geben, da sie ja kein wissenschaftliches Geschichtsbuch ist.

V. 18—25. Nachdem Gott den Mann erschaffen und in den Wonnegarten gesetzt hat, schafft er noch für ihn die Tiere und das Weib, beide für den Mann, damit er mit Wesen seinesgleichen verkehren könne. Erst nach dem Manne und für den Mann werden also in dieser Schöpfungsgeschichte (welche keine Zählung der Werke und Tage hat), die Tiere geschaffen; ihr Anblick veranlaßt beim Menschen die Entstehung der Sprache, die also ganz richtig als eine auf göttlicher Anlage beruhende Schöpfung des Menschen betrachtet wird. Aber da die Tiere dem Manne nicht ebenbürtig sind, so schafft Gott ihm auch noch eine ebenbürtige Gehülfin im Weibe; mit ihr verbindet sich der Mann in einer Liebe, welche noch über die Liebe zu den Eltern hinausgeht.

Die von Gott geschaffenen Menschen lebten aber in kindlich unbefangener Unschuld, und da sie noch keine Sünde kannten, so kannten sie auch noch nicht das Gefühl der Scham, welches ja auch noch heute dem Kinde fremd ist.

d. Diese beiden Berichte der Bibel von der Schöpfung sind nicht freie Schöpfungen des (letzten) Bearbeiters der Bücher Mosis, sondern die Verfasser des elohistischen und des jehovistischen Teils des Pentateuchs haben offenbar, wie die andern Erzählungen, so auch die beiden Geschichten von der Schöpfung vorgefunden; dieselben beruhen also auf Überlieferung. Aber worauf beruht diese Überlieferung?

Alle Völker haben Schöpfungsgeschichten hervorgebracht, dazu getrieben von dem mehr und mehr erwachenden Verstande, der nach dem Ursprunge

[1]) Das Einblasen des göttlichen Odems entspricht der Erschaffung nach dem Bilde Gottes in der ersten Erzählung.

der Welt fragt. Diese Erzählungen stimmen vielfach überein, weil sie dieselben Fragen behandeln, oder weil sie einem und demselben Volksstamm angehören. Alle diese Erzählungen beruhen aber einerseits auf der Kenntnis, welche das betreffende Volk von der Natur hatte, und die alte Naturwissenschaft beruhte bekanntlich auf dem Augenschein, die Erde war für sie der Mittelpunkt der Welt; andrerseits beruhen diese Erzählungen auf der Vorstellung, welche das Volk von der Gottheit hatte.

Auch das Volk Israel, welches dem Stamme der Semiten angehört und in Sprache und Lebensweise mit den verwandten Völkern zusammengehört, besitzt eine zweifache Schöpfungsgeschichte, welche mit der der stammverwandten Völker sich zum Teil berührt. Aber wenn nun Israel als menschliches Volk den andern Völkern zunächst zur Seite steht, so daß seine Schöpfungsgeschichte natürlich ebenfalls auf der alten Weltanschauung beruht,[1]) so steht es als Volk Gottes über ihnen, aber nicht infolge einer höheren Naturerkenntnis, sondern durch seinen Glauben an den einen, allmächtigen, heiligen Gott, und auf diesem höheren Gottesglauben beruht der Vorzug der israelitischen Schöpfungsgeschichte vor denen der anderen Völker. Was das Volk Israel von seinen Stammvätern oder von den Nachbarvölkern her, vielleicht schon vom Heidentum durchdrungen und umgestaltet, überkommen hatte, das hat es auf Grund seines Glaubens umgestaltet und mit seinem Glauben durchdrungen. Zwar von einem schaffenden Gotte reden wohl auch andere Völker, aber der Gott Israels steht hoch über dem der anderen Völker. Israels Gott ist erhaben über die Welt, ist ein Geist und ist gütig; darum wirkt er anders, als die anderen Götter. Er ist ewig, daher lesen wir in der Bibel zwar von einer Entstehung der Welt, aber nicht der Götter. Er ist allmächtig, daher wirkt er nicht durch sinnliche Mittel, sondern nur durch das Wort. Er braucht keinen Gegner zu bekämpfen, daher ist die Schöpfung vollkommen geworden. So hat das Volk Israel die von seinen Stammesgenossen überkommene Schöpfungsgeschichte von seinem höheren Gottesglauben aus umgestaltet, und das, was auf diesem Glauben an Gott beruht, ist das Unvergängliche und Göttliche in dieser Geschichte.

So beruhen also beide biblischen Schöpfungsgeschichten auf der damaligen Kenntnis der Welt, und darin stehen sie nicht über den Schöpfungsgeschichten der anderen Völker; aber sie stehen höher als diese und enthalten unvergängliche Wahrheit, indem sie predigen von dem Glauben Israels an den einen, allmächtigen und heiligen Gott. In dieser dem Glauben Israels entsprechenden Gestalt hat der Verfasser des ersten Buches Mose sie bereits vorgefunden und seinem Werke einverleibt.

e. Welches ist nun der religiöse Gehalt der beiden Erzählungen der Bibel von der Schöpfung?

---

[1]) Nach der alten Weltanschauung besteht die Welt aus Himmel und Erde, oder aus Himmel, Erde und Meer; der Mittelpunkt der Welt ist die Erde, für welche alle Himmelskörper geschaffen sind. Die Erde wird entweder als eine im Wasser schwebende Scheibe gedacht, oder als ein auf Säulen ruhendes Bauwerk. Der Himmel wird als eine über der Erde ausgespannte Zeltdecke oder als ein auf den höchsten Bergen ruhendes festes Gewölbe gedacht Unter Erde und Meer befindet sich das Totenreich.

Der erste Bericht giebt ein vollständiges, in sich geschlossenes Bild der Schöpfung der Welt. Aus dem von ihm geschaffenen[1]) Chaos läßt Gott durch sein mächtiges Wort acht Hauptwerke entstehen im Forschritt vom Niederen zum Höheren. Diese acht Werke hat unser Erzähler (aber nur dieser — der Dichter von Ps. 104 spricht zwar von denselben Werken, aber ohne sie auf Tage zu verteilen; der zweite Erzähler zählt weder Werke noch Tage) auf die sechs Tage der Woche verteilt (der siebente ist ein Ruhetag für Gott, wie für den Menschen), indem er jedem Tage zunächst ein Werk zuwies, dem dritten und sechsten aber je zwei Werke. Aus der von dem Erzähler herrührenden Ordnung der Werke und ihrer Verteilung auf die Tage ergab sich eine schöne Übereinstimmung der beiden Wochenhälften; am ersten Tage wird das Licht geschaffen, am vierten die Lichtkörper (die Sterne hat nämlich unser Erzähler nicht, wie das die heutige Naturwissenschaft thut, vor der Erde entstehen lassen, sondern er hat sie, als sich bewegende Wesen, vor die Tiere gestellt, so daß der zweiten Wochenhälfte vier lebendige Wesensarten zugehören, der ersten dagegen vier sich nicht bewegende). Am zweiten Tage werden die oberen von den unteren Wassern geschieden und der Himmel gebildet, am fünften die Wasser- und Lufttiere geschaffen. Am dritten Tage werden Wasser und Land von einander geschieden und die Pflanzen geschaffen, am sechsten die Landtiere und der Mensch geschaffen.

Während nun der erste Bericht ein vollständiges Bild der Schöpfung entrollt, beginnt der zweite Bericht zwar gleichfalls ganz von vorn, wo noch nichts war, und erzählt die Schöpfung der Pflanzen, Tiere und Menschen noch einmal; aber nur vom Menschen ist ausführlich die Rede. Derselbe ist das herrlichste Geschöpf Gottes nach Leib und Seele, zur Herrschaft über alle anderen Wesen bestimmt. Das Menschengeschlecht beruht aber auf dem einen Menschenpaare, nicht auf vielfachem Ursprung, und damit ist für die ganze Menschheit eine Gemeinschaft der Entwickelung in Sünde und Gnade gegeben, ein Recht und eine Sittlichkeit gefordert, der Verachtung und Knechtung des Mitmenschen gewehrt.[2]) So ist also auch hier der Mensch das höchste Geschöpf, wie in der ersten Erzählung; ein vollständiges Bild der Schöpfung aber ist hier nicht zu finden.

Wenn so die beiden Schöpfungsberichte von verschiedenen Standpunkten aus die Schöpfungsgeschichte erzählen, der erste das Weltganze, der zweite fast nur den Menschen ins Auge fassend, so stimmen doch beide (und das ganze Alte Test.) darin überein, und das ist der religiöse Gehalt der biblischen Schöpfungsgeschichte, daß Gott die Welt und den Menschen

---

[1]) So nach der Luther'schen Übersetzung. — Neuere Forscher übersetzen freilich: „Am Anfang, da Gott den H. u. d. E. schuf — die Erde aber war . . . über den Wassern: da sprach Gott . . .“ Dann wäre der Schriftsteller nur bis auf das vom Geiste Gottes überschwebte Chaos zurückgegangen, ohne sich über dessen Ursprung auszusprechen. Nach seinem Gottesbegriff hätte er aber auch das Chaos unzweifelhaft, wenn er von seinem Ursprung hätte sprechen wollen, auf Gott zurückgeführt, vgl. Psalm 33, 9.

[2]) Naturforscher, Sprachforscher und Geschichtsforscher sind allerdings über die Frage der Einheit des Menschengeschlechts noch geteilter Meinung.

geschaffen, daß nach dem Bilde Gottes der Mensch geschaffen ist, und daß alles Erschaffene gut und vollkommen ist. Und mit diesem religiösen Gehalt der Schöpfungsgeschichte stimmt die Naturwissenschaft durchaus überein. Sie führt allerdings die Entstehung der Welt nur bis auf die sich bewegenden Atome zurück — die Frage nach dem Ursprunge derselben kann sie nicht beantworten. Daß alles in angemessener Folge geschaffen worden, ist für die Naturwissenschaft selbstverständlich. Auch sie kennt kein höheres Geschöpf als den Menschen. Auch sie betrachtet die Natur als gut und vollkommen; der Pessimismus ist kein Ergebnis der Naturwissenschaft.

f. Wenn so Bibel und Naturwissenschaft in ihren Darstelluugen der Schöpfungsgeschichte in der Hauptsache übereinstimmen, so wäre es dagegen ein vergebliches Beginnen, alle einzelnen Angaben der biblischen Schöpfungsgeschichte mit den einzelnen Ergebnissen der Naturwissenschaft in Übereinstimmung bringen und für die letzteren in der biblischen Schöpfungsgeschichte Zeit und Raum gewinnen zu wollen; das würde aber auch nur bei der falschen Voraussetzung nötig sein, welche heute allgemein aufgegeben ist, daß die Bibel auch ein Lehrbuch der Naturwissenschaft sei.

Die Sonne ist älter, als die Erde — so nimmt heute die Wissenschaft gegen die Bibel an, und es ist doch nur eine Ausrede, daß die Bibel nur meine, die Sonne sei am vierten Tage schon dagewesen, aber damals erst zum Lichtträger für die Erde geworden, dessen die Erde damals noch nicht bedurft habe (was der Wissenschaft allerdings nicht unmöglich scheint); die Bibel sagt ganz deutlich V. 14 (wie V. 3 und 6): „Es sollen entstehen Lichtkörper." Für die alte Zeit war die Erschaffung der Sonne nach der Erde möglich, ja selbstverständlich, denn damals galt die Erde als der Mittelpunkt der Welt; seit Kopernikus aber ist die Erde nur ein verschwindend kleiner Teil einer kleinen Provinz des Reiches Gottes; seitdem scheint uns die Erschaffung der Sonne nach der Erde unmöglich.

Und wie für den biblischen Erzähler die Sonne nicht älter ist als die Erde, so giebt es für ihn auch keine älteren Welten als die heutige; er kennt nur die heutigen Pflanzen und Tiere, während doch die Naturwissenschaft ältere, vor der heutigen Welt untergegangene Welten aufweist mit Pflanzen und Tieren, welche nicht die heutigen sind. Daß dies richtig ist, wagt niemand zu bestreiten; aber man wollte früher nicht zugeben, daß dies dem biblischen Erzähler unbekannt gewesen sei — wieder von der falschen Voraussetzung aus, daß die Bibel auch ein Lehrbuch der Naturwissenschaft sei. Um diese untergegangenen Welten in der biblischen Schöpfungsgeschichte unterzubringen, ersann man die Behauptung, daß diese untergegangenen Pflanzen und Tiere durch die Sündflut vernichtet worden seien. Aber die Bibel läßt ja gerade dieselben Tiere (wie auch dieselben Menschen) nach der Flut weiter bestehen, und die Naturwissenschaft setzt den Untergang der alten Pflanzen und Tiere aus triftigen Gründen in eine viel frühere Zeit. Diese sogen. „Sündflutshypothese" ist durchaus verfehlt und der Bibel widersprechend.

Andere meinten, für diese älteren Welten einen Platz zu gewinnen hinter K. 1, 2: die Erde sei wüste und leer geworden durch die Wiedervernichtung der älteren Pflanzen und Tiere. Aber das ist für die Erzählung der Bibel eine widersinnige Einschiebung; die an den folgenden Tagen geschaffenen Pflanzen und Tiere sind für die Bibel offenbar die ersten in ihrer Art, nicht aber die letzten, wie die Naturwissenschaft beweist. Auch diese sogen. „Restitutionshypothese" ist durchaus verfehlt und der Bibel widersprechend.

Auch das jetzt beliebte Mittel, um die Wissenschaft und die Bibel in allen einzelnen Punkten übereinstimmend zu machen, die sechs Tage in sechs Perioden umzuwandeln, hilft nichts; in der Bibel sind die Tage gewiß als wirkliche Tage gedacht (freilich die ersten drei noch ohne die Sonne); die Tage aber, wie auch die Sechszahl derselben, sind für die Wissenschaft unannehmbar; auch sind ältere Pflanzeu und Tiere zugleich untergegangen, während nach der Bibel die Pflanzenschöpfung abgeschlossen war, ehe die Tierschöpfung begann. Auch diese sogen. „Concordanzhypothese" ist unhaltbar.

Dazu ist nun in der Neuzeit noch eine Anschauung von der Schöpfung gekommen, welche vornehmlich nach Darwin genannt wird, wonach der ganze Schöpfungsproceß als ein zusammenhängendes Wirken der Natur betrachtet wird, so daß Pflanzen, Tiere und Menschen nach ihren verschiedenen Arten durch allmähliche Entwickelung aus einer einzigen Art entstanden seien.

Wenn diese Behauptung von der Entstehung der Arten einmal anerkannt würde (heute geben alle Forscher nur zu, daß jedes einzelne lebendige Wesen aus einer Zelle entsteht), so würde es doch unmöglich bleiben, zu glauben, was Darwins Anhänger aus dieser Lehre geschlossen haben, daß, wenn erst die erste Zelle entstanden war (aber wie ist sie entstanden, das Lebendige aus dem toten Stoffe?!), dann die Entstehung der Pflanzen und der Tiere (durch Vervollkommnung der Pflanzen) und der Menschen (durch Vervollkommnung der Tiere, also zunächst des Affen) eine Sache gewesen sei, zu der es eines Gottes nicht bedurfte. Aber das ist doch nur eine Behauptung, für welche jede Erklärung fehlt. Wenn es schon undenkbar ist, daß aus einem niederen Tiere durch bloß äußere Wirksamkeit ein höheres Tier entsteht, so ist es vollends unbegreiflich, wie durch bloß äußere Mächte ein von dem des Tieres wesentlich verschiedenes Geistesleben im Menschen entstehen soll. Das wäre wohl zu begreifen, daß ein zum Menschen bestimmtes Wesen auf dem Standpunkt des Affen stehen bleibt (und so sehen es ja eigentlich die Araber an, wenn sie den Affen für einen verunglückten Versuch des Teufels ansehen, ebenfalls Menschen zu schaffen), aber daß aus dem Affen ein Mensch wird, ist rein undenkbar. Wenn also von dieser Darwin'schen Weltansicht überhaupt etwas richtig wäre, so ist es das jedenfalls nicht, was viele seiner Schüler predigen, daß man nunmehr zur Erklärung der Entstehung der lebendigen Wesen eines Gottes nicht mehr bedürfe; das ist eine ganz unbegründete und auch von vielen Naturforschern und Philosophen zurückgewiesene willkürliche Behauptung; ohne Gott ist die Entstehung der lebendigen Wesen, besonders aber des Menschen, ein unlösbares Rätsel.

So bleiben wir denn bei dem Worte der Bibel: „Am Anfang schuf Gott Himmel und Erde mit ihrem ganzen Heer."

V. Gott und die Welt.

22. Deismus, Pantheismus und Theismus.

a. Auch von denen, von welchen Gott als Schöpfer der Welt betrachtet wird, kann dennoch das Verhältnis Gottes zu der geschaffenen Welt sehr verschieden aufgefaßt werden. Nach einer Anschauung, welche im vorigen Jahrhundert unter den Gebildeten als richtig galt nnd noch heute im Volke verbreitet ist, steht Gott der von ihm geschaffenen Welt fremd und von ihr gesondert gegenüber; hoch über der Welt thront nach dieser Anschauung der heilige Gott in unnahbarer Ferne von der Welt getrennt und geschieden. Diese Anschauung nennt man die des Deismus.

Der Deismus hat zunächst eine gewisse Berechtigung; derselbe predigt einen über die Welt erhabenen, heiligen Gott, wie ihn die Bibel predigt und das Gewissen uns verkündigt. Aber die Welt ist von diesem Gotte nur geschaffen, nicht von ihm durchdrungen; nachdem er sie geschaffen hat, hat er sich von ihr zurückgezogen und hat nun mit ihr nichts mehr zu thun. Wenn der Uhrmacher eine Uhr gemacht hat, so hat sein Werk mit dem Urheber nichts mehr zu thun; der Besitzer zieht die Uhr täglich auf, und je besser sie gearbeitet ist, desto weniger bedarf sie einer Reparatur. Die Welt ist nach der deistischen Gottesanschauung ein vollkommenes, immer gehendes Uhrwerk, welches der Lenkung und Einwohnung Gottes nicht bedarf, eine Maschine, von Gott gebaut, aber von ihm getrennt. Gott thront im Himmel und genießt der Seligkeit; der Mensch ehrt und fürchtet den Gott, der ihn und die ganze Welt geschaffen hat und nach dessen Gesetzen das Leben in der Welt geregelt abläuft; aber eine Gemeinschaft mit Gott giebt es für den Menschen nicht, und Gott lebt auch nicht im Menschen; die Religion wird zur bloßen Moral; Gott ist unser Herr, der Mensch sein Knecht.

In dieser Weise betrachtet Gott der Islam, so auch das spätere Judentum, so der Rationalismus[1]); sie alle kennen Gott nur als einen überweltlichen (transcendenten) Schöpfer und Herrn der Welt, nicht als eine in der Welt lebende (immanente) Macht. Dieser Auffassung von Gott trat Schiller in seinen „Göttern Griechenlands“ entgegen[2]) und stellte derselben den (von ihm allerdings idealisierten) Glauben der alten Griechen gegenüber, welche die ganze Welt als von Göttern erfüllt betrachteten. Schiller hatte nicht unrecht, wenn er die Anschauung seiner Zeit von Gott bekämpfte; aber es war nicht das Christentum, welches er bekämpfte, es war nur der Deismus, gegen den sich seine Dichtung richtete; auch wir verwerfen heute den Deismus, welcher nur einen Gott über der Welt kennt, nicht einen Gott in der Welt.

b. Gegen den Deismus erhob sich nun am Anfange unseres Jahrhunderts der Pantheismus, welcher das Verhältnis Gottes zur Welt ganz anders auffaßte.

---

[1]) Vgl. meine Kirchengesch. Nr. 61.
[2]) Dies Gedicht lernt der Primaner im deutschen Unterricht kennen.

„In Gott leben und weben und sind wir“ (Apg. 17, 28) — mit diesem Bibelworte ist der Pantheismus durchaus einverstanden; aber der Pantheismus ist nicht die vollständige Lehre der Bibel von Gott. Der Gott des Pantheismus ist nur Leben, aber nicht Geist. Daß aus dem Leben der Welt auf einen lebendigen Gott, als den Urquell alles Lebens, geschlossen werden muß, ist richtig; aber der Pantheismus kennt nur einen in der Welt lebenden (der Welt immanenten) Gott, welcher entweder überhaupt kein Bewußtsein und keinen Willen hat (einen „unbewußten“ Gott), und welcher zwar Leben und Macht, aber nicht Geist ist.[1]) Oder es ist zwar (nach der Darstellung des Philosophen Hegel — nach der gewöhnlichen Auffassung seines Systems) Gott nicht von Anfang an der Absolute, aber er wird es doch, und gewinnt auch für sich Bewußtsein und Willen, nämlich im Geiste des Menschen. Gott ist danach zunächst unbewußt in der Natur, deren Ordnung er unbewußt schafft, wie er auch noch ohne Bewußtsein in der Pflanze lebt; er kommt sodann zum Weltbewußtsein im Tier, und endlich zum Selbstbewußtsein im Menschen. Aber muß man denn, so darf man doch wohl gegen Hegel sagen, aus der Stufenfolge, welche sich in den Geschöpfen der Welt wahrnehmen läßt, den Schluß ziehen, daß auch der Urheber der Welt sich selber erst allmählich entwickelt habe? Ist denn nicht die Ursache gar oft viel größer und umfassender, als die Wirkung? Wäre dann nicht eigentlich der Mensch, in welchem Gott erst zum Selbstbewußtsein kommt, der wahre Gott dieser Welt? Und wo bleibt denn die Religion, wenn der Mensch der zum Selbstbewußtsein gekommene Gott ist? Dann kann des Menschen Religion nicht darin bestehen, daß er Gott verehrt, sondern nur darin, daß er sich als Gott erkennt. Und ist es nicht andrerseits ganz natürlich, daß der zunächst nur als Leben und Kraft gedachte Gott schließlich als die bloße Kraft des Stoffes gedacht wird, so daß der Pantheismus, wie das ja in der Neuzeit geschehen ist, zum Materialismus wird?

Die Bibel erkennt also die Wahrheit des Pantheismus an; auch sie predigt einen in der Welt lebenden Gott; aber sie führt über den Pantheismus hinaus, indem sie einen Gott predigt, der nicht bloß Leben, sondern auch Geist ist, und zwar von Ewigkeit her Geist ist, nicht aber erst im Menschen Geist wird.

c. Der Gott nämlich, an welchen die Bibel uns glauben lehrt, ist der Gott des Theismus, d. h. ein Gott, welcher weder bloß über der Welt thront (Deismus), noch bloß in der Welt lebt (Pantheismus), sondern ein Gott, welcher sowohl über der Welt als auch in der Welt existiert. Wir nehmen allerdings Gott zunächst in der Welt wahr, indem wir alles Leben in der Welt als göttliches Leben betrachten, so daß wir mit Recht sagen dürfen: „In Gott leben und weben und sind wir“ (und wie wir, so auch alle andern lebendigen Geschöpfe). Aber wenn auch Gott zunächst in der Welt lebt, so lebt er doch nicht bloß in der Welt, sondern er lebt auch außer und über der Welt. Der Mensch ist nicht die höchste Stufe des göttlichen Lebens, nicht der sündige Mensch, aber auch nicht der fromme,

[1]) Vgl. Hartmann, Philosophie des Unbewußten.

sondern Gott ist der Heilige und Vollkommene, der von Sünde und Vollkommenheit gänzlich frei ist, der seine Seligkeit in sich selber findet, der zwar die Menschen in sein himmlisches Reich aufnehmen will, aber auch ohne die Welt und die Menschen glücklich und selig ist.

So verbindet der Theismus die Anschauungen von Gott, welche im Pantheismus und im Deismus einander getrennt gegenüberstehen, und nur in der theistischen Gottesanschauung kommt der Glaube der Bibel zum rechten Ausdruck und zur vollständigen Darstellung[1]).

23. Die Erhaltung und Regierung der Welt.

a. Ps. 104, 27—30. 145, 15—16.
Kat. II, 1, Erkl.: „und noch erhält, dazu . . . versorget."

b. Ps. 139. 5. Mose 32, 8—12. Apg. 14, 15—16. 17, 22—31.
Kat. II, 1, Erkl.: „wider alle Fährlichkeit beschirmet und vor allem Übel behütet und bewahret."

c. Kat. II, 1, Erkl.: „Des alles ich ihm zu danken und zu loben, dafür zu dienen und gehorsam zu sein schuldig bin."
Kat. I, 1, Erkl.: „Wir sollen . . . . vertrauen."
Ps. 23. Mt. 6, 19—34. Röm. 8, 28—39.
Mt. 7, 7—11. Vierte Bitte, Luthers Erkl. Luk. 22, 42.
Jes. 40, 31. Ps. 46. „Ein' feste Burg."

a. Gott hat die Welt geschaffen — darin stimmt mit der Bibel der Deismus und der Theismus (nicht der Pantheismus) überein; aber derselbe Psalm (104), welcher das Thema der Schöpfungsgeschichte in dichterischer Weise behandelt, weist zuletzt (Ps. 104,27 – 30; vgl. auch Ps. 145,15—16) auch darauf hin, daß die von Gott geschaffene Welt auch von ihm erhalten wird, und das ist die durchgehende Anschauung der heiligen Schrift. Gott ist auch für die Bibel (gegen den Deismus) ein Gott, der nicht bloß die Welt geschaffen und sich dann von ihr getrennt und in einen fernen Himmel zurückgezogen hat, sondern er ist ein Gott, der (mit dem Pantheismus) in seiner Welt lebt, so daß gerade die Bibel von Gott sagen kann (Apg. 17,28): „In Gott leben und weben und sind wir"; alles Leben in der Welt ist göttliches Leben, und ohne Gott giebt es überhaupt kein Leben. Die ganze Welt wird aber von Gott natürlich nicht in der Weise erhalten, daß Gott überall und immerfort wunderbar eingreift, sondern Gott erhält die einzelnen Weltwesen und die ganze Welt durch die in der Welt zu diesem Zwecke geordneten Mittel (z. B. Nahrung) und in der von ihm geordneten Weise (Naturgesetze). Diese Ordnungen sind eine Einrichtung Gottes, und es wäre thöricht, von Gott ein ungeordnetes, willkürliches Walten und Schalten in der Welt zu erwarten.

---

[1]) Nur das Wort „Pantheismus" bezeichnet wirklich die gemeinte Sache, den Gott im All der Welt. „Deismus", von dem lat. Worte Deus (Gott), und „Theismus" von dem griechischen Worte Θεός (Gott) abgeleitet, sind willkürlich gebrauchte Wörter, aber zur Unterscheidung der Begriffe unentbehrlich.

Und wie die ganze Welt, so wird auch der einzelne Mensch von Gott erhalten. Darauf weist Luther ausführlich in seiner Erklärung des ersten Artikels hin. Während der erste Artikel selbst nur auf die Schöpfung hinweist, weist Luther in seiner Erklärung außer auf die Schöpfung auch auf die Erhaltung (und Regierung) des Menschen von seiten Gottes hin. „Ich glaube, daß mich Gott geschaffen hat . . . und noch erhält." Aber auch der einzelne Mensch wird, wie die ganze Welt, von Gott nicht unmittelbar erhalten, sondern durch die dazu in der Welt vorhandenen Mittel. „Dazu" (d. h. zu unserer Erhaltung) giebt uns Gott „Kleider und Schuhe, Essen und Trinken, Haus und Hof, Weib und Kind, Acker, Vieh und alle Güter", und Gott ist es, der uns „mit aller Notdurft und Nahrung des Leibes und Lebens reichlich und täglich versorget." Für alle unsere Bedürfnisse ist von Gott in der Welt gesorgt, und zwar reichlich gesorgt, wie wir ja oft genug erfahren; aber freilich hat uns Gott ja die Kräfte des Leibes und der Seele nicht umsonst verliehen, sondern dazu, daß wir uns durch eigenes Arbeiten die von Gott in die Welt gelegten Mittel zu unserer Erhaltung verschaffen und unserm Verlangen gemäß gestalten. Das Getreide wächst, aber wir müssen es säen und einernten; das Vieh ist vorhanden, aber der Mensch muß es zähmen und pflegen; der Stoff zur Kleidung ist vorhanden, aber die Kleider muß sich der Mensch selber machen; Gott ist es, der den Menschen erhält, aber nicht ohne der Menschen eigenes Zuthun.

b. Aber nicht bloß unsre Erhaltung ist Gottes Werk; er thut für uns noch mehr; neben der Erhaltung ist im Leben jedes einzelnen Menschen auch die Regierung Gottes wahrzunehmen. Diesen Gedanken enthält namentlich auch der 139. Psalm, welcher anf Gottes Allgegenwart die Vorsehung Gottes gegenüber dem Menschen, also die Regierung des Menschenlebens durch Gott gründet. Auch Luther in seiner Erklärung des ersten Artikels weist auf die Regierung Gottes hin. Zwar zuuächst weist Luther nur auf die eine Seite derselben hin, wenn er sagt, daß Gott uns „wider alle Fährlichkeit beschirmet und vor allem Übel behütet und bewahret". Auch das ist ja schon etwas Großes, zu wissen, daß alle Gefahren, in die uns Gott geraten läßt, und alle Übel, die er über uns kommen läßt, obwohl wir sie durch unsre Sünden verdient haben, uns nach Gottes Ratschluß nicht zu Gefahren und zu Übeln für die Seele werden, sondern uns zum Segen gereichen sollen. Aber noch herrlicher ist das, was Gott an uns thut, um uns, auch ohne Übel, zum Guten und zur Seligkeit zu führen, was er namentlich uns Christen von Jugend auf zu teil werden läßt, um uns empfänglich zu machen für das Wort von seiner Gnade, als der höchsten Erweisung seiner Liebe. Wir stammen von christlichen Eltern und leben in einem christlichen Lande; wir besuchen als Kinder christliche Schulen und können fast überall ohne Mühe Gottes Wort in der Kirche predigen hören; wir finden unter unsern Freunden gewiß auch gute und fromme Menschen, deren Mahnung uns direkt oder deren Vorbild auch ohne Worte uns zum Guten leitet. So ist unser ganzes Leben durch Gottes Gnade erfüllt von der Mahnung und geleitet in der Absicht, daß wir des Gottes Kinder werden, der sich „uns zum Vater gegeben hat".

Und wie der einzelne Mensch, so wird auch die ganze Welt von Gott regiert. Auf die Weltregierung Gottes wird zunächst 5. Mos. 32, 8—12 hingewiesen: Gott ist es, der das Volk Israel sich auserwählt und zu seinem Volk gemacht hat. Aber auch die Heiden werden von Gott geleitet (Apg 14, 15—17; 17, 22—31) und dem Christentum entgegengeführt; denn das Ziel der göttlichen Weltregierung ist es, daß die ganze Menschheit zu einem Reiche Gottes werde, wie der einzelne Mensch ein Kind Gottes werden soll. Das geschieht nun freilich nicht auf einmal, wie ja auch der einzelne Mensch nicht auf einmal zum Ziel gelangt; aber der Weltlauf vollzieht sich unter Gottes Leitung, und die Betrachtung der Geschichte läßt uns das Walten Gottes in der Menschheit mehr oder weniger deutlich überall erkennen. Es ist nicht möglich, hier im einzelnen zu zeigen, wie Gott die Menschheit zu einem Reiche Gottes zu gestalten sucht; das zeigt genauer die heilige Geschichte und die Kirchengeschichte; aber auch die Weltgeschichte überhaupt läßt uns ein weises Walten Gottes in der Welt erkennen.

Gott ist es, der in seiner Liebe die ganze Welt wie den einzelnen Menschen erhält und regiert — das ist unser Glaube nach dem ersten Artikel.

c. Von einer Vorsehung sprechen nun auch noch diejenigen, welche Gotte ferner stehen; schon das bloße Achten auf den Verlauf der Naturereignisse führt den Menschen zu einem solchen Glauben; wie viel mehr die Betrachtung des Menschenlebens! Auch die Heiden haben an eine Vorsehung geglaubt, auch sie haben von einer göttlichen Nemesis geredet und gedichtet, welche in erschütternden Thatsachen der Sage und Geschichte von ihnen wahrgenommen wurde.

Aber freilich solchen Erfahrungen gegenüber, in denen wir die Hand der Vorsehung zu sehen glauben, stehen gar viele andere, wo wir irre werden an dem Walten Gottes in Natur und Geschichte. „Die Elemente hassen das Gebild der Menschenhand", und „ohne Wahl zuckt der Strahl" hernieder auf Böse und Gute. Und nicht alle Wege der Geschichte scheinen uns Gottes Wege sein zu können. Steht denn auch wirklich alles in der Welt in Gottes Hand? Das ist ein Zweifel, der auch den Christen ergreift, nicht bloß, wenn dunkle Führungen ihm entgegentreten, die er nicht verstehen kann (Hiob) — dann soll er glauben und hoffen — nein, noch viel mehr bei einer Betrachtung, die sich jedem aufdrängt, der das Leben der Welt genauer betrachtet. Vollzieht sich das Leben der Geschöpfe nicht so, daß in denselben ihre eigene Art und Kraft sich zur Geltung bringt und darstellt, nicht aber Gottes Wirken?

Von einem Selbstleben der Natur und ihrer Geschöpfe spricht die heutige Wissenschaft, und nicht mit Unrecht. Die Welt und ihre Geschöpfe sind nicht von einer fremden Hand bewegte Maschinen, sondern sie führen auf Grund der ihnen einwohnenden Kräfte ein selbständiges Leben, welches in unverbrüchlicher Ordnung einhergeht. Diese Ordnung steht ja nun gar oft der Erfüllung unserer Wünsche als ein unüberwindliches Hindernis entgegen (so daß wir z. B. nicht fliegen können, und daß wir sterben müssen, und den toten Freund nicht wieder aus dem Grabe zurückrufen können), aber auf diesen festen Ordnungen beruht doch auch unsere

Benutzung der Naturwesen und Naturkräfte. Haben wir es also etwa bloß mit der Natur zu thun und nicht mit Gott, also mit einer zwar gesetzmäßig waltenden, von Gott geordneten Macht, aber nicht mit dem Ordner und Schöpfer dieser Macht selber? Sind also Feuer und Wasser, Krankheit und Tod Mächte, denen zwar Gott das Dasein verliehen, aber deren Wirken auch er selber nicht wehren kann, auch wo es gilt, die wertvollsten Menschen zu erhalten und die edelsten Güter zu schützen?

Dann wäre die Welt, wenn wir so ganz und gar von einer Einwirkung Gottes absehen müßten, der Spielball roher Naturkräfte, oder, da sie doch von Gott geordnet ist, dazu geordnet, daß der Mensch sich hindurchringe zur Beherrschung der Naturmächte. Wenn ihm aber diese Aufgabe, wie der Pessimismus meint, niemals gelingen kann, dann ist das Selbstleben der Natur der letzte Grund des Übels in der Welt, welches so groß ist, daß es sich gar nicht zu leben lohnt.

Auch bei diesem Glauben, daß Welt und Natur nur ihren eigenen Gesetzen und Ordnungen folgen, kann man den Glauben an Gott festhalten, der den Menschen in diese Welt hineingesetzt habe mit der Aufgabe und der Fähigkeit, an Gott festzuhalten auch im Getümmel einer feindseligen Welt. Aber es ist schwerlich richtig, Gott von der Natur ganz auszuschließen und nur im Menschen sich offenbaren zu lassen; wenn der Mensch die Naturkräfte, ohne die Naturgesetze umzustoßen, in seinen Dienst nehmen kann, indem er gerade die Ordnungen der Natur für die Zwecke seines eigenen Willens benützt, so ist ein solches Thun doch auch für Gott nicht unmöglich, und sehen wir nicht namentlich in der Weltgeschichte die Naturmächte oft dienstbar gemacht einem höheren Gotteswillen, z. B. bei der Demütigung Pharao's wie Philipp's II. und Napoleon's I.?

Aber noch mehr zeigt sich das Selbstleben der Kreatur in denjenigen Geschöpfen, welche Gott mit Freiheit ausgestattet hat. Es ist eine falsche Behauptung, daß die Freiheit des Menschen ein bloßer Schein sei, daß schließlich all sein Wollen und Thun doch von Gott (Calvin) oder von der Materie (Materialismns) abhängig sei; der Mensch besitzt in der That für sein Wollen eine allerdings durch die Naturgesetze eingeschränkte Freiheit, und sowohl das Leben des einzelnen Menschen wie auch die Weltgeschichte zeigt die Freiheit des Menschen, die sich im Guten wie im Bösen offenbart.

Wenn man nun das Leben des Einzelnen wie der Gesamtheit nur von der Freiheit des Menschen bestimmt denkt, dann soll also im Leben und in der Geschichte die bloße Menschenkraft sich entfalten, ohne daß von einem Eingreifen Gottes die Rede ist. Aber zeigt nicht wenigstens die Weltgeschichte ein Eingreifen Gottes, namentlich bei dem Auftreten großer Männer, die doch nicht bloß aus der Beschaffenheit und Erziehung ihrer Eltern und Zeitgenossen zu erklären sind, sondern Anlagen zeigen, welche nur als Gaben Gottes betrachtet werden können? Und von der Betrachtung der großen Männer aus lernt der Mensch auch im gewöhnlichen Leben die Fußstapfen Gottes erkennen. Gott läßt den einzelnen Menschen wie auch die Völker zunächst ihre eigenen Wege gehen, ja, er läßt sie sündigen, wie sie wollen; aber er weiß doch einerseits auch das Böse so zu benutzen, daß etwas Gutes herauskommt (wie es in der Geschichte

Joseph's heißt: „Ihr gedachtet es böse mit mir zu machen, aber Gott gedachte es gut zu machen," vgl. 1. Mose 50,20), und andrerseits weiß er den Bösen vonnen sei bösen Wegen abzuwenden, ohne ihn seiner Freiheit zu berauben.

So waltet also Gott sowohl in der Natur trotz der Ordnungen, die er für sie festgestellt hat, wie auch in der Menschenwelt trotz der Freiheit, die er ihr gegeben hat.

d. Wenn so der Christ die Welt im ganzen und im einzelnen von Gott erhalten und von Gott geleitet glaubt, so wird er sich zunächst der Verpflichtung bewußt werden, auf welche der Schluß der Erklärung des ersten Artikels hinweist, daß er für alles („des alles" = wegen des alles), was Gott an ihm thut, ihm zu danken und zu loben, dafür zu dienen und gehorsam zu sein schuldig ist.

Sodann wird der Mensch auf den Gott, der ihn und die Welt erhält und regiert, vertrauen, wie die Erklärung des ersten Gebotes fordert. Dies Vertrauen besitzen schon die Frommen des A. T. (vgl. den schönen Ps. 23), und Jesus ermahnt in der Bergpredigt (Mt. 6, 19—34) seine Jünger ebenfalls zum Vertrauen auf den Gott, der die Vögel unter dem Himmel ernährt und die Lilien auf dem Felde so herrlich kleidet. Namentlich aber der Apostel Paulus hat ein Triumphlied von der göttlichen Vorsehung gesungen, welches seinem Lobliede auf die Liebe (1. Kor. 13) würdig zur Seite steht, wenn er im Römerbriefe (8, 28—39) ausruft: „Wer will mich scheiden von der Liebe Gottes? In allem überwinden wir um des willen, der uns geliebt hat. Ich bin gewiß, daß keine Kreatur uns scheiden mag von der Liebe Gottes, die in Christo Jesu ist, unserm Herrn." So haben die Christen immer aufs neue dem Apostel nachgesprochen und nachgesungen.

Und wer so auf Gott vertraut, der wird auch vertrauensvoll zu Gott beten (Mt. 7, 7—11), sowohl um die leiblichen Güter, wie sie Luther bei der Erklärung der vierten Bitte in Menge aufzählt, als auch, und besonders, um geistliche Güter. Freilich wird der Christ nicht, weder in der Weise der heidnischen Zauberei, noch durch die Macht seiner Opfer und Gebete Gottes Willen mit Zwang umstimmen wollen, sondern er wird mehr und mehr mit Jesus beten lernen: „Dein Wille geschehe!" (Luk. 22, 42.)

Und im Vertrauen auf Gott wird der Mensch endlich auch für sein Handeln immer mehr Mut und Zuversicht gewinnen, so daß er kühn beginnt, was nur mit Gottes Hülfe gelingen kann, wie wir das im Privatleben (A. H. Franke; vgl. Jes. 40, 31, die Überschrift seiner Stiftung) und in der Weltgeschichte (Luther; vgl. Ps. 46, die Grundlage seines Hauptliedes) immer aufs neue wahrnehmen.

Mit einem solchen Glauben an Gott ist der Deismus überwunden, welcher in der Welt keinen Gott kennt, aber auch der Pantheismus, der keinen Gott über der Welt kennt; unser Gott ist der Gott des Theismus, der die Welt geschaffen hat und auch erhält und regiert; nur in diesem Gott „findet die Seele die Heimat der Ruh'."

Zweiter Abschnitt.

**„Du bist zwar Gottes Sohn,
Doch ach, nur der verlorne."**

Vorbemerkung für den Lehrer.

Im Anschluß an die Lehre von Gott und der Schöpfung wird nunmehr die Lehre vom Menschen dargestellt, und zwar, wie die Überschrift zeigt, sowohl vom Menschen als dem Ebenbilde Gottes, als auch vom Menschen als dem verlorenen Sohne. Es ist nun gewiß auch für die Schule zu beachten, was zunächst für die Wissenschaft gilt, daß „die biblische Theologie die Lehre vom Urstande und Sündenfall nicht zum Ausgangspunkt der Lehre von der Sünde machen darf, weil die Antwort auf die Frage nach dem Ursprunge der Sünde nicht die Wurzel, sondern eine Frucht der Erkenntnis von der Sünde und von dem ist, was mit der Sünde zusammenhängt."[1]) Aber diese Mahnung des angesehenen Bibelforschers braucht von der Schule nicht buchstäblich befolgt zu werden, indem sie die Lehre vom Sündenfall zuletzt bespricht,[2]) sondern die Schule kann derselben dadurch gerecht werden, daß sie auch bei der Darlegung des Ursprungs der Sünde das Hauptgewicht auf die Darlegung des Wesens der Sünde legt und dabei vornehmlich darauf hinzielt, den Schüler der oberen Klassen zum Bewußtsein der eigenen Sündhaftigkeit zu führen. Der Schüler soll hier überhaupt herausfühlen, daß es weniger auf die Lehre von der Sünde ankommt, als darauf, daß auch er erkennt, daß er zwar ebenfalls ein „Gottessohn, aber ein verlorener Sohn" ist. „Der Sextaner freilich empfindet zunächst die Sünde und die Schuld des ersten Menschenpaares, aber eigene Sünde empfindet er in der Regel noch nicht, und ein langer Excurs darüber wäre vom Übel.[3]) Aber in der Brust des Primaners kann der Lehrer das schmerzliche Gefühl wecken (bez. anbahnen), daß auch in ihm sich der Kampf von Neigung und besserer Erkenntnis vollzieht, daß auch von ihm das Wort gilt: Wollen das Gute habe ich wohl, aber das Vollbringen desselben finde ich nicht. Hierfür finden sich Anknüpfungen genug im Unterricht, sowohl bei den Alten, wie besonders bei Goethe (und Schiller)."[4])

---

[1]) Riehm, ATliche Theol. § 48 Anm. 1.

[2]) Dadurch würde die zusammenhängende Betrachtung der drei ersten Kapitel des 1. B. Mosis erschwert werden.

[3]) Vgl. den Artikel: „Religionsunterricht in den höheren Schulen" in der zweiten Aufl. der Schmid'schen Encykl.: „Eins fehlt dem Kinde, die Erkenntnis der Sünde, und es war ein vergeblicher und krankhafter Versuch (des Pietismus), im Kinde sogen. Sündenschmerz künstlich zu erwecken."

[4]) Trosien, Über den Religionsunterricht an evang. Gymnasien. 1889. (Vgl. den Artikel desselben Verfassers „Religionsunterricht in den höheren Schulen" in der zweiten Aufl. der Schmid'schen Encykl. des Unterrichtswesens (Band 7).

Eine praktische Anwendung auf sein Leben, nicht eine vollständige Erkenntnis im Schüler hervorzurufen, das ist hier, wie bei dem ganzen Unterricht in der Glaubenslehre, das Ziel, das sich der Lehrer stecken wird. Die Lehre von der Sünde soll den Schüler einstimmen lassen in das Bekenntnis: „Wir sind allzumal Sünder", und ihn hinführen zu dem Gebete: „Vergieb uns unsere Schuld!" Wenn dieses Resultat beim Unterrichte in angemessener Weise erstrebt wird, dann wird für den Schüler auch hier „die Theologie in Religion" umgewandelt — und das ist das Ziel alles Religionsunterrichts.

Übersicht für die Lektüre.

24. 1. Mose 1, 26—30. 2, 7. Psalm 8.
26. 1. Mose 2, 8—9 u. 15—17. 3, 1—24.
Hiob 33, 13—30. Röm. 8, 28 u. 35—39. Offenb. Joh. 21, 1—4.
27. Ps. 90. Ps. 51. Röm. 7, 7—25. Röm. 5, 12—19.
28. Mt. 4, 17. Joh. 3, 1—18. Luk. 15, 1—32.

„Ich armer, elender, sündiger Mensch bekenne dir alle meine Sünde und Missethat, damit ich dich jemals erzürnet und deine Strafe zeitlich und ewiglich gar wohl verdient habe."

„Vergieb uns unsre Schuld!"

24. „Gott schuf den Menschen ihm zum Bilde, Zum Bilde Gottes schuf er ihn."

1. Mose 1, 26—30. 2, 7. Psalm 8.

a. Ein Geschöpf Gottes ist der Mensch nach der h. Schrift und nicht ein Produkt der Natur, und zwar ist er als das letzte und vollkommenste der beseelten Wesen von Gott erschaffen worden. Zwar wird in der ersten Schöpfungsgeschichte der Mensch mit den Landtieren an demselben (dem sechsten) Tage geschaffen, aber seine besondere Würde wird doch deutlich hervorgehoben; er ist auch nach dieser Erzählung das vollkommenste Geschöpf, nicht bloß, weil er zuletzt geschaffen worden ist, sondern besonders darum, weil er nach dem Bilde Gottes geschaffen und zum Herrn über die Tiere bestimmt ist. Diese hohe Stellung des Menschen wird vom Erzähler auch dadurch angedeutet, daß er die Schöpfung des Menschen auf einen besonderen Ratschluß Gottes zurückführt (1, 26): „Lasset uns Menschen machen" (der Plural begreiflich, da der hier gebrauchte Gottesname eine Pluralform ist). Gotte ist nun aber der Mensch natürlich nicht in leiblicher Beziehung ähnlich; seinem Leibe nach ist er, wie es in der zweiten Schöpfungsgeschichte (2, 7) heißt, Staub, wie alle andern Geschöpfe, und wenn auch sein Leib der vollkommenste Körper ist, den es auf der Erde giebt, so ist er doch in leiblicher Beziehung Gott nicht ähnlich, da ja Gott keinen Körper hat. Aber dem irdischen Körper des Menschen hat Gott, wie die zweite Schöpfungsgeschichte sagt, den Odem des Lebens, d. h. einen göttlichen Geist eingehaucht, so daß der Mensch über die Tiere emporragt. Denselben Gedanken drückt die erste Schöpfungsgeschichte (1, 26) dadurch aus, daß sie den Menschen nach dem Bilde Gottes geschaffen sein, also ihm geistig ähnlich sein läßt. Der Mensch hat von Gott die Fähigkeit zu denken und zu sprechen erhalten; diese Seite der

Gottähnlichkeit hat sich natürlich nur allmählich entwickelt, und das Ergebnis dieser Entwickelung ist die Sprache und die Erkenntnis der Welt. Auf diesem geistigen Wesen des Menschen beruht seine Herrschaft über die Tiere; dem Vollkommenen soll das Unvollkommene dienen; aber freilich nur durch eigene Thätigkeit kann sich der Mensch die Herrschaft über die Tierwelt wie über die ganze Natur erwerben. Diesen Vorzug vor den Tieren hat natürlich der Mensch auch noch heute (vgl. Ps. 8); wenn Paulus (Eph. 4, 24, Kol. 3, 10) den Menschen die verlorene Gottähnlichkeit erst durch Christus wiedergewinnen läßt, so hat er diesen Ausdruck tiefer gefaßt, als er im A. T. gefaßt ist, indem er darunter die sittlich-religiöse Vollkommenheit des Menschen befaßt.

b. Denselben Gedanken, welchen namentlich die erste Schöpfungsgeschichte enthält, daß der Mensch Gott ähnlich und zum Herrn der Schöpfung bestimmt sei, finden wir auch in Ps. 8 dargestellt, welcher (ebenso wie Psalm 104) ein lyrisches Echo der Schöpfungsgeschichte ist. Der Dichter beginnt mit dem Hinweis auf die Herrlichkeit Gottes auf Erden und im Himmel, welche auch der einfältigste Mensch anerkennen muß (V. 2—3), und dann geht er über auf die Verherrlichung des Menschen, der zwar der Welt gegenüber klein ist (V. 4—5 [1])), aber doch nur wenig hinter Gott zurücksteht (V. 6), indem er ja nach Gottes Bilde geschaffen ist. Ihn hat Gott zum Herrn der Tierwelt gemacht (V. 7—9 [2])).

c. Aber der Mensch hat von Gott auch noch eine andere Gabe erhalten, den freien Willen, der ihn ebenfalls hoch über das Tier emporhebt und Gotte ähnlich macht, und auch diese göttliche Gabe soll entwickelt werden. Zunächst nämlich ist der Mensch in sittlicher Beziehung ein Kind (wie er noch heute geboren wird), und nur durch die Entwickelung seines Wollens kann er sich zur sittlichen Selbständigkeit entwickeln. Auch diese Entwickelung soll und muß sich vollziehen; aber sie kann sich nur dadurch in Gott wohlgefälliger Weise vollziehen, daß der Mensch das Gute frei erwählt und das Böse mit Bewußtsein zurückweist. Eine solche Entwickelung des Willens zur rechten Freiheit zeigt uns das Leben Jesu. Jesus weiß gar wohl, daß er auf zwei Wegen zum Messias Israels werden kann; aber er weist (in der Versuchungsgeschichte) den den Juden gefallenden Weg als sündlich ab, um den als recht erkannten schweren Weg zu betreten; Jesus hat frei gewählt, aber nicht das Böse, sondern das Gute. Wie Jesus, so sollten auch die ersten Menschen zur wahren Freiheit gelangen, indem sie das Böse kannten aber zurückwiesen. Wenn die Menschen sich so entwickelten, dann wurden sie erst in Wahrheit Gott ähnlich, nämlich heilig im Wollen, wie Gott heilig ist, und dann hätte sich auch ein rechtes Verhältnis zu den Mitmenschen gebildet, indem sie denselben nichts Böses zugefügt, sondern sie als ihre Brüder geliebt hätten.

Ein Menschengeschlecht ohne Sünde — ein herrlicher Gedanke; leider ist derselbe nicht zur Wirklichkeit geworden. Die Weltgeschichte kennt nur ein sündiges Menschengeschlecht, und die Bibel erzählt ja ebenfalls nicht,

---

1) Wenn ich sehe deinen Himmel . . . [dann muß ich sagen]: Was ist der Mensch . . . .

2) Die Prädikate sind nicht als Futura (Luther), sondern als Perfekt zu übersetzen.

daß es einst eine Zeit gegeben habe, wo eine sündlose Menschheit auf Erden existierte. Aber die Erstgeschaffenen waren von Gott nicht als Sünder erschaffen, und ihre Entwickelung konnte und sollte nach der Bibel eine andere werden, als sie geworden ist.

25. Die Frage nach dem Ursprung der Sünde.[1])

a. Wie ist es dazu gekommen, daß der Mensch sich anders entwickelt hat, als es Gott gewollt hat, anders, als es der Bestimmung des Menschen entsprach?

Das ist eine Frage, welche alle Völker immer aufs neue beschäftigt hat und die denkenden Menschen noch heute beschäftigt; kein Wunder, daß auf diese Frage sehr verschiedene Antworten gegeben worden sind und noch heute gegeben werden.

Man hat aber für die Frage nach dem Ursprunge der Sünde des Menschen eine dreifache Erklärung aufgestellt: an des Menschen Sünde (und den damit in Verbindung stehenden Übeln) ist schuld entweder eine Macht außer Gott, oder Gott selber, oder die Menschen. Im folgenden sollen diese verschiedenen Antworten etwas genauer dargestellt werden.

α. Wenn auf eine Macht außer Gott Sünde und Übel zurückgeführt werden, so entsteht entweder der Glaube an einen zweiten, bösen Gott (wie bei den Persern), einen Teufel (aber nicht wie in der Bibel, wo derselbe von Gott abhängig bleibt), oder der Glaube an ein Schicksal über der Gottheit (wie bei den Griechen), oder an eine von Gott nicht geschaffene sondern ewige und von Gott unabhängige Materie, auf welcher die Sünde beruht (wie in der alten Zeit bei vielen Völkern und noch heute bei vielen Menschen, welche mit dem Tode auch die Sünde ohne weiteres überwunden glauben, da sie ja dann keinen Leib mehr haben).

β. Wenn dagegen auf Gott selber die Sünde zurückgeführt wird, dann kann Gott entweder als zu neidisch gedacht werden, um dem Menschen ein vollkommenes Glück zu gönnen, das er auch selber nicht besitzt (so die Griechen — vgl. auch das Wort der Schlange zu Eva, 1. Mose 3, 5), oder Gott ist nicht klug genug, um die Welt vollkommen zu schaffen, da er ja nur Wille ist, aber ohne Einsicht (so „das Unbewußte" des neueren Pessimismus).

γ. Wenn endlich auf die Geschöpfe die Sünde zurückgeführt wird, so kann dieselbe entweder als mit dem Wesen der Endlichkeit notwendig verbunden gelten (Pelagius — die heute gewöhnliche Anschauung der Gebildeten, welche der Bibel ferner stehen) oder auf eine moralische Verschuldung zurückgeführt werden. Diese Schuld kann aber der Mensch auf sich geladen haben in einem früheren, außerirdischen (Präexistenz) oder irdischen Leben (Seelenwanderung), und das jetzige Unglück ist eine Folge der in einem anderen Leben begangenen Sünden (vgl. die Frage der Jünger Jesu wegen des Blindgeborenen). Sodann kann Sünde und Unglück des einzelnen Menschen eigene That sein (so Hiob's Freunde von Hiob — und das ganze A. Test. in seiner Geschichtsdarstellung). Endlich aber wird diese moralische Verschuldung zunächst nur den Stammeltern der Menschheit zugeschrieben (1. Mose 3), und von ihrem Sündenfalle stammen Sünde und Übel in der ganzen Menschheit her (Augustinus).

b. Es ist also eine viel verhandelte Frage, welche die Bibel in ihrem dritten Kapitel behandelt. Auch diese Erzählung sucht den Widerspruch zu lösen, der darin

[1]) Die einzelnen Ausführungen sind nur für den Lehrer bestimmt, das Hauptresultat ist am Ende auch für den Schüler zusammengefaßt.

liegt, daß der Mensch, obwohl Gott verwandt, doch dem Leiden unterworfen ist. Dieser Widerspruch hat den Menschen von je her zu der Ahnung geführt, daß das nicht immer so gewesen sein könne; so entstand der Glaube an eine glücklichere Vorzeit. Dazu kam nun bei den Israeliten der Glaube an den vollkommenen Gott, dem man eine unvollkommene Schöpfung nicht zuschreiben wollte, und sodann der Glaube an den von der Gerechtigkeit Gottes geordneten Zusammenhang zwischen Sünde und Übel. Wenn bei der allgemeinen Sünde der Menschen das allgemein herrschende Übel zwar begreiflich war, woher stammte aber die allgemeine Sünde der Menschheit? Dieselbe kann nach der israelitischen Gottesanschauung nicht von dem heiligen und vollkommenen Gott herstammen, und sie kann also nicht eine Notwendigkeit für den Menschen sein. Zwar entsteht ja der Widerspruch zwischen dem, was der Mensch sein soll (seiner Idee), und dem, was er ist (seiner Wirklichkeit), für jeden neugeborenen Menschen stets aufs neue; aber jeder jetzt geborene Mensch findet sich doch schon in einer sündigen Welt vor, und ist auch selber böse von Jugend auf (1. Mose 8, 21. Ps. 51, 7). Woher stammt nun diese allgemeine Sündhaftigkeit der Menschen und dies Bösesein jedes einzelnen Menschen?

c. Auf diese Frage hat der Erzähler der ersten Schöpfungsgeschichte (1. Mose 1), der Elohist, keine Antwort gegeben; derselbe spricht in K. 6, welches ihm angehört, von einer besseren Urzeit und dem in sie eingedrungenen Verderben (6, 11), aber ohne dasselbe nach seiner Entstehung zu erklären. Eine Erklärung des Ursprungs der Sünde finden wir aber bei dem Erzähler der zweiten Schöpfungsgeschichte, dem Jehovisten (1. Mose 2 und 3). „Diese Erzählung betrifft nun einen Gegenstand, über welchen ein eigentlich geschichtlicher Bericht nicht zu erwarten ist. Die geschichtlichen Erinnerungen der Menschheit reichen nicht einmal bis in die Anfänge der Völkerbildungen zurück, geschweige denn bis auf die ersten Lebensjahre der ersten Menschen.“¹) „Die Erzählung vom Urstand und Falle der Menschen ist vielmehr eine vom Erzähler (bei den verwandten Völkern) vorgefundene alte Sage, welche er uns in einer Gestalt mitteilt, in der sie, ihres heidnischen mythologischen Beiwerks entkleidet, die Kritik des Offenbarungsgeistes bestanden hat.“²) Diese Erzählungen über die Urzeit beruhten nämlich auf Gedanken, welche sich die alten Völker über die Urzeit gemacht haben; auf den Gedankengehalt dieser Erzählungen kommt es also an, nicht auf die äußerlichen Vorgänge. Das hebräische Volk hat nun von seinem Glauben aus die ihm von den verwandten Völkern zugekommenen Erzählungen umgestaltet, und so bieten nun die Erzählungen der Bibel uns Glaubenswahrheiten dar, welche von den Anschauungen der heidnischen Völker sich wesentlich unterscheiden, weil der israelitische Glaube von den heidnischen Religionen sehr verschieden ist. Glaubenswahrheiten haben wir also in diesen Erzählungen von der Urzeit vor uns, aber nicht buchstäblich zu nehmende geschichtliche Erzählungen.

Was erzählt nun die Bibel von der Entstehung der Sünde?

26. Die Erzählung der Bibel vom Sündenfall.

1. Mose 2,8—9 und 15 —17. 3,1—24. Hiob 33,13—30. Röm. 8,28 und 35 —39. Off. Joh. 21,1—4.

a. Nachdem Gott den Menschen geschaffen hatte, überließ er ihn nicht sich selber, indem er sich in den Himmel zurückzog (wie der Deismus

¹) Dillmann, Genesis, Einl. zu K. 2—3.
²) Delitzsch, Mess. Weiss. 23.

annimmt), sondern er verband den Menschen mit sich zur innigsten Gemeinschaft. Wir Christen wissen ja nun, daß diese Gemeinschaft zwischen Gott und Mensch eine innere Gemeinschaft, eine Gemeinschaft des Herzens ist. Die Israeliten aber glaubten ihre Gemeinschaft mit Gott gebunden an die Stiftshütte und den Tempel, indem sie einen bestimmten Ort als die Stätte der Herablassung Gottes zum Menschen betrachteten. Wie die Israeliten, so dachten auch die anderen Völker, von denen die Israeliten ihre Erzählungen der Urzeit überkommen haben, die Gemeinschaft Gottes mit dem Menschen gebunden an einen heiligen Ort, namentlich an einen heiligen Berg, auf welchen selbst die israelitischen Propheten noch hinweisen (Jes. 14,13. Hesek. 28,13$_5$), wo die Götter sichtbar gegenwärtig und deshalb die wunderbarsten und herrlichsten Dinge zu finden sind. An diese Vorstellungen von einem heiligen Orte auf Erden sich anlehnend, welche der Israelit mit den andern Völkern gemein hatte, stellte der biblische Erzähler die Gemeinschaft der Menschen mit Gott dar als beruhend auf dem Aufenthalt im Wonnegarten des Paradieses. Auch in der späteren Zeit, selbst noch in der Offenbarung Joh., reden die Israeliten von einem Paradiese und einem Lebensbaum und einem Wasser des Lebens; aber man erkennt deutlich, daß auch schon die Israeliten diese Gegenstände nur als äußere Sinnbilder der inneren, geistigen Gemeinschaft mit Gott betrachten. Vollends aber wir Christen betrachten, wie die Bibel selber, die Darstellung der Gemeinschaft der Menschen mit Gott in der Urzeit, wie sie in 1. Mose 2 und 3 enthalten ist, als eine bildliche Darstellung von der von Anfang an wirklich vorhandenen inneren Gemeinschaft des Menschen mit Gott; wir Christen wissen ja, daß die Gemeinschaft mit Gott nicht beruht auf dem Aufenthalt des Menschen in Jerusalem oder Garizim (Joh. 4,21), also auch nicht auf dem Aufenthalt in einem irdischen Paradiese, sondern auf der Hingebung des Herzens an Gott.

b. Den Garten (K. 2,8), welcher in Eden (dem „Wonnelande") im Osten der Erde lag, welcher als die Stätte der Gemeinschaft der ersten Menschen mit Gott bezeichnet wird, nennen wir nach einem persischen Worte das „Paradies" (d. h. Garten). Unter den Bäumen dieses Gartens (und das Bild des Gartens führte von selbst auf das Bild der Bäume) werden zwei als besonders merkwürdig hervorgehoben, der Baum des Lebens, dessen Frucht dem Genießenden Leben verleiht, und der Baum der Erkenntnis des Guten und Bösen; wer dessen Frucht genießt, gewinnt Erkenntnis des Guten und Bösen, d. h. sittliche Erkenntnis. Wir Christen sehen natürlich, wie schon die Israeliten, auch in diesen Bäumen nur äußere Sinnbilder derjenigen Güter, welche sie verleihen sollen, ewiges Leben und sittliche Erkenntnis, da ja nach unserem Glauben die Erlangung geistiger Güter nicht an den Genuß sinnlicher Baumfrüchte gebunden sein kann.

In diesem Garten, wohin Gott den geschaffenen Menschen versetzt, soll der Mensch zuvörderst nicht ein bloßes Genußleben führen, sondern schon jetzt gilt es zu arbeiten, denn auch dieser Garten bedarf der Pflege (2,15); die Arbeit ist ein Segen für den Menschen; als Fluch wird später nur die vergebliche Arbeit dargestellt (3,17—19).

Aber die Arbeit ist nicht das höchste Gut des Menschen; höhere Güter sind das Leben in Gott und die Sittlichkeit; diese Güter kann und soll der Mensch ebenfalls gewinnen. Aber diese Güter kann und soll der mit Freiheit begabte Mensch nicht als Geschenk von Gott erhalten, wie er ja auch Sprache und Wissenschaft nicht von Gott als fertige Gaben erhalten hat, sondern durch eigenes Thun soll er sie gewinnen; aber diese Güter kann er auch verscherzen. An den Baum der Erkenntnis ist hier des Menschen Heil und Unheil geknüpft, natürlich nicht etwa darum, weil er ein Baum mit äußerlich giftigen Früchten gewesen wäre.[1]) Von diesem Baume soll der Mensch nicht essen; der Mensch weiß aus seinem Gewissen, daß ihm nicht alles erlaubt ist; wenn er, dieser Stimme folgend, das meidet, was sie ihm verbietet, so unterscheidet er Böses von Gutem, und dann gewinnt er in rechter Weise sittliche Erkenntnis, welche jeder Mensch, wenn er heranwächst, gewinnen muß, um ein selbständiger Mensch zu werden. Der Mensch kann aber das Böse auch kennen lernen, indem er es thut; aber er soll es nicht kennen lernen, und wer es in dieser Weise kennen lernt, der verliert seine Unschuld und auch das wahre Leben.

c. Der Mensch hat sich aber nun in unrechter Weise sittlich entwickelt; wie das geschehen ist, stellt in sinnbildlicher Weise das dritte Kapitel des 1. B. Mose dar.

Wenn der Mensch sich zu sittlicher Vollkommenheit entwickeln sollte, so mußte das Böse an ihn herantreten, damit er es durch eigenen Entschluß überwinde. Gott verbietet dem Menschen (im Gewissen) manches Thun; wie kommt in den Menschen der Gedanke, gegen die Stimme seines Gewissens das Verbotene zu thun? Nach der biblischen Erzählung wurde der Mensch durch die Schlange dazu verleitet, also durch ein Tier, und zwar durch ein für besonders listig geltendes Tier. Die Schlange ist nicht etwa ein Bild der im Menschen selber wohnenden bösen Lust, denn in den ursprünglichen Menschen wohnte ja noch keine böse Lust. In uns wird die böse Lust vielfach durch andere Menschen erweckt; aber für den ersten Menschen gab es noch keine anderen, und jedenfalls keine bösen Menschen. Aber von außen kommt in der That die Versuchung zum Bösen an sie heran, aber nicht durch Menschen, sondern durch ein Tier.[2]) Aber die Tiere sind weder gut noch böse; auch die Schlange wird hier nicht als böse dargestellt, sondern nur als listig. Was die Schlange sagt und thut, ist für die Schlange nur klug; böse ist ein solches Thun nur für den Menschen; denn für den Menschen ist nicht alles erlaubt, was dem Tiere erlaubt ist.[3]) Von der Schlange verführt, denkt nämlich das Weib,

---

[1]) Daß der Baum der Erkenntnis ein Apfelbaum gewesen sei, verdanken wir den Lateinern (vgl. auch Hoheslied 8,5; malum d. h. der Apfel, malum d. h. das Böse; ich weiß nicht, ob durch diesen Gleichklang der Worte der Apfelbaum zum Erkenntnisbaum geworden ist); die Griechen dachten an den Feigenbaum (1. Mose 3,7), die Rabbinen an den Weinstock (vgl. Noah!).

[2]) „Die Frage, wie die von Gott geschaffene Schlange zum boshaften Versucher werden konnte, bleibt in 1. Mose 3 unaufgeworfen und unbeantwortet.“ Riehm, ATliche Theol. § 48, 2c.

[3]) Vgl. das Thun des Fuchses in der deutschen Tiersage: wenn die Geistlichen sich dies listige Tier zum Vorbilde nehmen, so sind sie dadurch vor Gott nicht gerechtfertigt.

ob auch wirklich verboten sei, was ihr bisher als verboten erschien, da doch dasselbe Thun für das Tier keine Sünde sei; und sie fragt sich, ob denn wirklich die Übertretung des Verbotes schädlich sein werde; ja, sie fragt sich, ob durch die Übertretung nicht vielleicht ein wertvolles Gut gewonnen werden könne. Diese drei Gedanken (das Böse ist gar nicht verboten, und es wird keinen Schaden bringen, sondern vielmehr zu einem hohen Gute verhelfen), sie sind es noch heute, welche den Menschen in die Sünde geraten lassen. So sündigt das Weib, und aus der Verführten wird sofort eine Verführerin, wie das ja noch heute meist der Fall ist, und der andere thut ohne Bedenken, was der eine zuerst gethan hat.

Aber die Folge der Sünde entspricht nicht der gehegten Erwartung; zwar klüger wird der Mensch durch die Sünde, und er kennt jetzt in der That Gutes und Böses, aber nicht so, wie er es kennen sollte; er kennt das Böse, indem er es gethan hat. Daß er aber Böses gethan hat, erkennt er aus dem jetzt in ihm erwachenden Schamgefühl, dem Begleiter der Sünde, welches dem Menschen sagt, daß er nicht so ist, wie er sein soll, und den Menschen vor weiterer Sünde bewahren soll.

Wenn nun die Bibel Gott selber äußerlich zu den sündig gewordenen Menschen in den Garten kommen, und zwar, wie es im Morgenlande geschieht, erst in der Kühle des Abends zu den Menschen herabkommen läßt, so versteht es sich für den Christen von selbst, daß Gott nicht äußerlich an einem bestimmten Orte erscheint, am wenigsten erst dann, wenn die Kühle des Abends eingetreten ist, sondern daß Gott zum Sünder innerlich redet, und zwar sofort redet, oder wenigstens sofort reden kann; ihr Gewissen läßt die Sünder zwar Gottes Stimme hören, aber den früher geliebten Gott fürchten sie jetzt und fliehen vor ihm. Aber Gott kann man nicht entfliehen, und schließlich muß der Mensch sich schuldig bekennen, auch wenn er seine That nach Kräften zu entschuldigen sucht.

Auf die Sünde folgt nun die Strafe. Zwar die Schlange hat ja nicht gesündigt, da sie als Tier nicht sündigen kann, und so wird sie nur deshalb gestraft, weil sie dem Menschen geschadet hat. In der im Staube einherschleichenden Schlange sieht der Mensch ein Abbild des Bösen, und sie ist dem Menschen verhaßt, so daß er sie tötet, wo er ihrer ansichtig wird. Dafür rächt sich die Schlange, indem sie den sie bedrohenden Menschen zu töten sucht.[1]) Der Mensch aber wird für seine Sünde mit Schmerz und mühseliger Arbeit und schließlich mit dem Tode bestraft. Vor allem aber verliert er die Gemeinschaft mit Gott, was der Erzähler so ausdrückt, daß er den Menschen aus dem Paradiese vertrieben werden läßt, und da nur im Paradiese der Lebensbaum stand (d. h. da nur in der Gemeinschaft mit Gott ewiges Leben zu gewinnen ist), so wird der Mensch fortan sterblich, und nur durch den Tod hindurchgehend kann er zum ewigen Leben gelangen. Das Paradies bleibt erhalten, aber es ist ein Gegenstand der Sehnsucht für den Menschen, denn die Gemeinschaft mit Gott wird vom Menschen zwar erstrebt, aber auf Erden nicht vollkommen erreicht.

---

[1]) Auf den weiteren Inhalt dieser Stelle ist an anderem Orte einzugehen; vgl. Heil. Gesch. Nr. 75.

d. Als Glaubenswahrheit über die Entstehung der Sünde ergiebt sich also aus der Betrachtung von 1. Mose 2 und 3 das Folgende.

Der Mensch ist (wie die Schöpfungsgeschichte beider Erzähler sagt) zwiefachen Wesens: irdisch und göttlich; aber nicht für die Erde ist er bestimmt, sondern zur Gemeinschaft mit Gott. In dieser Gemeinschaft nun befindet sich der Mensch am Anfang: das Paradies ist der Zustand der Gemeinschaft mit Gott. Aber der Mensch ist zunächst noch ein geistiges Kind, und das kann er und soll er nicht bleiben; wie sein Denken, so soll sich nach Gottes Anordnung auch sein Wollen entwickeln. Nicht einen Befehl giebt ihm Gott, dessen Befolgung ihm die sittliche Selbständigkeit verleiht, sondern ein Verbot soll er nicht übertreten. Es giebt nämlich für den Menschen zwar erreichbare, aber verbotene Dinge; giebt es doch sogar verbotene Wege zu erlaubten Gütern und Genüssen.[1] Wenn der Mensch das Verbot beachtet, so weist er das Böse von sich und ist Gotte gehorsam; im andern Falle thut er das Böse; in beiden Fällen lernt er Gutes und Böses unterscheiden. Daß nun die von Gott herrührende Möglichkeit des Bösen für den Menschen zur Wirklichkeit wurde, das ist nicht eine That Gottes, nicht eine That der Notwendigkeit, sondern des Menschen freie That, und eine freie That kann man nicht erklären, sondern nur als solche erkennen; auch wenn man erkennt, wie es zu einer freien That gekommen ist, hat man nicht etwa ihre Notwendigkeit erwiesen, denn der Mensch hätte ja auch anders handeln können. Der Mensch gelangt nun aber zur Sünde nicht wissentlich und freventlich, sondern durch fremde Täuschung und eigene Thorheit. Böse Gedanken, die an ihn von außen herantreten[2]), führen ihn (damals, wie noch heute) zur Sünde. Der böse Gedanke, der von außen her an den Menschen herangetreten ist, wird von ihm nicht sofort abgewiesen, sondern er wird ins Herz aufgenommen; der Mensch zweifelt daran, ob das Sünde sei, was ihm das Gewissen verbietet; sodann glaubt er, die Sünde werde ihm nichts schaden, wie er bisher, auf sein Gewissen hörend, gemeint hat; ja, er verspricht sich von derselben großen Nutzen. So begeht der Mensch die böse That, Gottes vergessend und an sich selbst nur denkend, getäuscht durch die Hoffnung auf Vorteil und Genuß. Und in der That gewinnt ja der Mensch etwas durch die böse That: er ist jetzt zur Erkenntnis und Unterscheidung des Bösen und Guten gelangt, er ist geworden wie Gott. Aber das ist nicht die gottgewollte Entwickelung des Menschen[3]) sondern ein gottwidriger Fortschritt; das ist eine That menschlicher Willkür, nicht wahrer Freiheit.

Und die Strafe folgt der Sünde auf dem Fuße. Das Schuldbewußtsein erwacht, und er flieht vor Gott, dessen Gemeinschaft bisher sein höchstes Gut war; aus dieser Gemeinschaft, dem Paradiese, fühlt er sich verstoßen.

Aber nicht ganz unglücklich soll der gefallene Mensch sein; auch der Sünder steht noch in Gemeinschaft mit Gott, wenn dieselbe auch durch

---

[1]) Vgl. Schiller, Der Jüngling zu Sais.

[2]) Wir wissen aber nicht im einzelnen, welche es gewesen sind.

[3]) So (im Anschluß an Kant) fälschlich auch Schiller in seiner Abhandlung: Über die erste Menschengesellschaft. Ebenso später auch Hegel.

die Sünde getrübt ist. Zwar hat der Mensch unaufhörlich mit der Sünde zu kämpfen; aber er darf hoffen, die Sünde einmal zu überwinden[1]). Alle Übel, die ihn auf Erden drücken und quälen, sind auch nicht bloß Strafen für seine Sünde, sondern auch Erziehungsmittel des gnädigen Gottes, der durch das Übel den Menschen von der Sünde befreien will[2]). Aber sowohl der einzelne Mensch, als auch die ganze Menschheit ist noch heute weit davon entfernt, daß sie die Sünde bereits überwunden hätten; „wir sind allzumal Sünder und mangeln des Ruhms, den wir vor Gott haben sollten (Röm. 3, 23).

e. Nach der Geschichte vom Sündenfall ist nun als Folge der durch Adam in die Welt gekommenen Sünde der Tod zu betrachten. Aber ist nicht, wie ja auch das A. T. an andern Stellen sagt (1. Mose 18, 27; Hiob 5, 7; Jes. 40, 6) der Tod das für alle Menschen, auch für die erstgeschaffenen, an sich unvermeidliche Ende des irdischen Lebens?[3]) Diese beiden Anschauungen stimmen darin überein, daß sie den Tod für den heutigen Menschen als eine göttliche Ordnung betrachten, aber sie gehen auseinander in der Frage nach dem Ursprunge der Sterbensnotwendigkeit für den Menschen. Zwar das behauptet ja auch die Bibel nicht, daß Adam an sich unsterblich war; sein irdisches Leben hätte wohl, wie es einen Anfang gehabt hat, auch einen Ausgang gehabt — aber freilich einen anderen, weniger schrecklichen, nicht so unnatürlichen, wie heute der Tod ist; das ewige Leben sollten die Menschen erst gewinnen durch den Genuß der Früchte des Lebensbaums, d. h. durch die dauernde innere Gemeinschaft mit Gott. Noch weniger aber darf behauptet werden, daß es ohne die Sünde Adams auch für die Tiere kein Sterben gegeben hätte: dieselben sind vor Adam (wie die heutige Naturwissenschaft unwiderleglich zeigt) nicht bloß als Einzelwesen, sondern in vielen Arten und Gattungen gestorben und sogar ausgestorben. Nur für den Menschen gilt die Verbindung von Sünde und Tod, welche die Bibel namentlich in der Geschichte vom Sündenfall behauptet. Und wie der Tod, so werden auch die Übel in der Welt von der Bibel auf des Menschen Sünde zurückgeführt.

Der Mensch wird ja heute allerdings als Sünder geboren, aber seine sündigen Thaten sind doch trotzdem sein Werk und seine Schuld; darum ist es nicht ungerecht, wenn auf die Sünde Tod und Übel als Strafe folgen. Auch diejenigen Übel, welche mit des Menschen Sünde nicht notwendig zusammenhängen, den Tod und die Krankheiten und die dem Menschen schädlichen Naturmächte, betrachtet nun die Bibel als Strafen, welche der Mensch erst durch seine Sünden in die Welt gebracht habe. Es ist nun wenigstens eine schöne Anschauung, daß der Mensch so sehr „seines Glückes Schmied“ sei, daß er von allen Übeln frei sein würde und sogar nicht zu sterben brauchte, wenn er in ungestörter Gemeinschaft mit Gott stände; aber da den Menschen die Erfahrung über einen solchen Zustand aller Freiheit vom Übel fehlt, so ist es kein Wunder, daß mancher zu einer

---

1) Über die erste Verheißung vgl. meine Heil. Gesch. Nr. 75.

2) Vgl. den Abschnitt über das B. Hiob in der Heil. Gesch. Nr. 80 D.

3) Die letztere Anschauung vertritt Pelagius, dem auch hier Augustinus gegenübersteht.

so hohen Ansicht vom Menschen sich nicht zu erheben vermag. Aber auch wer Tod und Übel nicht von der Sünde herleitet, stimmt doch wenigstens darin mit der Bibel überein, daß auch er auf eine Zeit hofft, wo es kein Übel und keinen Tod mehr für den Menschen geben wird.

f. Wenn nun die Bibel allerdings den Tod und alles Übel in der Welt zunächst als eine Strafe für die Sünde betrachtet, so darf doch dieser Glaube nicht dahin ausgedehnt werden, daß jeder Mensch schon in diesem Leben empfängt, was seine Thaten wert sind. Dieser Glaube, der im A. T. so stark hervortritt, weil in demselben der Glaube an eine Vergeltung im Jenseits noch nicht vorhanden war, mußte zum Widerspruch reizen und zum Nachdenken auffordern; daß diese Frage das Problem namentlich des Buches Hiob ist, ist anderwärts gezeigt worden.[1])

g. Aber auch schon das A. T. ist dazu fortgeschritten, im Übel ein Erziehungsmittel zur Frömmigkeit zu erkennen, und dieser Betrachtungsweise des Übels stimmen auch diejenigen zu, welche das Übel als von Anfang an vorhanden betrachten. Diese Betrachtungsweise des Übels ist nun zwar auch dem A. T. nicht fremd (Hiob 5, 17—26. 33, 13—30. 36, 5—12); aber hier tritt doch daneben meistens noch wieder der Gedanke auf, daß diese Prüfung schon auf Erden ein Ende haben müsse, wie ja auch im Buche Hiob dem leidenden Unschuldigen noch auf der Erde eine Befreiung vom Unglück zu teil wird. Jedoch auch schon im A. T. (besonders Jes. 53) ist die Erkenntnis gewonnen, daß der Gerechte auch im Leiden zu Grunde gehen könne, und das N. T. hat im Gleichnis vom armen Lazarus und in der Geschichte des Leidens Jesu es bestätigt, daß es ein Leiden des Gerechten giebt, welches auf Erden kein Ende nimmt. Und so soll denn der Christ nicht, wie Hiob, erwarten, daß er, wenn er an Gott festhält, notwendig schon auf Erden von seinem Leiden erlöst werden müsse; der Christ soll vielmehr mit Paulus sprechen (Röm. 8, 28 und 35—39): „Wir wissen, daß denen, die Gott lieben, alle Dinge zum Besten dienen. Was will uns scheiden von der Liebe Gottes?" Des Christen Hoffnung ist zwar ebenfalls gerichtet auf eine Erlösung von dem Übel, aber erst, wenn der neue Himmel und die neue Erde erschienen sind, dann wird der Tod nicht mehr sein, noch Leid, noch Geschrei, noch Schmerz wird mehr sein, denn alsdann ist der bisherige Zustand der Welt vergangen, und es ist alles neu geworden (Off. 21, 1—4).

27. Die Sünde in der Welt.

Ps. 90. Ps. 51. Röm. 7, 7—25. Röm. 5, 12—19.

a. So ist also aus dem unschuldigen Menschen durch äußere Verführung, aber eigene Verschuldung ein sündiger Mensch geworden, und es ist kein Wunder, wenn das Menschengeschlecht allmählich in der Sünde fortschreitet; bald kommt es zum Brudermorde (K. 4), ja, zu allgemeiner Gottlosigkeit (K. 6, 11), welche durch die Sündflut bestraft wird. Auch nach der Sündflut breitet sich die Sünde immer weiter aus, und die

[1]) Vgl. Heil. Gesch. Nr. 80 D.

Menschen verlieren mehr und mehr die ursprüngliche, richtige Erkenntnis Gottes und werden zu Heiden; nur in einer Familie erhält sich der rechte Glaube, und aus ihr entwickelt sich ein Volk, welches den Glauben an den einen Gott festhält, das Volk Israel. Aber auch die Israeliten sind sündige Menschen; ihre Stammväter und ihre großen Männer sind zwar fromme Menschen, aber nicht frei von der Sünde, und ihre Dichter klagen in ergreifender Weise über die Sünde des Menschen; so besonders Ps. 90 und Ps. 51.

Der nach der Überschrift[1]) von Moses herstammende Ps. 90, der in der trüben Zeit der Wüstenwanderung gedichtet zu denken ist, als das alte Geschlecht aussterben mußte, ohne nach dem Lande der Verheißung zu gelangen, stellt zunächst (V. 1—6) dem ewigen Gott den dem Tode preisgegebenen Menschen gegenüber. Sodann weist der Dichter (V. 7—12) auf Gottes Zorn über des Menschen Sünde als die Ursache dieses allgemeinen Dahinsterbens des ganzen Volkes hin, und endlich (V. 13—17) wendet sich der Dichter an Gott mit der Bitte, seinen Zorn aufhören zu lassen und sein Volk dennoch zum Heil zu führen.

Wenn dieser Psalm über die Sünde und das Unglück der Menschen im allgemeinen klagt, so ist dagegen Ps. 51 ein Sündenbekenntnis eines einzelnen Menschen, der sich in besonders schwerer Weise versündigt hatte. Als David, der Ehebrecher und Mörder, endlich zum Bewußtsein seiner schweren Sünde gekommen war, da bekannte er, der gottbegabte Dichter, in einem ergreifenden Liede seine Sünde und Reue. Dieser Psalm gehört bekanntlich zu den sieben Bußpsalmen (Ps. 6, 32, 38, 51, 102, 130, 143), und er ist der berühmteste und ergreifendste unter denselben. Zunächst (V. 3—11) bittet David um Entsündigung, und wenn er hier (V. 7) seine Sünde so deutlich, wie das im Alten Testament nirgends geschieht,[2]) von der Sünde seiner Eltern herleitet, also auf eine angeborene Sündhaftigkeit des Menschen (d. h. Erbsünde) hinweist, so will er damit seine Sünde durchaus nicht entschuldigen, sondern er will sich gerade um so mehr als der Gnade Gottes bedürftig darstellen; er weiß sich als durch und durch und von Anfang an verderbt, ein Unreiner von den Unreinen (Hiob 14, 4), Fleisch vom Fleisch (Joh. 3, 6). Sodann (V. 12—15) bittet David Gott, daß er ihm ein neues, reines Herz schenken möge, und endlich (V. 16—19) gelobt er Gott geistliche Opfer, nicht bloß Tieropfer, wie die Israeliten sie brachten, sondern ein zerschlagenes Herz und einen geängsteten Geist, dessen Sinnbilder die Tieropfer waren.

Die beiden letzten Verse des Psalms (V. 20—21) sind wohl als ein Zusatz der nachexilischen Zeit anzusehen, da sie offenbar die Zerstörung Jerusalems voraussetzen und um Wiederherstellung des Tempels bitten, damit die Gott wohlgefallenden äußeren Opfer wieder dargebracht werden können. Diese Verse widersprechen also dem Gedanken, den David oben ausgesprochen hat, daß Gott nicht äußere, sondern innere Opfer verlange.

---

[1]) Dieselbe wird freilich nicht von allen Forschern als glaubwürdig betrachtet.

[2]) Dillmann, Einl. zu 1. Mose 2—3: „Von einer Veränderung der eigentlichen Natur des Menschen durch den Fall wird nichts gesagt."

Aber besonders hat der Apostel Paulus in einem ergreifenden Abschnitte seines Römerbriefes (K. 7, 7—25), der auch hier gelesen werden mag,[1]) auf Grund seiner persönlichen Erfahrung (und Paulus nimmt mit Recht an, daß jeder Mensch dieselbe Erfahrung machen müsse, gezeigt, welches der unselige Zustand des von der Sünde beherrschten, unerlösten, natürlichen Menschen sei. Durch das von Gott gegebene, also heilige Gesetz wird im Menschen die bis dahin schlummernde Sünde erweckt. (Röm. 7, 7—13.) Zwar besitzt ja der Mensch Willensfreiheit, aber er gebraucht sie nicht wirklich, denn er thut das, was er im Herzen verabscheut, dazu veranlaßt durch die in ihm wohnende Sünde (7, 14—23). Aus diesem Widerstreite zwischen seinem Gewissen und der ihn beherrschenden Sünde herauszukommen, danach sehnt sich zwar der Mensch, aber er kann mit eigener Kraft diesen Widerspruch nicht überwinden, sondern nur mit Hülfe Jesu Christi (7, 24—25).

b. Aber wie ist nun die Sünde zu der alle Menschen beherrschenden Macht geworden?

Darüber giebt das A. T. keine Belehrung, auch nicht in der Geschichte vom Sündenfall, denn auch in 1. Mose 3 wird „von einer Veränderung der eigentlichen Natur des Menschen durch den Fall nichts gesagt"[2]). Aber anderwärts betrachtet auch schon das A. T. die in der Menschheit herrschende Sündhaftigkeit als dem Menschen angeboren, vgl. Ps. 51, 7; Hiob 15, 14. Vornehmlich jedoch im Römerbriefe finden wir hierüber eine Belehrung (K. 5, 12—19)[3]), als deren Inhalt sich ergiebt, daß, da die ganze Menschheit, welche doch ihrer Abstammung nach ein Ganzes bildet, sündig ist, die Sünde aller Menschen nur aus ihrer Abstammung von dem einen Stammvater erklärt werden kann, da ja die Menschheit mit Adam durch die leibliche Abstammung zusammenhängt. Diese Anschauung des Paulus liegt der Lehre des Augustinus zu Grunde, welche in der Kirchengeschichte dargestellt worden ist und hier kurz wiederholt werden mag[4]). Nach der Anschauung der Bibel und des Augustinus hat nämlich die durch Adam in die Welt gekommene Sünde sich von dem Stammvater auf die Nachkommen vererbt, und alle Menschen kommen heute mit der angeborenen Neigung zur Sünde auf die Welt, und aus der Erbsünde entwickeln sich die Thatsünden des Menschen — sein Schicksal und doch zugleich seine That und seine Schuld.

c. Auf die Frage, wie die Sünde zu einer so allgemeinen Herrschaft in der Menschheit gekommen ist, giebt die Bibel nur selten eine Antwort, und so ist es begreiflich, daß die ältere Kirche über diese Frage eine andere Ansicht hatte, als die spätere Kirche; jene finden wir bei Pelagius, diese bei Augustinus. Von den vielen oben angeführten Antworten auf die Frage nach der Entstehung der Sünde giebt es nämlich heute vornehmlich nur noch zwei, welche ernstlich in Betracht kommen, die des

---

[1]) Die genauere Erklärung dieses Abschnittes im Zusammenhange des ganzen Briefes folgt unten; vgl. Nr. 57.

[2]) Dillmann, Einl. zu 1. Mose 2—3.

[3]) Die genauere Erklärung dieser Stelle siehe unten Nr. 58.

[4]) Vgl. Kircheng. Nr. 18 C.

Pelagius und die des Augustinus — beide freilich nicht mehr in der strengen Form, wie sie von diesen Männern selbst aufgestellt worden sind, sondern in etwas modificierter Form, wie die weitere Entwickelung der Theologie sie hervorgerufen hat.

Beide Anschauungen, wie sie heute verbreitet sind, stimmen darin überein, daß sie annehmen, der sich entwickelnde Mensch komme notwendig zur Sünde (wenn dies von manchem Forscher auch etwas eingeschränkt wird, so will doch diese Einschränkung der Erfahrung gegenüber wenig besagen). Das beruht aber darauf; daß jeder Mensch mit der Anlage zur Sünde geboren wird. Aus dieser Anlage zur Sünde entwickelt sich von selbst und unter dem Zuthun der Mitmenschen die wirkliche Sünde, welche ja allerdings erst des Menschen eigene That und eigene Schuld genannt werden kann.

Wenn so die allgemeine Anlage zur Sünde heute von allen Forschern (gegen Pelagius) anerkannt wird, so besteht dagegen noch heute eine unausgeglichene Differenz zwischen den Antworten auf die Frage, woher diese Anlage zur Sünde stamme. Die gewöhnliche Ansicht, welche vornehmlich an Pelagius sich anschließt, erklärt diese Anlage zur Sünde als notwendig verbunden mit der Entwickelung des Menschen zur wahren Freiheit. Sie läßt also die Sünde in jedem Menschen noch heute so entstehen, wie sie zuerst (in Adam) entstanden ist. Die erste Stufe der sich entwickelnden Freiheit ist notwendig die Selbstsucht, wie sie das Kind ganz unbefangen in hohem Grade zeigt. Mit dem erwachenden Bewußtsein hört diese zunächst unbewußte Selbstsucht aber nicht auf, sondern wird nunmehr zur bewußten, nun erst wirklich bösen Selbstsucht; durch das erkannte Gesetz wird die Sünde erst wirklich zur Sünde, und der Mensch hat nunmehr die ernste Aufgabe, das als solches erkannte Böse zu überwinden.

Dieser Ansicht gegenüber läßt die an Augustinus sich anlehnende Lehre (welche der Lehre der Bibel und besonders des Paulus, Röm. 5,12, doch wohl allein gerecht wird) die Sünde im heutigen Kinde nicht erst entstehen, wie sie in Adam entstanden ist, sondern schon von Geburt an dasein als eine von den Voreltern ererbte Anlage, als Erbsünde, d. h. als angeborene Neigung zur Sünde, aus welcher sich die thatsächliche Sünde des Menschen natürlich ebenfalls unter Mitwirkung der sündigen Mitmenschen notwendig entwickelt. Diese angeborene Neigung zur Sünde ist aber nicht eine göttliche Mitgift, nicht mit der Entwickelung des Menschen notwendig verknüpft, sondern sie war ursprünglich nicht vorhanden, und erst durch die Thatsünde der Stammeltern ist sie in ihnen entstanden und hat sich von ihnen auf ihre Nachkommen vererbt.

Diese Ansicht, welche namentlich von Augustinus entwickelt worden ist, hat vor der anderen Ansicht das voraus, daß sie das Menschengeschlecht ohne Sünde geschaffen sein läßt und des Menschen Entwickelung nicht für notwendig mit der Sünde verknüpft erklärt; der heilige Gott kann nach der Bibel nur von der Sünde freie Menschen geschaffen haben. Aber auch derjenige, der des Augustinus Ansicht über die Entstehung der Sünde nicht teilt, hofft doch wenigstens, daß die Menschheit dereinst von der Sünde frei werden wird.

28. Die Rückkehr des verlorenen Sohnes zum Vater.

Mt. 4, 17. Joh. 3, 1—18. Luk. 15, 1—32.

„Ich armer, elender, sündiger Mensch bekenne dir alle meine Sünde und Missethat, womit ich dich jemals erzürnt und deine Strafe zeitlich und ewiglich gar wohl verdient habe."

„Vergieb uns unsere Schuld!"

„Wir sind allzumal Sünder und mangeln des Ruhms, den wir vor Gott haben sollten" (Röm. 3, 23) — das ist leider nur allzuwahr; aber wir sollen und können auch die Sünde überwinden — das ist die Hoffnung, von welcher seit dem Sündenfall die Menschheit erfüllt ist[1]), und die Mahnung, welche an die Menschheit seit dem Sündenfall ergeht. Immer wieder forderten das Gesetz und die Propheten die Israeliten auf, von der Sünde sich zu bekehren und zu Gott sich hinzuwenden, und das ist ja auch die Mahnung der Predigt Jesu; von dieser soll im folgenden auf Grund der Lektüre der oben bezeichneten Abschnitte genauer gesprochen werden.

a. „Thut Buße, denn das Himmelreich ist nahe herbeigekommen" (Mt. 4, 17) — so lautet das erste Wort der Predigt Jesu, übereinstimmend mit der Predigt Johannes des Täufers. „Thut Buße" (μετανοεῖτε), d. h. ändert euren Sinn, das ist die Aufforderung, die von Jesus an den Sünder gerichtet wird. Der Inhalt dieser Forderung wird erläutert in dem Gespräch Jesu mit Nikodemus (Joh. 3, 1—18).

Ein Mitglied des Hohenrates (des Synedriums)[2]), der schon bald nach dem ersten Auftreten Jesu in Jerusalem auf denselben aufmerksam geworden war, aber erst später offen als Anhänger Jesu hervortrat, kam, um bei seinen Genossen keinen Anstoß zu erregen, des Nachts zu Jesu, um ihn und seine Lehre genauer kennen zu lernen. Auch an ihn richtet Jesus dieselbe Mahnung, wie an das Volk: „Thue Buße!" — denn das ist der Inhalt des Wortes, das er zu ihm spricht: „Du mußt von neuem geboren werden", d. h. ein anderer Mensch werden. Und als Nikodemus (Joh. 3, 4) das für ebenso unmöglich erklärt, wie eine abermalige leibliche Geburt, da bleibt Jesus trotzdem bei dieser Forderung stehen. Eine Wassertaufe (V. 5) hatte Johannes von seinen Anhängern gefordert, eine Geistestaufe ist die Forderung Jesu an seine Jünger; dieselbe ist nötig für den vom Fleisch als Fleisch geborenen Menschen (V. 6), und zwar äußerlich nicht wahrnehmbar, aber trotzdem möglich (V. 7). Daß Nikodemus von einer Geistestaufe nichts weiß, ist an dem des A. T. kundigen „Meister in Israel" auffallend (V. 9—10); die Geistestaufe gehört zu den auf Erden sich vollziehenden Erfahrungen des Frommen, und sie wird bewirkt durch den zum König des Gottesreiches erhobenen Menschensohn (V. 11—15), der nicht gekommen ist, wie noch Johannes der Täufer glaubte (Mt. 3, 12), um sofort das Gericht über Israel zu halten, sondern um zunächst das Reich Gottes zu begründen; das Gericht ist nicht der Anfang, sondern das Ende der Wege Gottes.

---

1) Vgl. die mess. Weiss. (Heil. Gesch. Nr. 75.)
2) Vgl. Heil. Gesch. Nr. 93.

b. Ein anderer Mensch soll der Sünder werden — das ist die Forderung, welche an denselben gestellt wird. Ein anderer Mensch kann der Sünder werden, das zeigt uns Jesus in seinem Gleichnis vom verlorenen Sohn (Luk. 15, 11—32).

Die göttliche Mitgift, welche Gott ihm ins Leben mitgegeben hat, hat der Sünder durch seinen Leichtsinn „verpraßt" (Luk. 15, 12—13), und in das tiefste Elend ist er infolge dessen geraten (V. 14—16). Da ging er in sich in Reue über seine Sünde und in Vertrauen zu der unerschöpflichen Liebe des Vaters, und er kehrte zum Vater zurück (V. 17—19). Und der Vater nahm ihn mit Freuden wieder als Sohn in sein Haus (V. 20- 24); ja, er ward ihm noch lieber, als derjenige Sohn, der zwar nicht gesündigt hatte, aber des Vaters Liebe auch wenig zu schätzen wußte (V. 25—32).

Auch der verlorene Sohn kann wieder zum Vater zurückkehren.

c. „Du bist zwar Gottes Sohn" — das ist also die Mahnung, die zunächst an uns ergeht. Und das ist ja eine Predigt, welche des Menschen Herz erhebt und erfreut, und welche besonders in der Gegenwart uns entgegentönt, wenn man immer wieder hinweist auf die hohe Stellung, welche der Mensch durch die großen Fortschritte der Neuzeit auf allen Gebieten des Lebens gemacht hat.

Aber wir dürfen nicht vergessen, was das oben genannte Wort uns ferner zuruft: „Doch ach, nur der verlorne." Dieser Gedanke liegt ja dem Menschen zunächst ferner, und es wäre verkehrt, zu fordern, was die Pietisten früher gefordert haben, daß auch das Kind schon wissen und reden müsse von seiner Sünde und der Notwendigkeit der Wiedergeburt. Aber der heranwachsende Knabe und Jüngling wird und soll allmählich lernen (und der Jüngling außer aus der Bibel namentlich auch aus der Lektüre der Schiller'schen Gedichte), daß er hinter dem Ideale zurückbleibt, und er wird allmählich von Herzen einstimmen in das Sündenbekenntnis, welches er vor dem Genusse des h. Abendmahls mit dem Munde ablegt: „Ich armer, elender, sündiger Mensch bekenne dir alle meine Sünde und Missethat, womit ich dich jemals erzürnt und deine Strafe zeitlich und ewiglich gar wohl verdient habe", und immer mehr wird ihm auch von Herzen kommen, was er schon längst mit dem Munde gebetet hat: „Vergieb uns unsre Schuld!"

Aber wie erlangt nun der Mensch Vergebung der Sünden? — Das soll uns der folgende Abschnitt des Buches zeigen.

Dritter Abschnitt.

„Also hat Gott die Welt geliebt, daß er seinen eingeborenen Sohn gab, auf daß alle, die an ihn glauben, nicht verloren werden, sondern das ewige Leben haben.“ Joh. 3, 16.

Vorbemerkung für den Lehrer.

Im Anschluß an den vorhergehenden Abschnitt, in welchem der Mensch als der verlorene Sohn erscheint, zeigt dieser Abschnitt, was Gott gethan hat, damit der Mensch nicht verloren werde für immer, sondern das ewige Leben gewinne. Die Gemeinschaft mit Gott erlangt nun der Mensch durch das Christentum, und dessen Wesen wird deshalb hier zuerst dargestellt. Das Christentum beruht aber auf der Person Jesu, und von dieser ist deshalb im zweiten Teil dieses Abschnittes die Rede. Die Person Jesu wird aber für den Christen heilbringend nicht bloß in ihrem Leben, sondern auch in ihrem Tode, und so handelt der dritte Teil vom Werke Jesu, besonders von seinem Tode. Der durch den Tod von uns genommene Jesus ist aber als der auferstandene durch seinen Geist dennoch in uns gegenwärtig. Durch die Erkenntnis des Geistes, welcher den Sohn in uns lebendig macht, und des Sohnes, in welchem sich der Vater offenbart hat, gelangt aber der Christ zur ahnenden Erkenntnis des durch die Offenbarung ihm erschlossenen Geheimnisses der Dreieinigkeit Gottes. Vom heiligen Geiste und von der Dreieinigkeit handelt darum der vierte Teil dieses Abschnittes. Der fünfte Teil dieses Abschnittes zeigt endlich, wie der Heilige Geist durch die Gnadenmittel der Predigt und der Sakramente die Menschen zu Christus führt.

Dieser Abschnitt der Glaubenslehre ist für den Schüler schon vorbereitet durch den vorangegangenen Unterricht in der heiligen Geschichte, in welcher die Entwickelung der Offenbarung dargestellt wird,[1]) wo im Hinblick auf die Glaubenslehre, das Leben Jesu so behandelt ist, daß zuerst die Predigt Jesu, dann sein Leben und zuletzt sein Tod besprochen wird.[2])

I. Das Christentum.

29. Einleitung.

Ein verlorener Sohn ist der nach dem Bilde Gottes geschaffene Mensch infolge seiner Sünde geworden; aber der gnädige Gott will, daß die Menschen nicht verloren werden, sondern dennoch das ewige Leben gewinnen; wie geschieht das?

---

[1]) Vgl. H. Gesch. Nr. 1.
[2]) Vgl. H. Gesch. S. 323 letzter Absatz.

Wenn der Mensch noch heute so wäre, wie er aus Gottes Hand hervorgegangen ist, so würde die Erhaltung und Regierung der Welt genügen, um den Menschen sein Ziel, die vollkommene Gemeinschaft mit Gott, erreichen zu lassen. Aber der Mensch ist nicht mehr, wie er ursprünglich war; darum bedarf es einer besonderen Thätigkeit Gottes, der Offenbarung, um den Menschen zu seinem Ziele zu führen; die Offenbarung ist aber zur Vollendung gekommen im Christentum, welches allein die Menschheit zu ihrem Ziele, zur vollkommenen Gemeinschaft mit Gott führt.

Was ist nun das Wesen des Christentums?

30. Das Christentum als die vollkommenste Religion.

Die vollkommenste Religion erblicken wir im Christentum; inwiefern ist diese Behauptung richtig?

a. Das Christentum ist zunächst deshalb eine vollkommene Religion, weil es eine monotheistische Religion ist. Aber auch eine monotheistische Religion kann eine unvollkommene Religion sein, wenn der in ihr verehrte Gott nicht ein heiliger Gott ist, wie das beim Islam der Fall ist. Aber die vollkommenste Religion kann jedenfalls nur monotheistisch sein, denn ein vollkommener Gott kann nur der eine Gott sein, und ein wirkliches Vertrauen auf Gott ist nur möglich, wo nur ein Gott verehrt wird, da ja sonst der eine Gott verhindern kann, was der andere für den Frommen thun will. So streben denn selbst die heidnischen Religionen dem Monotheismus zu, wenn sie z. B. einen ihrer vielen Götter zum obersten Gotte machen, denn wirkliche Religion ist eben nur möglich, wenn man wirklich auf Gott unbedingt vertrauen kann, und das ist nur möglich beim Glauben an einen einzigen Gott.

b. Sodann aber ist das Christentum auch darum eine vollkommene Religion, weil es für alle Völker bestimmt, eine universalistische Religion ist; denn ein unbedingtes Vertrauen auf Gott ist unmöglich, wenn es mehr als einen Gott giebt. Aber auch eine universalistische Religion braucht nicht eine vollkommene Religion zu sein; das zeigt sich bei der Betrachtung des Islam und des Buddhismus, welche ebenfalls Weltreligionen sein wollen und doch weit hinter dem Christentum zurückstehen.

c. Der Universalismus, der ihm zukommt, macht aber das Christentum ebensowenig zur vollkommensten Religion, wie der Monotheismus; beide Eigenschaften sind für die vollkommenste Religion zwar nicht zu entbehren; aber die vollkommenste Religion ist das Christentum im Gegensatz zum Islam und zum Buddhismus doch erst darum, weil es eine sittliche Religion ist.

Eine sittliche Religion ist aber das Christentum zunächst insofern, als in ihm von der Gottheit nicht, wie in manchen heidnischen Religionen, bloß sinnliche Güter, teils nur für den einzelnen Menschen, teils für das ganze Volk, von der Gottheit erbeten werden. Zwar werden in mancher heidnischen Religion neben den sinnlichen auch geistige Güter erstrebt, aber nur im Christentum werden die geistigen Güter und vornehmlich die

Gemeinschaft mit Gott als die höchsten Güter betrachtet, um deretwillen der Mensch auf die sinnlichen Güter sogar zu verzichten bereit sein muß. Trachtet am ersten nach dem Reiche Gottes — damit ist der Charakter des Christentums bezeichnet.[1])

Wer aber nur sinnliche Güter begehrt, von dem wird auch Gott nur als ein Spender sinnlicher Güter betrachtet werden. Die bloßen Naturkräfte, welche in vielen heidnischen Religionen verehrt werden, haben sowohl selber mit der Sittlichkeit nichts zu thun (der Blitz erschlägt gleichmäßig den Frommen wie den Gottlosen), als auch sind sie nicht als Förderer der Sittlichkeit unter den Menschen anzusehen. Zwar werden ja nun auch bei den Heiden vielfach (z. B. bei den Griechen) aus den bloßen Naturmächten, welche sie als Götter verehren, auch einigermaßen sittliche Mächte; aber ein wirklich heiliger Gott ist doch nur der Gott der Bibel, und nur eine Religion, in welcher die Gottheit als eine heilige Macht gilt, kann als eine vollkommene Religion angesehen werden.

Und wenn nun Gott heilig ist, so muß auch der Mensch nicht bloß äußere Opfer bringen oder äußere Werke vollbringen, um seinem Gotte zu gefallen, und von ihm die begehrten Güter zu erlangen, sondern er muß auch seinerseits heilig zu werden suchen, und zur Heiligkeit wird nun der Mensch auch nur von einem heiligen Gotte geführt. So ist also das Christentum die vollkommenste Religion, weil es eine monotheistische, eine universalistische und besonders, weil es eine sittliche Religion ist.

31. Das Christentum als geoffenbarte Religion.

Aber das Christentum ist nicht bloß die vollkommenste unter allen Religionen, sondern wesentlich von denselben verschieden, indem es eine geoffenbarte Religion ist. Worauf beruht die Offenbarung, und worin besteht das Wesen der Offenbarung?

a. Die der Menschheit zu teil gewordene Offenbarung, durch welche die Menschen zu Gott geführt werden, beruht auf der Gnade Gottes — das ist ein dem Schüler schon aus der heiligen Geschichte bekannt gewordener Gedanke, an welchen hier nur kurz zu erinnern ist[2]); schon die Offenbarung Gottes in Israel, noch mehr aber seine Offenbarung im Christentum ist ein Werk seiner Gnade. Dieser Predigt widerstrebt freilich der natürliche Mensch, der sich gern alles durch eigene Thätigkeit erwerben will. Aber wenn schon unsere großen Dichter, namentlich auch Schiller[3]), „alles Höchste frei von den Göttern herabkommen" lassen, so wird auch dem Schüler der Gedanke allmählich einleuchten, daß der Mensch das höchste aller geistigen Güter, welches noch höher steht als Kunst und Wissenschaft, nämlich die Gemeinschaft mit Gott, nur durch die Gnade Gottes erlangen könne. Das Christentum ist, wie die Offenbarung überhaupt, auf die Gnade Gottes zurückzuführen, nicht auf des Menschen eigenes Thun.

b. Aber wenn auf den Ursprung der Offenbarung in der Gnade Gottes der Schüler schon früher hingewiesen worden ist, so bedarf es

---

1) Vgl. Nr. 7.
2) Vgl. Heil. Gesch. Nr. 111.
3) Vgl. „Das Glück."

dagegen hier einer genaueren Darlegung der Wahrheit und der Aufgabe der Offenbarung; dieselbe soll im folgenden gegeben werden.

α. Aus einer besonderen, übernatürlichen Offenbarung, wie sie keiner andern Religion zukomme, leitet der Christ seinen Glauben ab. Nun ist aber der Mensch nach dem Bilde Gottes geschaffen, und darum kann auch schon der natürliche Mensch Offenbarungen Gottes empfangen, wie sie ihm in der Natur, in der Geschichte und in seinem Innern zu teil werden. Darum entbehrt auch das Heidentum nicht gänzlich der Offenbarungen Gottes; was die Heiden noch von Wahrheit haben (Röm. 2, 15. Apg. 17, 23), beruht nach der Bibel auf göttlicher Offenbarung. Aber freilich ihre Gotteserkenntnis war doch nur eine mangelhafte, und sie genügte in keinem heidnischen Volke, um den Menschen zum Frieden mit Gott zu führen. Zwar auch das Heidentum begehrte nach Gemeinschaft mit Gott, aber es konnte dieselbe nicht wirklich und nicht vollkommen gewinnen; ja, im Laufe der Zeit ist es immer weiter von Gott abgekommen, so daß es schließlich mit der Frage des Pilatus endet: „Was ist Wahrheit?" Ob es einen Gott giebt oder nicht, weiß das Heidentum in der späteren Zeit nicht mehr zu sagen; „wenn's Götter gäb', auf diesem Berg der Scherben vermöcht' ein Gott selbst nicht mehr Frucht zu ziehn" — so spricht Tiberius, der Vorgesetzte des Pilatus, in dem bekannten Geibel'schen Gedichte.[1]) Aber auch in dieser Zeit kann sich der Heide von Gott nicht gänzlich lossagen, und so hat Geibel mit Recht in andern Gedichten[2]) auf das Verlangen der Heiden nach Gemeinschaft mit Gott hingewiesen. Aber das Heidentum hat zwar nach Wiedergewinnung der verlorenen Gemeinschaft mit Gott begehrt, aber es hat dieselbe nicht erlangt, sondern „das Heil kam auch für die Heiden von den Juden."[3])

β. Aber wenn von der Bibel auch im Heidentum Offenbarungen Gottes als vorhanden anerkannt werden, ist dann nicht vielleicht die sogen. besondere Offenbarung Gottes nur eine höhere Stufe, nur eine natürliche Weiterentwickelung dieser auch im Heidentum vorhandenen Offenbarung, also ein Resultat der natürlichen menschlichen Vernunft?

Diesen Standpunkt vertritt der Rationalismus, der Gegensatz des Supranaturalismus, welcher letztere der biblischen Offenbarung einen übernatürlichen Ursprung zuschreibt. Der Rationalismus führt das Christentum auf die menschliche Vernunft zurück und betrachtet es als die höchste Stufe der natürlichen Religion, indem er höchstens zugiebt[4]), daß durch die Offenbarung dem Menschen dasjenige, was seine Vernunft auch allein hätte finden können, früher mitgeteilt worden sei, als sie es selbst gefunden hat. Der Rationalismus steht auf dem Standpunkte des Deismus, nach

[1]) Geibel, Tiberius.

[2]) Geibel, Sehnsucht des Weltweisen, Bildhauer des Hadrian.

[3]) Der Gymnasiast lernt das Heidentum zunächst aus der Lektüre der alten Klassiker und aus der Geschichte kennen; diese Erkenntnis wird erweitert im deutschen Unterricht, wo unsere Klassiker (von Lessing bis Geibel, der auch hier den Klassikern hinzuzufügen ist) den Schüler in das Wesen des Altertums noch mehr hineinführen; endlich aber kommt im Religionsunterricht noch dazu besonders die Lektüre des Römerbriefs, dessen erstes Kapitel den Schüler ebenfalls mit dem Heidentum bekannt macht.

[4]) Lessing, Erziehung des Menschengeschlechts.

welchem Gott zwar die Welt geschaffen, aber von der geschaffenen Welt sich in den Himmel zurückgezogen hat, so daß die Welt sich ohne Gott entwickelt. Für den Deismus kann es also keine Offenbarung geben.

Aber auch für den Pantheismus kann es keine besondere Offenbarung Gottes in der Welt geben, da sein Gott sich zwar in der Welt offenbart, aber überall in gleicher Weise, jedenfalls nicht in einer solchen Weise, wie die Bibel ihn wirken und sich offenbaren läßt.

Wer dagegen mit dem Theismus an einen zwar über die Welt erhabenen, aber doch auch in der Welt wirkenden Gott glaubt, der wird auch die Möglichkeit der Offenbarung Gottes nicht bestreiten; für den Theismus ist die Welt nicht eine Maschine, welche Gott zwar geschaffen hat, aber dann sich selbst entwickeln läßt, sondern eine Schöpfung, in welcher er selber waltet, und welche er selber zu ihrem Ziele führt.

Daß nun die Menschheit sich in Wirklichkeit nicht von selber zu ihrem höchsten Ziele, der vollkommenen Gemeinschaft mit Gott, entwickelt hat, zeigt die Betrachtung der Geschichte. „Ein Blick in die Religionsgeschichte lehrt, daß die natürliche, nicht durch Offenbarung bedingte Entwickelung des religiösen Bewußtseins der Völker niemals und nirgends zu der Erkenntnis und Verehrung des einen persönlichen und heiligen Gottes geführt hat, daß vielmehr das sich selbst überlassene religiöse Bewußtsein der Völker mit der Zeit immer mehr in polytheistische Naturvergötterung herabgesunken ist. Darum kann das Gottesbewußtsein des Volkes Israel und überhaupt sein ganzes religiöses Leben seinen Ursprung nur in der Selbstoffenbarung des persönlichen Gottes haben."[1]) Denn in allen Menschen ist zwar die Anlage zur Religion vorhanden, aber eine sogen. natürliche oder Vernunftreligion als Gemeinbesitz der Menschheit hat sich daraus nicht entwickelt, sondern sehr verschiedene, aber durchweg heidnische Religionen, welche den Menschen nicht zur wahren Gemeinschaft mit Gott führten. Noch weniger hat sich aus dem Gewissen, wie der Rationalismus meinte, die wahre Religion entwickelt, denn aus demselben entwickelt sich überhaupt nicht die Religion, sondern die Sittlichkeit, und die Sittlichkeit wird zwar durch die Religion bestimmt, ist aber nicht notwendig mit Religion verbunden, da es unzweifelhaft eine religionslose Sittlichkeit giebt.

So hat denn der Mensch weder auf Grund seiner Anlage zur Religion noch vermöge des Gewissens die vollkommene Religion überall und von selbst geschaffen, sondern dieselbe ist in einem besonderen Volke durch göttliche Offenbarung entstanden. Wenn nämlich die Offenbarung zwar in der religiösen Entwickelung der semitischen Völker Anknüpfungspunkte fand, so erklärt sich hieraus doch nur, warum Gott sich gerade in einem semitischen Volke geoffenbart hat; aber die Offenbarung selbst ist auch nicht ein Produkt der selbständigen semitischen Religionsentwickelung, sondern sie beruht auf einem nur im Volke Israel eingetretenen besonderen Thun Gottes, welcher durch die Offenbarung in Israel die ganze Menschheit zu einer höheren Stufe des religiösen Lebens emporheben wollte.

γ. Aber wenn man nun auch die Offenbarung für möglich halten muß, ist dann ihre Wirklichkeit zuzugeben?

---

[1]) Riehm, Einl. in das A. T. I, S. 350.

Die Offenbarung wäre ja doch ein Wunder, und ist denn das Wunder der geschehenen Offenbarung glaublich? Und sind denn alle einzelnen Wunder der Bibel glaubwürdig? — Auf die letztere Frage ist schon in der Heiligen Geschichte eingegangen worden;[1]) hier kommt hauptsächlich die erstere Frage nach der Glaubwürdigkeit des Wunders der Offenbarung im allgemeinen in Betracht.

Wenn wir in der Welt Vorgänge wahrnehmen, welche uns als besonders deutliche Machterweisungen Gottes zur Förderung seiner Zwecke erscheinen, so sprechen wir von einem „Finger Gottes", von „Wundern". Aber diese Wunder brauchen nicht gegen die Naturgesetze zu verstoßen; sie sind nur subjektive Wunder, „des Glaubens liebste Kinder".

Aber giebt es nun in der Natur und im Menschenleben auch Ereignisse, welche aus den erfahrungsmäßigen Gesetzen des Naturlaufs und des Menschenlebens nicht erklärt werden können, sondern als schöpferische Akte Gottes anzusehen sind? Widerstreitet eine solche Annahme nicht dem Glauben an Gott, der doch ein Gott der Ordnung ist, der darum die von ihm selbst gesetzte Weltordnung nicht willkürlich durchbrechen kann? Und hat denn Gott die Natur von vorn herein so mangelhaft eingerichtet, daß er derselben erst nachträglich hat zu Hilfe kommen müssen, um das seinem Willen Entsprechende hervorzubringen? Und kennen wir denn die Naturgesetze so vollständig, daß wir behaupten können, ein seltsamer Vorgang sei aus ihnen nicht zu erklären?

Die Möglichkeit solcher Ereignisse kann man nicht bestreiten. Was nun aber nur selten oder gar nur einmal vorkommt, widerstreitet darum nicht notwendig der Ordnung, die wir ja allerdings in der Welt wahrnehmen; denn wenn ein Neues in die Welt eintritt, das aus dem bisherigen Weltlauf nicht zu erklären ist, so braucht dasselbe ja nicht der Schöpfung und Ordnung Gottes zu widerstreiten, sondern es kann (und so ist es bei den biblischen Wundern) dazu in die Welt eintreten, um die Schöpfung zur Vollendung zu führen; wenn die Schöpfung als möglich anerkannt wird, so ist auch die Vollendung der Schöpfung durch ein wunderbares Eingreifen Gottes nicht unmöglich.

δ. Und hiermit ist nun auch schon die Notwendigkeit der Offenbarung dargethan. Wenn nämlich der ungeheure Abstand der gesamten heidnischen Religionen von der Offenbarungsreligion erklärt werden soll, so ist das unmöglich, wenn man mit dem Rationalismus die Möglichkeit jeder Offenbarung leugnet; dann vermag man nämlich keinen zureichenden Grund für die Entstehung des Judentums und des Christentums anzugeben; ohne die Annahme einer Offenbarung bleibt die Thatsache der biblischen Religion ein ungelöstes Rätsel.

ε. Nach der Anschauung des Rationalismus hat sich also aus der sogenannten Vernunftreligion und aus dem Gewissen das Christentum von selbst, ohne Offenbarung, entwickelt. Heute aber (seit Schleiermacher) ist der Gegensatz des Rationalismus und des Supranaturalismus in der Theologie überwunden, und die gesamte neuere Theologie ist in allen ihren

[1]) Vgl. Heil. Gesch. Nr. 99 und 13.

Richtungen einig in der Anerkennung des Christentums als einer geoffenbarten Religion. Aber die neuere Theologie betrachtet die Offenbarung nicht mehr, wie der Supranaturalismus, als eine Summe von Verstandeswahrheiten über Gott und göttliche Dinge, sondern als eine Kraft Gottes zur Neuschöpfung des der Sünde anheimgefallenen Menschen.

In der Frage nach der Übernatürlichkeit der Offenbarung gehen allerdings noch heute die Meinungen der Theologen auseinander, indem die einen dieselbe strenger anerkennen, die andern diese Behauptung etwas abschwächen und die Offenbarung (mit Schleiermacher) für zugleich natürlich und übernatürlich erklären; aber eine bloß natürliche Entwickelung sieht kein Theologe der Gegenwart in der Offenbarung.

Wenn nun das Christentum heute allgemein als eine geoffenbarte Religion betrachtet wird, so wird auch das das Christentum vorbereitende Judentum heute (gegen Schleiermacher) als geoffenbarte Religion betrachtet; die neuere Theologie betont aber mehr, als die ältere, die allmähliche Entwickelung der Offenbarung, so daß also im A. T. nicht schon alles das enthalten ist, was im N. T. vorhanden ist, wie man früher gemeint hatte (so z. B. auch noch Luther[1]).

Wenn nun das Christentum als die Vollendung der Offenbarung anerkannt wird, so bedarf es für die spätere Zeit nur einer Aneignung dieser Offenbarung, nicht neuer Offenbarungen, wie sie sowohl von der Mystik (z. B. den Zwickauer Schwärmern) als auch von der katholischen Kirche (in der Lehre von der Unfehlbarkeit der Kirche und des Papstes) als vorhanden behauptet werden. Die Christenheit soll sich nach unserer Meinung das in Christus angebotene Heil aneignen, und der Geist Gottes wird die Christen in alle Wahrheit leiten, aber es giebt auf Erden keine unfehlbare Kirche und keinen unfehlbaren Papst, sondern auch die Christen bleiben auf Erden, wie der Sünde, so auch dem Irrtum unterworfen.

c. Das Wunder der Offenbarung besteht nun aber vornehmlich im Gehalt der den Menschen durch Moses, die Propheten und Christus zu teil gewordenen Offenbarung, nicht in der Aneignung der Offenbarung durch die Menschen. Die Organe der Offenbarung waren in wunderbarer Weise von Gott erleuchtet und standen in mehr oder minder vollkommener Gemeinschaft mit Gott; darin besteht die Offenbarung; den Menschen kam es nun zu, diese von außen an sie herantretende Offenbarung in sich aufzunehmen. Die Aufnahme der Offenbarung ist aber keine That Gottes, sondern eine That der Menschen; nur die Offenbarung ist eine That Gottes, welcher durch Moses und die Propheten und zuletzt durch seinen Sohn sich den Menschen geoffenbart hat, und nicht was im Menschen vorhanden war, durch die Offenbarung entwickelt, sondern ein neues Leben durch dieselbe in der Menschheit begründet hat.

Unsere Kunde von der Offenbarung beruht nun aber auf der Bibel; dieselbe ist also die Urkunde der Offenbarung; aber die Bibel selber ist nicht, wie man früher gemeint hat, ein Produkt der Offenbarung, sondern nur die Urkunde der Offenbarung; sie giebt uns davon Kunde, wie Gott

---

[1]) Vgl. seine Übersetzung der Bibel, z. B. Hiob 19 (H. Gesch. Nr. 80, 3, D).

durch Moses, durch die Propheten und zuletzt durch seinen Sohn zu den Menschen geredet hat. Wenn nun die Geschichtswissenschaft der Neuzeit auch die Bibel so behandelt, wie alle Geschichtsurkunden behandelt werden, indem auch auf die Bibel die Kritik angewendet wird, so dient dies Verfahren nur dazu, wozu alle Kritik dient, uns die Bibel in der rechten Weise verstehen zu lehren; durch die Kritik der Bibel wird der Glaube an die Offenbarung, von der die Bibel berichtet, nicht umgestoßen.[1])

32. Das Christentum als die Vollendung der Offenbarung.

Das Christentum ist zunächst die vollkommenste Religion, sodann ist es eine Offenbarungsreligion, und endlich ist es nun, im Gegensatz zum Judentum, welches ja ebenfalls auf Offenbarung beruht, die Vollendung der Offenbarung. Wie hat sich die Offenbarungsreligion entwickelt, und worin besteht ihre Vollendung?

a. Die Entwickelung der Offenbarungsreligion.

Hebr. 1, 1—2a. Röm. 10, 2. Mt. 28, 19.

Wie sich Gott allmählich den Menschen geoffenbart hat, zuerst durch Moses, alsdann durch die Propheten und zuletzt durch Jesus Christus, und in welche Perioden die Geschichte der Offenbarung zerfällt, das hat der Schüler bei der Darstellung der heiligen Geschichte kennen gelernt, und darauf wird hier wieder hinzuweisen sein.[2])

Während die andern Völker dem Heidentum anheimfielen, bewahrten sich die Stammväter Israels den der Menschheit ursprünglich eigenen reineren Gottesglauben. Auf diesem Grunde errichtete Moses, mit welchem die eigentliche Offenbarung beginnt, den ATlichen Gottesstaat; hatten die Patriarchen vornehmlich den allmächtigen Gott verehrt, so lernten die Israeliten durch Moses den heiligen Gott kennen, und aus dem Gesetz Mosis lernten sie, wie auch der Mensch heilig werden könne. Wenn nun durch Moses ein auf vielen Ceremonien und Satzungen ruhendes Gottesreich begründet worden war, so weisen die Propheten auf ein geistiges Gottesreich der Zukunft hin, und, an ihre Predigt anknüpfend, hat Jesus Christus dieses vollkommene Gottesreich gegründet.

b. Das Christentum im Verhältnis zum Judentum.[3])

α. Die Christen haben von je her in der Geschichte des Volkes Israel eine Offenbarung Gottes erkannt, und die Propheten desselben gelten auch uns als vom Geiste Gottes erleuchtet. Aber eine vollkommene Offenbarung Gottes, wie sie in Christus geschehen ist, war im Alten Bunde noch nicht vorhanden. Zwar der Alte Bund war dem Christentum zugewandt; im Volke Israel hat sich die Erscheinung der vollkommenen Offenbarung Gottes vorbereitet, und namentlich die Propheten waren vom

---

[1]) Vgl. die weitere Ausführung dieser Frage für den Lehrer in der H. Gesch. Nr. 11—15.
[2]) Vgl. H. Gesch. Nr. 1.
[3]) Vgl. H. Gesch. Nr. 3—7.

Geiste Gottes erleuchtet; aber doch ist auch für die Propheten die dem Volke Israel gezogene Schranke in der Gemeinschaft mit Gott und in der Erkenntnis Gottes nicht gefallen. „Gott hat ja vor Zeiten manchmal und mancherlei Weise zu den Vätern geredet durch die Propheten" (Hebr. 1, 1.); aber der Kleinste im Himmelreich ist größer als sie (Matth. 11, 11), denn er besitzt die Offenbarung Gottes in seinem Sohne in welchem Gott zuletzt und am vollkommensten zu den Menschen geredet hat; das Christentum ist die Vollendung der Offenbarung.

β. Auch das Judentum ist also eine geoffenbarte Religion, aber erst das Christentum ist die vollkommene Offenbarung; wodurch unterscheidet sich nun das Christentum vom Judentum, so daß es diesem gegenüber die vollendete Offenbarung ist?

αα. Auch das Judentum ist noch, wie die heidnischen Religionen, eine Volksreligion, dagegen ist das Christentum (wie der Islam und der Buddhismus) eine Weltreligion. Das israelitische Gottesreich fällt aber mit dem israelitischen Volkstum zusammen; infolge dessen ist Jehovah vor allem der Gott des Volkes; nicht der einzelne Israelit, sondern nur das ganze Volk oder der König, als Repräsentant des Volkes, betrachtet infolge dessen Gott als seinen Vater. Dagegen soll das christliche Gottesreich alle Völker umfassen; aber nicht schon durch die äußere Zugehörigkeit zu einem christlichen Volke wird der einzelne Mensch zum Kinde Gottes, sondern erst durch die Wiedergeburt. Auch der einzelne wiedergeborene Christ betrachtet aber Gott als seinen Vater.

ββ. Die Offenbarung Gottes in Israel gilt sodann noch als gebunden an bestimmte einzelne Orte, die Stiftshütte, den Tempel und Jerusalem; erst das Christentum hat dem Menschen gezeigt, daß die Gemeinschaft mit Gott weder „an Jerusalem noch an Garizim" gebunden ist, sondern daß Gott in Geist und Wahrheit anzubeten ist.

γγ. Ferner ist die Gemeinschaft mit Gott für das Volk Israel noch vermittelt durch besondere Priester und äußere Opfer; erst der Christ steht, indem jeder selber ein Priester sein und selber sich Gott zum Opfer hingeben soll, in einer unmittelbaren Gemeinschaft mit Gott.

δδ. Die Frömmigkeit Israels ist auch noch gebunden an die Beobachtung bestimmter äußerer Gebräuche und Sitten; erst das Christentum hat die Frömmigkeit vom Joche des äußeren Buchstabens freigemacht, und läßt aus dem dem Menschen mitgeteilten heiligen Geiste das fromme Leben sich frei entwickeln.

εε. Endlich ist das Reich Gottes im Judentum noch ein Reich des Diesseits, sowohl in der Gegenwart wie in der Hoffnung der Zukunft bei den Propheten. Das Himmelreich des Christen beginnt zwar gleichfalls auf Erden, aber seine Vollendung findet es erst im Jenseits; erst das Christentum hat eine gewisse Hoffnung des ewigen Lebens im Himmel.

γ. Daß nun das Christentum so hoch über dem Judentum steht, verdankt es nicht einer von selbst eingetretenen inneren Entwickelung des Judentums (diese hat zum Pharisäismus und zum heutigen Judentum geführt), sondern der vollkommenen Offenbarung Gottes in Jesus Christus, in welchem „zuletzt und am vollkommensten Gott zu den Menschen geredet hat".

c. Das Wesen des Christentums.

Nicht sofort haben die Christen das Wesen ihres Glaubens in ihrer Tiefe erfaßt. Die griechische Kirche betrachtet es seit alter Zeit wesentlich als ihre Aufgabe, die Wahrheit, welche Christus gebracht hat, zu predigen, und sie nennt sich deshalb die orthodoxe, die rechtgläubige Kirche. Und Christus ist ja in der That die Wahrheit, und die Kirche soll die Verkünderin der Wahrheit sein. Aber das ist doch nur eine Seite des Christentums, und die griechische Kirche hat dieselbe allzu sehr betont; sie ist dadurch zum toten Buchstabenglauben herabgesunken, und noch heute ist diese Kirche starr und tot.

Die römische Kirche sah dagegen im Christentum das neue Reich Gottes — und mit Recht; aber bei ihr sank das Reich Gottes einerseits auf den Standpunkt des Judentums herab mit Priestertum und Opferkultus, und andererseits gewann dieses Gottesreich ein äußeres Haupt, das Papsttum, und so wurde aus dem inneren ein äußeres Gottesreich, wie es Jesus nicht gewollt hat.

Da kam die Reformation, welche, indem sie vornehmlich von dem rechten Wege predigte, um Vergebung der Sünden zu erlangen, den Menschen vom Vertrauen auf äußere Werke wieder zur innern Frömmigkeit zurückführte. Aber über dem Wege vergaß mancher das Ziel, die vollkommene Gemeinschaft des Menschen mit Gott, und Spener mußte für seine Zeitgenossen Luthers Predigt ergänzen, indem er außer dem Glauben auch gute Werke verlangte als Früchte des Glaubens.

Wenn man nun fragt, wie das Wesen des Christentums am treffendsten bezeichnet werde, so ist die richtigste Antwort wohl die, daß im Christentum das vollkommene Gottesreich dem Menschen dargeboten werde. Ein äußeres Gottesreich hatte Moses gestiftet, auf die Vergeistigung desselben war die Predigt der Propheten gerichtet gewesen, das von ihnen ersehnte vollkommene geistige Gottesreich ist durch Jesum in der Welt gegründet worden. Das Gottesreich ist aber für den Menschen zunächst eine göttliche Gabe, indem der in dasselbe eintretende Mensch Sündenvergebung erhält und in die Gemeinschaft mit Gott aufgenommen wird. Aber auf Grund seines Glaubens an die ihm dargebotene Gnade Gottes wird der Mensch auch zu einem Thun geführt, und er erhält die Aufgabe, ein heiliger Mensch zu werden.[1])

Von diesem Gottesreiche hat nun Jesus nicht bloß als Prophet gepredigt, wie die Propheten (und die heidnischen Philosophen, soweit sie von einem solchen überhaupt reden), sondern er hat dies Reich auch gegründet, und seitdem seine Jünger zum Glauben an ihn gekommen waren, hat es immer ein Gottesreich auf Erden gegeben, die wahre (oder unsichtbare) Kirche.

Dieses Gottesreich ist nun zwar bereits in der Gegenwart vorhanden, aber seine Vollendung ist doch erst in der Zukunft zu erwarten, und darum betet der Christ, obwohl er bereits dem Reiche Gottes angehört, dennoch mit Recht: „Dein Reich komme!“

---

[1]) Diese beiden Gedanken sind enthalten z. B. in Matth. 13 und Matth. 5—7, und schon von früher her dem Schüler bekannt; vgl. Heil. Gesch. Nr. 110.

Wenn nun das im Christentum dem Menschen dargebotene Gottesreich zunächst eine Gabe ist, durch welche er Sündenvergebung und Gemeinschaft mit Gott erlangt, so ist das Christentum Religion, denn in der Religion begehrt ja der Mensch von Gott als höchstes Gut die Gemeinschaft mit Gott. Und wenn nun die dem Menschen im Christentum dargebotene Gemeinschaft mit Gott ihm die Aufgabe stellt, durch Heiligung seines Wandels mit Gott in Gemeinschaft zu bleiben, so führt das Christentum zur Sittlichkeit. Im Christentum sind also Religion und Sittlichkeit mit einander verknüpft, während sie in andern Religionen auseinander liegen, und auch darum ist das Christentum die vollkommenste, nämlich eine wahrhaft sittliche Religion.

II. Wie hat sich in der Person und im Leben Jesu Christi die Gemeinschaft der Menschheit mit Gott dargestellt?

33. Einleitung.

In Jesus Christus ist die vollkommene Offenbarung Gottes in der Welt erschienen. Aber Jesus ist nicht bloß, wie es der Rationalismus ansieht, der erste Begründer des Christentums, dessen Person für uns hinter seiner Predigt zurücktritt, so daß das Christentum nur in der Annahme und Befolgung der Predigt Jesu besteht. Auch ist Christus nicht, wie die eigentliche Mystik lehrt, nur als der erste Gottessohn anzusehen, so daß jeder Mensch nicht bloß ein Christ, sondern ein Christus werden muß, indem Gott sich in jedem Menschen so offenbaren muß, wie in Christus. Sowohl der Rationalismus als der Mysticismus lassen die Person Christi nicht zu ihrem Rechte kommen; Christus ist nach der Bibel nicht bloß der erste Begründer oder Anfänger des Christentums, sondern er ist der bleibende Mittler zwischen Gott und den Menschen; nur in der Gemeinschaft mit Jesus besitzen wir die Gemeinschaft mit Gott.

So müssen wir denn nicht bloß das Wesen des Christentums, sondern auch das Wesen der Person Jesu zu erforschen suchen, um zu erkennen, wie sich in der Person und im Leben Jesu seine Gemeinschaft mit Gott darstellt.

34. Wie hat sich in der Person Jesu seine Gemeinschaft mit Gott dargestellt?

Lesen: Ps. 8,5. Daniel 2,27—45. 7,1—18 u. V. 27. Matth. 26,63—64. Matth. 16,13—17.
Ps. 110. Matth. 22,41—46. Matth. 11,25—30. Joh. 10,22—39. Joh. 1,1—18.

Kat. II, 2. Ich glaube an Jesum . . . Herrn.
Ich glaube, daß Jesus Christus . . . . sei mein Herr.

Wonach die Menschheit vor Christus zwar begehrt und was sie ersehnt, aber nirgends erreicht hat, das ist in Christus erschienen, ein Mensch, in welchem die volle und ungetrübte Gemeinschaft mit Gott hergestellt war. Es wird hier vorausgesetzt, wovon anderwärts zu sprechen ist,[1]) daß wir in Jesus Christus nicht bloß eine Schöpfung der urchristlichen Phantasie, sondern eine historische Person vor uns haben. Aber „was dünket euch um Christus?" Auf diese Frage soll die Heilige Schrift uns die Antwort geben.

a. Wenn Jesus von sich selber spricht, so bezeichnet er sich nur selten als den erwarteten Messias der Juden, um nicht sofort auch die Mißverständnisse zu erwecken, welche mit diesem Namen damals verknüpft waren. Noch seltener bezeichnet er sich als den Sohn Gottes in dem Sinne, welchen wir damit verbinden; dieser Glaube konnte und sollte sich erst allmählich in den Jüngern entwickeln. Jesus nennt sich selber vornehmlich (über 50 mal, die Parallelstellen nicht gerechnet; von seinen Jüngern wird er fast niemals so genannt) den Menschensohn (ὁ υἱὸς τοῦ ἀνθρώπου); wie ist Jesus zu dieser Bezeichnung seiner Person gekommen, und in welchem Sinne hat er sie gebraucht?

Schon im 8. Psalm, welcher schon oben erklärt worden ist,[2]) findet sich, wie in vielen anderen Stellen des A. T., der Name „Menschensohn" (bei Luther: des Menschen Kind), und es unterliegt keinem Zweifel, in welchem Sinne dies Wort gebraucht ist. Dasselbe ist ja eigentlich nicht verschieden von dem Worte „Mensch", und kann darum auch im Parallelismus des hebräischen Verses mit diesem Worte wechseln, wie es ja eben auch in Ps. 8, 5 geschieht: „Was ist der Mensch, daß du sein gedenkst, und der Menschensohn, daß du dich seiner annimmst?" Aber in der Bezeichnung Menschensohn ist doch noch etwas Besonderes enthalten. Der Ausdruck bezeichnet den Menschen als von Menschen herstammend, und nicht von Gott, und so weist er auf die Niedrigkeit und Vergänglichkeit des Menschen im Gegensatz zu Gott hin. Wenn sich nun Jesus so gern den Menschensohn genannt hat, so werden seine Zuhörer bei diesem Worte wohl zunächst an den gewöhnlichen Sinn dieses Wortes im A. T. gedacht haben; Jesus stand ja auch zunächst vor ihnen nicht als der von ihnen erwartete und begehrte messianische König und Gottessohn, sondern als ein unscheinbares Menschenkind, in welchem sie zwar einen Lehrer, von Gott gesandt, erblickten, groß in Wort und That, aber doch eben auch nur einen Menschen.

Und Jesus ist in der That nach der Darstellung der heil. Schrift ein voller und ein ganzer Mensch gewesen[3]). Von einer menschlichen Mutter geboren, durchlebt er ein Kindesalter, wie alle Menschen, wo er der leiblichen Hülfe und der geistigen Leitung der Eltern bedarf und unter dem Einfluß seiner Zeit und seiner Umgebung sich allmählich zu selbständigem Denken und Wollen entwickelt. Als Knabe von zwölf Jahren überrascht er zwar seine Eltern durch ein merkwürdiges Wort, aber er ist doch noch immer ein lernendes und gehorsames Kind. Als Mann muß er in seinem Beruf wirken bis zur Ermattung des Leibes und der Seele,

[1]) Vgl. H. Gesch. Nr. 98.
[2]) Vgl. Nr. 24 b.
[3]) Über den Zweifel daran bei den Gnostikern siehe meine Kirchengesch. Nr. 15c.

Freude und Leid erfahren, denken und forschen, prüfen und überlegen, sich versuchen lassen und dagegen ankämpfen, ja endlich den schmerzlichsten Tod erleiden. Es ist eine falsche Vorstellung vom Menschensohne (aber in der älteren Zeit weit verbreitet), daß er alles von vorn herein ohne Lernen gewußt habe (er hat lernen müssen wie wir alle), und daß er alles gewußt habe (Tag und Stunde des Weltgerichts war auch ihm verborgen), daß er keinen Schmerz wirklich empfunden habe (vgl. dagegen sein Verhalten am Kreuz), und daß sein Wollen keiner Entwickelung bedurft habe (er hat Gehorsam gelernt, wie die Bibel sagt).

So steht denn in Jesus in der That ein Menschensohn vor uns, der in Niedrigkeit dem Vater im Himmel gegenübersteht, der zum Vater betet und ihm seine Sache und sein Schicksal betend in die Hand legt. Aber Jesus nennt sich nicht einen Menschensohn, sondern den Menschensohn, und so weist dieser Name doch noch auf einen tieferen Sinn hin, den Jesus mit dieser Selbstbezeichnung verbunden hat, wenn auch seine Zuhörer diesen tieferen Sinn des Wortes zunächst nicht erfaßt haben.

Im A. T. ist nämlich an einer Stelle (Dan. 7, 13) von einem „Menschensohn" die Rede, wie das sonst nicht geschieht. Um diese Bezeichnung zu verstehen, ist es aber nötig, auf die hierher gehörigen Abschnitte des Propheten Daniel (K. 2, 27—45 und 7, 1—18 u. V. 30) etwas genauer einzugehen.

Unter dem Namen eines exilischen Propheten (und wie manche glauben, im Anschluß an Erzählungen und Weissagungen, welche von einem solchen vorhanden waren, aber dieselben für seine Gegenwart gestaltend und erweiternd) hatte ein Prophet der Makkabäischen Zeit[1]) um das J. 165 in der Zeit der schwersten Trübsal, wo das Reich Gottes durch den Syrerkönig Antiochus Epiphanes vernichtet werden sollte[2]), seine Zeitgenossen getröstet, indem er sie hinblicken ließ auf die Folge der Weltreiche[3]), welche einander ablösen und keinen Bestand haben, und im Gegensatze dazu auf das von Gott stammende Himmelreich, welches ewig dauern solle. In dieser Predigt von dem zu erwartenden Himmelreiche stellt nun der Prophet den (in Kap. 7) mit Tieren verglichenen Weltreichen das Himmelreich gegenüber als das Reich eines Menschensohnes (Dan. 7, 13) oder als ein Reich von Menschensöhnen, an deren Spitze dann doch wohl ebenfalls ein einzelner Menschensohn zu denken wäre, wenn nämlich der daselbst gebrauchte Ausdruck („Menschensohn"), wie manche Forscher annehmen, nicht von einem einzelnen Menschen, sondern von einer Gesamtheit zu verstehen wäre. Auf die großen Weltreiche soll nämlich ein Himmelreich folgen, wie der Prophet sagt: „Es kam einer in des Himmels Wolken wie eines Menschen Sohn bis zu dem Alten an Tagen und ward vor denselben gebracht. Der gab ihm Gewalt, Ehre und Reich, daß ihm alle Völker, Leute und Zungen dienen sollten. Seine

[1]) Vgl. meine Heil. Geschichte, Nr. 71. Dies Resultat der Kritik darf heute als feststehend angesehen werden.

[2]) Vgl. meine Heil. Geschichte, Nr. 82.

[3]) Die vier Reiche sind das babylonische (das assyrische Weltreich, welches dem babylonischen voranging, ist hier nicht berücksichtigt), das medische, das persische, das macedonische mit den aus ihm entstandenen Reichen.

Gewalt ist ewig, die nicht vergeht, und sein Königreich hat kein Ende." Diesen „Menschensohn" betrachtet Jesus als in seiner Person erschienen, und das dort verheißene Himmelreich will Jesus aufrichten; das von Daniel geweissagte und von Jesus aufgerichtete Reich ist nicht ein gewöhnliches menschliches, ja, tierisch-geartetes Reich, wie die Weltreiche, sondern ein von Gott stammendes, wahrhaft menschliches Reich, und er selber kommt, wie Gott selber, in des Himmels Wolken[1]), d. h. zwar als Mensch, aber in göttlicher Macht und Herrlichkeit, um dasselbe zu gründen und dereinst zu vollenden.

Daß Jesus sich in diesem Sinne nach dem Propheten Daniel den Namen Menschensohn beigelegt und sich damit als den von Gott gesandten Gründer des vollkommenen Gottesreiches bezeichnet hat, zeigt seine Antwort an den Hohenpriester (Matth. 26, 63—64), als er als Angeklagter vor ihm steht. Als ihn derselbe nämlich bei dem lebendigen Gotte beschwört zu sagen, ob er der Messias, der Sohn Gottes, sei, da bejahte Jesus diese Frage. Alsbald aber setzte er hinzu: „Aber ich sage euch, von nun an werdet ihr sehen des Menschen Sohn sitzen zur Rechten der Kraft und kommen auf den Wolken des Himmels." Und Jesus ist gekommen und kommt seitdem fortwährend „auf den Wolken des Himmels" d. h. in göttlicher Macht, indem er das Himmelreich in der Menschheit aufrichtet.

b. So weist nnn schon allerdings der Name „Menschensohn," den Jesus sich gewöhnlich beilegt, darauf hin, daß er zwar ein Mensch ist, aber nicht ein gewöhnlicher Mensch, sondern von Gott gesandt zur Aufrichtung des Himmelreiches und ein Vertreter Gottes auf Erden. Und so steht mit dem Namen „Menschensohn" der andere Name, den sich Jesus zwar selten beilegt, aber doch gerade auch vor dem Hohenpriester beilegt, der Name „Gottessohn" in naher Verwandtschaft.

Wenn nämlich im A. T. vom „Sohne Gottes" die Rede ist, so wird damit noch nicht so viel gesagt, wie wir darunter verstehen. Gottes Sohn wird das Volk Israel genannt (2. Mose 4,22), Gottes Sohn auch der König Israels, als der Repräsentant des Volkes, und so wird Gottes Sohn, als der König seines Volkes, auch der Messias genannt (Ps. 2,7). So bezeichnet nun auch Jesus sich selber oder wird von anderen bezeichnet als Gottessohn zunächst nur im Sinne des A. T. als der Messias; Gottessohn wird aber genannt, wer als der erwählte Gegenstand der göttlichen Liebe bezeichnet werden soll;[2]) wie zunächst das Volk Israel und sein König, so ist auch der Messias der Sohn Gottes als der erwählte Gegenstand der göttlichen Liebe.

Aber der Menschensohn war nun für die Zeitgenossen Jesu nicht ohne weiteres der Gottessohn; das sehen wir deutlich aus der Frage, welche Jesus (Matth. 16,13—17) an seine Jünger richtet: „Wer sagen denn die Leute, daß des Menschen Sohn sei?" Auf diese Frage teilen sie

---

[1]) Der Ausdruck ist hergenommen von der im Gewitter wahrgenommenen Offenbarung Gottes.

[2]) Vgl. Luthardt Kompendium der Dogm. § 30, 2. Weiß, bibl. Theol. § 17, Anm. 1. § 77 a. § 143 a.

ihm mit, daß man ihn für einen Propheten halte, sei es Elias oder Jeremias, deren Wiederkunft man in der messianischen Zeit erwartete, oder für den wiedererstandenen Johannes den Täufer. Ein Prophet zwar schien ihnen der Menschensohn zu sein, aber nicht der Messias. Da erklärt nun Petrus, daß er Jesum für den Messias, den Sohn Gottes, halte, und diesen Glauben bezeichnet Jesus als nicht von Menschen herstammend, sondern von Gott gewirkt. Das menschliche Denken konnte und durfte an Jesus Anstoß nehmen, wenn er sich für den Messias erklärte, denn das vom Messias erwartete Gottesreich schien doch Jesus nicht zu gründen, da er ja nur predigte und Wunder that; daß gerade durch diese Wirksamkeit Jesu das Reich Gottes gegründet wurde, war den Zeitgenossen Jesu noch verborgen. Darum hatte auch Jesus sich zunächst nicht als Messias bezeichnet, denn damit hätte er zunächst bei den Juden doch nur die falsche Vorstellung erweckt, die ihnen geläufig war, daß er ein irdisches Gottesreich aufrichten wolle. Er mied diesen Namen, aber er gründete das wahre Gottesreich, und daß nun Petrus in diesem unscheinbaren Menschensohne den Messias und Gottessohn dennoch erkennt, das ist das Große, Gottgewirkte an seinem Bekenntnis.

c. Der Messias ist nun nach der Verheißung ein Nachkomme Davids; aber als solcher ist er doch auch nur ein Mensch. Wenn nun in Ps. 110 der Messias als Davids Herr bezeichnet wird, wie kann er das sein als Davids Sohn? Diese Frage legte Jesus einst den Schriftgelehrten vor (Matth. 22, 41—46).

α. Der 110. Psalm handelt, wie Ps. 2, von dem messianischen Könige der Zukunft, welchem Gott alle Völker unterthan machen wird. Wenn der Psalm von David gedichtet ist, wie die Überschrift angiebt, so bezeichnet David seinen Nachkommen, den Messias, als seinen Herrn. Wenn aber, wie die neueren Kritiker meinen, die Überschrift David nur als Gegenstand dieses Psalms bezeichnen sollte, so bezeichnet der Dichter den Messias als seinen Herrn. Es ist also in jedem Falle der Messias ein Herr genannt, und darauf allein kommt es bei der Frage Jesu an. Wie kann der Davidssohn einen Namen erhalten, der über David's Stellung hinausweist? Wer den Messias, will Jesus sagen, nur als Davidssohn kennt, der kennt ihn doch nur als einen menschlichen König, aber der Messias ist nach Jesu Predigt mehr als David; er ist Gottes Sohn in einem höheren Sinne, als dies im A. T. vom Volke Israel und vom Messias ausgesagt wird. Das Volk Israel heißt ja im A. T. Gottes Sohn, und es bleibt doch ein sündiges Volk; der Messias wird ebenfalls Gottes Sohn genannt, und doch heißt es 2. Sam. 7, 14—15: „Ich will sein Vater sein, und er soll mein Sohn sein; wenn er eine Missethat thut, will ich ihn mit Menschenruten und mit der Menschenkinder Schlägen strafen; aber meine Barmherzigkeit soll nicht von ihm entwandt werden." Der Messias als Gottes Sohn ist in der Predigt des A. T. doch auch noch ein sündiger Mensch. Jesus aber legt sich eine höhere Stellung bei; er ist zwar Menschensohn, und der Mensch kann nach der h. Schrift sündigen; er ist auch Gottessohn, und nach dem A. T. kann sogar der Gottessohn noch sündigen. Jesus aber sagt zu seinen Gegnern (Joh. 8, 46): „Wer unter euch kann mich einer Sünde zeihen? Er verkündigt anderen

Vergebung der Sünden, für sich selber hat er niemals um Vergebung der Sünden gebetet. Er steht also über dem Davidssohn des A. T. schon dadurch, daß er ein sündloser Mensch ist.

β. Eine Stellung, höher als David, legt sich nun Jesus auch in einer Stelle der drei ersten Evangelien bei, in welchen doch sonst fast ausschließlich Jesu Verhältnis zur Welt betont wird, während fast nur bei Johannes sein Verhältnis zu Gott deutlich hervortritt, welches den verborgenen Hintergrund und die Voraussetzung von jenem bildet.[1])

Als nämlich Jesus die von ihm ausgesandten Jünger freudig zurückkehren sah, weil ihre Predigt in Galiläa Glauben gefunden hatte (Luk. 10, 17—20), während doch seine Predigt unter den Schriftgelehrten in Jerusalem vergeblich gewesen war, da sagte er (Matth. 11, 25—30. Luk. 10, 21—22)[2]): „Ich preise dich, Vater und Herr Himmels und der Erde, daß du solches den Weisen und Klugen verborgen hast, und hast es den Unmündigen offenbart; ja, Vater, denn es ist also wohlgefällig gewesen vor dir." Nicht die Klugen, sondern die Kinder an Geist gehen, wie Jesus sieht, in das Gottesreich ein, und ein allgemeines Gottesreich darf ja eben auch nicht nur für die Klugen erfaßbar sein. Und dies Gottesreich aufzurichten, bezeichnet nun Jesus als seine Aufgabe, indem er sagt: „Alles ist mir übergeben von meinem Vater, und niemand kennet den Sohn, denn nur der Vater, und niemand kennet den Vater, denn nur der Sohn, und wem es der Sohn will offenbaren." Alle Dinge des Reiches Gottes, die ganze Offenbarung des Vaters, die Wiederherstellung der Gemeinschaft zwischen Gott und Mensch — sie ist in ihm, dem Sohne Gottes, vorhanden, und nur durch Jesus wird sie den andern Menschen vermittelt. Damit stellt sich Jesus hoch über alle anderen Menschen und stellt sich neben Gott in einer Weise, wie das doch im A. T. dem Messias und Gottessohn nicht beigelegt wird. Er selber nennt sich also den Sohn Gottes in einem höheren Sinne, als dieser Name im A. T. gebraucht wird; derselbe bezeichnet ihm, schon ehe er als Messias auftritt, sein persönliches Verhältnis zum Vater; schon der Zwölfjährige will sein in dem, was seines Vaters ist, und als Mann ist er der Messias nur darum, weil er persönlich der Sohn Gottes ist und mit dem Vater in der vollkommensten Gemeinschaft steht. Er ist also größer als der ATliche Messias.

Besonders aber im Evang. Joh. tritt diese hohe Stellung Jesu hervor, wenn Jesus von sich sagt (Joh. 10, 30): „Ich und der Vater sind eins." Wenn die Juden an diesem Worte Anstoß nehmen, so rechtfertigt er dasselbe, indem er hinweist auf Ps. 82, 6, wo sündige Menschen als Götter bezeichnet werden, an die doch nur ein Gotteswort ergangen ist; warum dürfe er, der vom Vater Geheiligte und in die Welt Gesandte sich nicht Gottes Sohn nennen? Er lebe im Vater und der Vater in ihm, und so sei er ein Gottessohn in höherem Sinne als der Messias im A. T.

d. Wenn so Jesus auch schon als Menschensohn, als Davidssohn und Gottessohn im Sinne des A. T. über alle anderen Menschen emporragt:

---

[1]) Vgl. Luthardt Kompendium der Dogm. § 30, 2.
[2]) Vgl. H. Gesch. Nr. 115.

das tiefste Geheimnis seiner Person wurde erst in der Bezeichnung als Sohn Gottes in seinem persönlichen Verhältnis zum Vater erschlossen. So groß auch die Herrlichkeit des Messias im A. T. gedacht wird, die Herrlichkeit des eingeborenen Sohnes vom Vater haben die Propheten in ihm noch nicht geschaut; daß Gott selber in Jesus sich geoffenbart hat, ja in ihm Mensch geworden ist, das wissen wir erst aus dem N. T. Allerdings heißt es ja schon im A. T., daß Gott selber zu seinem Volke kommen werde (Jes. 40—66. Mal. 3); aber daß der kommende Messias und der erscheinende Gott in einer Person vereinigt sind, das war dem A. T. verborgen, wie es ja auch nichts davon sagt, daß der verheißene Prophet und Priester und König in einer Person erscheinen werden.

Indes hat doch auch schon das spätere Judentum, indem es die im A. T. gegebene Offenbarung weiter entwickelte und indem es sogar aus der griechischen Philosophie verwandte Gedanken aufnahm, die Erkenntnis des N. T. von der Offenbarung Gottes in Jesus Christus vorbereitet, indem in dieser Zeit die Lehre von der Weisheit und dem Worte Gottes dahin weiterentwickelt wurde, daß dieselben Gotte gegenüber eine gewisse Selbständigkeit gewannen. Und an diese weiter entwickelte Lehre von Gott anknüpfend, hat nun Johannes in seinem Evangelium das Geheimnis der Person Jesu Christi (und damit auch der Dreieinigkeit) noch tiefer erfaßt und besser gedeutet, als dies vom Standpunkte der Propheten des A. T. aus möglich gewesen wäre, und den Gedanken, welchen wir auch in den Reden Jesu (Matth. 11 und Joh. 10) als vorhanden erkannt haben (wie er ja überhaupt das ganze Evang. Joh. durchzieht), den Gedanken des persönlichen Sohnesverhältnisses Jesu zum Vater, in besonderer Weise lehrhaft zur Darstellung gebracht in dem Prologe, mit welchem er sein Evangelium eröffnet (Joh. 1, 1—18).

Mit einem zunächst rätselhaften Worte spricht allerdings Johannes im Prolog seines Evangeliums (1, 1—18) von der Offenbarung Gottes in Christus, wenn er sagt: „Das Wort ward Fleisch." Was haben wir unter diesem Worte zu verstehen, welchem Johannes zunächst die Weltschöpfung zuschreibt, welches er dann, als in der Welt sich offenbarend, ja, als in Christus fleischgeworden bezeichnet? Christus hat sich in seiner Predigt niemals das Wort genannt, und auch die anderen Evangelien und die Apostel, außer Johannes, bezeichnen ihn niemals in dieser Weise; nur im Prolog des Evang. Joh. (nicht im Evang. selber), wie auch im ersten Briefe Joh. (1, 1 u. 2) und in der Off. Joh. (19, 13) wird dieser Ausdruck in diesem Sinne gebraucht. Wie ist Johannes dazu gekommen, von der Offenbarung Gottes in Christus also zu sprechen?

Wenn Johannes in Christus das fleischgewordene Wort erblickt, so hat er diesen Ausdruck nicht von Christus vernommen, aber auch nicht selber erfunden, sondern in der Bildung seiner Zeitgenossen vorgefunden. Als sich nämlich die Juden unter den Heiden niederließen, da lernten sie, namentlich in Alexandria, auch die griechische Philosophie kennen und schätzen, und sie begannen zu untersuchen, wie sich die griechische Philosophie zum jüdischen Glauben verhalte; sie meinten aber, daß die griechische Philosophie aus dem A. T. entlehnt sei und in demselben enthalten sei (wir halten heute beide Behauptungen für falsch). Auf diesem Standpunkte stehend, nahmen die Juden manche Gedanken der griechischen Philosophen in ihre Anschauung auf, besonders solche, für welche auch im A. T. Anknüpfungen zu finden waren. Das ist schon in dem apokryphischen Buche der Weisheit Salomo's geschehen, besonders aber in den Schriften eines Zeitgenossen Jesu, des alexandrinischen Juden Philo, welcher bei seinen Glaubensgenossen in hohem Ansehen stand. In jener angeblich Salomonischen Schrift wird, nach dem Vorgange der Sprüche Sal. K. 8 und Jesus Sirach K. 24, die Weisheit als die Vermittlerin der schöpferischen und regierenden Thätigkeit Gottes dargestellt. Bei Philo, welcher von dem Gedanken ausgeht, daß Gott, als der Vollkommene, nicht mit der Welt in direkter Berührung stehe, wird das Wirken Gottes in der Welt auf Mittelursachen zurückgeführt, welche er in verschiedener Weise bezeichnet. Alle diese Mittler zwischen Gott und der Welt faßt aber Philo schließlich zusammen in dem Logos, d. h. Wort oder Vernunft. Er versteht aber unter dem Logos die Kraft Gottes oder die wirksame göttliche Vernunft, durch welche Gott die Welt geschaffen hat und noch heute erhält. Den Ausdruck Logos verdankt aber Philo der stoischen Philosophie, welche Gott als den in der Welt wirkenden Logos (d. h. Vernunft) betrachtet; die Vernunft Gottes von Gott selber unterscheidend, kam Philo dazu, in dem Logos ein besonderes Mittelwesen zwischen Gott und Welt zu erkennen.

So fand Johannes unter seinen gebildeten Zeitgenossen, Juden wie Heiden, die Anschauung von einem Logos Gottes vor, und da nun Logos bei den Griechen nicht bloß Vernunft, sondern auch Wort bedeutet, so war es nicht schwer, diese Gedanken auch im A. T. zu finden. Durch das Wort Gottes ist ja nach dem A. T. die Welt geschaffen worden; das Wort Gottes haben die Propheten verkündet; so gewinnt das Wort Gottes allmählich auch in der Bibel eine gewisse Selbständigkeit (Ps. 33, 6), und in noch höherem Grade später die Weisheit (wie schon oben bemerkt worden ist). Und so war es schließlich kein Wunder, daß Johannes den von Philo her üblich gewordenen Ausdruck Wort Gottes zur Bezeichnung der Offenbarung Gottes in Christus verwandte. Freilich Philo spricht ja nicht von einer Fleischwerdung Gottes, sondern bei ihm ist der Logos nur die in der Welt wirkende göttliche Vernunft. Aber wenn Johannes von Christus nun sagen wollte, daß er der Sohn Gottes sei, daß in Christus Gott Mensch geworden sei, so konnte er für seine gebildeten Zeitgenossen sich gar wohl eines Ausdruckes bedienen, den zwar Jesus nicht gebraucht hatte, den sie aber gar wohl verstanden. Er fand in demselben den Gedanken ausgesprochen, den das A. T. zwar angedeutet, Christus aber erst deutlich geoffenbart hatte, daß Gott zuerst in der Weltschöpfung, dann in den Propheten manchmal und mancherlei Weise, endlich in Christo sich vollkommen geoffenbart habe (Hebr. 1, 1 u. 2); es ist derselbe Gott, der sich in der Weltschöpfung, wie auch in den Propheten und in Christus geoffenbart hat.

In diesem Sinne redet also Johannes in dem Prolog seines Evangeliums von Jesus als dem „Worte" Gottes: Jesus ist die höchste nnd vollkommenste Offenbarung Gottes.

e. In drei Abschnitte zerfällt aber der Prolog des Evang. Joh., welche gleich concentrischen Kreisen sich um denselben Mittelpunkt, die

Offenbarung Gottes in Christus, herumlegen. Der erste Abschnitt (V. 1—5) weist zunächst auf das Wort Gottes hin, welches, von Ewigkeit bei Gott seiend, der Grund der Schöpfung ist, namentlich der lebendigen Geschöpfe, und besonders der Ursprung des geistigen Lebens der Menschen. Aber wenn so in der ganzen Schöpfung Gott sich offenbart, wenn besonders im Menschen Gott wahrzunehmen ist — die Menschheit hat dennoch ihren Gott nicht erkannt. So endet der erste Abschnitt des Prologs mit einem Worte der Klage über die Blindheit der Menschheit gegenüber der göttlichen Offenbarung, wie wir ja auch bei Paulus (Röm. 1, 18—23) lesen, daß Gott sich den Menschen offenbart habe, aber ihr thörichtes Herz sei verfinstert.

Der zweite Abschnitt (V. 6—13) spricht nun nicht mehr von der allgemeinen Offenbarung Gottes in der Welt, sondern nur von der Offenbarung Gottes in Christus. Durch Johannes den Täufer vorbereitet,[1]) erfolgte die Erscheinung Christi in der Welt; aber die Welt, obwohl selber eine Offenbarung Gottes, hat den nicht aufgenommen, in dem sich Gott am vollkommensten geoffenbart hat; ja, nicht einmal die Juden, durch die Propheten auf das herrliche Gottesreich hingewiesen, haben Jesum als den Vollender ihrer Hoffnung erkannt. Doch nicht ganz so traurig, wie der erste, schließt dieser zweite Abschnitt des Prologs; es gab doch auch solche, welche in Christus die Offenbarung Gottes erkannten; sie wurden durch ihn zu Kindern Gottes, aber nicht durch fleischliche Abstammung, wie im Alten Bunde, sondern durch den Glauben. Und so ist doch die Offenbarung Gottes nicht ganz erfolglos gewesen.

Endlich der dritte Abschnitt des Prologs (V. 14—18) verkündet ausschließlich den Inhalt und den Segen der Offenbarung Gottes in Christus für die Gläubigen, ohne noch der Ungläubigen zu gedenken — ein Lobgesang auf die Offenbarung Gottes in Christus. „Das Wort ward Fleisch" — in dem Menschen Jesus sahen seine Jünger die Herrlichkeit Gottes; während Moses nur den heiligen Gott erkannte, offenbarte sich in Christus die Liebe Gottes, und nur Christus, welcher in steter und ungetrübter Gemeinschaft mit dem Vater war (V. 18, vgl. V. 52), konnte den Menschen das wahre Wesen Gottes verkündigen.

f. Jesus ist zunächst der im A. T. verkündete Menschensohn, sodann der Messias oder Gottessohn, und zwar beides, weil er von Gott gesandt ist zur Aufrichtung des Himmelreichs. Aber Jesus ist auch der Sohn Gottes in einem noch höheren Sinne, als dieser Ausdruck im A. T. verstanden wird, nicht bloß ein Gesandter Gottes, beauftragt mit der Gründung des Gottesreichs, und doch noch ein sündiger Mensch, wie die andern Gesandten Gottes, sondern der persönliche Gottessohn, ohne Sünde, der in Gott seinen Vater erkennt und liebt und mit ihm in ungetrübter Lebens- und Liebesgemeinschaft steht; die Person Jesu ist die vollkommenste Offenbarung Gottes in der Welt.

---

[1]) V. 9 ist zu übersetzen: Es war das wahrhaftige Licht, welches alle Menschen erleuchtet, in die Welt kommend (ἐρχόμενον ist mit ἦν zu verbinden und bezieht sich auf φῶς).

Diese Erkenntnis von der Person Jesu, welche wir aus der Bibel gewonnen haben, ist nun auch in unserm Katechismus ausgesprochen. Wenn wir den Glauben bekennen „an Jesum Christum, Gottes eingeborenen Sohn", so beruht dieser Glaube auf der Bibel, namentlich auch auf dem Prolog des Joh. Evang. (1, 18), und wenn Luther das Texteswort des 2. Artikels erklärt durch die Worte: „Ich glaube, daß Jesus Christus sei wahrhaftiger Gott, vom Vater in Ewigkeit geboren, und auch wahrhaftiger Mensch, von der Jungfrau Maria geboren" — so stimmt auch dies mit dem Prolog des Joh. Evang. überein: das fleischgewordene Wort (V. 14) war im Anfang bei Gott und war Gott (V. 1).

Und mit der Bibel stimmt auch, im Gegensatze zu des Arius Lehre, die Lehre des Athanasius überein. Die entscheidende Frage im Streite zwischen Arius und Athanasius war nämlich die, ob das Göttliche, welches auf Erden in Jesus erschienen ist, identisch sei mit dem höchsten Gott, oder ob es nur ein Halbgöttliches sei. Athanasius lehrte nun mit Recht: Gott selbst ist in die Menschheit eingegangen, und nur Gott konnte uns in der That zu Gott zurückführen. Die Anschauung des Arius wird dem wahren Wesen der Religion nicht gerecht; er suchte in der Religion nur Belehrung, und diese fand er auch bei einem von Gott verschiedenen Gesandten Gottes; in der Religion aber sucht der Mensch Gemeinschaft mit Gott, und zu dieser konnte die Menschen nur derjenige führen, der selber in vollkommener Gemeinschaft mit Gott stand, Jesus Christus, in welchem wir nach der Bibel die vollkommene Offenbarung Gottes in der Welt erkennen.

35. Wie hat sich im Leben Jesu seine Gemeinschaft mit Gott dargestellt?

Phil. 2, 5—11.[1])

Kat. II, 2: „Der empfangen ist . . . und die Toten."

a. Aber bestätigt denn nun auch das Leben Jesu diese Gottesgemeinschaft der Person Jesu? Scheint nicht sein Leben zu niedrig und zu gering für den Gottessohn? — Diese Frage beantwortet Paulus im Briefe an die Philipper, K. 2, 5—11, woselbst der Apostel Folgendes sagt.

„Ein jeglicher sei gesinnet gleich wie Jesus Christus auch war" — Jesus wird uns aber im folgenden als Vorbild der Demut hingestellt — „welcher, ob er wohl in göttlicher Gestalt war (*ἐν μορφῇ θεοῦ*), hielt er es nicht für einen Raub (den er an sich bringen mußte), Gott gleich zu sein (*εἶναι ἴσα θεῷ*), sondern er entäußerte sich selbst (*ἑαυτὸν ἐκένωσεν*)". Was will der Apostel hiermit sagen? Christus, als der erschienene Messias und als der sündlose Gottessohn, hätte ein Recht darauf gehabt, in einer Weise der Welt sich zu zeigen, daß er als derjenige von allen und sofort erkannt wurde, der er war. Der 110. Psalm hatte z. B. vom Messias verheißen, daß er „sitzen werde zur Rechten Gottes", also an der Ehre Gottes Anteil haben werde. Einen Messias in göttlicher Herrlichkeit

[1]) Vgl. Engel, Bemerkungen zu Phil. 2, 5—11. Programm von Greiz, 1887. Nr. 657.

erwarteten ja auch die Juden; aber Jesus weist in der Versuchung (Matth. 4) den Teufel zurück, der ihm alle Reiche der Welt und ihre Herrlichkeit, also göttliche Ehre, verheißt. Die äußere göttliche Ehre und Herrlichkeit will sich Jesus „erwerben und gewinnen" (2. Artikel) durch ein Leben in Niedrigkeit, ja durch den Tod am Kreuze; er will sie nicht in unrechter Weise an sich reißen, obwohl sie ihm eigentlich gebührte, da er innerlich in göttlicher Gestalt war. Äußerlich war er nicht in göttlicher Gestalt, aber innerlich war er göttlichen Wesens, das Ebenbild Gottes, der Sohn Gottes, und diese innere Gottähnlichkeit (μορφὴ θεοῦ) hätte auch das äußere Gottgleichsein (εἶναι ἴσα θεῷ) zur Folge haben können; aber der Ratschluß des Vaters war ein anderer. Dem Vater in Demut gehorsam — ein Vorbild für uns — verzichtete Jesus darauf, seinem inneren Wesen entsprechend in der Welt äußerlich aufzutreten: er erscheint in Niedrigkeit, nicht als der zur Rechten des Vaters sitzende Messias, nicht in gottgeschenkter äußerer Herrlichkeit, sondern er entäußerte sich selbst (ἑαυτὸν ἐκένωσεν). Wenn wir daran festhalten, daß in V. 5 Jesus Christus als historische Person uns als Vorbild hingestellt wird, so ist auch bei der Entäußerung von der historischen Person Jesu [1]), nicht von dem himmlischen Menschensohn oder Gottessohn die Rede, und der Apostel sagt danach, daß Jesus auf die ihm schon auf Erden gebührende göttliche Ehre verzichtet habe, nicht auf die ihm innewohnende göttliche Herrlichkeit; er war heilig und blieb heilig, aber er erschien wie ein gewöhnlicher Mensch, der göttlichen Herrlichkeit entbehrend; ja, er erniedrigte sich selbst und ward gehorsam bis zum Tode; am Kreuze konnte man den Sünder zu sehen glauben, und er starb den schmählichsten Tod; sein Leib wurde begraben, seine Seele ging hinab in die Unterwelt; so weit hat sich Jesus erniedrigt.

b.[2]) Andere aber lassen, indem sie als Subjekt der Entäußerung nicht die historische Person Jesu Christi (wie doch V. 5 zu fordern scheint), sondern den himmlischen Gottessohn vor der Menschwerdung betrachten, die Entäußerung in der Verzichtleistung auf die göttliche Gestalt (μορφὴ θεοῦ) bestehen. Aber hierbei stellte sich eine Schwierigkeit in den Weg, welche zu einer zweifachen Auslegung geführt hat.

Die älteren lutherischen Dogmatiker glaubten durchaus daran festhalten zu müssen, daß auch der menschgewordene Gottessohn alle göttlichen Eigenschaften besessen habe; sonst meinte man in ihm nicht mehr den Gottessohn zu haben. Nach ihrer Meinung war und blieb der Mensch Jesus, ja schon das Jesuskind in der Wiege allgegenwärtig, allmächtig und allwissend und der Regent der Welt; aber — und nur darin besteht nach dieser Deutung die Entäußerung — die menschliche Natur hat teilweise auf den Gebrauch der göttlichen Eigenschaften verzichtet (in den Wundern Jesu dagegen traten sie wieder hervor), aber im Besitze derselben ist der Mensch Jesus stets gewesen. Wenn das gelehrt wird, so ergiebt sich für unser Denken die unüberwindliche Schwierigkeit einer Person Jesu, der

---

[1]) So fassen die Stelle mit Luther und Calvin auch viele neuere Forscher.

[2]) Die nun folgende Darlegung (b) ist für den Lehrer unentbehrlich, für den Schüler nur dann nötig, wenn der Lehrer die erste Auslegung (a) der Bibelstelle nicht für richtig hält.

zugleich allwissend ist (als Gott), und der doch von sich sagt, daß er nicht allwissend ist; eine solche Person nämlich, die zugleich allwissend und nicht allwissend ist, ist undenkbar.

Darum haben nun neuere Dogmatiker, welche den himmlischen Gottessohn als das Subjekt der Entäußerung fassen, mit der Entäußerung von der göttlichen Gestalt Ernst gemacht, und die Lehre aufgestellt, daß der Sohn Gottes, um ein wahrer Mensch werden zu können, auf diejenigen specifisch göttlichen Eigenschaften, welche ein Mensch nicht besitzt (Allgegenwart, Allmacht, Allwissenheit) verzichtet habe, oder, wie andere es darstellen, daß der Sohn Gottes bei der Menschwerdung zu einer menschlichen Seele geworden sei, uns in allem gleich, außer der Sünde. Diese Auffassungen lassen ja allerdings das Leben Jesu in seiner allmählichen Entwickelung begreiflich erscheinen: dann ist Jesus, der die Allwissenheit von sich ablehnt, in der That auch nicht allwissend gewesen.

So stehen in der Frage nach der Bedeutung der Entäußerung (κένωσις) die verschiedenen Deutungen der Theologen einander noch unvermittelt gegenüber; die einfachste Erklärung ist wohl die zuerst angeführte, nach welcher das Subjekt der Entäußerung der historische Jesus Christus ist, der in V. 5 uns als Vorbild hingestellt war; derselbe hat sich entäußert d. h. während seines irdischen Lebens auf die ihm als Messias und Gottessohn eigentlich gebührende und nach dem A. T. von den Juden von ihm erwartete göttliche Herrlichkeit und Ehre verzichtet.

Es ist also hier derselbe Gedanke ausgedrückt, den wir 2. Kor. 8,9 lesen: „Ihr wisset die Gnade unseres Herrn Jesu Christi, daß, ob er wohl reich war, ward er doch arm um euretwillen, auf daß ihr durch seine Armut reich würdet.“[1]) Christus ist aber arm geworden und hat sich entäußert, indem er, Mensch werdend, ein Knecht ward, nicht ein Herr, wozu er doch bestimmt war (V. 11), sondern in Wahrheit „ein Knecht der Knechte Gottes“ (wie der Papst sich nur nennt), der da von sich selber gesagt hat, er sei nicht gekommen, um sich dienen zu lassen, sondern um zu dienen (Matth. 20, 25—28), und der sogar soweit sich herabgelassen hat im Dienste seiner Brüder, daß er den Kreuzestod für sie erlitten hat.

c. Wenn so das Leben Jesu, äußerlich angesehen, nicht zeigte, daß in ihm die Gemeinschaft mit Gott wieder hergestellt sei, so haben dennoch seine Jünger auch in dem Menschen Jesus die Herrlichkeit Gottes geschaut (Joh. 1,14). Zwar wurde ihr Glaube durch den ihnen unerwartet kommenden Tod Jesu erschüttert, aber bald wieder erneuert und befestigt durch die Auferstehung Jesu von den Toten.[2]) Durch dieselbe wurde nun Christus zum Lohne für seine Erniedrigung (διό Phil. 2,9) zum Herrn des Reiches Gottes erhoben, welchem der Vater (im Laufe der Zeiten) alle Menschen unterthan machen wird; seitdem kommt der Menschensohn auf den Wolken des Himmels, d. h. in göttlicher Kraft, fortwährend herab zur Erde, um das Reich Gottes unter den Menschen zu gründen, Matth.

[1]) Die Auslegung dieser Stelle ist natürlich ebenso verschieden, wie die von Phil. 2.

[2]) Die Thatsächlichkeit derselben wird hier vorausgesetzt — vgl. meine Heil. Gesch. Nr. 129.

26,64, und wenn seine ersten Jünger die Herrlichkeit Gottes in seiner Person geschaut, aber sein Reich vermißt haben (Apg. 1,6), so werden wir mit dem frommen Dichter sagen: „Wir sehn dein freundliches Angesicht voll Huld und Gnade wohl leiblich nicht; aber unsere Seele kann's schon gewahren, du kannst dich fühlbar genug offenbaren, auch ungesehn" — in der Gemeinschaft des von ihm gegründeten Reiches Gottes.[1])

d. Dieser Entwickelungsgang im Leben Jesu von der Niedrigkeit zur Hoheit wird auch im Katechismus dargestellt, indem der Text des 2. Art. das Leben Jesu nach den beiden Ständen der Erniedrigung („der empfangen ist . . . niedergefahren zur Hölle") und Erhöhung („am dritten Tage . . . und die Toten") darstellt. Diesen Lebensgang Jesu hält aber Paulus uns zur Mahnung vor, „damit wir gesinnt seien, wie Jesus Christus auch war."

36. Die Lehre von der Person Jesu in der Dogmatik.

Ausführung für den Lehrer.[2])

a. Trotz der Entscheidung des Concils von Chalcedon[3]), welches in Christus den Menschensohn und den Gottessohn in gleicher Weise festzuhalten suchte, war doch die christologische Frage nicht zu einem wirklich befriedigenden Abschluß gelangt, und das war kein Wunder, da das Concil die Einheit der Person Christi doch nur behaupten (mit Recht), aber nicht erklären konnte. Die Kirche des Mittelalters vergaß aber über der Gottesmacht des erhöhten Christus, welche sich fortgehend durch die Hierarchie vermittelte, die geschichtliche Erscheinung desselben; der Gottmensch stand vor der Volksanschauung nur als der „Herrgott", der seine menschliche Vergangenheit völlig vergessen hatte. Aber wenn in Maria die Apotheose der Kirche selbst sich diesem „Herrgott" zur Seite stellte, so zeigte sich deutlich, welches Interesse doch hier für den menschlichen Faktor der Erlösung vorlag; es waren nur äußerlich in besonderen Personen phantastisch neben einander gestellt die Faktoren, deren unmittelbare innere Einheit im Gottmenschen vorausgesetzt wurde; wie diese Nebeneinanderstellung sich ja auch in dem katholischen Ausruf: „Jesus Maria!" zeigt.

b. Dieser Auseinanderhaltung der beiden Naturen gegenüber war es jedenfalls ein bedeutsamer Versuch der deutschen reformatorischen Theologie, mit der Menschwerdung Ernst zu machen, zu zeigen, welche Veränderungen die Menschheit Jesu durch die Verbindung mit dem Logos erfahren habe. So entstand die lutherische Lehre von der communicatio idiomatum, d. h. der Mitteilung der Eigenschaften der einen Natur an die andere, in welcher die von der Kirche stets gelehrte Einheit der gottmenschlichen Person in ihrer Konsequenz aufgefaßt wurde. Durch die behauptete Mitteilung der göttlichen Eigenschaften an die menschliche Natur (nicht aber der menschlichen

---

[1]) Strophe 2 des Liedes von Gregor († 1801 als Bischof der Brüdergemeinde): „Ach, mein Herr Jesu, dein Nahesein."

[2]) Vgl. H. Schmidt (Breslau) in Herzog's theol. Encykl. Bd 14 (Stand, doppelter Christi).

[3]) Vgl. Kirchengesch. Nr. 17.

Eigenschaften an die göttliche Natur) erhielt Christus auch als Mensch Anteil an der Weltregierung, welche ebenso Allwissenheit wie Allmacht erfordert.

Aber wenn dies die natürliche Konsequenz der auf diesem Wege erstrebten Einheit der Person ist, wie soll dann die geschichtliche Erscheinung Christi begriffen werden, dies Leben in irdischer Beschränkung? Diese Frage suchte man durch die Lehre von den beiden Ständen Christi, der Erniedrigung und der Erhöhung, zu beantworten. Aber wie ist eine Erniedrigung Christi möglich? Die Menschwerdung machte ja nach der Lehre von der communicatio idiomatum die menschliche Natur Christi sofort allgegenwärtig, allmächtig und allwissend. Nun hat doch aber der Gottmensch im Stande der Erniedrigung auf den Gebrauch dieser Eigenschaften offenbar verzichtet (wenn er sie überhaupt gehabt hat — was hier natürlich angenommen wird). Darum lehrten auch die reformierten Theologen, damit nicht der Logos auf die göttlichen Eigenschaften während des irdischen Lebens Jesu verzichten müsse, daß nur der Logos im Fleische darauf verzichtet habe, nicht aber der himmlische Logos beim Vater — eine bedenkliche Verdoppelung des Gottessohnes! Die lutherischen Theologen kamen deshalb zum Teil auf den Ausweg, den Besitz der göttlichen Eigenschaften zwar der menschlichen Natur zuzuschreiben, aber den erniedrigten Gottessohn auf den Gebrauch derselben verzichten zu lassen. Aber wie soll man sich denken, daß Jesus die Allwissenheit zwar besessen, aber nicht gebraucht habe? Und mit dem Eintritt des Todes tritt nach dieser Anschauung der Gottmensch von selber wieder auch in den Gebrauch der göttlichen Eigenschaften; die Erhöhung ist danach nicht ein Lohn für die Erniedrigung (wie doch Phil. 2, 9 mit dem διό ausdrücklich gesagt ist), sondern sie ist die Konsequenz der Menschwerdung.

c. So war also die lutherische Christologie weder der H. Schrift gerecht geworden, noch hatte sie vermocht, von der geschichtlichen Person Christi ein widerspruchsfreies Bild zu entwerfen; nach dieser Lehre war Christus allwissend, obwohl er selber sich für nicht allwissend erklärt hatte.[1]) Es mußte darum in der Gegenwart die Forderung aufgestellt werden, daß die Dogmatik dem Lebensbilde, welches die H. Schrift von dem geschichtlichen Christus entworfen hat, gerecht werde. Dieser Forderung suchte die Theologie durch eine schärfere Unterscheidung der Stände des Lebens Jesu gerecht zu werden. Fast alle neueren Theologen[2]) gehen hierbei von der Voraussetzung aus, daß es unmöglich sei, den geschichtlichen Christus zu begreifen, wenn bei der Menschwerdung Christo sofort die göttlichen Eigenschaften mitgeteilt wurden; darum lehrten sie (auf Phil. 2 sich berufend), daß der Logos beim Eintritt in die Welt auf diejenigen göttlichen Eigenschaften verzichtet habe, welche mit dem Leben als Mensch in Widerspruch stehen,[3]) oder sogar, daß der Logos bei der Menschwerdung

[1]) Vgl. das Gegenteil beim Papste, der sich für unfehlbar erklärte, obwohl und als er noch fehlbar war.

[2]) Ausgenommen fast nur Philippi in seiner Dogmatik.

[3]) So Thomasius, Christi Person und Werk.

sich in eine (gleich uns bewußtlose) Menschenseele umgewandelt habe.[1]) Diesen Theologen ist nun freilich entgegengehalten worden, daß sie die Unveränderlichkeit Gottes antasteten[2]), und noch schwieriger dürfte die Frage zu beantworten sein, wie bei dieser Fassung der Erniedrigung das Leben der Dreieinigkeit während des irdischen Lebens Christi, wo also der Sohn nicht beim Vater ist, gedacht werden soll.

d. Wenn so weder die alte Dogmatik noch die sogenannten Kenotiker (Thomasius, Geß) eine allgemein anerkannte Christologie zu schaffen vermocht haben, so gilt das freilich ebenso von der Christologie von Beyschlag, welcher das Rätsel der Person Jesu in folgender Weise zu lösen sucht.

Das N. T. weiß nichts von der Zweinaturenlehre der alten Dogmatik, vielmehr entwirft es sein Christusbild auf dem Grunde der Idee menschlicher Persönlichkeit, indem es das Göttliche, das Jesu zukommt, lediglich als höchste Erfüllung in diese Idee hineinzeichnet. Unter Schleiermacher's Führung hat die neuere Theologie (und ihr gehört Beyschlag's Theorie an) eine Christologie ausgebildet, die man mit einem von ihren Gegnern erfundenen Namen die anthropocentrische nennen kann. Ist der Mensch an sich, wie Paulus den Athenern predigt, göttlichen Geschlechts, so braucht diese Idee des Menschen nur in absoluter Erfüllung, in idealer Verwirklichung gedacht zu werden, um im Idealmenschen den Gottmenschen zu haben, denjenigen Menschen, welcher kraft absoluter Hingabe an Gott der vollkommenen Einwohnung Gottes teilhaftig wird; der in Christus geschichtlich erschienene urbildliche Mensch ist das verwirklichte Ebenbild Gottes, die Selbstoffenbarung des lebendigen Gottes.

e. Ebensoviel Widerspruch hat Ritschl's Christologie erfahren. Ritschl forderte, daß das Verständnis der Person Christi den Ausgangspunkt in seinem Beruf zu nehmen habe, als dem Inbegriff aller seiner Absichten und Erfolge, als dem Ort, von wo aus es möglich sei, sein Verhältnis zu Gott, zur Welt und zu sich selbst zu bestimmen. Das Ziel des Lebenswerkes Christi war aber das Reich Gottes d. h. die Vereinigung des menschlichen Geschlechts in der Liebe zu Gott und dem Nächsten. Da nun das Ziel der göttlichen Weltregierung gleichfalls das Reich Gottes ist, so begreift man, wie Christus hat sagen können: „Alle Dinge sind mir übergeben von meinem Vater", und: „Ich und der Vater sind eins". Die Lehre von der Gottheit Christi gründet sich also auf die erkennbaren Zwecke dieses einzigartigen Daseins, nicht auf seine unerkennbaren Ursachen (wie die alte Theologie es darstellt); nicht in metaphysischem Sinne, nicht als der ewige Hintergrund, sondern als der Inhalt seiner geschichtlichen Person muß die Gottheit Christi aufgefaßt werden.

f. So steht also die Theologie hier vor einer noch ungelösten Frage, und die Schwierigkeit der Sache ist in der H. Schrift treffend bezeichnet, wenn es heißt: „Kündlich, d. i. eingestandenermaßen groß ist das gottselige Geheimnis: Gott ist geoffenbaret im Fleisch" (1. Tim. 3, 16).

---

[1]) So Geß, Lehre von der Person Christi.
[2]) Vgl. Dorner, Dogmatik.

Für den Schüler treten die hier aufgewiesenen Schwierigkeiten in den Hintergrund gegenüber dem von ihm festzuhaltenden Glauben an dieses Geheimnis.[1])

III. Wie ist durch das Wirken und Leiden Jesu Christi die Gemeinschaft der Menschen mit Gott wiederhergestellt worden?

37. Das Werk Jesu Christi im allgemeinen.

Joh. 3, 16.

1. Kor. 1, 30.

Kat. II, 2: Der mich verlorenen .... Unschuld und Seligkeit.

a. Alle Heilsveranstaltungen, welche Gott getroffen hat, beruhen auf seiner den Sündern unablässig zugewandten Liebe (Joh. 3, 16). Aber wenn nun Gott seine Liebesabsichten an den Menschen zur Durchführung bringen wollte, so konnte er um seiner Heiligkeit willen nicht anders, als daß er die Heilsthatsachen so einrichtete, daß mit seiner Liebe zugleich seine Heiligkeit zur Anerkennung gelangte und gewahrt wurde. Der Mensch war aber ein Sünder und fühlte sich von Gott geschieden und mit Schuld belastet. Das Schuldbewußtsein mußte erst aufgehoben werden, ehe der Mensch wieder mit Gott in Gemeinschaft treten konnte. Da das der Mensch nicht selber bewirken konnte (als wäre das Schuldbewußtsein nur ein eitler Wahn, von dem er sich nur zu befreien brauchte, um sofort auch mit Gott versöhnt zu sein), so mußte Gott dem Menschen zuerst Vergebung der Sünden verkündigen, indem ihm die in Christi Tode geoffenbarte Liebe Gottes verkündet wird. Nachdem der Mensch durch den heiligen Geist das Bewußtsein seiner Versöhnung mit Gott erlangt hat, steht er nun wieder in Gemeinschaft mit Gott, und nunmehr schafft der heilige Geist auf Grund der Versöhnung mit Gott in ihm auch ein neues Leben, und damit ist das Ziel der Heilswirksamkeit Gottes am Menschen erreicht: der Sünder ist nunmehr nicht bloß von der Schuld, sondern auch von der Macht der Sünde befreit.

b.[2]) Wenn wir nun nach den Mitteln fragen, durch welche das Himmelreich in die Menschheit gepflanzt wird, so ist in dieser Beziehung eine höchst denkwürdige allmähliche Entwickelung in der Lehre Jesu wahrzunehmen. Der ursprüngliche Gedanke Jesu ist offenbar kein anderer, als daß das Wort Gottes, so wie allerdings nur Er es reden konnte, alles allein ausrichten müsse und könne. Im „Evangelium", d. h. der frohen Botschaft, ist der Welt das Himmelreich selbst nahe gekommen; über alle Wunder geht Jesu das Wort. Zum Gegenstande dieses Wortes macht

---

[1]) Vgl. v. Zezschwitz, Der Katechismus² S. 404: „Die specifisch theologische Frage von der communicatio idiomatum ist aus dem Kreise des Katechumenen-Unterrichts zu verweisen."

[2]) Vgl. Beyschlag, L. J., Bd. I, Abschn. III, 7.

aber Jesus bei den Synoptikern niemals[1]) seine Person, sondern das Himmelreich, welches der Vater den Menschen durch ihn anbieten läßt. Sogar bei Johannes, welcher doch bereits nach der Weise der späteren Predigt der Apostel die Person Jesu in den Mittelpunkt der Heilspredigt stellt, ist doch auch die ursprüngliche Form der Predigt Jesu daneben noch erhalten, so daß selbst noch im hohenpriesterlichen Gebet (Joh. 17) Jesus seine Sendung darein setzt, daß er den Menschen den Namen des Vaters geoffenbart und ihnen die Worte mitgeteilt hat, welche Gott ihm gegeben hat.

Aber die Erfahrung mußte Jesum selber zu einer Fortbildung seiner Lehrweise führen, welche der späteren apostolischen Lehrweise entspricht. In das Wort der frohen Botschaft gefaßt, trat die Vaterliebe Gottes den Menschen entgegen als hohe, herrliche Idee; aber die Idee als solche ergreift zwar den Menschen, aber sie wandelt ihn nicht um; das thut nur die Thatsache, die Erfahrung. Eine erfahrbare Thatsache war aber die Vaterliebe Gottes nur in Jesu, der sie verkündigte; Jesus allein war der Bürge für die Wahrheit seines Wortes, und er war dies dadurch, daß die väterliche Liebe Gottes, die er predigte, in ihm selbst lebte, in seinem Erbarmen gegen die Sünder sich offenbarte. So wurde der Glaube an sein Wort zum Glauben an seine Person. Diesen Übergang in der Predigt Jesu bezeichnet das Wort: „Alles ist mir übergeben von meinem Vater, und niemand kennt den Vater, denn nur der Sohn, und wem der Sohn es offenbaren will“ (Matth. 11, 27s). Die ganze Sache des Gottesreichs zeigte sich gebunden an seine Person und an das persönliche Verhältnis zu ihm. So ruft er denn nunmehr die Sünder nicht mehr bloß zum Hören seines Wortes, sondern zu seiner Person herzu: „Kommet her zu mir alle, die ihr mühselig und beladen seid!“ Nicht sein Wort, sondern er selber ist das Brot des Lebens (Joh. 6). Wenn die Synoptiker fast überall die ursprüngliche Form der Heilslehre Jesu festgehalten haben (doch vgl. Matth. 11, 27—30), so hat Johannes vornehmlich die spätere Form seiner Predigt dargestellt, ohne aber die ursprüngliche ganz zu verdrängen.

Die Predigt von der Bedeutung seiner Person führte aber Jesum auch noch über sein Erdenleben hinaus; er erkannte, daß sein Erdenleben noch die letzte Weihe, die Weihe des Opfers, empfangen müsse, um sein Werk ganz zu vollenden. Er ist ja das Brot des Lebens; aber dies Brot muß gebrochen werden, um von vielen zum ewigen Leben gegessen zu werden. Der vollkommene Erlöser für die Seinen wird Jesus erst durch seinen Tod, welcher für sie das Unterpfand der Gnade Gottes ist und ihnen die Kraft zu einem neuen Leben darbietet. So ist also der Tod Jesu für die Menschen der Grund sowohl der Rechtfertigung, als auch der Heiligung.

c. Indem nun Jesus zunächst durch das Wort wirkt, ist er ein Prophet; der Glaube an seine Person beruht auf dem Glauben an seine messianische Würde, an sein Königtum; in seinem Tode zeigt er sich als

[1]) Matth. 18, 6 steht so vereinzelt da, daß der Ausdruck wohl der späteren Sprache der Gemeinde zugeschrieben werden muß.

Priester. Man faßt also die ganze Wirksamkeit Christi richtig zusammen, wenn man Christum als Propheten, als König und als Priester betrachtet; ja, das N. T. faßt einmal selber (1. Kor. 1, 30) die Wirksamkeit Jesu so zusammen, daß man in diesem Worte die drei Ämter Christi wenigstens finden kann, indem es heißt: „Christus ist uns gemacht von Gott zur Weisheit (Prophet) und zur Gerechtigkeit (Priester) und zur Heiligung (König) und zur Erlösung" (Erweiterung des dritten Begriffs).

Schon das A. T. zeigt diese drei Ämter als im Volke Gottes vorhanden, und die Zukunft des Gottesreiches wird in demselben abhängig gemacht von dem Wirken eines vollkommenen Propheten, Priesters und Königs, obwohl freilich das A. T. nichts davon weiß, daß alle Weissagungen in dem einen Jesus von Nazareth in Erfüllung gehen.

In unserm Katechismus tritt allerdings das prophetische Amt Jesu gänzlich zurück hinter dem priesterlichen Amte („der mich verlorenen . . . Leiden und Sterben"); aber wenigstens das königliche Amt kommt daneben noch zur Geltung, indem auf das Reich Jesu hingewiesen wird („auf daß ich . . . Unschuld und Seligkeit"). „Trotzdem ist die Lehre vom dreifachen Amte dem Katechismus-Unterrichte zu erhalten; von ihm als Propheten verkündigt und mit priesterlichem Leiden erstritten, hat Jesus sein Königtum in der Himmelfahrt angetreten, um es durch den heiligen Geist der vollendeten Erfüllung entgegenzuführen."[1])

38. Jesus als Prophet[2]).

„Nachdem Gott vor Zeiten manchmal und mancherlei Weise zu den Vätern geredet hat durch die Propheten, hat er am letzten in diesen Tagen zu uns geredet durch den Sohn" (Hebr. 1, 1) — ein Prophet ist also Jesus zunächst gewesen. Seine Landsleute „hielten ihn für einen Propheten" (Matth. 21, 46); „ein großer Prophet ist unter uns auferstanden" (Luk. 7, 16), sagen die Leute bei der Auferweckung des Jünglings von Nain; „das ist Jesus, der Prophet von Nazareth aus Galiläa" (Matth. 21, 11), sagen die Menschen, als er in Jerusalem einzieht. Und Jesus mußte ihnen ja zunächst für einen Propheten gelten. Vom Messias erwartete man die Aufrichtung des Gottesreiches, Jesus schien doch das Gottesreich nur zu verkündigen, wenn er, des Täufers Wort aufnehmend, predigte: „Thut Buße, denn das Himmelreich ist nahe herbeigekommen"; daß mit der Predigt des Himmelreichs auch die Gründung desselben verbunden sei, haben seine Jünger erst später erkannt. Petrus zwar sieht in ihm den Messias, den Gründer des Gottesreiches, das Volk aber nur einen Propheten (Matth. 16, 14). Wie nun Jesus als Prophet vom Reiche Gottes gepredigt hat, darf (und muß aus Mangel an Zeit beim Unterricht) hier als bekannt vorausgesetzt werden; „er predigte gewaltig und nicht

---

[1]) Vgl. v. Zezschwitz, der Katechismus,[2] S. 495.

[2]) Bei diesem Abschnitte wird der Lehrer auf die Lektüre bibl. Abschnitte verzichten müssen (aus Mangel an Zeit) und verzichten können, da in der Heil. Geschichte die Wirksamkeit Jesu als Prophet den Schülern durch umfassende Bibellektüre bekannt geworden ist, vgl. meine Heil. Gesch. Nr. 110—113.

wie die Schriftgelehrten" (Matth. 7, 29). Zu der Predigt vom Reiche Gottes gehört natürlich auch die Weissagung, die ja auch in der Predigt Jesu nicht fehlt. Jesus schaut als Prophet auch in die Zukunft der Wege Gottes, aber freilich auch er nicht als ein Allwissender, sondern in der Weise aller Propheten; auch ihm steht die ganze Zukunft nur in einem Bilde vor Augen (der Untergang Jerusalems und das Ende der Welt liegen auch für Jesus mehr neben einander, als nach einander, nicht durch Jahrtausende von einander geschieden), und Zeit und Stunde der Vollendung der Welt bekennt er nicht zu wissen — eine Warnung für die Ausleger der Offenbarung Johannis, die aber nicht beachtet worden ist. Und eine Predigt Jesu sind auch seine Wunder, an die zu glauben wir berechtigt sind[1]) — Thaten der Liebe und Verkünder der neuen Ordnung der Welt in dem vollkommenen Gottesreiche, welches aufzurichten ja die Aufgabe Jesu war, wo „der Tod nicht mehr sein wird und kein Leid noch Geschrei noch Schmerzen mehr sein werden" (Off. Joh. 21, 4). Und endlich gehörte zur Predigt Jesu auch sein Leben und Leiden, ein Leben in ungetrübter Gemeinschaft mit Gott, ohne Sünde, aber doch im Kampfe mit der Sünde, im Gehorsam gegen Gott, aber in lernendem Gehorsam (Hebr. 5, 8), ein Leiden ohne Murren, in Ergebung an Gott — ein Vorbild für seine Jünger und für alle Völker und Zeiten, herrlicher als das Leben aller anderen Religionsstifter.

Fürwahr, ein großer Prophet ist in Jesus unter den Menschen erstanden, ein Prophet, mächtig in Worten und Thaten (Luk. 24, 19), ein Prophet, dessen Leben mit seiner Lehre vollständig übereinstimmte, und dessen Worte waren „Worte des ewigen Lebens" (Joh. 6, 68), gerichtet auf die Wiederherstellung der Gemeinschaft des Menschen mit Gott.

Und dies Ziel ist durch die Predigt Jesu erreicht worden und wird immer mehr erreicht; Jesu prophetische Thätigkeit findet ja ihre Fortsetzung in der Lehrthätigkeit seiner Jünger, und wie einst durch die Predigt von Jesus die Kirche gegründet worden ist, so wird sie auch noch heute geleitet durch die auf der Predigt Jesu beruhende Lehre der Apostel, in welcher wir allezeit bleiben sollen[2]) und die evangelische Kirche ja auch zu bleiben sich ernstlich bemüht.

39. Jesus als König.[3])

Jesus mußte vor allen Dingen als Prophet auftreten und vom Reiche Gottes predigen. Aber nicht bloß darum ist Jesus größer als die Propheten der Juden und die Philosophen der Heiden, weil er von dem Reiche Gottes besser als sie gepredigt hat, sondern weil er, als der König des Gottesreiches, der Messias, dasselbe gegründet hat. Auch die Philosophen der Heiden haben mehr oder weniger ähnliche Grundsätze für die Frömmigkeit aufgestellt, wie Jesus; aber eine Gemeinde von frommen Menschen haben sie nicht zu stiften vermocht. Die Propheten

[1]) Vgl. meine Heil. Gesch. Nr. 99 u. 14.
[2]) Vgl. Apg. 2, 42.
[3]) Auch hier wird aus Mangel an Zeit auf die Lektüre biblischer Abschnitte verzichtet.

der Juden haben noch deutlicher, als die heidnischen Philosophen, das Wesen der wahren Frömmigkeit erkannt, und Moses hat auch ein Gottesreich im Volke Israel begründet. Aber das israelitische Gottesreich war doch nur eine Vorbereitung für das christliche, vollkommene Gottesreich.* Erst Christus hat sowohl das wahre Wesen des vollkommenen Gottesreiches einerseits richtig erkannt und verkündet, und andrerseits das Gottesreich in der Menschheit so begründet, daß es nicht mehr zu Grunde gegangen ist.

Daß nun Jesus schon auf Erden der König des Gottesreiches war, welches er durch seine Predigt gründete, das haben allerdings zunächst nicht einmal seine Jünger erkannt; aber Petrus rang sich doch zu der Erkenntnis empor (Matth. 16), daß Jesus der Messias d. h. der gottgesalbte König des Gottesreiches sei, und Christus erklärte vor dem Hohenpriester, daß man des Menschen Sohn von nun an werde sitzen sehen zur Rechten der Kraft und kommen auf den Wolken des Himmels (Matth. 26,64); zur Rechten Gottes sollte aber der Messias als König des Gottesreiches erhoben werden (Ps. 110, 1). Aber allerdings nicht im Sinne des A. T. ist Jesus ein König gewesen, wenigstens nicht im Sinne seiner Zeitgenossen; auch ihnen gilt, was er dem Pilatus sagt: „Mein Reich ist nicht von dieser Welt" (Joh. 18, 36). Sie erwarteten, daß der Messias alsbald bei seinem Auftreten das vollkommene Gottesreich aufrichten werde, und das hat Jesus nicht gethan; denn ein derartiges Reich wäre auch nur ein irdisches Reich gewesen, größer als David's Reich, aber nicht ein Himmelreich; das Reich Jesu sollte aber ein inneres, geistiges Reich werden, in welchem Gott wirklich in den Herzen der Menschen herrschte. Ein solches Reich konnte nur allmählich gegründet werden, wie das Jesus in seinen Gleichnissen zeigt; das Ziel seiner Predigt war allerdings die Aufrichtung des vollendeten Gottesreiches, aber damit hat seine Wirksamkeit nicht begonnen, sondern sie wird damit enden.

So war also Jesus ein König, aber ein König in unscheinbarer Gestalt, in Niedrigkeit, mehr einem Propheten gleichend als einem König; aber er war dennoch ein König, und er hatte ein Reich, aber ein Reich, welches aus einem kleinen Senfkorn nur allmählich zum großen Baum erwuchs. Gleich sein erstes Predigtwort wies auf das herannahende Himmelreich hin (Matth. 4, 17); im kleinen Kreise seiner Jünger gründete Jesus auch das Himmelreich, und in seinen Jüngern besaß er die ersten Bürger seines Reiches. Freilich auf Erden kann er nicht bleiben, um sein vollkommenes Reich selber aufzurichten und als sichtbarer König zu regieren; er muß sterben, um viele Frucht zu gewinnen (Joh. 12, 24). Aber nachdem er sich nun erniedrigt hat zum Tode, ja zum Tode am Kreuz, da hat ihn Gott auferweckt und erhöht und zum Herrn gemacht über alles (Phil. 2, 9—11), so daß er bei der letzten Trennung von seinen Jüngern sagen kann: „Mir ist gegeben alle Gewalt im Himmel und auf Erden, siehe, ich bin bei euch alle Tage bis an der Welt Ende" (Matth. 28, 18—20). Und er war bei ihnen in dem Tröster, den er ihnen als seinen Stellvertreter verheißen hatte (Joh. 16, 12—15), im heiligen Geiste, welcher das Reich Gottes auf Erden leitet und besser als der Papst, der das nicht vermag, die Christen in alle Wahrheit leiten wird (Joh. 16, 13). Und dereinst wird nun dies unscheinbare Gottesreich allerdings verwandelt werden in das herrliche Gottesreich (Off. 21, 1—4), von welchem die Propheten geweissagt haben, und dann werden in Christus alle Verheißungen des A. T. erfüllt sein. Aber das vollkommene Gottesreich ist nicht der Anfang, wie noch Johannes der Täufer erwartete,[1]) sondern das Ende der Wege Gottes.

40—43. Der Tod Jesu; Jesus als Priester.

40. Einleitung und Vorbemerkung für den Lehrer.

Zum himmlischen Königsthron ist aber Jesus nur durch den Tod gelangt; warum mußte Christus sterben, und welche Bedeutung haben wir dem Tode Christi zuzuschreiben? - Die Beantwortung dieser Fragen führt uns auf eine neue Seite der Wirksamkeit Christi, auf die Erkenntnis seines Priesteramts.

Die Schule wird sich aber bei der Behandlung dieser Frage zunächst, natürlich in engerem Kreise, dieselbe Aufgabe stellen, welche die Wissenschaft zu lösen hat (vgl. Kühl, Heilsbedeutung des Todes Christi 1890, S. 1), „die verschiedenen Deutungsversuche des Heilstodes Christi, welche im N. T. vorliegen, zur Darstellung zu bringen". Wenn nun die Wissenschaft erklärt, daß es „kaum bei einem andern Dogma so unmöglich sein wird, wie bei diesem, durch reine Reproduktion der biblischen Aussagen zu einer einheitlichen Anschauung zu gelangen" (H. Schmidt [Breslau], Theol. Encykl. Bd. 16² S. 395), so wird es also auch der Schule nicht verargt werden können, wenn sie das Hauptgewicht auf die Darstellung der einzelnen biblischen Gedankenkreise legt, und die Zusammenfassung derselben zu einem Ganzen nur in zweiter Linie als ihre Aufgabe betrachtet. Der Schüler soll auch hier vor allem die wertvollen biblischen Gedanken kennen lernen, wenn auch die wissenschaftliche Zusammenfassung dem Lehrer nicht ganz gelingen sollte. Sodann aber soll der Lehrer beachten, was Wiese sagt (Bildung des Willens⁵, S. 52): „Die geheimnisvolle Tiefe der Lehre von der Rechtfertigung durch den Glauben und von der stellvertretenden Genugthuung zu fassen, ist der natürliche Mensch unfähig; es gehört so viel inneres Erleben dazu, sie sich anzueignen, daß in der Jugend nur ein ahnendes Verständnis möglich ist."

41. Die Weissagung des A. T.

Hebr. 9, 12; Jes. 43, 21—25; Jer. 23, 5—6.

Das Volk Israel war zwar bereits das Volk Gottes, aber doch nur in unvollkommener Weise; noch bedurfte es auch für Israel eines Priestertums, welches durch stets wiederholte Opfer die gestörte Gemeinschaft zwischen Gott und Volk wiederherstellen sollte und doch nur in sinnbildlicher Weise herstellen konnte, denn „durch der Böcke und der Kälber Blut konnte nicht eine ewige Erlösung erfunden werden" (Hebr. 9, 12).

Nun haben allerdings schon die Propheten erkannt, daß die Opfer als äußerliche Handlungen nicht in Wahrheit Gottes Zorn stillen können; aber wie sollte dem Sünder geholfen werden?

---

[1]) Vgl. H. Gesch. Nr. 103 a.

Die Weissagung des A. T. weiß nichts von einem leidenden und sterbenden Messias; der Messias erscheint im A. T. überall nur als König, und das messianische Heil ist durch diesen König vermittelt hinsichtlich aller Segnungen, welche dem Volke Gottes durch die vollständige Übernahme des königlichen Regimentes und die volle Geltendmachung des königlichen Willens Jehovah's zu teil werden. Nirgends jedoch wird dem Messias eine die Sündenvergebung vermittelnde und die sittlich-religiöse Erneuerung der Herzen wirkende Berufsthätigkeit zugeschrieben. Aber das A. T. verkündet allerdings, daß Gott im Neuen Bunde die Entsündigung seines Volkes auf eine vollkommenere Weise, als sie durch die Opfer des Alten Bundes bewirkt wurde, herstellen und durch eine Erlösungsthat, welche herrlicher sein werde als die Ausführung aus Ägypten, die vollkommene Gemeinschaft zwischen Gott und der Menschheit zu stande bringen werde. Dann wird Gott selber sein Volk in den Zustand vollendeter Gerechtigkeit versetzen (Jes. 43, 21—25), und das Volk wird Gott preisen als den Herrn, der seine Gerechtigkeit ist (Jer. 23, 5—6).

In welcher Weise aber diese Gerechtmachung (Jes. 53, 11) des ganzen Volkes erfolgen werde, das konnten die Israeliten höchstens aus Jes. 53 ahnen, wonach das Volk Israel um eines gerechten, die Schuld der Gesamtheit tragenden Gottesknechtes willen die Gerechtigkeit erlangen sollte. Aber dieser Abschnitt hat in dem jüdischen Messiasbilde keine Rolle gespielt.

42. Der Tod Jesu und der Glaube an den Gekreuzigten.

Mt. 16, 21. Luk. 24, 19—21. Apg. 2, 22—24.

Nicht mit dem Gedanken, daß er sterben müsse, hat Jesus sein Werk auf Erden begonnen, sondern mit der Hoffnung, das vollkommene Gottesreich auf Erden herstellen zu können. Aber je mehr Jesus die Feindschaft seines Volkes erfuhr, desto deutlicher erkannte er, daß auch ihm, wie den früheren Gesandten Gottes, der Tod bevorstehe (Mt. 21, 37—39). Wenn er auch bis zuletzt hoffen konnte, daß des Vaters Macht und Weisheit im stande sei, andere Wege für die Verwirklichung seiner Heilszwecke zu finden (Mark. 14, 35—36), so wurde es ihm doch, besonders seit dem Bekenntnis des Petrus, immer deutlicher, daß der Tod für ihn eine Notwendigkeit sei, und so hat Jesus seit dieser Zeit seinen Tod seinen Jüngern immer aufs neue vorausgesagt (Mt. 16, 21). Trotzdem waren sie bei seinem Tode bestürzt und verzagt, da doch nach ihrer auf dem A. T. beruhenden Meinung der Messias nicht sterben konnte. Als er nun wirklich gestorben war und, wie die beiden Jünger auf dem Wege nach Emmaus sagten, nun schon der dritte Tag war, daß er gestorben war, so wagten sie nicht mehr zu hoffen, daß er als Messias das Volk Israel erlösen werde (Luk. 24, 19—21). Von diesem Zweifel wurden sie aber durch die Auferstehung Jesu befreit.

Als nun die Jünger anfingen von Jesu zu predigen, da hatten sie natürlich vor allem den Einwand der Juden zu bekämpfen, daß ein Gekreuzigter unmöglich der Messias sein könne; für die Juden war der Gekreuzigte ein Ärgernis (1. Kor. 1, 23). Dem gegenüber wiesen die Apostel bei ihren

Predigten immer wieder darauf hin, daß der Tod Jesu schon im A. T. vorher verkündet sei (Apg. 2, 23. 3, 18. 4, 28), wie ja auch Jesus selbst seine durch seinen Tod erschreckten Jünger auf dem Wege nach Emmaus auf die Weissagung hingewiesen hatte. Aber daß der Tod Jesu nicht bloß eine schon vorhergesagte Fügung Gottes sei, sondern auch eine Heilsbedeutung habe, dieser Gedanke tritt in der ältesten Predigt der Apostel noch nicht hervor; die Apostel wiesen zunächst nur darauf hin, daß der Tod Jesu den Glauben an Jesum nicht zu hindern brauche, denn durch die Auferstehung und durch die Geistesausgießung sei Jesus dennoch aller Welt als der Messias erwiesen (Apg. 3, 15. 4, 10. 5, 30), und seine bald zu erwartende Wiederkunft zur Aufrichtung des messianischen Reiches werde allen Zweifel an seiner Messiaswürde zerstreuen (Apg. 3, 20—21. 10, 42—43).

So ist also nach der ältesten Predigt der Apostel für Jesum „sein Heilandsberuf Ursache aller Leiden geworden; die Übel, in welchen sich Gottes Zorn wider die sündige Menschheit vollzieht, hat er in der mit seinem Heilandsberuf gesetzten Weise erlitten.“[1]) Durch die Auferstehung Jesu ist der Tod für ihn selber überwunden und der Anstoß für seine Jünger beseitigt worden; aber eine besondere Heilsbedeutung wird dem Tode Jesu in den ältesten Predigten der Apostel allerdings noch nicht beigelegt.

43. Die Heilsbedeutung des Todes Jesu nach der Predigt Jesu und der Apostel.

Aber der Tod Jesu ist nicht bloß eine göttliche Zulassung oder Fügung, beruhend auf den geschichtlichen Verhältnissen, indem Jesus der Feindschaft der Juden und der Gottlosigkeit der Heiden erlag, sondern der Tod Jesu entspricht auch einem göttlichen Ratschluß und hat auch eine Bedeutung für unser Heil; denn wenn Jesus sterben mußte, so mußte sein Tod auch den Heilsabsichten Gottes mit der Menschheit dienen.

Welches ist nun die Heilsbedeutung des Todes Christi?

a. 2. Mose 24, 7—8. Hebr. 9, 19—22. Mt. 26, 28. 1. Petr. 1, 2. Hebr. 9, 15—28. Röm. 3, 21—26.

Den Aposteln lag es unzweifelhaft am nächsten, den Heilswert des Todes Christi nach der Idee des ATlichen Sühnopfers zu bestimmen. Wenn also die Apostel Christum für uns (ὑπὲρ ἡμῶν) gestorben sein lassen, so haben sie sich wohl immer die Wirkung des Todes Christi nach dem Vorbilde des ATlichen Sühnopfers gedeutet. Aber meistens bleiben die Apostel nicht beim Sühnopfer im allgemeinen stehen, sondern sie ziehen zur Deutung des Heilswertes des Todes Jesu die Analogie des nur einmal dargebrachten sinaitischen Bundesopfers und des alljährlich dargebrachten großen Versöhnungsopfers, beide als Sühnopfer gedacht, heran, in der Erkenntnis, daß durch den Tod Christi ein neuer Bund Gottes mit den Menschen geschlossen worden ist, und daß im Versöhnungsopfer Christi das Versöhnungsopfer des Alten Bundes erst zur Erfüllung gekommen ist, so daß

---

[1]) So v. Hofmann, Schutzschrift 2, 103. (Hier ist diese Darstellung Hofmann's unzweifelhaft richtig.)

durch das Sühnopfer des Todes Christi der Mensch nun wirklich von der Schuld der Sünde befreit wird, was durch die ATlichen Opfer doch eigentlich nicht erreicht wurde.

Auf diese Deutung des Todes Christi, als des Bundesopfers des Neuen Bundes, wurden aber die Apostel geführt durch die Einsetzungsworte des heiligen Abendmahls, aus welchen sie wohl zuerst die Bedeutung des Todes Christi erkannt haben. Besonders deutlich hat nämlich Jesus selber bei der Einsetzung des h. Abendmahls auf die Notwendigkeit und die Bedeutung seines Todes hingewiesen (Mt. 26, 28). Wenn sein Leib für uns gebrochen und sein Blut für uns vergossen wird, so wird nach diesen Worten das Blut Jesu, als Blut des (neuen — vielleicht nur Zusatz, aber richtig) Bundes, für viele vergossen. Wie Gott mit dem Volke Israel am Berge Sinai den Alten Bund geschlossen hat, nachdem dasselbe zum Gehorsam verpflichtet und durch das sühnende Blut eines Bundesopfers, mit welchem sie von Moses besprengt wurden, von der Sündenschuld gereinigt worden war (2. Mose 24, 7—8, und Hebr. 9, 19—22), so wird durch den Tod Jesu unsere Sündenschuld von uns genommen, und durch das Blut des Neuen Bundes, „zur Vergebung der Sünde vergossen" (Mt. 26, 28), treten wir in den Neuen Bund ein, so daß wir nun der vergebenden Liebe Gottes gewiß sein können. So sind nunmehr die Christen „erwählte Fremdlinge zur Besprengung des Blutes Jesu Christi" (1. Petri 1, 2), d. h. erwählt zum Eigentumsvolke des Neuen Bundes (Jer. 31, 31—34).

Diesen Gedanken hat besonders der Verfasser des Hebräerbriefes weiter ausgeführt. Wenn nämlich das Christentum als der Neue Bund betrachtet wurde, so lag nichts näher, als in dem Opfer, worauf derselbe beruhte, das Stiftungsopfer des Neuen Bundes zu sehen. Mit dieser Anschauung schließt sich ja der Hebräerbrief an die Stiftungsworte Jesu beim h. Abendmahl an, die er offenbar als bekannt voraussetzt: „Das ist mein Blut des Bundes, welches für viele vergossen wird" (Mark. 14, 24 Urtext). In der hier besonders in Betracht kommenden Stelle (Hebr. 9, 15—28) erörtert der Verf. zunächst die Frage, weshalb der Tod Jesu notwendig war, um ihn zum Bundesmittler zu machen, und indem er an die Doppelbedeutung des Wortes διαϑήκη (Bund und Vermächtnis) anknüpft, betrachtet er den Neuen Bund als ein Vermächtnis, welches Jesus den Seinen hinterlassen hat. Ein Vermächtnis tritt aber erst in Kraft beim Tode des Erblassers; so mußte auch Chistus sterben, um uns zum Erben seines Vermächtnisses zu machen (9, 16—17). Den tieferen Grund aber der Notwendigkeit des Todes Jesu findet der Hebräerbrief in der Vorbildlichkeit der Stiftung des Alten Bundes, wobei das Bundesbuch, das Bundesvolk und das Bundeszelt mit Opferblut besprengt wurden (9, 18—21), wie in der allgemeinen Ordnung des A. T., wonach nur durch Opferblut die Reinigung von der Sündenschuld gewonnen werden konnte (9, 22). Was das Tieropfer niemals vermocht hat, das bewirkte das Opfer Jesu, nämlich die wirkliche Tilgung der Sündenschuld und die Wiederherstellung der Bundesgemeinschaft mit dem Vater im Himmel. Durch dieses Opfer, welches nur einmal gebracht zu werden brauchte (9, 26—28), sind die Christen vollendet und geheiligt (10, 14), d. h., um mit Paulus zu sprechen, gerechtfertigt, von der Sündenschuld freigesprochen (vgl. Hebr. 10, 11 u. 18), und auf Grund der durch den Tod Jesu gewonnenen Sündenvergebung kann nun der Christ auch die Vollendung seines Heils von Gott erwarten (9, 28).

Andrerseits gehen die Apostel, um die Bedeutung des Todes Christi zu erklären, vom großen Versöhnungsopfer aus; so wiederum der Hebräerbrief und besonders auch Paulus (Röm. 3, 21—26).

Nachdem nämlich Paulus im Römerbriefe gezeigt hat (1, 18—3, 20), daß alle Menschen, Heiden und Juden, gleichmäßig unter der Sünde stehen und aus Gesetzeswerken nicht gerecht werden können (3, 23), weist er (3, 21—26) auf eine in der Gegenwart (νυνί) eingetretene Kundgebung Gottes hin, durch welche für die Menschen Gerechtigkeit gewonnen werde. Nicht vom Gesetz wird diese Gerechtigkeit bewirkt, obwohl sie im Gesetz (d. h. in der Weissagung der h. Schrift) schon verheißen war, sondern sie beruht auf dem Glauben an Jesus Christus (dreimal wird in V. 22 auf den Glauben hingewiesen, um den Unterschied der Glaubensgerechtigkeit von der Gesetzesgerechtigkeit recht hervorzuheben). Gott hatte nämlich bis dahin infolge seiner Langmut die Sünden der Menschheit ungestraft gelassen (πάρεσις V. 25), und es konnte so scheinen, als ob er auf die (volle) Ausübung seiner Gerechtigkeit verzichtet habe, also eigentlich nicht mehr gerecht sei; gar mancher ließ sich (damals wie heute: 2, 4) durch diese Langmut Gottes nicht zur Buße, sondern zur Sünde verlocken. Nun gab es aber zur Erweisung seiner Gerechtigkeit[1]) einen doppelten Weg. Gott konnte entweder alle Sünder dem verdienten Tode überliefern, so daß niemand gerecht geworden wäre. Oder er konnte zwar seine Gerechtigkeit ebenfalls erweisen, aber so, daß die Menschen trotz ihrer Sünde nicht verdammt wurden. Wie hat Gott beides zugleich erreicht, die Erweisung seiner Gerechtigkeit und die Errettung der Sünder? Das hat Gott erreicht, indem er auf Grund seiner Gnade die Menschen ohne Verdienst (δωρεάν) für gerecht erklärte, d. h. ihnen Vergebung der Sünde schenkte (so die evang. Auslegung des δικαιοῦν gegenüber der katholischen: gerecht machen), und zur Offenbarung seiner Gerechtigkeit (V. 26) in dem Tode Jesu der Welt ein (durch den Glauben) wirksames Sühnmittel hinstellte.[2])

---

[1]) Röm. 3, 25 ist die einzige Stelle des N. T., in welcher die Gerechtigkeit Gottes zu dem Heilstode Christi in Beziehung gesetzt wird.

[2]) Die gewöhnliche Auslegung findet hier nun (nach Anselm — vgl. unten Nr. 44 c.) den Gedanken ausgedrückt, daß die Strafgerechtigkeit Gottes ihre Befriedigung darin gefunden habe, daß die vom Gesetze geforderte Strafe an dem unschuldigen Christus statt an den schuldigen Menschen vollzogen worden sei, wie an dem Opfertier im Alten Bunde die vom Sünder verdiente Strafe vollzogen worden sei. Gegen diese Fassung der im Tode Christi geschehenen Versöhnung bemerken andere (Ritschl, Weiß, Frank): „Es war eine Verirrung, wenn man Christus die Strafe erduldet haben ließ, welche der gefallene Mensch als unerlöster zu erdulden gehabt haben würde“ (Frank, chr. Wahrheit² II, 188). „Wie im ATlichen Sühninstitut nicht daran gedacht ist, daß am Opfertier die vom Sünder verdiente Strafe vollstreckt werde, so ist auch hier nicht daran zu denken, daß Gott seine Gerechtigkeit erwiesen habe, indem er die vom Gesetz geforderte Strafe an Christus vollzog. Er erwies vielmehr seine Gerechtigkeit durch die Aufstellung eines Sühnmittels, und wenn der gerechte Gott selbst dies Sühnmittel aufstellt, so versteht es sich von selbst, daß durch dies Sühnmittel der Gerechtigkeit genuggethan ist — obwohl hier nicht

Um nämlich die Menschen von der Sünde zu erlösen, stellte Gott Jesum vor aller Augen (προέθετο) als ἱλαστήριον hin.

Wenn Luther dieses Wort richtig mit „Gnadenstuhl" übersetzt hat, so meint er damit den Deckel der Bundeslade, an welchen, als an den Thronsitz Gottes, vom Hohenpriester am Versöhnungstage das Opferblut gesprengt wurde, und welcher darum als Träger der göttlichen Gnade (und Stuhl d. i. Sitz des gnädigen Gottes)[1]) betrachtet wurde. Dieser Deckel (Kapporeth = Sühndeckel) heißt nämlich in der LXX ἱλαστήριον, und so ist das Wort auch hier zu verstehen.

Was für den Juden beim großen Versöhnungsopfer der Deckel der Bundeslade war, aber auf Grund der Besprengung mit Tierblut, das ist für den Christen Christus, welcher sein eigenes Blut für uns vergossen hat, und durch dessen Tod uns das Heil zu teil wird, aber nicht auf Grund der von uns gethanen Werke des Gesetzes, sondern auf Grund des Glaubens. Während nun früher niemand das Gesetz erfüllen konnte, kann jetzt jeder glauben, und so kann jetzt jeder Mensch vor Gott gerecht werden.

Aber warum nun der Tod Christi, wenn man ihn als Sühnopfer betrachtet (was sowohl das Bundesopfer als das Versöhnungsopfer ist), eine größere Bedeutung habe, als die ATlichen Sühnopfer, das läßt sich vom A. T. aus nicht begreifen.

b. Ps. 49, 8—9. Mark. 8, 36—37. 10, 45.
1. Tim. 2, 5—6. 1. Petr. 1, 18—19. Hebr. 9, 13—14.
Phil. 2, 8. Joh. 10, 17—18.

β. Der Betrachtung des Todes Christi als eines Sühnopfers tritt nun eine zweite Betrachtung zur Seite, nämlich die Betrachtung dieses Todes als eines Lösegeldes.

Die Menschen sind der Sünde verfallen, und „kann doch ein Bruder niemand erlösen noch Gotte für ihn ein Lösegeld geben (genauere Übersetzung); denn es kostet zu viel ihre Seele zu erlösen; er muß es lassen anstehen ewiglich" (Ps. 49, 8 – 9). So hatte schon der ATliche Sänger gesprochen, und damit in Übereinstimmung hat Christus gesagt: „Was hülfe es dem Menschen, wenn er die ganze Welt gewönne und nähme an seiner Seele Schaden? Denn was kann der Mensch geben, damit (d. h. womit) er seine Seele löse?" (Mark. 8, 36—37). Aber was die gewöhnlichen Menschen nicht vermochten, sich selber oder ihre Mitmenschen aus der Knechtschaft des Sündenzustandes zu befreien, das hat Christus vermocht, welcher von sich sagen durfte: „Des Menschen Sohn ist nicht gekommen, daß er ihm dienen lasse, sondern daß er diene

---

gesagt ist, warum gerade durch dieses Sühnmittel seine Gerechtigkeit befriedigt wird" (Weiß); vgl. auch unten d.

[1]) „Stuhl" bezeichnet bei Luther den Sitz, der jemand in seinem Amte zukommt (Herrscherstuhl u. s. w.); so sieht also Luther bei seiner Übersetzung (Gnadenstuhl statt Sühndeckel) den Bundesladendeckel als den Sitz des gnädigen Gottes an, wie er ja auch einmal sagt: „Gott hat seinen Rechtstuhl um unsertwillen zum Gnadenstuhl gemacht."

und gebe sein Leben zum Lösegelde (genauere Übersetzung des dem hebr. Worte in Ps. 49, 8 entsprechenden griech. Wortes λύτρον) für viele" (Mark. 10, 45). Das Lösegeld ist ein in einer wertvollen Gabe oder Leistung bestehendes Befreiungsmittel aus einem Zustande, dem jemand verfallen ist. Der Zustand, dem der Mensch verfallen ist, ist die Gefangenschaft des Todes, als Strafe der Sünde. Gott ist nun nicht verpflichtet, für den Menschen ein Lösegeld anzunehmen; wenn er es thut, so beruht dies Thun auf seiner Gnade (ebenso wie beim Sühnopfer). Wenn Gott aber ein Lösegeld annimmt, anstatt dem Todesverhängnis seinen freien Lauf zu lassen, so muß in dem Lösegelde etwas enthalten sein, was ihn von der Strafverhängung absehen läßt. Das Lösegeld Christi bestand nun in der Hingabe seines Lebens; wenn durch den Tod Christi, als Sühnopfer betrachtet, die Schuld der Sünde aufgehoben wird, so wird durch den Tod Christi, wenn er als Lösegeld betrachtet wird, die Folge der Sünde, das Todesverhängnis, aufgehoben.

Auf diesem Worte Christi selber beruht es, wenn es 1. Tim. 2, 5—6 heißt: „Es ist ein Gott und ein Mittler zwischen Gott und den Menschen, nämlich der Mensch Christus Jesus, der sich selbst gegeben hat für alle zur Erlösung" (ἀντίλυτρον ὑπὲρ πάντων, Lösegeld für alle, = λύτρον ἀντὶ πολλῶν Mark. 10, 45). Und wie wertvoll dies Lösegeld sei, zeigt Petrus (I, 1, 18—19) in dem bekannten (im Katechismus benutzten Worte): „Wisset, daß ihr nicht mit vergänglichem Silber oder Gold erlöset seid von eurem eitlen Wandel nach väterlicher Weise (der ja doch eine Folge und eine Strafe der Sünde war), sondern mit dem teuren Blute Christi, als eines unschuldigen und unbefleckten Lammes."

Der Tod Christi hat also in Gottes Augen einen so hohen Wert, daß Gott um seinetwillen solche Folgen für den Menschen eintreten ließ.

Der hohe Wert dieses Todes beruht aber nach der Bibel darauf, daß Christus, wie es im Hebräerbriefe heißt (9, 13—14), nicht mit fremdem, sondern mit dem eigenen Blute ins Allerheiligste eingegangen ist. Mit diesem Opfer ist er Gott bis zum Tode gehorsam geworden, ja zum Tode am Kreuz (Phil. 2, 8), und darum liebt ihn der Vater, weil er sein Leben freiwillig in den Tod gegeben hat (Joh. 10, 17—18). Als eine That des Gehorsams gegen Gott ist also der Tod Christi nach der Bibel in Gottes Augen so wertvoll, daß er um ihretwillen die Menschen von den Folgen der Sünde befreit.

Aber warum nun durch diese Gehorsamsthat Christi die Menschheit von der Sünde erlöst wird, das hat sich aus dieser Betrachtung noch nicht ergeben.

c. Jes. 52, 13—53, 12. Luk. 22, 37. 1. Petr. 2, 21—25.
2. Kor. 5, 21. Gal. 3, 13.

Die Beantwortung dieser Frage ergiebt sich nun aus einer dritten Betrachtung des Todes Christi, nämlich aus der an Jes. 53 anknüpfenden Idee des im Tode Christi stattfindenden stellvertretenden Sündetragens.

Der in Jes. 53[1]) gezeichnete Knecht Gottes hat nach der Predigt dieses (exilischen) Propheten den Beruf, Gottes Wahrheit in Israel zu

[1]) Vgl. H. Gesch. Nr. 75 Bb und 67.

bezeugen und Gottes Heil bis zu den Enden der Erde zu bringen, und er erfüllt diesen Beruf unter Schmach und Verfolgung in Treue bis zum Tode. Ja, selber schuldlos, nimmt er als priesterlicher Vertreter des dem Zorne Gottes verfallenen Volkes die Schuld aller in Liebe und Geduld auf sich, trägt stellvertretend ihre Strafe, giebt sein Leben als Schuldopfer (53, 10) für ihre Untreue, und so führt er durch sein stellvertretendes Leiden und durch seine Fürbitte die Begnadigung und das Heil aller herbei. Auf diesem Leidens- und Todeswege geht er endlich zu unvergänglicher Herrlichkeit ein, anerkannt von aller Welt in der ihm bestimmten königlichen Herrscherstellung und als priesterlicher Mittler, dem alle ihr Heil zu danken haben.

Freilich auch dieser tiefe Einblick des Propheten in den Heilsratschluß Gottes ist noch eine bruchstückartige Erkenntnis, wie sie das A. T. ja überhaupt nur bietet. Dieser für die Menschheit leidende Knecht Gottes ist im A. T. verschieden vom Messias; ja, viele Ausleger sehen in diesem Knechte Gottes überhaupt nicht eine Einzelperson, sondern betrachten ihn als das Sinnbild der ganzen wahren Gottesgemeinde, welche für das ungläubige Gesamtvolk stellvertretend leidet; und dies Leiden hätte dann nach der Anschauung des Propheten bereits im Exil begonnen, und mit der Erlösung aus dem Exil sein Ende gefunden. Aber wenn auch der Prophet, was wohl richtiger ist, wirklich von einem einzelnen Gottesknechte redet, so konnte auch in diesem Falle dieser im Exil lebende Gottesknecht und sein damals getragenes Leiden noch nicht das volle Heil für Israel und die Menschheit bringen; die Predigt von diesem stellvertretenden Knechte Gottes wies auf einen vollkommenen Gottesknecht hin, welcher für Israel und die Menschheit durch sein Leiden eine wirkliche Sühne für ihre Sünde schaffen würde.

Dieser wirklich die Sünde der Menschheit tragende Gottesknecht ist nun in Jesus erschienen, und wenn auch Jesus selber in unsern Evangelien nur einmal auf diesen Abschnitt hindeutet (Luk. 22, 37), so hat er doch gewiß gerade diese von den Juden nicht beachtete Bibelstelle für die Deutung seines Leidens mehr als einmal verwendet; das dürfen wir daraus schließen, daß die Apostel dieselbe in ihrer Predigt vom Leiden Jesu verwertet haben.

An die Weissagung von dem für die Sünder duldenden Gottesknechte sich anschließend, hat nämlich zunächst Petrus in seinem ersten Briefe vom Tode Jesu gesprochen. In der Stelle 2, 21—25, welche offenbar auf die Weissagung vom leidenden Knechte Gottes (Jes. 53) zurückweist, heißt es, daß Christus unsre Sünden getragen hat (wie Jes. 53, 12: Er hat vieler Sünde getragen), d. h. er hat die Strafe für unsre Sünde erlitten. Indem nämlich der Unschuldige die Folgen der Sünde trägt, welche die Schuldigen treffen sollten (Jes. 53, 11), trägt er die fremden Sünden selbst, wie eine ihm auferlegte Last. Dies Sündetragen Christi zum Besten (ὑπέρ) der Sünder, welche eigentlich hätten leiden sollen (so daß also allerdings Christus statt ihrer [ἀντί] gelitten hat — was jedoch nicht ausdrücklich gesagt ist), betrachtet also Petrus als das Mittel, durch welches die Sünden für die Sünder abgethan waren, so daß sie nunmehr von der Schuld und Strafe der Sünden frei wurden.

Ohne an Jes. 53 zu denken, da diese Stelle in dem jüdischen Messiasbilde seiner Zeit keine Rolle spielte und er die Lehre Christi ja nicht selbst angehört hatte, hat Paulus dennoch in Übereinstimmung mit Jes. 53 vom Leiden Jesu gesprochen. Christus ist für uns (ὑπὲρ ἡμῶν) gestorben (2. Kor. 5, 15), die wir Sünder waren (Kor. 5, 8); um uns vom Tode zu befreien, ist er als unser Stellvertreter für uns gestorben. Gott hat den, der die Sünde nicht kannte, zu unserm Besten zur Sünde gemacht (2. Kor. 5, 21), d. h. er hat ihn behandelt, als ob er ein Sünder wäre, damit wir auf Grund seines Todes für gerecht erklärt würden. Der zum Heil der Menschen erlittene Tod Christi gilt also auch für Paulus als stellvertretend für den Tod aller Sünder. Daß Christus für uns ein Fluch geworden ist, sagt auch Gal. 3, 13, und der Apostel sagt daselbst weiter, daß Christus uns durch seinen Tod losgekauft habe vom Fluche des Gesetzes; seine Hingabe in den Tod ist eine Leistung, welche als stellvertretend für die Sünder gelten darf.

Aber warum nun Gott den Tod Christi als stellvertretend ansieht, diese Frage ist bisher ebenso wenig beantwortet, wie die obigen Fragen, warum er ihn als Sühnopfer annimmt und als ein wertvolles Lösegeld betrachtet.

d. Der Tod Jesu als das Mittel unsrer Versöhnung mit Gott. Röm. 5, 10. 5, 5 b. 8, 16.

Wenn wir nun erkennen wollen, wodurch der Tod Christi eine so große Bedeutung erlangt hat, daß er ein besseres, die Schuld der Sünde wirklich tilgendes Sühnopfer geworden ist, als die Opfer des A. T., ein so wertvolles Lösegeld, daß wir von den Folgen der Sünde losgekauft werden, ein wirklich stellvertretendes Leiden für die Sünder, so müssen wir zunächst nochmals, wie schon oben bemerkt ist,[1]) daran denken, daß dieser Tod nicht eine That des Zufalls, sondern eine geschichtliche Notwendigkeit war.

Das Volk Israel wartete seit Jahrhunderten auf das von den Propheten verheißene Gottesreich und auf den Gründer desselben, den Messias; aber das Volk forderte vom Messias nicht vor allem innere, sondern äußere Güter, und da Jesus diese zunächst nicht brachte, so wollte es von Jesus nichts wissen; das Gottesreich, wie es Jesus aufrichten wollte, war verschieden von demjenigen Gottesreiche, welches die Juden von ihm aufgerichtet wissen wollten. Aus diesem Konflikte über die rechte Weise der Aufrichtung des Gottesreiches erwuchs die Feindschaft des Volkes, welche Jesum ans Kreuz brachte. So war es eine geschichtliche Notwendigkeit, daß Jesus von seinem Volke verworfen wurde, obwohl er das Gottesreich aufrichten wollte, auf welches ihr Verlangen gerichtet war.

Und hätten etwa die Heiden, wenn Jesus unter ihnen aufgetreten wäre, anders gehandelt als die Juden? Wenn Sokrates den Giftbecher hat trinken müssen, so wäre es Jesu unter den Heiden gewiß nicht besser ergangen, und Plato hat mit Recht auf Grund des Schicksals seines Lehrers behauptet, daß es dem besten Menschen oft am schlechtesten ergehe. Ein Heide ist es ja nun auch gewesen, Pontius Pilatus, der es den Juden möglich gemacht hat, Jesum ans Kreuz zu bringen.

---

[1]) Vgl. oben Nr. 43 Anfang.

Gott ist nun dieser geschichtlichen Notwendigkeit nicht entgegengetreten durch eine wunderbare Rettung Jesu aus der Todesgefahr, sondern er hat Jesum sterben lassen, weil nur durch den Tod Jesu das Ziel der Wege Gottes mit den Menschen erreicht werden konnte.

Jesus hatte nämlich, damit das Gottesreich kommen könne, das Volk zur Sinnesänderung („Buße") aufgefordert; aber das Volk blieb unbußfertig. Wenn nun Gott Christum sterben ließ und Christus sich freiwillig, indem er diesen Ratschluß Gottes richtig erkannte, dem Tode überlieferte, so hatte das seinen Grund darin, daß durch diesen Tod, wenn das Volk infolge seiner Auferstehung die Bedeutung desselben erkannte, die durch die Predigt Jesu vergeblich erstrebte Sinnesänderung (Matth. 11, 20) hervorgerufen werden konnte, so daß nunmehr das an die Sinnesänderung gebundene Gottesreich kommen konnte (Luk. 24, 45—47). Die Predigt vom Tode Christi als der höchsten Offenbarung der Liebe Gottes gegen die Menschen, deren Sünde im Tode Christi ihren Gipfelpunkt erreichte, mußte nämlich für den, der die Bedeutung dieses Todes erkannte, der wirksamste Antrieb zur Sinnesänderung werden; wer angesichts dessen, was das Kreuz Christi uns predigt, unbußfertig bleiben kann, für den giebt es keinen Antrieb zur Umkehr.

Aber wenn nun die Menschheit im Tode Christi die höchste Liebesoffenbarung Gottes erkennt, so erkennt sie damit zugleich auch ihre eigene schwere Verschuldung, und so scheint gerade die Anerkennung der Liebe Gottes die Kluft zwischen Gott und der Menschheit vergrößern zu müssen, da ja der schuldbeladene Mensch mit Gott nicht in Gemeinschaft treten kann. Aber Gott hat nun diesem Tode, wie die h. Schrift sagt, auch die Bedeutung beigelegt, daß er ihn als Sühnmittel für unsere Sünden gelten läßt, daß er ihn als Lösegeld für die in der Sündenschuld gefangenen Menschen annimmt, daß er ihn als stellvertretenden Tod betrachtet; denn „der Gott, welcher seines eigenen Sohnes nicht verschonet hat, sondern hat ihn für uns alle dahingegeben, wie sollte er uns mit ihm nicht alles schenken" (Röm. 8, 32), auch Vergebung aller unsrer Sünden!

Auf dieser Betrachtung des Todes Christi, als der höchsten Liebesoffenbarung Gottes gegen den Sünder und des kräftigsten Mittels, um den Sünder zur Gemeinschaft mit Gott zu führen, beruht das Bewußtsein unsrer Versöhnung mit Gott, von welcher vornehmlich der Apostel Paulus spricht[1]).

Wenn Paulus (2. Kor. 5, 19) sagt: Gott war in Christus und versöhnte die Welt mit sich selber, so erkennen wir daraus, daß die Versöhnung auf Gott beruht; der Tod Jesu ist ein zuvorkommender Liebesakt des beleidigten Gottes, welcher darum auch eines Eindrucks auf den schuldigen Menschen nicht ermangeln wird. Nicht Gott ändert seine Gesinnung gegen den Menschen,[2]) indem er erst infolge des Todes Christi aus einem zornigen ein gnädiger Gott wurde; Gott ist in seiner Gesinnung dem Menschen alle Zeit geneigt geblieben; aus Liebe hat ja Gott Christum

---

[1]) Dieser Abschnitt ist die Vorbereitung für den Römerbrief, weshalb hier von einer besonderen Lektüre abgesehen wird.

[2]) So lehrt die ältere Dogmatik.

für uns sterben lassen (Röm. 5, 8; Joh. 3, 16); die Menschen werden vielmehr mit Gott versöhnt (Röm. 5, 10; Kol. 1, 21; 2. Kor. 5, 19); die Menschen waren Gotte feind (Röm. 5, 10), nicht Gott den Menschen. Die Menschen fürchteten den durch ihre Sünden beleidigten Gott, und deshalb standen sie ihm mit Mißtrauen gegenüber, und aus ihrem Mißtrauen erwuchsen neue Sünden. Die Menschheit konnte diese Kette von Sünde und Gottesfeindschaft nicht sprengen; Gott mußte etwas thun, um dem Menschen Vergebung der Sünden zu teil werden zu lassen, und er hat das Seinige gethan im Tode Christi, dem höchsten Erweis seiner Liebe gegenüber dem sündigen Menschen. Aber der Mensch muß nun an diese Liebesgesinnung Gottes, die sich im Tode Christi geoffenbart hat, glauben, damit er sich mit Gott versöhnt weiß. Das wird bewirkt durch den heiligen Geist, durch welchen die objektive göttliche Rechtfertigung des Sünders zur subjektiven, dem Menschen bewußt gewordenen Versöhnung mit Gott wird, zum Bewußtsein der auf Grund der Rechtfertigung erlangten Gotteskindschaft (Röm. 8, 16. Gal. 4, 6. Röm. 5, 5).[1])

Wenn sich nun der Mensch mit Gott versöhnt fühlt, dann wird der Heilige Geist, der uns bezeugt, daß wir Gottes Kinder sind, für uns auch zum Princip eines neuen Lebens; die Versöhnung bildet also den Mittelbegriff zwischen der Rechtfertigung und der Heiligung. Auf Grund der Versöhnung kommt es nämlich im Christen zu einem neuen religiös-sittlichen Leben, so daß nunmehr nicht bloß die Schuld der Sünde uns erlassen ist, sondern auch die Macht der Sünde über uns gebrochen wird, und erst damit ist der letzte Zweck aller Heilsthatsachen erreicht, die völlige Überwindung der Sünde im Menschen.[2])

e. Röm. 5, 12—21; Mt. 11, 28—30; Joh. 6.

Wenn nun so durch das Werk Christi der Menschheit das Heil gebracht worden ist, so steht also die Person Christi hoch über der Person aller andern Menschen, und der Apostel Paulus führt im besonderen aus, wie hoch Christus über Adam und Moses steht; Adam verdanken wir Sünde und Tod, das Gegenteil von dem, was Christus den Menschen gebracht hat, nämlich Gerechtigkeit und Leben; Moses verdankte zwar das Volk Israel sein Gesetz, aber durch das Gesetz kommt nicht die Befreiung von der Sünde (Röm. 5, 12—21)[3]). Und wie Christus über Moses steht, so steht er auch über den andern Religionsstiftern, auch über den bedeutendsten derselben, Buddha und Mohammed, und wir Christen glauben, daß unsere Religion die vollkommenste Religion ist[4]).

So ist es denn keine Überhebung, wenn Jesus zu sich ruft alle, die da mühselig und beladen sind und ihnen allen Erquickung verheißt (Mt. 11,

---

[1]) Den Unterschied dieser Darstellung von Ritschl siehe bei Kühl, S. 160 bis 165 (besonders S. 163): „Ritschl's Anschauung von der Versöhnung läuft thatsächlich darauf hinaus, daß der Mensch sich lediglich in einem Irrtum über Gottes Wesen befunden habe, welchen er nunmehr auf Grund seiner Offenbarung in Christus zu rektificieren berechtigt sei."

[2]) Die Gedanken dieses letzten Abschnittes bilden den Gegenstand des folgenden Hauptabschnittes: „Wie wird der Mensch vor Gott gerecht?"

[3]) Dieser Abschnitt, der hier gelesen werden kann, ist schon oben besprochen, vgl. Nr. 30, und wird unten genauer erklärt, vgl. Nr. 58.

[4]) Vgl. Nr. 30.

28—30), wenn sie sich an seine Person anschließen. Hatte Jesus zunächst durch seine Predigt gewirkt, so betonte er allmählich auch den Wert seiner Person, und so forderte er denn von seinen Anhängern auch Hingebung an seine Person, und rief ihnen zu: „Kommt her zu mir, ich will euch erquicken; ich bin das Brot des Lebens." „Wie auch Johannes dies Thema (Joh. 6) johanneisch variiert haben möge, das Thema selbst muß von Jesu herstammen. Und nicht bloß diese Rede vom Lebensbrot — die ganze christologische Eigenart des vierten Evangeliums (in welchem die Person Jesu, nicht seine Heilslehre, wie in den Synoptikern, zum Mittelpunkte der frohen Botschaft vom Himmelreiche gemacht ist) erweist sich als in der echten Lehrentwickelung Jesu gewurzelt"[1]).

Diese neue Lehrweise Jesu hat offenbar an eine wunderbare Speisung des Volkes angeknüpft. Wenn er unlängst ihnen irdisches Brot verschafft hat, so ist er, wie er behauptet, nicht bloß als ein zweiter Moses anzusehen, der ihnen Manna vom Himmel kommen läßt, oder als ein Messias nach ihrer Erwartung, welcher ein irdisches Gottesreich aufrichtet, sondern er bietet ihnen ein besseres Brot in seiner Person dar, das Brot des Lebens für ihre Seele. Aber das war eine harte Rede für das Volk, ja, selbst für seine Jünger, und als er nun diese von ihrem Anstoß befreien wollte, indem er darauf hinwies, daß seine irdische Person nicht das Lebensbrot sei, da dieselbe ja dem Tode anheimfallen werde, da wurde ihr Anstoß noch größer, denn nun konnte er unmöglich der Messias sein, der doch auf Erden bleiben und das Gottesreich aufrichten sollte. Als ihn deshalb viele seiner bisherigen Anhänger verließen, da blieben die Zwölf ihm treu, und als Jesus sie fragte, ob sie gleichfalls weggehen wollten, da erwiderte Petrus: „Herr, wohin sollen wir gehen? Du hast Worte des ewigen Lebens." Auch wir wollen bei Jesu bleiben, um Worte des ewigen Lebens von ihm zu hören und auch in der Gemeinschaft mit seiner Person das Brot des Lebens zu gewinnen, so daß wir der Früchte seines Werkes teilhaftig werden.

44. Die Lehre von der Heilsbedeutung des Todes Jesu in ihrer geschichtlichen Entwickelung.[2])

Daß im Kreuze Christi der Grund des Heils liege, das war die Voraussetzung alles christlichen Glaubens; aber je weniger man an dieser Voraussetzung zweifelte, desto später kam man dazu, darüber nachzudenken und eine wissenschaftliche Lehre darüber aufzustellen, inwiefern das Heil gerade durch den Tod Christi bedingt sei. Über die Person Christi hat schon die alte Kirche Lehren aufgestellt und Streitigkeiten erlebt, das Werk Christi zu erforschen, blieb dem Mittelalter und der Neuzeit vorbehalten.

a. In der H. Schrift tritt uns eine allmähliche geschichtliche Entwickelung in der Erkenntnis der Apostel von Jesu Person und Werk

[1]) Beyschlag L. Jesu I, 344—345.

[2]) Diese Ausführung, beruhend auf H. Schmidt (Breslau), Theol. Encykl. Bd. 16² (Versöhnung), ist nur für den Lehrer bestimmt.

entgegen, die wir ja sogar in der Predigt Jesu selber gleichfalls wahrnehmen. Jesus predigte zunächst vom Himmelreiche und seiner Gerechtigkeit; darauf wies er auf seine Person hin, in welcher das Reich Gottes auf Erden erschienen sei; dann erst predigte er von seinem Tode und der Bedeutung desselben für das Himmelreich. Schon der ersten Zeit seines Auftretens gehört die Bergpredigt an, welche vom Himmelreich und seiner Gerechtigkeit handelt (Matth. 5—7); erst später wies er seine Jünger auf die Bedeutung seiner Person hin, und Petrus erkannte in ihm den Messias (Matth. 16). Und „von der Zeit an fing Jesus an und zeigte seinen Jüngern, wie er müßte hin gen Jerusalem gehen, und viel leiden von den Ältesten und Hohenpriestern und Schriftgelehrten, und getötet werden und am dritten Tage auferstehen" (Matth. 16, 21). Aber nur die Notwendigkeit seines Todes hat er ihnen zuerst verkündigt; von der Heilsbedeutung desselben hat er erst auf dem letzten Wege nach Jerusalem (Mark. 10, 45) und bei der Einsetzung des heiligen Abendmahls (Mark. 14, 24), nur zweimal in den synoptischen Evangelien, gesprochen. Wie er das wichtigste Wort über seine Person bei der Einsetzung der Taufe gesprochen hat (Math. 28, 18), so hat er das wichtigste Wort über sein Werk bei der Einsetzung des heiligen Abendmahls gesprochen.

Wie in den Reden Jesu, so tritt auch in den Reden und Schriften der Apostel (in der Apostelgeschichte und den Briefen) neben den Worten Jesu zunächst die Person Jesu, zumal des Auferstandenen, in den Vordergrund, und hinter dem Glanze der Auferstehung tritt zunächst das Wort vom Kreuze zurück. Der Tod Jesu erscheint in den Reden der Apostelgeschichte zunächst nur als ein Schicksal Jesu, von Gott zugelassen, aber durch die Auferstehung überwunden; von der versöhnenden Bedeutung des Todes Jesu ist zunächst keine Rede. Dieselbe wird erst in den späteren Schriften des N. T. ausführlich dargelegt, besonders im 1. Petrusbriefe, in den Briefen des Paulus und im Hebräerbriefe; aber in denselben wird die Bedeutung des Todes Jesu in so mannigfacher Weise dargestellt, daß noch heute für die Wissenschaft eine einheitliche Zusammenfassung der verschiedenen Darstellungen der Apostel eine sehr schwierige Aufgabe ist.

b. Diese Aufgabe hat die alte Kirche nicht gelöst; ein ganzes Jahrtausend lang hat die christliche Kirche mit großer Andacht das Leiden Christi betrachtet und das Osterfest gefeiert; aber über die Heilsbedeutung seines Todes hat kein Lehrer der alten Kirche eine wissenschaftliche Darstellung gegeben; ja, ein gefeierter Kirchenlehrer des 4. Jahrhunderts, Gregor von Nazianz, sagte geradezu: „Die Bedeutung des Leidens Christi ist ein Gegenstand, über welchen das Rechte zu finden nützlich, aber auch das Irren gefahrlos ist." Die Lehre von der Person Christi war ein Gegenstand des heftigsten Streites geworden,[1]) über das Werk Christi ist in der alten Kirche kein Streit ausgebrochen; selbst Augustinus, der über Sünde und Gnade so viel nachgedacht und mit Pelagius über diese Lehren so heftig gekämpft hat, hat über das Werk Christi keine theologische Lehre aufgestellt. Ja, diejenigen älteren Kirchenlehrer, welche von der Bedeutung des Todes Christi sprachen, betrachteten denselben

---

[1]) Arianischer, nestorianischer und eutychianischer Streit.

vielfach als ein Lösegeld, welches von Christus an den Teufel, als den Herrn des sündigen Menschen, gezahlt, und womit der Teufel von Christus betrogen worden sei. Das ist natürlich eine durchaus unbiblische Lehre, obwohl selbst Luther noch darauf hinweist in seinem Liede „Nun freut euch lieben Christen gemein" („Gar heimlich führt er sein Gewalt, den Teufel wollt' er fangen").

c. Während die alte Kirche vornehmlich die Macht der Sünde durch Christum gebrochen sah und deshalb Christum gern als Sieger über den Teufel betrachtete, ging nun die Kirche des Mittelalters auch auf die Frage ein, wie die Schuld der Sünde durch Christus vom Menschen genommen werde. Das ist aber zuerst in wissenschaftlicher Weise geschehen durch Anselmus, Erzbischof von Canterbury † 1109, einen sehr gelehrten und wahrhaft frommen Mann, der unter anderm auch eine Schrift „Cur Deus homo?" (Warum ist Gott Mensch' geworden?) geschrieben hat.[1]) In dieser Schrift hat er, als der erste unter den Kirchenlehrern, das Werk Christi nach seiner Bedeutung für die Tilgung der Sündenschuld zu erklären versucht, und er erklärt die Bedeutung desselben in folgender Weise.

Die Sünde ist ein Raub an Gottes Ehre, denn der Sünder verweigert Gott, was ihm gebührt, und lädt dadurch eine unendliche Schuld auf sich.[2]) Wer aber einem andern etwas wegnimmt, muß ihm dasselbe nicht nur wiedergeben, sondern auch noch Genugthuung (satisfactio) geben für den ihm angethanen Schimpf.[3]) Der Mensch kann diese Genugthuung Gott nicht gewähren, denn er ist ja ohnedies zu guten Werken verpflichtet, so daß diese doch nicht als Genugthuung gelten können. So kann nur Gott diese Genugthuung zustandebringen. Dazu erfolgt die Menschwerdung. Aber Christi frommes Leben wäre eine solche Genugthuung noch nicht gewesen, denn auch der Mensch Jesus war zu einem frommen Leben verpflichtet; dagegen war Jesus als sündloser Mensch nicht verpflichtet zu sterben. Jesu Tod ist also die dem Vater gewährte und von ihm angenommene Genugthuung. Nunmehr kann Gott den Menschen die Sünde vergeben.

So epochemachend auch die Schrift von Anselm von Canterbury war, so trägt sie doch zu wenig der h. Schrift Rechnung; Anselm's Lehre beruht mehr auf der Vernunft und den Rechtsanschauungen des Mittelalters, als auf der heiligen Schrift[4]). Auch die späteren Kirchenlehrer des Mittelalters sind über Anselm kaum hinausgekommen, und auch ihnen lagen die Gedanken der h. Schrift ziemlich fern.

---

[1]) Von demselben Manne rührt auch der ontologische Beweis für das Dasein Gottes her; vgl. Nr. 11.

[2]) Aber die Bibel spricht nicht von Gottes Ehre, sondern von seiner Heiligkeit und Gerechtigkeit.

[3]) Das ist eine Rechtsordnung im Mittelalter, die Bibel weiß von dieser Anschauung nichts.

[4]) Ich kann deshalb einem Recensenten meiner Kirchengesch. nicht beistimmen, welcher Anselm's Lehre in meinem Buche vermißte; ich gebe sie hier, aber nur für den Lehrer; der Schüler soll das Werk Christi nicht durch Anselm, sondern aus der h. Schrift und dem Katechismus begreifen und würdigen lernen.

d. Der alten Kirche hatte die Erkenntnis der Sünde als Schuld gefehlt (ihr war die Sünde immer nur als eine Macht erschienen), darum hatte sie den Tod Christi noch nicht recht zu würdigen vermocht. Im Mittelalter hatte Anselm allerdings die Sünde als Schuld erkannt, aber seine Lehre wurde doch noch nicht wirklich der h. Schrift gerecht, die ja dem Mittelalter fremd geworden war. Da trat in Luther ein Mann auf, der vom Bewußtsein der Sündenschuld erfüllt war, wie kein Kirchenlehrer vor ihm, und der die heil. Schrift kannte, wie keiner der Kirchenlehrer des Mittelalters. Es war darum kein Wunder, daß er tiefer in die Bedeutung des Todes Christi einzudringen vermochte, als Anselm; aber doch hat auch Luther noch keine wissenschaftliche Darstellung der Lehre vom Werke Christi aufgestellt. Das Interesse der Reformation war der Konsequenz der Versöhnungslehre zugewandt, der Lehre von der Rechtfertigung, nicht der Lehre von der Versöhnung selber. Diese nahm man im ganzen so auf, wie sie sich von Anselm an in der Kirche gestaltet hatte, und Luther vertiefte dieselbe allerdings aus der h. Schrift; aber sein Hauptsinnen galt der Beantwortung der (im Katechismus beantworteten) Fragen: „Wie wird der Mensch vor Gott gerecht?“ (Durch den Glauben) und: „Wie kommt der Mensch zum Glauben?“ (Durch das Wort Gottes und die Sakramente), und der Abweisung der gegen diese Principien der Reformation (das materiale von der Rechtfertigung allein aus dem Glauben, und das formale von der alleinigen Autorität der h. Schrift) verstoßenden Anschauungen des Katholicismus.

Dagegen haben nun die Dogmatiker nach Luther auch die Lehre vom Werke Christi ausführlich behandelt, und sie sind etwas mehr als Anselm der h. Schrift gerecht geworden, wenn auch nicht in jeder Beziehung. Sie haben nämlich die Rechtfertigung mit Recht allein auf das Verdienst Christi gegründet; das Verdienst Christi war ihnen aber der Rechtsanspruch, welchen er durch sein Strafleiden auf die Strafbefreiung der an ihn Glaubenden erworben hat.

e. Gegen diese Lehre vom Verdienst Christi erhob sich vornehmlich der Widerspruch der Socinianer[1]. Nach ihrer Lehre kann Gott den Sündern ohne weiteres ihre Schuld vergeben, ohne einer Genugthuung zu bedürfen; auch begründet ja unsre Sünde keine unendliche Schuld, und der Tod Christi (der nach ihrer Meinung auch nicht Gottes Sohn ist) hat keinen unendlichen Wert; überdies kann nicht der Unschuldige für den Schuldigen leiden. Christus ist also nicht zu betrachten als Versöhner

[1]) Die Partei der Socinianer oder Unitarier (als Gegner der Dreieinigkeitslehre) war von den beiden Italienern Lälius und Faustus Socinus in der 2. Hälfte des 16. Jahrh. begründet worden und hatte namentlich in Polen Duldung und Verbreitung gefunden; im J. 1658 aus Polen vertrieben, haben sie sich in Siebenbürgen verbreitet und bis heute in etwa 100 Gemeinden (60,000 Seelen) erhalten; auch in England haben sie sich ausgebreitet (400 Gemeinden mit 300,000 Seelen). Seit dem J. 1800 haben sie sich namentlich in Amerika, besonders im Staate Massachusetts, weiter ausgebreitet, wo es heute etwa 400 unitarische Gemeinden giebt; außerdem giebt es in den Ver. Staaten noch etwa 2000 unitarische Vereine mit 1500 Kirchen und $^1/_2$ Mill. Anhängern. Ihre Lehre hat unter Festhaltung der h. Schrift, aber in eigener Deutung, der Aufklärung vorgearbeitet und ist allmählich auch in die evangelische Kirche eingedrungen.

des Vaters durch sein unschuldiges Sterben, sondern nur als Verkündiger der Gnade des ohnehin nicht zürnenden Vaters; sein Tod hat seine Predigt besiegelt und ist zugleich ein Beweis seiner Liebe zu den Sündern, der sie zur Liebe gegen Gott bewegen soll. Nicht Gott wird durch Christi Tod mit den Menschen versöhnt (dessen bedarf es überhaupt nicht), sondern die Menschen mit Gott.

f. In diesen Bahnen, wonach Christus nur als ein großer Prophet erscheint, wandelte später die Aufklärung, der Rationalismus[1]). Als die evangelische Theologie durch Schleiermacher eine Erneuerung erfuhr, wurde zwar, wie das ja ebenso in der alten Kirche geschehen war, neben dem Worte Jesu auch seine Person wieder höher gewürdigt, als dies vom Rationalismus geschehen war; aber auch in der Neuzeit ist eine höhere Würdigung des Werkes Christi erst später erstrebt und erreicht worden.

Die Versuche der neueren Theologie nun, die Lehre vom Versöhnungswerke Christi wissenschaftlich darzustellen, bewegen sich wesentlich in einer dreifachen Richtung. Der Repräsentant der einen Richtung ist Hofmann († Prof. in Erlangen), der der zweiten ist Ritschl († Prof. in Göttingen), als Vertreter der dritten, der älteren Dogmatik näher stehenden Richtung mag neben Dorner († Prof. in Berlin) als neuester Darsteller dieser Lehre Kühl genannt werden. Die Lehre von der Versöhnung nach Hofmann und nach Ritschl kennen zu lernen, muß dem Privatstudium des Lehrers überlassen bleiben; die Lehre der dritten Richtung, welche sich an die ältere Dogmatik etwas mehr anschließt, als die von Hofmann und Ritschl, soll im folgenden nach der neuesten Darstellung (Kühl) dargelegt werden.

45. Die Lehre der Dogmatik von der Heilsbedeutung des Todes Christi.[2])

a. Nach der Darstellung der älteren kirchlichen Dogmatiker machte die Gerechtigkeit Gottes, als strafrichterliche Gerechtigkeit gefaßt, den Tod Christi notwendig, denn sie forderte zu ihrer Genugthuung Abstrafung für die Sünde, bevor den Sündern die vergebende Liebe Gottes zugewandt werden konnte. Die Sünder hätten aber die Genugthuung nur mit ihrem Tode leisten können; sollten sie also, wie es in Gottes Heilsplan lag, gerettet werden, so mußte für die Schuldigen ein Unschuldiger eintreten. Das hat Christus gethan, indem er als Sühnopfer stellvertretend die Strafe für die Sünde der Menschheit auf sich nahm: eine Leistung von so unendlichem Werte, daß Gott sie als Äquivalent für die Abstrafung aller Sünder aller Zeiten annehmen konnte und in gewissem Sinne annehmen mußte. Seiner Strafgerechtigkeit war damit Genüge gethan; sein Zorn konnte sich jetzt in Liebe wandeln, der Sünder konnte nun Vergebung erlangen.

---

[1]) Vgl. Nr. 31 b β.

[2]) Nach Kühl, die Heilsbedeutung des Todes Christi, 1890 — Es ist natürlich nicht die Aufgabe meines Buches, diese Darlegung wissenschaftlich zu vertreten.

Diese Aussagen der älteren Dogmatiker drehen sich also um die drei Begriffe der Strafgerechtigkeit, welche Abstrafung der Sünder unabweislich fordert, des Sühnopfers, in welchem ein stellvertretendes Strafleiden vollzogen gedacht wird, und endlich der Leistung von unendlichem Werte, dem Tode Christi.[1])

b. Die folgende Darlegung zeigt, wie diese Darstellung der älteren Dogmatiker nach der Heiligen Schrift zu berichtigen sein dürfte.

α. Die Gerechtigkeit Gottes, auf welche in der alten Dogmatik die Notwendigkeit des Todes Christi zurückgeführt wird, ist im A. und N. T. diejenige Eigenschaft Gottes, welche sich in ihrer Offenbarung als das einer bestimmten Norm konsequent entsprechende Verhalten Gottes erweist. Gott hatte aber dem Volke Israel als Norm für sein Verhalten das Gesetz gegeben; er erweist sich also als einen gerechten Gott, wenn er den Israeliten nach dieser Norm behandelt, den Sünder strafend und den Gerechten belohnend. Auch die erwartete Belohnung des Gerechten erwartet also der Israelit von der Gerechtigkeit Gottes (vgl. besonders Ps. 69, 28), wo wir von der Gnade Gottes sprechen.

Hätte nun aber Gott seine Gerechtigkeit nach der Norm des Gesetzes wirklich bewiesen, so hätten alle Israeliten, als Sünder, dem Verderben anheimfallen müssen. Gott hat daher im Alten Bunde nicht seine Gerechtigkeit walten lassen, sondern seine Langmut. Wenn nun aber Gott doch auch ein gerechter Gott ist und sein muß, so konnte seine Gerechtigkeit, wenn die Menschen nicht sämtlich dem Verderben anheimfallen sollten, nur in der Weise zur Geltung kommen, daß nicht mehr das mosaische Gesetz sondern eine neue Norm den Maßstab für das Verhalten des gerechten Gottes zu den Menschen bildete. Wie das geschehen ist, zeigt Paulus im Römerbriefe (K. 3, 21—28, der einzigen Stelle, wo die Gerechtigkeit Gottes zum Heilstode Christi in Beziehung gesetzt ist, vgl. V. 25).[2]) Aber nicht dadurch (wie die alte Dogmatik lehrt), daß durch den Tod Christi die Forderungen des Gesetzes anerkannt und in einem Strafakte (im Tode Christi) erfüllt werden, sondern dadurch, daß im Tode Christi das Mittel gefunden wird, um die Forderungen der göttlichen Strafgerechtigkeit und damit die Notwendigkeit eines Strafaktes überhaupt aufzuheben, wird für die Sünder das Heil gewonnen.

Die Offenbarung der neuen Gerechtigkeit Gottes, von welcher Paulus spricht, bedeutet also für den Apostel nichts Geringeres, als die völlige Aufhebung des ATlichen Gesetzes. Wenn also der Heilstod Christi als das Mittel erscheint, welches die Erweisung dieser neuen Gerechtigkeit Gottes bezweckte und ermöglichte, so liegt im Zusammenhang mit der Gerechtigkeit Gottes die Bedeutung des Todes Christi darin, daß in ihm die Aufhebung des ATlichen Gesetzes als der Norm, welche bis dahin für die Bethätigung der göttlichen Gerechtigkeit die Direktive abgab, bewirkt worden ist und verbürgt wird. Das sagt der Apostel auch selber, wenn er sagt (Röm. 10, 4): Christus ist des Gesetzes Ende; wer an den glaubt, der ist gerecht.

---

[1]) Kühl, S. 2—3.

[2]) Die Auslegung dieser Stelle siehe Nr. 43a und 56.

Wenn nun andere Dogmatiker, die Darstellung der älteren etwas modificierend, die Heilsnotwendigkeit des Todes Christi sachlich nicht so sehr auf die Schriftaussagen von der Gerechtigkeit Gottes, als vielmehr auf den biblischen Begriff des Zornes Gottes gegründet haben, so entspricht auch diese Begründung der Notwendigkeit des Todes Christi nicht der Bibel.

Der Zorn Gottes ist nirgends im A. T. als eine dauernde Gesinnung, geschweige denn als oberste Eigenschaft in Gott gedacht, die irgendwie sein Thun dauernd zu bestimmen vermöchte, so daß besondere Heilsthatsachen hätten veranlaßt werden müssen, um diese Gesinnung zu wenden. Die ATlichen Institutionen verfolgen nicht den Zweck, eine vorhandene Zornesgesinnung in Gott zu beschwichtigen, sondern sie sind eine Gnadengabe Gottes an die Mitglieder seines Volkes, wodurch er es denselben ermöglichen will, in den Bundesgehorsam und damit in das Bundesverhältnis zu ihm zurückzukehren und den Ausbruch seines Zornes für die Zukunft zu verhüten. Im N. T. ist der Zorn Gottes ebenfalls vornehmlich ein eschatologischer Begriff (vgl. Röm. 5, 8); die Sünder verfallen beim Endgericht dem Zorne Gottes, vor welchem die Christen durch die Gnade Gottes errettet werden. Aber die dauernde Gesinnung Gottes gegen die Menschen ist stets die ihnen zugewandte Liebesgesinnung geblieben, auch gegen die Sünder, welche er infolge seiner Langmut trägt, indem er die Auswirkung des Zorns bis zum Endgericht verschiebt.

Eine dauernde Zornesgesinnung Gottes gegen die Menschen ist also überhaupt nicht vorhanden, und darum kann aus einer solchen nicht, wie manche Dogmatiker meinten, ein Motiv für die Notwendigkeit des Todes Christi entnommen werden.

Während also die ältere Dogmatik die Notwendigkeit des Todes Jesu in Gottes Strafgerechtigkeit oder in seinem Zorne begründet findet, welcher erst durch die im Tode Jesu geleistete Genugthuung in Liebe umgewandelt werde, führt die neuere Dogmatik den Ratschluß der Erlösung auf die Liebe Gottes zurück,[1]) welche aber an der Heiligkeit Gottes ihre Schranke hat. Wenn nämlich Gott einfach alle Sünden vergeben wollte, dann käme zwar seine Liebe zur Geltung, aber nicht seine Heiligkeit, welche fordert, daß nicht bloß die Schuld der Sünde vergeben, sondern auch die Macht der Sünde gebrochen wird. Zur Überwindung der Sündenmacht gelangt aber nur der bußfertige Sünder, nachdem ihm Sündenvergebung zu teil geworden ist. Das kräftigste Mittel aber, um die Sünder zur Buße zu führen, war der Tod Jesu, als die höchste Offenbarung der Liebe Gottes und die höchste Steigerung der Sünde der Menschen. Die Predigt vom Tode Christi soll also den Menschen zur Buße treiben; für den bußfertigen Sünder giebt es keine Sünde, die ihm nicht vergeben würde. Darum geht an uns alle die Mahnung des Apostels: Lasset euch versöhnen mit Gott!

---

[1]) Während für die ältere Dogmatik die Liebe Gottes erst die Folge der durch Christi Tod bewirkten Versöhnung ist, ist sie in Wahrheit die Voraussetzung der Heilswirksamkeit Gottes.

β. Die altkirchliche Dogmatik hat aber ihre Aufstellungen über die Heilsnotwendigkeit und die Heilsbedeutung des Todes Christi sachlich vornehmlich darauf gestützt, daß der Tod Christi im N. T. gedeutet erscheine nach der Analogie des ATlichen Sühnopfers, in welchem ein auf der Forderung der göttlichen Gerechtigkeit beruhendes, stellvertretendes Strafleiden vollzogen werde.

Aber das Sühnopfer ist eine Gnadenordnung Gottes, und dasselbe ist nicht um der Gerechtigkeit Gottes willen notwendig, sondern es beruht auf der Anerkennung der Heiligkeit Gottes. Das Sühnopfer und das bei ihm vorausgesetzte Bußgefühl und das Bekenntnis der Sünde hat nicht den Wert einer Leistung, infolge deren der Opfernde die göttliche Vergebung etwa rechtlich als entsprechende Gegenleistung von seiten Gottes fordern könnte, sondern die Vergebung der Sünde bleibt trotz des Opfers eine That der Gnade Gottes; Gott wird nicht etwa durch das Opfer aus einem zornigen in einen gnädigen Gott umgewandelt.

Wenn nun Christus als Unschuldiger stellvertretend für die Schuldigen gelitten hat, so beruht das ebenfalls nicht auf einer Forderung der göttlichen Gerechtigkeit (wie die alte Dogmatik lehrte), sondern Christus hat sein Leiden freiwillig auf sich genommen, und dies freiwillige Leiden des Unschuldigen war Gott so wohlgefällig, daß er es als ein von den Menschen selbst erduldetes, als stellvertretendes Leiden ansah, aber nicht infolge seiner Gerechtigkeit, sondern infolge seiner Barmherzigkeit.

γ. Wenn endlich die ältere Dogmatik erklären will, warum der Tod Christi einen höheren Wert habe, als die Opfer des A. T., so weist sie darauf hin, daß Christus der Gottessohn sei. Darauf weist aber bei der Betrachtung des Leidens Christi das N. T. niemals hin, und so fehlt auch dieser Lehre der älteren Dogmatik die biblische Begründung. Das N. T. betrachtet vielmehr den Tod Christi zunächst darum für etwas Wertvolleres, als die ATlichen Opfer, weil er der Abschluß seines Berufes im Gehorsam gegen den göttlichen Willen ist; sein Leiden war die höchste Gehorsamsthat seines Lebens, in welcher sich seine sittliche Vollendung bewährte. Sodann aber ist dieses Leiden des Unschuldigen, in welchem sich die höchste Liebe Gottes und die schwerste Sünde der Menschen offenbarte, der wirksamste Antrieb zur Sinnesänderung für die Menschen, so daß durch den Tod Christi die Sünder mit Gott versöhnt und zur Gemeinschaft mit Gott zurückgeführt werden.

c. So hat zwar die Lehre der älteren Dogmatiker in der Neuzeit manche Umgestaltung erfahren, aber der Kern ihrer Lehre von der Versöhnung mit Gott ist erhalten geblieben.

Den Unterschied nun seiner Darstellung von Ritschl bezeichnet Kühl in folgender Weise[1]).

Die Sendung des Sohnes und seine Hingabe in den Tod ist ein Werk der Liebe Gottes; der Tod Christi hatte nicht erst die Aufgabe, den Zorn Gottes in Liebe umzuwandeln. Die Versöhnung der Menschen ist eine durch den Tod Christi, als die größte Liebesoffenbarung Gottes, bewirkte Umwandlung der Feindschaft der Menschen gegen Gott.

---

[1]) Kühl, Heilsbedeutung d. T. Chr., S. 160 s.

Es lag aber nur allzu nahe, die Aufhebung dieser Feindschaft der Menschen gegen Gott als unmittelbar gewirkte Folge des Eindrucks der Offenbarung der Liebe Gottes im Tode Christi zu verstehen, mit einem Worte: die Versöhnung mit der Sinnesänderung zu verwechseln.

Das hat nun Ritschl gethan. Ihm ist die Versöhnung wesentlich ein Willensakt des Menschen. Das ist der Punkt, an welchem der Widerspruch gegen Ritschl allein ansetzen kann und muß. Denn diese Darstellung der Versöhnung involviert eine vollkommene Verkennung der Objektivität von Sünde und Schuld, die durch einen bloßen Willensakt des Menschen, auch wenn er auf die Erkenntnis der Offenbarung der Liebe Gottes hin eintritt, nicht aus der Welt geschafft wird. Sie involviert damit eine Verkennung des Wesens Gottes als des heiligen, der als solcher zwar nicht, wie die alte Dogmatik lehrt, auf jeden Fall gegen die Sünder mit Strafe vorgehen muß[1]), der aber als heiliger in keinem Falle mit Menschen in Verkehr treten kann, die noch mit Sünde und Schuld befleckt sind. Die Schuldbefleckung bleibt bestehen, auch wenn der Mensch bußfertig sich nach einer Änderung in seinem Verhältnisse zu Gott sehnt. Nach Ritschl aber braucht der Mensch nur zu erkennen, daß er sich in einem Irrtum über Gottes Wesen befunden habe, um sofort auch durch diese Erkenntnis seines Irrtums mit Gott versöhnt zu sein.

Aber wenn auch der Mensch im Lichte der Erkenntnis der Liebe Gottes seine Verschuldung erkennt und zur Sinnesänderung gelangt, so bleibt doch noch ein Hindernis übrig, welches ihn zur beseligenden Gemeinschaft mit Gott nicht kommen läßt, nämlich die Schuldbefleckung durch die früheren Sünden. Das Bewußtsein dieser Schuldbefleckung kann nun der Mensch nicht selbst aufheben, sondern Gott muß dem durch den Tod Christi zur Buße geführten Menschen die Sündenvergebung zusprechen und damit die Schuldbefleckung tilgen. Die Versöhnung mit Gott empfängt der Mensch (Röm. 5, 11) durch Gottes gnädiges Eingreifen, der durch seinen Geist dem Menschen die Gewißheit der Sündenvergebung, d. h. das Bewußtsein der Versöhnung mit Gott, vermittelt; der Mensch giebt sich dies Bewußtsein nicht selber, wie Ritschl annimmt.

Verkündigung der besonders im Tode Christi geoffenbarten Liebe Gottes, Sündenerkenntnis und Sinnesänderung, Heilsverlangen und Sündenvergebung, Mitteilung des h. Geistes und Gewißheit der Sündenvergebung, Kindschaftsbewußtsein und Versöhnung mit Gott — das ist die Stufenleiter von Heilsthatsachen und Heilserfahrungen, deren letzte Stufe der Mensch erreicht haben muß, bevor es zu dauernder, ungetrübter Gottesgemeinschaft bei ihm kommen kann. Der Geist nun, der unserm Geiste das Zeugnis giebt, daß wir Gottes Kinder sind, wird eben dadurch für uns das Princip des neuen Lebens; aus der objektiven Sündenvergebung, welche durch die Geistesmitteilung zur subjektiven Versöhnung geworden ist, entwickelt sich die Heiligung; die Versöhnung bildet den Mittelbegriff zwischen Rechtfertigung und Heiligung.

[1]) Er übt ja Langmut, vgl. Röm. 3.

IV. Der heilige Geist und die Dreieinigkeit.

46. Der heilige Geist.

Joh. 14, 16—17 und V. 26. 16, 13—15.

Als Christus seinen Tod herannahen sah, da verhieß er seinen Jüngern, daß der Vater ihnen nach seinem Scheiden als seinen Stellvertreter den heiligen Geist senden werde, um sein Werk an ihnen fortzusetzen und zur Vollendung zu führen. Derselbe sollte die Jünger erinnern an alles, was Jesus gesagt hatte (Joh. 14, 26); ja, er sollte sie allmählich in alle Wahrheit führen (Joh. 16, 13), auch in diejenige, die sie bis dahin noch nicht fassen konnten. Der heilige Geist bringt also keine neue Offenbarung, sondern er bewirkt nur eine immer vollkommenere Aneignung der Offenbarung Gottes in Christus,[1]) und diese Aneignung der Offenbarung wird uns vermittelt durch das Wort Gottes und die Sakramente.[2])

Alle Christen aller Zeiten werden nun zunächst in gleicher Weise vom Geiste Gottes erleuchtet und zu Christus geführt. Aber freilich ist es geschichtlich begreiflich, daß die ersten Anhänger Jesu vor den späteren Gläubigen einen Vorzug hatten, da sich in ihnen der Geist Gottes noch am wenigsten mit fremdem Geiste vermischt hatte, da ferner sie allein in persönlicher Gemeinschaft mit Christus gestanden hatten und die Zeugen seiner Auferstehung gewesen waren. So kommt ihnen denn allerdings eine höhere Stellung in der Kirche zu, und es ist in der Ordnung, daß wir die Schriften der ersten Jünger Jesu als die allein völlig glaubwürdigen Zeugnisse für die Offenbarung Gottes in Christo betrachten; nur durch ihre Vermittelung werden alle späteren Christen mit Christus in Gemeinschaft gesetzt, und nur wer „in der Apostel Lehre bleibt", bleibt bei Christus.

Aber auch die Apostel waren nicht unfehlbar, obwohl sie vom Geiste Gottes erleuchtet waren, wie der Streit des Paulus und des Petrus in Antiochia zeigt (Gal. 2, 11—21), und noch weniger giebt es in der späteren Kirche Männer, welche vom Geiste Gottes so vollkommen durchdrungen und erleuchtet waren, daß sie in ihrem Leben vollkommen heilig und in ihrem Wissen unfehlbar geworden wären; der Geist Gottes wird uns dereinst in alle Wahrheit leiten und zu vollkommener Frömmigkeit führen; aber noch giebt es keine unfehlbare Kirche und keine unfehlbaren Concilien und keinen unfehlbaren Papst; auch des Christen Wissen und Weissagen bleibt Stückwerk, trotz des Geistes, der in der Kirche waltet.

---

[1]) Vom Werke des h. Geistes (welches im dritten Artikel dargestellt ist) wird im folgenden Abschnitt gehandelt.

[2]) Vom Worte Gottes und den Sakramenten wird unten genauer gesprochen werden, vgl. Nr. 48—53.

47. Unser Glaube an den dreieinigen Gott.

5. Mose 6, 4. Der Herr unser Gott ist ein einiger Herr.

Mt. 28, 19. Gehet hin und lehret alle Völker und taufet sie in den Namen des Vaters und des Sohnes und des heiligen Geistes.

2. Kor. 13, 13. Die Gnade unsers Herrn Jesu Christi und die Liebe Gottes und die Gemeinschaft des heiligen Geistes sei mit euch allen.

a. Über die Predigt von dem einen Gotte, wie sie dem A. T. eigen ist, geht das Christentum noch hinaus in der ihm eigentümlichen Lehre von der Dreieinigkeit. Dies Wort ist ja freilich in der Bibel nicht zu finden, aber die Sache ist ihr nicht fremd. Freilich aus dem A. T. kann man (wie man heute allgemein zugiebt) die Dreieinigkeit nicht erkennen, und noch weniger aus den Religionssystemen heidnischer Völker; aber wer aus dem N. T. die Dreieinigkeit erkannt hat, der wird auch im A. T., wie in den Religionen der Heiden, auf Gedanken und Worte stoßen, welche der christlichen Lehre von der Dreieinigkeit als mehr oder weniger dunkle Ahnungen der Wahrheit vorangegangen sind. Ja, selbst im N. T. wird, wie auch in unserm Katechismus, viel mehr vom Vater und vom Sohne und vom h. Geiste gesondert gesprochen, als diese Dreiheit zusammengestellt wird. Aber es fehlt doch auch nicht die Zusammenstellung, wie sie uns allen aus dem Taufbefehl und dem apostolischen Gruße geläufig ist.[1])

b. Auch das Christentum hält natürlich fest an der Predigt des A. T. von dem einen Gotte im Gegensatze zur Vielgötterei der Heiden, welcher gegenüber der Islam Grund genug hatte zu der Predigt von dem einen Gotte, zumal da selbst den damaligen Christen der eine Gott über der Verehrung der Heiligen und der Maria, wie auch ihrer Bilder und Reliquien zu entschwinden schien. Aber das Christentum lehrt in dem einen Gott uns einen dreieinigen erkennen, wenn es predigt von Vater Sohn und Geist, ohne doch darum von drei Göttern zu sprechen. Es ist anderwärts gezeigt worden,[2]) wie nach heftigen und langdauernden Streitigkeiten in der Kirche festgestellt worden ist, daß in Jesus von Nazareth, dem Menschensohne, seiner Predigt entsprechend, auch der Sohn Gottes anerkannt werden müsse, und bald wurde auch der Geist Gottes, der Lehre der Bibel entsprechend, dem Vater und dem Sohne gleichgestellt.[3]) Allerdings war ja mit diesen Festsetzungen der alten Kirche zunächst nur der Irrtum abgewehrt; es sollte nicht bestritten werden dürfen, daß in Christus der wahre Gott im Himmel sich geoffenbart habe, und daß der in der Kirche waltende Geist Gottes eine Offenbarung des höchsten Gottes sei. In welcher Weise aber Vater und Sohn und Geist als ein Gott zu denken seien, ohne die Einheit Gottes preiszugeben, und wie die Einheit Gottes festzuhalten sei, ohne die erkannte Dreifaltigkeit Gottes wieder preiszugeben, das bildete fortan in der Kirche des Alter-

[1]) 1. Joh. 5, 7 aber ist unecht und nicht einmal in der alten Lutherbibel vorhanden gewesen.

[2]) Bei der Darstellung der Glaubensstreitigkeiten der alten Kirche — vgl. meine Kirchengesch. Nr. 17.

[3]) Doch blieb hier der Streit über das „Filioque“ unausgeglichen — vgl. meine Kirchengesch. Nr. 17 e.

tums, wie des Mittelalters und der Neuzeit, den Gegenstand unablässiger Forschung für die Theologen, und nicht weniger für die Philosophen, ohne daß es jedoch bisher gelungen ist, eine von allen Forschern anerkannte Darstellungsweise dieses Geheimnisses zu finden.

Und das ist ja nicht zu verwundern. Wir kennen unser eigenes geistiges Leben doch gewiß genauer, als das der Gottheit, und wie wenig wissen wir von unserer Seele zu sagen! Kein Wunder, daß wir von dem Reichtum des göttlichen Lebens nur stammelnd und mangelhaft zu reden wissen! Und immer aufs neue hören wir, daß der Forscher stirbt, wie Melanchthon, in der Hoffnung, daß er dereinst schauen und verstehen werde, was er hier von der Dreieinigkeit nur ahnend (ja, oft genug zweifelnd) erfaßt habe. Aber das ist ja nicht die Hauptsache für den Christen, von der Dreieinigkeit zu wissen und zu reden (dann wäre der größte Forscher auch der beste Christ, und der wissensarme Laie auch ein schlechter Christ), sondern an Vater und Sohn und Geist zu glauben und durch den Sohn Gottes, der in Jesus Mensch geworden ist, und durch den h. Geist, der in unserm Herzen wohnen will, sich zum Vater führen zu lassen; wer also glaubt und wessen Glaube solches wirkt, der glaubt an den dreieinigen Gott, auch wenn seine Lehre und sein Wissen vielleicht nur in recht mangelhafter Weise sich ausdrückt; der Glaube macht selig, nicht das Wissen und Reden.

c. Welches ist nun der Inhalt unseres Glaubens an den dreieinigen Gott, wie wir ihn in den drei Artikeln unseres Glaubens bekennen?

„Der Stand der Knechte unter dem Fluche des Gesetzes geht mit diesem Glauben über in den Gnadenstand der Kinder Gottes, die sprechen können: Ich glaube an den Vater, den Sohn und den h. Geist und sein dreifaches Liebeswerk an den Menschen. Die erste Stufe ist der Glaube, daß sich Gott durch die Schöpfung den Menschen zum Vater erboten hat, auf daß wir seine Kinder werden. Die zweite Stufe ist der Glaube, daß der Sohn Gottes uns Recht und Besitz der Gotteskindschaft wiedererworben hat. Die dritte Stufe ist der Glaube, daß der heil. Geist uns zum Stande der Kinder Gottes bringt."[1])

Gott hat sich als den Dreieinigen den Menschen offenbart in der Schöpfung, der Erlösung und der Heiligung, den drei Werken des Heils; die Schöpfung ist geschehen zu unsrer Seligkeit, die Erlösung ist die Wiederherstellung der Schöpfung, und die Heiligung ist die Ausdehnung der Erlösung auf die Geschaffenen.

„Gott hat sich zunächst in drei Personen geoffenbart. Damit hat man eine geschichtliche Thatsache ausgesprochen. Aber der Sinn der Trinitätslehre reicht doch noch weiter. Oder nennen wir Gott den Dreieinigen wirklich nur in dem Sinne, daß er sich in drei Personen geoffenbart hat? — Es gilt vielmehr zu erkennen, daß Gott, indem er sich geschichtlich als der Dreieinige offenbart, eben damit als den sich offenbart, der an sich selbst der Dreieinige ist. Die geschichtliche Offenbarung ist die Wirkung des an sich dreieinigen Wesens Gottes als ihrer Ursache."[2])

---

[1]) Vgl. v. Zezschwitz, Der Katechismus (Katechetik II, 1, zweite Aufl.) S. 393.

[2]) Vgl. Stählin, Kant, Lotze, A. Ritschl (1888), S. 230 f.

d. Es ist oben darauf hingewiesen worden, daß Gott Geist und Liebe ist, und die Gelehrten haben versucht, von diesen Wesensbestimmungen Gottes ausgehend, eine Ahnung von der Dreieinigkeit zu gewinnen. Auch ist oben darauf hingewiesen worden, daß wir nicht bloß an einen Gott über der Welt glauben, von dem alles herstammt, sondern auch an einen Gott in der Welt, und daß der Gott in der Welt auch der Gott über der Welt sei, und man könnte vom Theismus aus eine Darstellung oder wenigstens Ahnung der Dreieinigkeit zu gewinnen suchen.

Aber „keine dieser spekulativen Deduktionen kann und darf Grundlage des trinitarischen Glaubens sein. Auch führt keine völlig zum Ziel, weil es keine zum Nachweis einer dreifachen persönlichen Existenzweise Gottes bringt. Wir können es auch nicht zu einer eigentlichen Erkenntnis der Wesenstrinität Gottes bringen, weil wir damit ein Gebiet betreten, welches jenseits unsrer Erfahrung liegt und nur durch Rückschlüsse von den Thatsachen der Erfahrung aus erschlossen werden kann."[1])

„Aber wenn auch alle Versuche, die Dreieinigkeit in einer Weise zu verstehen, wie sie uns durch den christlichen Glauben aufgegeben ist, nicht ganz zum Ziele führen, so wird sich doch die Wissenschaft des christlichen Glaubens nicht veranlaßt sehen, auf die trinitarische Spekulation ganz zu verzichten. Diese Spekulation hat ihren Wert schon darin, daß sie es uns erleichtert, den persönlichen Gott in seiner Transscendenz und Immanenz, in seinem göttlichen Fürsichsein und in seinem Eingehen in die Welt, zu erfassen; überdies wird ohne die immanente Trinität (d. h. die Dreieinigkeit des göttlichen Wesens) auch die ökonomische (d. h. die Offenbarungs-Dreieinigkeit) auf die Dauer nicht zu halten sein. Wenn die Fäden des Lebens und Wesens des geschichtlichen Gottessohnes nicht ihre Anknüpfungspunkte im innergöttlichen Leben selbst finden, so wird die Gewißheit, daß wir im Sohne den Vater vollkommen und wirklich haben, sich nicht rechtfertigen lassen für die, welche ein wissenschaftliches Bedürfnis haben. Und wenn diese Fäden sich auch eine Strecke weit vor unseren Augen im Dunkel verlieren — wir glauben doch, daß in dem von der h. Schrift bezeugten Wesen Gottes als Geist und als Liebe diese Anknüpfungspunkte liegen. So werden denn die Versuche nicht aufhören, von der Erfahrung der trinitarischen Offenbarung aus in die Erkenntnis des inneren Lebens der Gottheit einzudringen, um auch die Offenbarung des dreieinigen Gottes tiefer erfassen zu können."[2])

e. Der christliche Gottesglaube wird also mit Recht als Glaube an den dreieinigen Gott bezeichnet. Der Christ glaubt an Gott, den überweltlichen Herrn, dessen ewiges Leben für ihn das höchste Gut ist, nach welchem er begehrt. Der Christ glaubt ferner an die Offenbarung Gottes in Jesus Christus und an das Walten des Geistes Gottes in der Christenheit. Aber doch ist es auch für uns nur ein Gott, an den wir glauben, der Gott, der sich in Christus vollkommen geoffenbart hat, und der uns durch seinen Geist zum ewigen Leben führt. So ist also unser Gott, zunächst nur nach

---

[1]) Vgl. Luthardt, Kompendium d. D. § 32, 3.

[2]) Vgl. H. Schmidt (Breslau) in Herzog, Theol. Enc.³ s. v. Trinität, Bd. 16, S. 43.

seiner Offenbarung ein dreieiniger Gott; aber wir haben keinen Grund, das Wesen Gottes anders zu denken, als er sich geoffenbart hat. Jedoch das Wesen Gottes, zumal des dreieinigen Gottes, wirklich zu erkennen, das ist auch dem Christen auf Erden nicht beschieden.

V. Wie der heilige Geist durch die Predigt und die Sakramente (die Gnadenmittel) die Menschen zu Christus führt[1].

48. Einleitung.

Nachdem vor Zeiten Gott manchmal und mancherlei Weise zu den Israeliten geredet hat durch die Propheten, hat er zuletzt zu allen Menschen geredet durch seinen Sohn, und erst durch Jesum Christum ist Gottes Gnade und Wahrheit den Menschen vollkommen geoffenbart worden. Der von der Erde geschiedene Christus wirkt aber auf Erden weiter im heiligen Geiste. Aber der heilige Geist wirkt nicht unmittelbar auf die Menschen, sondern vermittels der Predigt und der Sakramente.

Luther, der zunächst danach gefragt hatte, wie der Mensch vor Gott gerecht werde (der Ablaßstreit), wurde auf eine andere Frage geführt, als er mit Eck in Leipzig disputierte, nämlich auf die Frage, wie der Mensch zum Glauben komme. Im Streite mit Eck erkannte Luther, daß des Christen Glaube nicht beruhe auf der Lehre der unfehlbaren Concilien (noch weniger natürlich auf der Lehre des unfehlbaren Papstes, an dessen Unfehlbarkeit damals noch kein Mensch glaubte), sondern auf der Offenbarung Gottes, welche uns verkündet wird durch die Predigt und durch die Sakramente. Durch die Predigt und durch die Sakramente führt nämlich der heilige Geist den Menschen zum Glauben an die in Christus uns geoffenbarte Gnade Gottes. Auf Grund dieser seit dem Leipziger Religionsgespräch immer deutlicher erfaßten Erkenntnis hat dann Luther in seinem Katechismus die Frage nach den Mitteln beantwortet, durch welche der heilige Geist den Menschen zum Glauben führt. Aber die im Katechismus gegebene Antwort ist bekanntlich nicht ganz vollständig, da Luther zwar auf die Sakramente, aber nicht auf die Predigt hinweist, weil er kein Lehrstück über die Predigt und das Wort Gottes vorfand. Diese Lücke wird durch das dem Katechismus beigegebene Hauptstück von der Beichte nur unvollständig ausgefüllt, da der Mensch das Wort von der Gnade Gottes in Christus nicht bloß bei der Beichte vernimmt, sondern auch in der Predigt hört und in der Bibel liest.

---

[1]) Dieser Abschnitt kann, wenn hier die Zeit fehlt, verbunden werden mit der Besprechung der Unterscheidungslehren; vgl. Kirchengesch. Nr. 58. — Auf eine Lektüre bibl. Abschnitte muß aus Mangel an Zeit hier verzichtet werden. Dieselbe ist hier um so eher zu entbehren, als die gegebene Darstellung sich an den Luther'schen Katechismus anschließt, der ja hier, noch mehr als sonst, direkt auf Bibelworte gestützt ist.

Im folgenden soll nun im Anschluß an die beiden letzten Hauptstücke des Luther'schen Katechismus die Lehre von der Predigt und den Sakramenten, als den Mitteln, durch welche der heilige Geist die Menschen zu Christus führt, den Gnadenmitteln, dargelegt werden.

49. Die Einsetzung der Predigt und der Sakramente.

a. Niemand kann ein Christ werden, ohne daß ihm durch die Predigt die Gnade Gottes in Christus verkündet wird. „Ich glaube, daß ich nicht aus eigener Vernunft (noch Kraft) an Jesum Christum, meinen Herrn, glauben (oder zu ihm kommen) kann, sondern der heilige Geist hat mich durch das (mir gepredigte) Evangelium berufen" — so heißt es mit Recht in unserm Katechismus. Denn zwar manches kann der Mensch durch seinen Verstand ersinnen und erfinden, aber nichts, was geschehen ist, kann man mit dem Verstande sich selber erdenken; alle Geschichte beruht auf Überlieferung; so kann auch das Christentum, d. h. die Kunde von der in Christus geoffenbarten Gnade Gottes, nur durch Überlieferung zu uns gebracht werden. Es ist also ganz richtig, wenn der Apostel Paulus sagt: „So kommt der Glaube aus der Predigt (Röm. 10, 17); wie sollen die Menschen an etwas glauben, wovon sie nichts gehört haben?" (Röm. 10, 14).

Schon von alter Zeit her ist nun in der Welt durch die Propheten gepredigt worden; in vollkommenster Weise hat Christus das Wort Gottes gepredigt, und nach seinem Auftrage haben seine Jünger gepredigt und predigen noch heute, in der Christenheit und unter den Ungläubigen, unter den Jungen und den Alten, in Wort und Schrift, in Rede und im christlichen Wandel ohne Wort. Die Predigt beruht auf göttlicher Anordnung, und sie wird erst dann entbehrt werden können, wenn das vollkommene Gottesreich gekommen sein wird, wo der Geist Gottes über alle Menschen in vollkommener Weise ausgegossen ist (Joel 3, 1—2), und wo sie alle den Herrn erkennen werden, ohne noch der Belehrung durch andere zu bedürfen. Da nun dies Ziel noch lange nicht erreicht ist, so gilt auch für uns noch das Wort Jesu: Gehet hin in alle Welt und prediget das Evangelium aller Kreatur (Mark. 16, 15), jeder in seiner Weise und jeder in seinem Kreise, je nachdem Gott ihm seine besondere Aufgabe gestellt hat.

Die Predigt ist also zunächst die Aufgabe der Missionare, welche in den nichtchristlichen Ländern wirken, und wie große Fortschritte das Christentum infolge der Predigt unter den Heiden in den drei großen Missionsperioden (der alten, der mittelalterlichen und der neueren Kirche) gemacht hat, wie viel aber auch noch zu thun übrig ist, zeigt die Kirchengeschichte; hier muß es genügen darauf hinzuweisen, daß es zwar bereits 400 Mill. Christen giebt, aber noch über 1000 Mill. Nichtchristen.

Aber auch in der Christenheit hat die Predigt noch eine große Aufgabe; denn das äußerlich überwundene Heidentum lebt noch vielfach innerhalb der Christenheit weiter, und die Sünde, welche auch den Christen von Geburt an innewohnt, macht auch in der Kirche eine fortgehende Predigt nötig.

Ja, selbst wenn die Sünde nicht wäre, müßte doch gepredigt werden, um die heranwachsende Jugend erst zu Gott zu führen und die Erwachsenen immer tiefer in das Wesen der christlichen Frömmigkeit hineinzuführen; denn der Geist Gottes wird zwar durch die Predigt die Christen in alle Wahrheit führen, aber das ist doch noch nicht geschehen, sondern es soll und wird allmählich geschehen.

So giebt es denn heute überall in der Christenheit, wenn sie nicht in totem Ceremonien-Dienst erstarrt ist (was im Mittelalter der Fall war und noch heute in mancher Kirche der Fall ist), christliche Predigt, in Haus und Schule, im Gottesdienst und in der christlichen Litteratur, und vom einfachen christlichen Hausvater bis zum Professor der Theologie giebt es in der Kirche eine große Anzahl von Predigern, deren Aufgabe es ist, die Menschen zum Glauben zu führen.

Die Predigt beruht aber auf dem Worte Gottes, wie der Apostel Paulus sagt (Röm. 10, 17); zum Glauben an das Wort Gottes soll also die Predigt führen. Das Wort Gottes ist aber enthalten in der heiligen Schrift, in welcher dargestellt ist, wie Gott vor Zeiten manchmal und mancherlei Weise zu den Vätern durch die Propheten, zuletzt aber durch seinen Sohn zu allen Menschen geredet hat[1]). Den Inhalt der durch Moses und die Propheten und durch Jesum Christum den Menschen zu teil gewordenen Offenbarung zu verkündigen und zu deuten — das ist die Aufgabe der christlichen Predigt.

Aber ist denn diese Predigt nach der heiligen Schrift auch die vollständige und ausreichende Wahrheit?[2]) — Das bestreitet die katholische Kirche; sie behauptet, daß auch die Apokryphen und die kirchliche Überlieferung zur Bibel hinzukommen müssen, damit die christliche Predigt vollständig sei, und daß nur durch die Auslegung der Kirche das rechte Verständnis der Predigt ermöglicht und auch gesichert werde, da die Concilien und die Päpste unfehlbare Ausleger der in der Bibel überlieferten Predigt Jesu seien. Dagegen bestreitet die evangelische Kirche, daß die Bibel einer Ergänzung durch die Apokryphen und die Überlieferung bedürfe, und sie leugnet, daß in diesen Schriften eine Offenbarung Gottes enthalten sei, und noch mehr bestreitet sie, daß Concilien und Päpste unfehlbare Ausleger der Offenbarung seien, da sie als irrtumsfähige Menschen oft genug geirrt und sich selber widersprochen und einander gegenseitig verketzert und verdammt haben. Die Kirche ist nach evangelischer Meinung zu keiner Zeit unfehlbar gewesen; aber wir vertrauen auf den in der Kirche waltenden Geist Gottes, daß er die Menschen dereinst in alle Wahrheit leiten werde, und daß dereinst alle Menschen Gott richtig erkennen werden. Aber heute giebt es keinen Menschen, der sich für unfehlbar ausgeben darf; auch die frommsten Christen sind und bleiben irrtumsfähige Menschen, ebenso wie sie von der Sünde nicht gänzlich frei werden.

Aber auch durch die Predigt irrender Menschen wird noch heute das Reich Gottes erweitert, wie es einst durch menschliche Organe

---

[1]) Daß aber die Bibel nur die Urkunde der Offenbarung ist, nicht die Offenbarung selbst, darüber findet der Lehrer das Nötige in meiner H. Gesch. Nr. 11—15.

[2]) Vgl. Kirchengesch. Nr. 58b.

gegründet worden ist. Das ist ja der beste Beweis für die göttliche Leitung der Kirche und der Weltgeschichte, daß Gott es versteht, durch schwache, ja, sogar durch böse Menschen seine Absichten zu verwirklichen. Durch allerlei Irrtum hindurch führt Gott auch die Christenheit, wie die Kirchengeschichte zeigt, zu immer tieferem und richtigerem Verständnis der Wahrheit; auch die Predigt irrtumsfähiger Menschen kann die Menschen zu Gott führen, und der irrtumsfähige Luther ist dennoch ein Prediger der Wahrheit gewesen, mehr als viele angeblich unfehlbare Päpste.

b. Aber nicht bloß die Predigt hat Jesus eingesetzt als Mittel der Begründung und Erhaltung seines Reiches, sondern auch zwei andere Handlungen hat Jesus selbst zu diesem Zwecke eingesetzt: die Taufe und das heilige Abendmahl.

Als nämlich Jesus kurz vor seiner Himmelfahrt seinen Jüngern gebot, in alle Welt zu gehen und alle Völker zu seinen Jüngern zu machen, da befahl er ihnen nicht bloß zu predigen, sondern er gebot ihnen auch, die Menschen durch die Taufe in das Gottesreich aufzunehmen. Durch die Beschneidung wurde der Israelit in das Gottesreich aufgenommen; eine Reinigung durch Waschungen war im Judentum erforderlich, um bestimmte Verunreinigungen abzuthun; eine einmalige Reinigung hatte Johannes der Täufer an denjenigen vollzogen, welche sich für das von ihm gepredigte Gottesreich würdig machen wollten. Im Anschluß an die Johannestaufe hat Jesus vor der Himmelfahrt für den Eintritt in die Kirche die Taufe eingesetzt, und Juden wie Heiden wurden von Anfang an durch die Taufe in die Kirche aufgenommen, wie wir am christlichen Pfingstfeste (Apg. 2) und bei der Taufe des ersten Heiden (Apg. 10) sehen.

Seitdem giebt es auch in der Christenheit neben der Predigt eine sinnbildliche Handlung, die Taufe, durch welche der Eintritt in die Kirche vermittelt wird, und alle Christen[1]) werden seit alter Zeit getauft. Ein Streit über die Taufe findet nur insofern statt, als der Zeitpunkt der Taufe verschieden bestimmt wird. Während nämlich im allgemeinen schon die Kinder getauft werden, bestreiten die verschiedenen Parteien der Wiedertäufer die Rechtmäßigkeit der Kindertaufe und fordern, daß erst herangewachsene Menschen getauft werden. Da nun Jesus darüber keine Bestimmung getroffen hat, wann die Taufe erfolgen soll, so könnte die Bestimmung über die Zeit der Taufe freigestellt werden, und es wäre unangemessen, deshalb eine Spaltung der Kirche eintreten zu lassen. Aber diese Spaltung ist dennoch eingetreten, da die Wiedertäufer durchaus verlangen, daß ihre Meinung allgemein anerkannt werde, und da sie die Berechtigung der Kindertaufe bestreiten. Wenn ja nun auch unstreitig ein Erwachsener von der Taufe einen größeren Segen empfangen kann, als ihn zunächst das bewußtlose Kind empfangen kann, so ist es doch eine höchst bedenkliche Praxis der Wiedertäufer, daß sie die Taufe nur an demjenigen vollziehen, welcher durch die Abstimmung der Gemeinde für einen wahren Gläubigen erklärt wird. Eine solche Abstimmung hätte doch nur dann einen Sinn, wenn die Gemeinde unfehlbar wäre, und sie birgt eine große Gefahr in sich, indem sie demjenigen großen Schaden

[1]) Etwa mit Ausnahme der Quäker.

bringen kann, welcher für einen wahren Gläubigen erklärt wird, während er doch vielleicht ein Heuchler ist.

So ist denn die Kindertaufe zwar von Jesus nicht geboten, aber auch nicht verboten, und da es nun schwer ist zu sagen, wann der Mensch soweit im Glauben entwickelt ist, daß er den höchsten Segen von der Taufe sofort empfängt, so ist es am besten, bei der Kindertaufe zu bleiben, zumal da ja eine andere Handlung, die Konfirmation, den Mangel der Kindertaufe, das fehlende Bewußtsein der empfangenen göttlichen Gnade, auszugleichen vermag. Aber dürfen wir etwa glauben, daß alle Konfirmierten, und selbst wenn sie zehn Jahre später konfirmiert würden, bewußte Christen sind? Das ist ebensowenig der Fall, wie das, daß die erwachsenen Täuflinge der Wiedertäufer sämtlich rechte Christen sind; Christen werden wir nicht auf einmal, sondern nur durch die fortgehende Arbeit des Geistes Gottes an unserem Herzen.

c. Endlich aber hat Jesus noch kurz vor seinem Tode (also eher er noch die Taufe eingesetzt hatte) das heilige Abendmahl eingesetzt, indem er „in der Nacht, als er verraten ward,“ als er mit seinen Jüngern einen Tag vor Ostern das Passahmahl feierte,[1]) im Anschluß an dieses jüdische Mahl für seine Jünger ein neues Mahl stiftete, indem er ihnen Brot und Wein austeilte als Zeichen seines für sie zu brechenden Leibes und zu vergießenden Blutes, durch welche der Neue Bund gestiftet werden sollte. Wie einst Moses bei der Stiftung des Alten Bundes die Israeliten mit Opferblut besprengt hatte, so ist auch der Neue Bund geschlossen worden durch ein Opfer, welches Gott dargebracht wird, durch das Opfer Jesu Christi am Kreuze, und das heilige Abendmahl ist nun ein Mittel des Eintritts in die Gemeinschaft mit dem für uns gestorbenen Gottessohn, also ein Mittel des Eintritts in das Gottesreich, wie die Taufe und die Predigt.

Dem Worte Jesu gemäß feiern nun alle Christen[2]) das heilige Abendmahl, zwar nicht mehr jeden Tag oder wenigstens jeden Sonntag, wie die alten Christen; auch nicht mehr die Kinder, wie bei den alten Christen und noch heute in der griechischen Kirche; aber wohl die Erwachsenen, wenigstens einmal im Jahre. Der römische Katholik (nicht der griechische) empfängt aber beim h. Abendmahl nur Brot, während die anderen Christen der Einsetzung Jesu gemäß Brot und Wein empfangen, wie ja gerade beim Kelch Jesus ausdrücklich gesagt hat: Trinket alle daraus! Es ist eine ungenügende Ausrede der Katholiken, daß im Leibe Jesu schon das Blut enthalten sei; in Wahrheit soll auch bei dieser Feier der Laie dem katholischen Priester untergeordnet erscheinen.

Die viel größeren Abweichungen der verschiedenen Kirchen über die Bedeutung des h. Abendmahls werden unten zur Darstellung kommen; aber alle Parteien sind darüber einig, daß das h. Abendmahl ebenso wie die Taufe und die Predigt von Christus eingesetzt ist.

---

[1]) So Johannes gegen die Synoptiker; vgl. Heil. Gesch. Nr 124.

[2]) Wiederum etwa nur mit Ausnahme der Quäker.

50. Die Bedeutung der Predigt und der Sakramente.

Was nützen denn die Predigt, die Taufe und das heilige Abendmahl? — So fragen wir nunmehr im Anschluß an die beiden letzten Hauptstücke des Katechismus, und die Antwort lautet: Predigt und Taufe und Abendmahl sind die von Gott verordneten Gnadenmittel, durch welche wir zunächst, indem wir Vergebung der Sünden erlangen, in das Reich Gottes eintreten, sodann als Christen zur wahren Frömmigkeit geführt und endlich in der Gemeinschaft mit Jesus erhalten werden.

a. Zunächst gilt es in das Reich Gottes einzutreten.

Wie vor Zeiten Moses und die Propheten, so hat Gott auch Jesus und seine Jünger nicht dazu in die Welt gesandt, daß sie die Welt richten und verdammen (wie das unser Gewissen thut), sondern daß die Welt durch sie selig werde (Joh. 3, 17). Zwar wird ja nun die Welt durch den in der Predigt wirksamen Geist Gottes ihrer Sünde überführt (Joh. 16, 8), und das ist eine Wirksamkeit der Predigt, welche fortdauert, so lange der Mensch der Predigt bedarf; aber der Zweck dieser Predigt von der Sünde ist doch nur der, daß im Menschen die Erkenntnis seiner Sünde und das Verlangen nach Vergebung der Sünden erweckt werde; nicht bloß durch das Gesetz (Röm. 3, 20), sondern durch alle Predigt, auch durch die Predigt Jesu, soll diese Erkenntnis und dieses Verlangen erweckt werden, so daß jeder Mensch mit Paulus ausrufen lernt: „Ich elender Mensch, wer wird mich erlösen von dem Leibe dieses Todes?“ (Röm. 7,24.)

Und diesem Verlangen nach Befreiung von der Sünde und nach Gemeinschaft mit Gott kommt nun die Predigt, auch schon im Gottesreiche des Alten Bundes, besonders aber im Neuen Bunde, entgegen mit der frohen Botschaft von der Vergebung der Sünden, welche ja schon bezeugt war durch das Gesetz und die Propheten (Röm. 3, 21), aber erst in Christus den Menschen in Wahrheit dargeboten wurde, welcher dazu in die Welt gekommen ist, daß die Welt durch ihn selig werde (Joh. 3, 17); durch ihn sollen satt werden alle, welche nach Gerechtigkeit hungert und dürstet (Matth. 5, 6), da sie in ihm einen zuverlässigen Bürgen für die Vergebung ihrer Sünden erkennen; das Gesetz hatte nur den Schatten von der zukünftigen Gnade Gottes, dagegen hat Christus mit seinem einzigen Opfer in Ewigkeit vollendet, die geheiligt werden (Hebr. 10, 1 und 14). So werden nun die Menschen gerecht allein durch den Glauben an die ihnen gepredigte Gnade Gottes in Christus (Röm. 3, 28); denn der Glaube beruht auf der Predigt (Röm. 10, 4).

Den Eintritt in das Reich Gottes durch die uns geschenkte Vergebung der Sünden bewirkt also zunächst die Predigt von der Gnade Gottes in Christus. Dieselbe Wirkung hat auch die Taufe. Wenn Jesus auch zunächst nur gepredigt hatte, so setzte er doch zuletzt, ehe er von seinen Jüngern schied, noch die Taufe ein (Matth. 28, 18—20) als das Mittel, durch welches das bewirkt wird, was seine Jünger thun sollen, daß sie alle Völker zu seinen Jüngern machen. Diesen Gedanken deutet auch Jesu Gespräch mit Nikodemus an, wo der von Johannes geübten Wassertaufe eine durch Jesus vollzogene Geistestaufe gegenübergestellt wird, durch welche allein der Mensch ein neuer Mensch werden könne (Joh. 3, 1—21).

b. Wenn aber der Mensch durch die Predigt und die Taufe zunächst in das Gottesreich eintritt, so gilt es nunmehr, auch zur wahren Frömmigkeit geführt zu werden, und auch das ist eine Wirkung der Predigt. Denn eintreten in das Reich Gottes kann auch der Sünder, aber bleiben im Reiche Gottes kann nur derjenige, der sich bemüht, den Willen Gottes zu thun (Matth. 7,21). Welches aber der Wille Gottes sei, das zeigt Jesus im Anschluß an das Gesetz, aber im Gegensatz zu den Pharisäern, in seiner Predigt; der Inhalt derselben ist in der Heil. Geschichte dargelegt worden.[1])

Wer aber der Predigt Jesu gehorsam ist, der wird auch an die Person Jesu sich gebunden fühlen; denn wenn auch Jesus zunächst nur als Prediger auftrat und für seine Predigt Gehorsam verlangte, so ist doch auch schon er selber dazu fortgeschritten, auch den Anschluß an seine Person zu fordern, indem er seinen Jüngern bei ihrer Rückkehr von ihrer ersten selbständigen Predigtreise zurief: „Kommet her zu mir alle, die ihr mühselig und beladen seid; ich will euch erquicken!" (Matth. 11, 28.) Und in diesem Sinne hat Jesus fortan das Heil an seine Person geknüpft.[2])

Seine Person aber ist bald dem Tode anheimgefallen, und dennoch bleibt er das Heil der Welt; ja, gerade sein Tod bewirkt erst recht das Heil der Welt.[3]) Darauf wies Jesus seine Jünger namentlich auch bei der Einsetzung des heil. Abendmahls hin, indem er erklärte, daß sein Blut für viele vergossen werde zur Vergebung der Sünden, und daß durch seinen Tod der Neue Bund gestiftet werde. Als der Alte Bund gestiftet wurde, hatte Moses mit dem Blute der geschlachteten Opfer das Volk besprengt zum Zeichen, daß es mit Gott in Gemeinschaft trete. Der Neue Bund, von dem schon Jeremias geweissagt hatte, wurde durch Christus mit der Menschheit geschlossen, indem er sein Blut für die Sünder vergoß, und wer nun mit Christus durch den Glauben in Gemeinschaft tritt, der hat Vergebung der Sünden, Leben und Seligkeit (Mark. 14,22—24). Diesen Gedanken hat besonders auch Johannes entwickelt in der an die Speisung angeknüpften Predigt von Jesu, als dem wahren Brote des Lebens, welches der Mensch genießen müsse, um selig zu werden (Joh. 6, 24—65). In diesem Sinne sagt auch Paulus (1. Kor. 10, 16): „Der gesegnete Kelch, welchen wir segnen, ist der nicht die Gemeinschaft des Blutes Christi? Das Brot, das wir brechen, ist das nicht die Gemeinschaft des Leibes Christi?"

Durch die Predigt und die Sakramente treten wir mit Christus in Gemeinschaft und werden aller Segnungen des durch ihn gestifteten Neuen Bundes teilhaftig.

---

[1]) Vgl. Heil. Gesch. Nr. 110—113.

[2]) Vgl. Heil. Gesch. Nr. 115 und Glaubensl. Nr. 33.

[3]) Vgl oben Nr. 40—43.

51. „Wie können Predigt und Sakramente solche große Dinge thun?"

Wie können nun aber die Predigt, die doch nur aus Worten besteht, und Wasser in der Taufe und Brot und Wein beim heil. Abendmahl so große Dinge thun, daß der Mensch dadurch in die Gemeinschaft mit Gott eingeführt, in derselben gefördert und erhalten wird?

a. Das ist am leichtesten zu begreifen bei der Predigt. Zwar auch hier scheint es uns ja nur so einfach zu sein, daß durch das Wort Großes gewirkt wird; denn das Wort ist doch zunächst ein Hauch, der unser Ohr berührt; wer den Hauch Jesu im Handschuh auffängt[1]), der hat seine Predigt nicht aufbewahrt, und doch beruht die Predigt auf dem Hauch des Mundes, der zunächst äußerlich an des Menschen Ohr dringt und doch als Träger der Gedanken des Redenden den fremden Geist auf des Hörers Geist innerlich wirken läßt. Wenn nun ein Gesandter Gottes zu uns redet, so wirkt der in diesem Manne wohnende Gottesgeist auf unsern Geist, und eines solchen Mannes Wort ist lebendig und kräftig und schärfer denn kein zweischneidig Schwert (Hebr. 4, 12). Solche Worte wirken mehr als gewöhnliche Menschenworte, wenn sie in des Menschen Herzen Anklang finden; das ist aber nur da der Fall, wo das Gewissen empfänglich ist für Gottes Wort; wo aber des Menschen Herz dem hartgetretenen Wege gleicht (Matth. 13, 4), da kann das Gotteswort zunächst nichts wirken, bis durch Gottes Einwirkung der harte Weg für den Samen des Wortes Gottes empfänglich gemacht wird.

b. Nicht so leicht ist die Kraft der Sakramente zu begreifen. Daß im Wasser nicht eine besondere Wunderkraft enthalten sei, und daß in Brot und Wein nicht Himmelskräfte hineinkommen, wird im Katechismus deutlich ausgesprochen, indem Luther sagt: Wasser thut's freilich nicht, sondern der Geist Gottes (so wäre richtiger zu sagen), der mit und bei dem Wasser ist (und der durch die Vermittelung der Erwachsenen auf das Kind einwirkt), und: Essen und Trinken thut's freilich nicht. Hinsichtlich der Taufe sind ja auch die christlichen Kirchen darüber einig, daß das Taufwasser an sich keine Veränderung erleidet, sondern dasselbe Wasser bleibt wie vorher. Nicht auf dem Wasser beruht die Veränderung, welche die Taufe im Menschen bewirkt, sondern auf dem Geiste Gottes, der den Menschen seit der Taufe mehr und mehr durchdringt. Aber wenn die alte Zeit in der Regel auch schon im Kinde dasselbe durch den Geist Gottes gewirkt werden ließ, was derselbe im Erwachsenen wirken kann, aber doch auch bei ihm nicht wirken muß, so wird heute meist zugegeben, daß die Wirkung des Geistes Gottes im Kinde nicht eine momentane, zauberhafte ist, sondern eine psychologisch vermittelte. Das Kind tritt, indem es durch die Taufe in die Kirche aufgenommen wird, in die Gemeinschaft des heiligen Geistes ein, welcher in der Kirche wirkt, und seine ganze Entwickelung soll und kann (wenn seine Erzieher vom Geiste Gottes durchdrungen oder wenigstens berührt sind) vom Geiste Gottes berührt und

[1]) Wie das bei einem Heiligen (Nikodemus) angeblich geschehen ist

immer mehr durchdrungen werden. Dann wird aus dem Menschenkinde ein Gotteskind, und der Anfang des neuen Lebens ist die Taufe. Das Ziel aber dieses Lebens wird erst einigermaßen erreicht, wenn der Mensch mit Bewußtsein vom Geiste Gottes sich leiten und führen läßt; erst ein heranwachsender Mensch, noch nicht ein kleines Kind, kann mit Bewußtsein ein Kind Gottes sein.

Nun kann man ja allerdings ein Gotteskind auch ohne die Taufe werden, und die Apostel sind ja sämtlich nicht getauft worden; aber wir dürfen doch auch als Jesu Jünger seinen Befehl zu taufen nicht geringschätzen. Und ist nicht eine solche äußere Handlung doch auch für den sinnlichen Menschen von großem Werte? Wer daran zweifelt, ob das Wort von der Sündenvergebung auch ihm gelte, der wird vielleicht eher glauben, daß auch er zum Kinde Gottes angenommen sei, wenn er bedenkt, daß er dem Befehl Jesu gemäß getauft und dadurch in das Reich Gottes aufgenommen worden ist.

So ist also die Taufe, obwohl sie doch nur mit Wasser vollzogen wird, dennoch eine Taufe mit dem Geiste Gottes, dessen Besitz sie uns verbürgt und vermittelt. Aber freilich die Taufe allein macht nicht selig, wenn nicht der Mensch auch wirklich zum Gotteskinde wird; andrerseits aber wird derjenige nicht vom Himmel ausgeschlossen, wie der Katholik behauptet, welcher als Kind stirbt, ohne getauft zu sein; eine solche Ungerechtigkeit Gotte zuzutrauen, sind wir Evangelischen nicht im stande; nicht die Taufe schließt uns den Himmel auf, und nicht die mangelnde Taufe schließt uns den Himmel zu; nur wer nicht *glaubt*, der wird verdammt, wenn er glauben konnte und sollte, aber sich von Gott beharrlich abgewandt hat.

c. Aber am schwersten zu begreifen und am meisten streitig ist die Kraft des *heiligen Abendmahls*; dies Mahl der *Gemeinschaft* der Christenheit ist ja gerade vornehmlich zum Anlaß der *Trennung* der Christenheit geworden.

Am einfachsten scheint die katholische Deutung zu sein. Durch den Priester wird Brot und Wein verwandelt in Leib und Blut Christi, aber freilich nur so, daß bei dieser Wandelung (Transsubstantiation) die Eigenschaften der Elemente (Accidentien) unverwandelt bleiben. Dann tritt also der Katholik beim Abendmahlsgenuß in direkte Gemeinschaft mit Christus, der ohne ein irdisches Mittel (denn die Hostie ist ja nicht mehr Brot) in ihn eingeht. Wenn man diese Anschauung auf die Taufe anwendete, so wäre das Taufwasser als der heilige Geist, und bei der Predigt der Hauch Christi als seine Predigt anzusehen. Aber das lehrt nicht die Bibel, auch nicht vom h. Abendmahl. Die Einsetzungsworte sind von den Aposteln gewiß nicht in katholischem Sinne ausgelegt worden, denn die Apostel sprechen von Brot und Wein auch bei der Feier des h. Mahls, und Brot und Wein bezeichnet Paulus (1. Kor. 10, 16) als die *Gemeinschaft* des Leibes und Blutes Christi, d. h. also, obwohl sie Brot und Wein bleiben, dennoch als Mittel, um mit Christus in Gemeinschaft zu treten. Und ist es denn überhaupt denkbar, daß Jesus, als er mit seinem Leibe vor seinen Jüngern saß, denselben in dem Brot, das er in der Hand hielt, einen *zweiten* Leib gezeigt hätte, der ebenfalls *sein* Leib sein sollte? Und neben dem Blute in seinem Leibe sollte er ein zweites Blut im Kelch als sein Blut bezeichnet haben? Und die Jünger sollten dies seltsamste aller Wunder als so ganz selbstverständlich betrachtet haben, daß sie danach gar nicht gefragt hätten, während sie doch sonst nicht so stumpfsinnig sind, sondern nach dem fragen, was sie nicht verstehen!

Die katholische Lehre vom h. Abendmahl ist unstreitig falsch.

Es wäre nun natürlich ebenso falsch, in Brot und Wein beim h. Abendmahl nur Irdisches sehen zu wollen; bei der Predigt ist der Menschenhauch der Vermittler des Gottesgeistes, wie bei der Taufe das Wasser; so sind auch hier die Elemente Träger eines himmlischen Gutes, wie ja Paulus sagt (1. Kor. 10, 16), daß sie die Gemeinschaft des Menschen mit Christus vermitteln. Es bleiben also auch hier die irdischen Dinge unverwandelt, aber sie werden zu Predigern und Vermittlern der Gemeinschaft mit dem für uns gestorbenen Heiland. Das Brot, welches gebrochen wird, der Wein, welcher uns dargereicht wird, sind eine Predigt von dem für uns gestorbenen Menschensohn, und durch eine sinnbildliche Handlung treten wir auch hier, wie bei der Taufe, in Gemeinschaft mit Jesus Christus; aber der Katechismus sagt mit Recht: Essen und Trinken thut's freilich nicht.

Wenn nun aber die lutherische Kirche über diese Anschauung noch hinausging und der katholischen Anschauung sich wieder näherte, indem sie Christus nicht bei der Abendmahlsfeier, sondern „in, mit und unter" den Elementen leiblich vorhanden dachte, so daß Leib und Blut von jedem Menschen, auch vom Ungläubigen, empfangen und zwar mit dem Munde empfangen und mit den Zähnen zerbissen würden, so daß das heil. Abendmahl durchaus nicht bloß ein „Seeleneſſen",[1]) sondern zunächst ein leibliches Essen ist, so kann man zwar begreifen, wie es zu dieser Ansicht gekommen ist; aber unbedingte Anerkennung hat sie nicht einmal in der älteren Zeit gefunden, noch weniger in der Folgezeit; ja, selbst die Concordienformel erklärte sich bereit, auf diese Formel zu verzichten, wenn nur die Gegner zugeben wollten, daß im Abendmahl Leib und Blut Christi ausgeteilt und empfangen werden. Es ist aber unevangelisch, die Lehre vom h. Abendmahl zum Mittelpunkt des Christentums machen zu wollen; das ist richtig für den Katholiken, aber nur darum, weil bei ihm auf dem heil. Abendmahl die Messe beruht, und die Messe ist für ihn in der That die Hauptsache im Christentum;[2]) das gilt aber nicht vom Abendmahl in der evangelischen Kirche; der Mittelpunkt unseres Glaubens ist der Glaube an die Gnade Gottes in Christus; das h. Abendmahl ist ein Mittel, um in Gemeinschaft mit Christus zu treten, wie die Taufe und die Predigt, aber nicht der Mittelpunkt und die Hauptsache des Glaubens, so daß wegen einer Abweichung in der Lehre vom Abendmahl die Trennung einer Kirche von der andern berechtigt wäre.

---

[1]) Wie der schöne Vers eines bekannten Liedes (Schmücke dich, o liebe Seele) mit Recht sagt.

[2]) Vgl. Kircheng. Nr. 31 A.

52. Wodurch ist der Segen der uns dargebotenen Gnadenmittel bedingt?

Durch die Gnadenmittel will uns Gott in sein Reich führen, in der Frömmigkeit fördern und in der Gemeinschaft Jesu erhalten; wodurch ist nun der Segen der uns dargebotenen Gnadenmittel bedingt?

a. Wie viel wird doch heute gepredigt, im Hause und in der Schule, in der Kirche und unter den Heiden, und wie wenig Frucht bringt doch oft auch die treuste und geschickteste Predigt! Das kann zunächst daran liegen, daß diejenigen, welchen gepredigt wird, noch zu wenig für die ihnen dargebotene Predigt empfänglich sind. Wer noch nichts davon weiß, daß er ein Sünder ist, dem soll man nicht von der Vergebung der Sünden predigen; wer noch nicht an Gott glaubt, dem soll man nicht von der Dreieinigkeit predigen. So muß denn der Mensch erst durch Gottes Führungen oder durch unseren Unterricht empfänglich gemacht werden für das, was ihm gepredigt wird, ehe man einen Segen von der Predigt erwarten darf.

Wer nun für das Wort Gottes empfänglich ist, der soll nicht bloß dasselbe mit seinem Verstande billigen, sondern er muß glauben an die ihm im Worte Gottes verkündete Gnade Gottes, denn nur „so man von Herzen glaubt, so wird man gerecht“ (Röm. 10, 10).

Aber der Mensch würde sich selber betrügen mit dem Wahnbilde eines angeblichen Glaubens, wenn er bloß ein Hörer und angeblich Gläubiger würde, ohne ein Thäter des Wortes zu werden (Jak. 1, 22); an den Früchten erkennt man den guten Baum; ein Glaube, der nicht in der Liebe thätig ist, ist kein rechter Glaube.

b. Und auch die Taufe gereicht nicht jedem Menschen zum Segen. Wie viele sind zwar getauft, aber sie werden niemals rechte Christen, weil sie nicht zum Glauben geführt werden. Wie viele andere lassen sich durch ihre Schuld nicht zu Gott führen, trotz aller Treue ihrer Eltern und Lehrer und Geistlichen! Nur demjenigen gereicht die Taufe zum Segen, dem sie ein Bad wird der täglichen Erneuerung seines Lebens durch den in der Christenheit waltenden Geist Gottes. Dazu gehört aber, wie der Katechismus sagt, tägliche Reue und Buße und tägliche Hingabe an Gott in Buße und Glaube und Liebe.

c. Und ebensowenig wird der Segen des Abendmahls jedem zu teil der dasselbe empfängt. Nur wer nach Vergebung seiner Sünden verlangt, ist für den Segen empfänglich, den ihm das heil. Abendmahl gewähren kann. Darum sagt der Apostel Paulus mit Recht (1. Kor. 11, 28): „Der Mensch prüfe sich selbst, und also esse er von diesem Brot und trinke von diesem Kelch.“ Darum wird ja auch die Feier des heil. Abendmahls durch die Beichte vorbereitet. Wir verwerfen nun zwar die Ohrenbeichte als einen unwürdigen Zwang; wir glauben auch nicht an eine besondere Gewalt eines Priesters, ohne welche es keine Sündenvergebung giebt; aber wir bekennen Gott unsre Sünden, und wir glauben an das Wort von der Vergebung Gottes für den bußfertigen Sünder.

Aber zur Reue muß auch hier der Glaube hinzukommen, wenn wir Vergebung der Sünden empfangen sollen. Aber dieser Glaube ist nicht ein irgendwie formulierter Glaube an eine **Lehre** über das heil. **Abendmahl**, sondern der Glaube an die Gnade Gottes in Christus.

Wer diesen Glauben hat, der hat das ewige Leben, denn für ihn ist Jesus das Brot des Lebens (Joh. 6, 47—48), und die Gemeinschaft mit Jesus führt zur Gemeinschaft mit Gott.

So führen uns die Gnadenmittel also nur dann zu Gott, wenn wir nach der Gnade Gottes verlangen, an die Gnade Gottes glauben und durch den Glauben mit Gott in Gemeinschaft treten; sonst heißt es: „Das Fleisch und das Wasser und das Wort ist kein nütze" (Joh. 6, 63).

53. Die Sakramente und die heiligen Handlungen.

a. Wie die Predigt, so sind auch Taufe und Abendmahl von Christus eingesetzt; aber Taufe und Abendmahl unterscheiden sich dadurch von der Predigt, daß bei dieser nur durch das Wort auf den Menschen gewirkt wird, während bei jenen zum Worte noch äußere, sichtbare Dinge, Wasser und Brot und Wein, hinzukommen und als Vermittler des durch die heilige Handlung dem Menschen gewährten Gutes dienen. Taufe und Abendmahl werden nun zum Unterschiede von anderen heiligen Handlungen, welche ihnen an Wert nachstehen, Sakramente genannt, indem man unter einem Sakrament (ohne daß in diesem **Worte** dieser Begriff enthalten ist) eine solche heilige Handlung versteht, welche von Christus selbst eingesetzt ist, und bei welcher dem Menschen unter sichtbaren Zeichen unsichtbare Gnadengüter dargereicht werden. Diese Definition paßt aber nicht auf die Predigt (weil bei derselben kein sichtbares Zeichen vorhanden ist), sondern nur auf Taufe und Abendmahl; die Predigt ist ein Gnadenmittel, aber kein Sakrament.

Da nun der Name „Sakrament" der Bibel unbekannt ist, so könnte es als ein bloßer Wortstreit erscheinen, wenn die evangelische und die katholische Kirche sich über die Zahl der Sakramente streiten; die katholische Kirche könnte ja dies Wort in einem weiteren Sinne gebrauchen, als die evangelische Kirche, und man könnte ihr dann nicht das Recht bestreiten, sieben (oder auch noch mehr) heilige Handlungen als Sakramente zu bezeichnen. Aber die katholische Kirche versteht das Wort „Sakrament" in demselben Sinne wie die evangelische Kirche, und sie behauptet dennoch, daß es sieben von Christus selber eingesetzte heilige Handlungen gebe, bei welchen unter sichtbaren Zeichen dem Menschen unsichtbare Gnadengüter dargereicht werden. Wenn das richtig wäre, dann müßten wir Evangelischen alle diese heiligen Handlungen vollziehen, bez. an uns vollziehen lassen, um uns des durch sie dargebotenen Segens nicht zu berauben. Welches sind nun die katholischen Sakramente?[1]

Nach der katholischen Lehre wird das ganze Leben des Menschen von einem Kranze heiliger Handlungen umschlossen und geweiht. Der neugeborene Mensch empfängt die Taufe; das herangewachsene Kind empfängt

[1] Vgl. Kirchengesch. Nr. 58 C.

die Absolution (d. h. Sündenvergebung), die Firmelung und das heilige Abendmahl; der erwachsene Mensch empfängt die Ehe oder die Priesterweihe; der Sterbende empfängt die letzte Ölung.

Aber sind das alles wirkliche Sakramente?

Bei der Absolution fehlt das sichtbare Zeichen; sie ist also nur eine heilige Handlung, die wir ja ebenfalls haben und als berechtigt anerkennen, obwohl wir die Ohrenbeichte nicht haben und einen Priester nicht kennen, der eine absonderliche göttliche Gewalt hätte zur Vergebung der Sünden.

Die Firmelung ist von Christus nicht eingesetzt; ein Sakrament ist sie also nicht, aber auch von uns als eine berechtigte heilige Handlung (Konfirmation) anerkannt.

Die Ehe ist natürlich nicht von Christus eingesetzt, aber die Trauung ist eine heilige Handlung, wenn auch nicht ein Sakrament; ebensowenig ist ein Sakrament die Priesterweihe, zumal da es im Neuen Bunde nach unserer Meinung kein Priestertum mehr giebt.

Die letzte Ölung knüpft an eine Sitte der alten Kirche an (Jak. 5, 14—15); aber die früher übliche Salbung der Kranken mit Öl sollte nicht für ein seliges Sterben vorbereiten, sondern dem Kranken Genesung verschaffen (natürlich nicht durch das bloße Salben mit Öl, wie durch ein Zaubermittel, sondern durch das mit der Salbung verbundene Gebet — welches natürlich auch damals nicht jeden gesund machte). Wir beten ebenfalls für den Kranken um Genesung, halten aber die Salbung mit Öl nicht für nötig, und dem Sterbenden geben wir, wenn er danach verlangt, das heil. Abendmahl, nicht aber eine „letzte Ölung“.

So bleiben also von den sieben angeblichen Sakramenten der Katholiken doch nur zwei übrig, Taufe und Abendmahl, welche wirklich von Christus eingesetzt sind, und bei welchen dem Menschen unter sichtbaren Zeichen unsichtbare Gnadengüter dargereicht werden. Die übrigen Handlungen der katholischen Kirche werden von uns teils verworfen (letzte Ölung und Priesterweihe), teils als heilige Handlungen betrachtet (Absolution, Konfirmation und Ehe). Aber der Kreis der heiligen Handlungen ist mit den genannten Handlungen nicht erschöpft; die Predigt ist als solche vor allem zu nennen, und das kirchliche Begräbnis ist natürlich ebenfalls eine heilige Handlung. Aber unter allen diesen heiligen Handlungen nehmen die beiden Sakramente und die Predigt nach unserer Meinung die erste Stelle ein, als die von Gott verordneten Gnadenmittel zur Gründung und Förderung und Erhaltung des Reiches Gottes auf Erden, und noch wichtiger, als die Sakramente, die ja im Notfall entbehrt werden können, ist die Predigt; die Predigt allein ist für den Christen unentbehrlich.

Vierter Abschnitt.

Wie wird der Mensch vor Gott gerecht?

Vorbemerkung für den Lehrer.

Bei der Behandlung dieses Abschnittes wird der Lehrer wohl am besten den Römerbrief zu Grunde legen, und er mag denselben hier (mit einigen Auslassungen und dafür einigen Zusätzen aus anderen Briefen) ganz lesen[1]). Daß dadurch der systematische Gang des Unterrichts etwas unterbrochen wird, kommt für die Schule gar nicht in Betracht; daß vorhergegangene Abschnitte nochmals zur Sprache kommen, ist sogar für den Unterricht sehr angenehm[2]). Das dogmatische Resultat der ganzen Lektüre wird am Schlusse der Lektüre (Heilsordnung) zusammengefaßt, und diese Zusammenfassung ist dann für Schüler und Lehrer infolge der vorangegangenen Lektüre bei diesem Gegenstande auch nicht besonders schwer.

Der Gang der Lektüre, wie sie hierher am besten paßt, dürfte aber folgender sein.

I.

Die Christengemeinde in Rom; der Römerbrief; Einleitung und Schluß des Briefes (zu verbinden und aus der Lektüre das Resultat zu gewinnen!).

Röm. 1, 1—7; 8—17; 15, 14—33; 16, 1—20; 21—27.

(Gruß, Danksagung, Beruf des Apostels, Reiseplan, Thema, Grüße, Schluß.)

II.

Das Thema des Briefes: die Glaubensgerechtigkeit.

1. Die Notwendigkeit der Glaubensgerechtigkeit: 1, 18—3, 20.
   a. Die Heiden sind Sünder 1, 18—32.
   b. Die Juden sind Sünder 2, 1—3, 20.
2. Das Wesen der Glaubensgerechtigkeit: 3, 21—5, 11; Jakob. 2, 14—26.
   a. Das Wesen der Glaubensgerechtigkeit 3, 21—31.
   b. Die Gerechtigkeit der Frommen vor Christus K. 4.
   c. Die Heilsgewißheit des Gerechtfertigten 5, 1—11.
   d. Jakobus und Paulus Jak. 2, 14—26.
3. Das neue Leben des Christen, die Folge der Glaubensgerechtigkeit: Röm. 6—8 (nur ausgewählte Abschnitte zu lesen) und 12, 1—15, 13.

---

[1]) Im Gymnasium wird der Lehrer, wenn die Zeit es gestattet, die Hauptabschnitte dieses Briefes im Grundtexte lesen (wenigstens K. 1—3 u. 5).

[2]) Das ist aber doppelt angenehm, wenn etwa vor diesen Abschnitt die für den Schüler wünschenswerte Wiederholung einiger Hauptabschnitte der Heil. Gesch. und der Kirchengesch. gelegt wird; dann erleichtert die Lektüre des Römerbriefes die Wiederaufnahme des etwa entschwundenen Fadens der Glaubenslehre.

a. Das neue Leben des Christen in Freiheit vom Gesetz Röm. 6, 1—2 u. 12—14; 7, 7—25; Gal. 3, 10—14 u. 19—29. Röm. 10, 4.
b. Das neue Leben des Christen im Geiste Röm. 8.
c. Mahnung
α. an die allgemeinen christlichen Pflichten Röm. 12; vgl. Matth. 22, 34—40; 1. Kor. 13; Röm. 13, 1—6; vgl. Matth. 22, 15—22; 1. Petr. 2, 13—17.
Röm. 13, 7—14.
β. zum Frieden im Streite der Parteien Röm. 14, 1—15, 13.
4. Adam und Christus; die Glaubensgerechtigkeit in ihrer geschichtlichen Verwirklichung: K. 5, 12—21; K. 9—11.

III[1]).

Zuletzt zu lesen: Luther's Vorrede zum Römerbrief. Luther's Sendschreiben vom Dolmetschen. Die Augsb. Konfession.

A. Der Römerbrief.[2])

54. I. Die Christengemeinde in Rom; der Römerbrief; Einleitung und Schluß des Briefes.

a. In der schon seit der Makkabäerzeit in Rom bestehenden Judengemeinde ist schon in früher Zeit eine Christengemeinde entstanden. Dieselbe ist aber schwerlich durch besonders ausgeschickte Sendboten gegründet worden (wie der Katholik sich das denkt), sondern sie ist infolge des regen Verkehrs der in Rom besonders zahlreichen Judengemeinde mit Jerusalem (Apg. 2, 10) und den andern Judengemeinden im Römerreich wie von selbst entstanden.[3]) So werden denn Juden den Grundstock der Gemeinde gebildet haben; aber sicherlich sind auch hier bald, wie anderwärts, zahlreiche jüdische Proselyten und gewiß auch bisherige Heiden der Gemeinde beigetreten[4]), so daß ihre Zusammensetzung von der der Paulinischen Gemeinden sich kaum unterschied. Die römische Gemeinde ist also nicht von Petrus gestiftet und auch nicht von ihm als Bischof geleitet worden;[5]) schon der Römerbrief allein ist ein unwiderlegliches Zeugnis gegen diese Behauptung; er wäre nicht geschrieben worden, wenn Petrus in Rom Bischof war, oder wenn er doch geschrieben wurde, so konnte unmöglich der Bischof von dem Briefschreiber gänzlich unbeachtet gelassen werden. Einen Bischof hat nach unserer Meinung damals weder die Gemeinde in Rom, noch eine andere Gemeinde gehabt, wie man gleichfalls aus dem Römerbriefe erkennt, da doch sonst vom Bischof der Gemeinde die Rede sein müßte.[6]) Aber allerdings schon in früher Zeit ist die römische

---

[1]) Genaueres siehe unten Nr. 59.
[2]) Vgl. Heil. Gesch. Nr. 136.
[3]) So ist ja z. B. auch die Gemeinde in Antiochia entstanden (Apg. 11, 19ff).
[4]) Dafür spricht z. B. auch das im Kaiserpalast gefundene Crucifix mit dem Eselskopf.
[5]) Vgl. meine H. Gesch. Nr. 137.
[6]) Vgl. Heil. Gesch. Nr. 142.

Christengemeinde entstanden und bekannt geworden. Schon der Kaiser Claudius hat die Juden aus Rom vertrieben, weil sie auf Grund der Messiasfrage mit einander fortwährend in Streit gerieten (Iudaeos impulsore Chresto[1]) assidue tumultuantes Roma expulit — Suet. Claud. 25 — doch wohl übereinstimmend mit Apg. 18, 2), und die Christengemeinde, welche sich doch bald nachher in Rom wieder sammelte, hat sich gewiß alsbald definitiv von der Judengemeinde getrennt, um nicht durch neuen Zwist die Aufmerksamkeit der römischen Polizei wiederum auf sich zu ziehen. In der Folgezeit wird sich nun die Gemeinde namentlich durch übertretende Proselyten und Heiden verstärkt haben, so daß sie von Paulus als eine wesentlich heidenchristliche Gemeinde betrachtet werden konnte, wie er ja in seinem Briefe sie wiederholt zu den Heiden rechnet (1, 6. 13) und sich, als den Heidenapostel (Gal. 2, 7—9), auch ihr gegenüber mit einer Aufgabe betraut betrachtet (Röm. 1, 5. 15, 15 s). Aber die Weise, wie Paulus zu den Römern spricht, läßt als möglich erscheinen, daß auch hier von Judenchristen versucht wurde, das freiere Christentum zu verdrängen; der ganze Römerbrief ist ja durchzogen von der Bekämpfung des Judentums.

Als Paulus nach Rom kam, nahm die christliche Gemeinde den Apostel, wie er das durch seinen Brief zu erreichen gewünscht hatte, freundlich auf (Apg. 28, 14s); die jüdische Gemeinde war von der christlichen bereits ganz getrennt (Apg. 28, 22). Im J. 64 ist sodann die römische Christengemeinde vom Kaiser Nero, wie bekannt, grausam verfolgt worden, während den Juden nichts zu leide geschah.[2]) Auch ein von Rom aus geschriebener Brief an die Korinther, geschrieben um das J. 100 von Clemens, angeblichem Bischof von Rom, der freilich der *Geschichte* unbekannt ist, zeigt noch damals in Rom ein Christentum, welches zwar nicht ausgeprägt paulinischen Charakter trägt, aber doch noch weniger als Judenchristentum gelten darf. Man darf also mit Recht die römische Gemeinde in der Zeit des Paulus als eine heidenchristliche Gemeinde betrachten. Merkwürdiger Weise war in dieser Gemeinde das Griechische die Sprache vielleicht des Umgangs und jedenfalls des Gottesdienstes, wie das auch aus anderen kirchlichen und weltlichen Schriften aus diesem Zeitalter geschlossen werden darf[3]), erst später ist in der römischen Christengemeinde die lateinische Sprache zur Herrschaft gekommen; es ist also, auch abgesehen von der allgemeinen Verbreitung der griechischen Sprache, gar nicht wunderbar, daß Paulus an die *Römer* in *griechischer* Sprache geschrieben hat.

b. Von Jerusalem bis Illyrien (Röm. 15, 19) hatte Paulus auf seinen Missionsreisen das Evangelium gepredigt und im *Osten* des Römerreiches zahlreiche Gemeinden gestiftet, von denen aus allmählich die christliche Predigt das ganze Gebiet durchdringen sollte und durchdrungen hat. Nunmehr konnte Paulus daran denken, auch im *Westen* des römischen Reiches das Christentum zu verbreiten; denn er betrachtete sich ja als

---

[1]) Mißverständnis des Schriftstellers und der Zeitgenossen.

[2]) Vgl. meine H. Gesch. Nr. 137.

[3]) Auch das apost. Glaubensbekenntnis ist in *griechischer* Sprache gerade aus Rom überliefert; vgl. *meine* Kircheng. Nr. 16b.

den Apostel aller Heiden, und so hatte er schon längst daran gedacht, auch nach dem Westen zu gehen, und, da in Italien das Christentum bereits begründet war, alsbald in Spanien den neuen Glauben zu verbreiten (1, 13—15. 15, 23—24). Aber ehe er dem Osten, vielleicht für immer, den Rücken kehrte, wollte er noch einmal nach Jerusalem ziehen und der dortigen, sehr armen Christengemeinde eine von ihm in seinen Gemeinden gesammelte Kollekte überbringen, in der Hoffnung, durch dieses Zeichen der Liebe der Heidenchristen zu den Judenchristen den Zwiespalt zwischen beiden, den die Frage wegen der Beobachtung des mosaischen Gesetzes erregt hatte, und die Abneigung gegen ihn, als einen Feind des Gesetzes, durch Liebe zu überwinden. Es ist anders gekommen, als Paulus gewünscht hatte; er ist in Jerusalem gefangen genommen und als Gefangener allerdings nach Rom gebracht worden; nach Spanien ist er gewiß nicht gekommen.

Ehe nun Paulus nach Jerusalem reiste, schrieb er um das J. 58 von Korinth aus, wohin ihn seine dritte Missionsreise wieder geführt hatte, oder vielleicht schon von Kenchreä aus, dem östlichen Hafen von Korinth, von wo er eben über Macedonien nach Jerusalem abreisen wollte (Röm. 15, 25. 16, 1), den Brief an die Römer. Er wollte fortan im Westen wirken; da war es sehr wichtig, daß die Christengemeinde der Hauptstadt des Westens, die ja zugleich die Hauptstadt der Welt war, ihm nicht fremd oder gar feindlich gegenüberstand; sonst konnten ihm im Westen Schwierigkeiten entstehen, wie er sie im Osten z. B. in Galatien gefunden hatte. So benützte er denn eine sich ihm darbietende Gelegenheit, die Reise der Diakonissin Phöbe aus Korinth nach Rom (16, 1—2), wie man wohl mit Recht annimmt, um einen Brief nach Rom zu schreiben, oder, genauer gesagt, einem uns unbekannten Manne Tertius zu diktieren (16, 22), wie er seine Briefe wohl meist nicht eigenhändig geschrieben, sondern vielleicht stets nur (Gal. 6, 11) mit einem eigenhändig geschriebenen Schlusse versehen hat. Eine eigenhändige Unterschrift schien ihm nötig, um Fälschungen zu verhüten, die schon damals, auch gegen Paulus, verübt worden sind.

In diesem Briefe kündigte er der Gemeinde seine beabsichtigte Reise an und legte ihr sein Evangelium dar, wie er es gewiß überall in den Gemeinden mündlich zu predigen pflegte, in der Hoffnung, daß die römische Gemeinde mit seiner Predigt einverstanden sein werde. Und so haben wir in diesem Briefe ein Schreiben von Paulus vor uns, welches uns etwas erkennen läßt, was keiner seiner anderen Briefe bietet: eine zusammenhängende Predigt seines Evangeliums. Die anderen Briefe setzen diese mündliche, zusammenhängende Predigt stets schon voraus und beantworten nur neu auftauchende Fragen; dieser Brief giebt das, was der Katholik nicht mit Unrecht als die den Briefen voraufgegangene mündliche Unterweisung bezeichnet, und der Katholik will bekanntlich aus der mündlichen Unterweisung, welche später mündlich und schriftlich weiter überliefert worden ist, der sogen. Tradition, seine katholischen Lehren zur heil. Schrift hinzufügen. Aber der Römerbrief ist die schlechteste Stütze für die katholische Tradition; an ihn hat ja gerade Melanchthon angeknüpft, als er die erste evangelische Glaubenslehre schrieb, und aus ihm ist ja recht eigentlich Luther's Glaube in seiner eigentümlichen Form erwachsen; es ist bekannt, wie hoch Luther diesen Brief in seiner Vorrede gepriesen hat[1]).

Daß dieser Brief ein echter Brief des Paulus ist, wird von niemand bezweifelt; die Unterschrift des Briefes, welche nach alten Handschriften in manchen Ausgaben darunter steht, wäre freilich kein Beweis für seine Echtheit, da sie ja nur unserm Briefe entnommen ist; aber der Brief selbst hat sich allen Forschern, auch den freisinnigsten, durch seinen Inhalt als echt erwiesen. Nur ein einziger Abschnitt desselben (16, 1—20) scheint vielen Gelehrten nicht in einen Brief nach Rom zu passen, wo ja Paulus noch niemals gewesen war, sondern besser für Ephesus, wo Paulus lange gewirkt hatte, und wo die vielen von ihm gegrüßten Bekannten eher zu erwarten sind. Dann wäre also Phöbe über Ephesus nach Rom gereist, und durch ein Versehen wäre der für sie bestimmte Empfehlungsbrief nach Ephesus (16, 1—20) in den Brief nach Rom eingefügt worden. An der Abfassung auch dieses Stückes durch Paulus wird also ebenfalls nicht gezweifelt.

Dieser Brief kommt nun für uns hier in Betracht, weil er besonders deutlich die Frage beantwortet, die wir in diesem Abschnitt der Glaubenslehre betrachten wollen: Wie wird der Mensch vor Gott gerecht?

c. Einleitung, Thema und Schluß des Römerbriefes: 1, 1—7; 8—17; 15, 14—33; 16, 1—20; 21—27.

α. Mit dem Worte „Paulus" beginnen alle 13 Paulinischen Briefe; schon dadurch erweist sich der Hebräerbrief als nicht von Paulus geschrieben. Mit diesem Worte beginnt aber stets der Gruß, welcher jeden Brief anfängt. Der kurze Gruß des griechischen Briefstils[2]) ist aber vom Apostel hier ganz besonders erweitert (1, 1—7), indem derselbe nicht nur ausdrückt, daß Paulus sich mit seinem Briefe an die Christen in Rom wende und diesen Gutes wünsche, sondern auch hervorhebt, daß sich der Apostel der Heiden an eine Gemeinde der Heiden wende und damit seinen Beruf erfülle.

Auf den Gruß folgt die Einleitung des Briefes, welche fast überall (nicht im Galaterbr.) mit einer Danksagung für das Gute beginnt, das der Apostel an der Gemeinde zu loben hat, um sodann fortzufahren mit der Versicherung, wie gern er schon längst zu ihnen gekommen wäre, da er auch ihre Stadt, als eine Stadt, ja die Hauptstadt der Heidenwelt, zu seinem, des Heidenapostels, Arbeitsgebiete rechne. Zwar gehörten sie ja zu den Weisen, nicht zu den Unverständigen (V. 14), aber er schäme sich doch nicht, mit der Predigt des Evangeliums zu ihnen zu kommen (V. 16), und indem er nun den Inhalt des Evangeliums kurz ausspricht, giebt er damit in kurzen Worten das Thema seines Briefes an: Das Evangelium ist eine Gotteskraft zur Errettung (beim Weltgericht), aber

---

[1]) „Diese Epistel ist das rechte Hauptstück des N. T. und das allerlauterste Evangelium, welche wohl würdig und wert ist, daß sie ein Christenmensch nicht allein von Wort zu Wort auswendig wisse, sondern täglich damit umgehe, als mit täglichem Brot der Seele; denn sie nimmer kann zu viel und zu wohl gelesen oder betrachtet werden, und je mehr sie gehandelt wird, je köstlicher sie wird und baß schmecket."

[2]) *Παῦλος τοῖς οὖσιν ἐν Ῥώμῃ ἀγαπητοῖς θεοῦ χαίρειν* (scil. *λέγει*).

freilich nur für den Gläubigen, mag er ein Jude sein oder ein Heide, denn in dem Evangelium wird geoffenbart die Gerechtigkeit Gottes, aber nicht wie im A. T., wo derjenige von Gott für gerecht erklärt wird, welcher das Gesetz erfüllt (diese Predigt bringt uns nicht das Heil), sondern eine Gerechtigkeit Gottes, welche für gerecht erklärt „aus Glauben (auf Grund des Glaubens an das Evangelium) für den Glauben" (bestimmt, welchen die Predigt von dieser Gerechtigkeit vom Menschen fordert), wie schon im A. T. von den Propheten geweissagt worden sei[1]). Der Glaube als der alleinige Weg zur Gerechtigkeit — das ist der Grundgedanke der Paulinischen Predigt, besonders auch dieses Briefes.

β. Der Schluß des Briefes wiederholt zunächst in größerer Ausführlichkeit die Gedanken der Einleitung. Obwohl die Römer seiner Ermahnung eigentlich nicht bedürfen, habe er doch an sie geschrieben, da er als Heidenapostel auch sie zu einem Gott wohlgefälligen Opfer machen wolle (15, 14—22). Darauf spricht Paulus genauer über seinen Reiseplan (15, 23—33); nachdem er den Osten des römischen Reiches mit seiner Predigt erfüllt hat, will er nach dem Westen ziehen; über Rom reisend, wo das Christentum bereits begründet ist, will er nach Spanien gehen. Aber vorher muß er noch nach Jerusalem. Wie er im Westen durch seinen Brief die Römer für sich günstig stimmen will, so will er im Osten die Gemeinde in Jerusalem durch die unter den Heiden für sie gesammelte Kollekte für seine Predigt günstig stimmen, damit nicht ferner,

---

[1]) Der hier (1, 17) zuerst vorkommende Begriff δικαιοσύνη θεοῦ kann entweder eine Eigenschaft Gottes oder eine Eigenschaft des Menschen bezeichnen. Gewöhnlich versteht man nun darunter eine Eigenschaft des Menschen, und so wurde dieser Begriff von Luther aufgefaßt als „die Gerechtigkeit, die vor Gott gilt". Diese Erklärung wird von den neueren Theologen meist nicht mehr für richtig gehalten, sondern dieselben verstehen, indem auch sie unter „der Gerechtigkeit Gottes" eine Eigenschaft des Menschen verstehen, „die Gerechtigkeit, die von Gott herrührt", welche Paulus selber (Röm. 10, 3) der „eigenen Gerechtigkeit" entgegenstellt. Eine „eigene Gerechtigkeit" hat weder der Heide noch der Jude durch seine Werke sich erworben, wie Paulus zeigt; wenn also der Mensch vor Gott gerecht werden sollte, so mußte dies durch eine göttliche Veranstaltung geschehen, durch welche dem Sünder Gnade und Versöhnung zu teil wird, so daß er vor Gott als ein Gerechter erscheint. Diese Veranstaltung Gottes ist in der Sendung des Sohnes verwirklicht worden, und so steht denn jetzt an der Stelle des Gesetzes, welches den Sünder verdammt, ein „Gesetz der Gerechtigkeit", wie Paulus sagt (Röm. 9, 31), nach welchem der Sünder vor Gott gerecht wird.

Zu demselben Resultat führt die andere Deutung des Begriffes der „Gerechtigkeit Gottes" (Kühl, Heilsbedeutung des Todes Christi, 1890), nach welcher auch bei Paulus, wie in der ganzen heiligen Schrift, die Gerechtigkeit Gottes als diejenige Eigenschaft Gottes anzusehen ist, welche sich in ihrer Offenbarung als das einer bestimmten Norm konsequent entsprechende Verhalten erweist. Zwar darf dann die Aussage des Paulus nicht so gedeutet werden, daß erst durch Christus den Menschen geoffenbart worden sei, daß Gott gerecht sei (das wußten bekanntlich schon die Israeliten), sondern im Evangelium wurde den Menschen geoffenbart, daß, während bisher derjenige von Gott für gerecht erklärt wurde, welcher dem νόμος τῶν ἔργων (dem Gesetz der Werke) genügte, jetzt derjenige von Gott für gerecht erklärt wird, welcher dem νόμος πίστεως (dem Gesetz des Glaubens) genügt.

Beide Auslegungen („Gerechtigkeit des Menschen, die von Gott herrührt" und „Gerechtigkeit Gottes als Norm für sein Urteil") führen schließlich zu demselben Resultat: Gott erklärt jetzt infolge des Auftretens Christi denjenigen für gerecht, den er früher nicht als gerecht betrachtete.

wie es in Galatien geschehen war, die von ihm gegründeten Gemeinden durch jüdische Eiferer beunruhigt würden. Die Kollekte hat dem Paulus nichts genützt, und die Reise nach Spanien ist ihm nicht beschieden gewesen; er ist in Jerusalem gefangen genommen worden und in Rom gestorben.

Ein erster Schluß (15, 33) beendet dies Kapitel, aber noch nicht den ganzen Brief.

Es folgt nunmehr (16, 1—20) eine Empfehlung der Diakonissin Phöbe in Kenchreä, welche vermutlich den Brief nach Rom überbringen sollte, und daran sich anschließend eine Menge von Grüßen an Leute, die man eher in Ephesus als in Rom finden zu können glaubt, so daß man diesen Abschnitt (16, 1—20) heute meist für ein dem Römerbriefe nur zufällig eingefügtes Schreiben nach Ephesus hält, wie schon oben bemerkt worden ist.

Darauf folgt nun der eigentliche Schluß des Römerbriefs (16, 21—27), bestehend aus Grüßen[1]) und einem kürzeren Segenswunsche (wenn V. 24 echt wäre) und einem längeren Lobpreis Gottes, welcher, wie schon die Einleitung, den Hauptgedanken des Briefes, daß das Heil auch für die Heiden bestimmt sei und durch den Glauben erlangt werde, nochmals zum Ausdruck bringt.

II. Das Thema des Briefes: Die Gerechtigkeit aus dem Glauben.

„Wie wird der Mensch vor Gott gerecht?"

Katech. I—III.[2])

55. Die Notwendigkeit der Glaubensgerechtigkeit.

Röm. 1, 18—3, 20.

„Nicht durch des Gesetzes Werke".

(Luth. Kat. I; vgl. Heidelb. Katech.: „Von des Menschen Elend").

Die Gerechtigkeit aus dem Glauben — das ist das Thema des Römerbriefes; dasselbe wird in vier Teilen ausgeführt: Notwendigkeit, Wesen, Folge und geschichtliche Verwirklichung der Glaubensgerechtigkeit.

Zuerst zeigt nun der Apostel in seinem Briefe, daß die ganze Menschheit der eigenen Gerechtigkeit entbehrt und darum der von Gott geschenkten Gerechtigkeit bedarf; er legt also zuerst die Notwendigkeit der Glaubensgerechtigkeit dar (1, 28—3, 20), und zwar zunächst für die Heiden (1, 18—32).

---

[1]) Darunter auch ein Gruß von Tertius, dem Schreiber, welchem Paulus (nach seiner gewöhnlichen Art) den Brief diktiert hat; ob Paulus etwa die drei letzten Verse selber geschrieben hat (wie z. B. beim Galaterbriefe), muß dahingestellt bleiben.

[2]) Vgl. Kirchengesch. Nr. 57 C.

a. Die Heiden sind Sünder: 1, 18—32.

Auch der sündig gewordene Mensch ist noch im stande, Gott, wenn auch nicht vollständig, so doch zum Teil zu erkennen; das von Gott Erkennbare (τὸ γνωστὸν τοῦ θεοῦ V. 19), d. h. das aus der Offenbarung Gottes in der Natur von Gott Erkennbare (nicht das im A. und N. T. Geoffenbarte) ist auch den Heiden bekannt; mit seinem Geiste (V. 20: νοούμενα — von νοῦς), freilich nicht mit den leiblichen Augen, erkennt der Mensch aus der Schöpfung das unsichtbare Wesen Gottes, seine ewige Macht und Herrlichkeit. Dem erkannten Gotte hätte nun aber die Menschheit auch Lob und Dank darbringen sollen (V. 21); das ist nicht geschehen, und so haben die Menschen die Gemeinschaft mit Gott verloren; denn wie man die Gemeinschaft mit einem Menschen nur durch (leiblichen oder geistigen) Verkehr mit ihm aufrecht erhält, so wird auch unsre Gemeinschaft mit Gott nur durch den Verkehr mit ihm in Bitte und Dank aufrechterhalten.

Und wie die Heiden von Natur eine gewisse Gotteserkenntnis haben, und infolgedessen auch Religion haben können, so besitzen sie auch eine gewisse Sittlichkeit. Obwohl sie nicht das mosaische Gesetz haben, so besitzen sie doch ein Gesetz in ihrem Herzen (Röm. 2, 14—15), die Stimme des Gewissens, so daß auch sie Gutes und Böses unterscheiden und das Böse als Gott verhaßt erkennen (1, 32). Freilich auch die sittliche Erkenntnis der Heiden ist mangelhaft, und noch weniger ist ihr sittliches Thun zu einer höheren Stufe der Vollkommenheit gelangt.

So haben also die Heiden von Natur eine gewisse Gotteserkenntnis (und Sittlichkeit) besessen; aber sie haben die Erkenntnis Gottes nicht festgehalten (1, 18—23), geschweige denn weiterentwickelt, sondern sie haben die rechte Erkenntnis Gottes verloren, und sie haben göttliche Würde den Geschöpfen zugeschrieben (1, 23); mit dem Götzendienst aber ist ein Verfall der Religion, nicht eine rechte Entwickelung derselben, eingetreten.[1])

Wie aber die Religion der Heiden verfallen ist, so auch ihre Sittlichkeit; der Apostel legt aber nicht die verkehrte Bahn dar, in welche die Sittlichkeit selbständig geraten ist, wie er das bei der Religion gethan hat (und wie es die Wissenschaft thun würde), sondern er zeigt nur, wie durch den eingetretenen Verfall der Religion auch die Sittlichkeit geschädigt worden ist.

Die Verehrung der Naturmächte, wie sie im Heidentum stattfindet, hat zur Folge eine sittliche Abkehrung von Gott zur Knechtschaft gegenüber der Natur und Sinnlichkeit. Da die als Götter verehrten Naturmächte gegen die Sittlichkeit gleichgültig, da sie zwar mächtig, aber nicht heilig sind, und bei ihrer Verehrung die Unsittlichkeit vielfach sogar als Gottesdienst angesehen wird, so ist es kein Wunder, daß die Heiden durch

[1]) Mit dieser Anschauung des Paulus stimmt die heutige Religionswissenschaft überein; auch diese betrachtet den Glauben an einen Gott als die ältere Stufe der Religion, wenn auch nur den Henotheismus; jedenfalls betrachtet sie den Polytheismus als eine jüngere Religionsform. — Vgl. M. Müller, Ursprung der Religion 1880 (S. 298 und sonst).

den Götzendienst in die schrecklichste Unsittlichkeit geraten sind (1, 24—27). Und wenn nun die Sinnlichkeit den Menschen ganz und gar beherrschte, so konnte auch nur ein vollständiger Verfall der Tugend eintreten (1, 28—32), trotz der noch immer vernehmbaren Stimme des Gewissens (1, 18 u. 32). So tief sind die angeblich weisen Heiden gefallen, daß sie Böses nicht nur selber thun, sondern sogar schamlos an andern loben; fast möchte man glauben (aber das wäre ein Irrtum), daß sie ein Gewissen überhaupt nicht mehr haben.

So ließ nun Gott die Heiden ihre eigenen bösen Wege gehen (Apg. 14, 16); sie sollten erfahren, wohin sie durch ihre eigene Kraft kämen. Ihr sittlicher Verfall, den Gott zuließ, war aber zugleich die Strafe für ihren Abfall von Gott (Röm. 1, 27 Schluß), und der Apostel deutet vielleicht auch im Ausdruck darauf hin, wie genau die Strafe der Schuld entsprach; sie haben Gott mit den Götzen vertauscht (1, 25), und sie haben die natürliche Ordnung des Lebens mit einer unnatürlichen vertauscht (1, 26); sie haben Gott nicht wert gehalten, und er hat sie in unwerten Sinn dahingegeben (1, 28).

Das Heidentum endet in Religion und Sittlichkeit mit dem gänzlichen Verfall — das zeigt der Apostel an seinen Zeitgenossen, und in diesem Bilde mußten die Römer auch sich selber dargestellt finden. Wie hatte doch einst das 1. Buch der Makkabäer (K. 8, 1—16) die römische Tugend gepriesen, zu einer Zeit, wo sie doch auch schon im Schwinden war; der Apostel Paulus entwirft von demselben Volke ein sehr düsteres, aber nur allzu wahres Bild.

b. Die Juden sind Sünder: 2, 1—3, 20.

α. Den Heiden stellt nun Paulus im nächsten Abschnitte des Römerbriefes die Juden gegenüber; zwar zunächst nennt er die Juden nicht, sondern er wendet sich an die Menschen im allgemeinen (2, 1), und weist sie darauf hin, daß sie dadurch doch noch nicht besser seien als die Heiden, wenn sie nicht, wie jene, an der Sünde Wohlgefallen haben (1, 32), sondern dieselbe richten und verdammen; denn auch sie selber trieben (*πράσσειν* treiben, stärker als *ποιεῖν* thun) das, was sie verdammten; das Gericht Gottes treffe aber alle Bösen ohne Unterschied. Einen solchen Unterschied im Gericht glaubten nun eben die Juden annehmen zu dürfen; sie glaubten, nur die Heiden würden dereinst von Gott gerichtet werden, die Juden, als die geborenen Kinder Gottes, würden ohne weiteres in das vollendete Gottesreich eingehen. Gegen diesen Wahn, den ja auch Christus (Matth. 8, 11—12) bekämpft hat, wendet sich Paulus, indem er nun auch ausdrücklich die Juden den Heiden gleichstellt (2, 9—10), mit der Mahnung, zu bedenken, daß die bisher dem Volke Israel erwiesene Güte Gottes dasselbe zur Buße leiten solle, aber keine Sicherheit vor dem Gericht verspreche, welches einem jeden geben werde nach seinen Werken (2, 6). So sind also auch die Juden dem Gerichte Gottes verfallen, denn sie thun selber, was sie an den Heiden verdammen (2, 1—10).

Zwar rühmen sich nun ja mit Recht die Juden des göttlichen Gesetzes, das sie haben (2, 17—23); jedoch die Heiden haben ebenfalls ein Gesetz in ihrem Herzen, wie sich aus ihrem Reden und Thun deutlich ergiebt (2, 14—15); jedenfalls aber kommt es darauf an, daß man das Gesetz nicht bloß höre (ἀκροαταί V. 13 — in der Synagoge, wo es vorgelesen wird), sondern auch thue (Jak. 1, 22); nur die es thun, werden von Gott für gerecht erklärt werden (δικαιωθήσονται V. 13 — erste Stelle im Römerbr., wo das wichtige Wort vorkommt, und wo sich sofort sein Sinn unzweifelhaft ergiebt: für gerecht erklären, nicht, wie die Katholiken sagen: gerecht machen). So werden denn die Juden um ihrer Sünde willen trotz ihres Gesetzes (ἐν νόμῳ V. 12) verdammt werden, ebenso wie die sündigen Heiden trotz des ihnen fehlenden mosaischen Gesetzes, da sie das Gewissensgesetz haben. Das Gesetz, das sie besitzen, schützt also die Juden nicht vor dem Gericht Gottes (2, 11—24).

Und auch die Beschneidung schützt den Juden nicht vor dem Gericht Gottes (2, 25—29); denn beim Gericht frägt Gott nicht nach der Beschneidung, sondern nach dem Thun des Gesetzes, und nicht die äußere Beschneidung ist die rechte, sondern die innere, welche das Herz von der Sünde reinigt. Eine solche Reinigung durch den Geist Gottes (V. 29) hat nun freilich weder das Heidentum noch das Judentum erfahren; dieselbe ist erst die Sache des Christentums.

Wenn also Gesetz und Beschneidung den Juden vor dem Gericht Gottes nicht schützen, sind denn dann Gesetz und Beschneidung überhaupt noch ein Vorzug gegenüber dem Heidentum? (3, 1—8.) — Darauf antwortet Paulus mit Ja, indem er auf die Verheißungen Gottes (λόγια = ἐπαγγελίαι 9, 4) hinweist, denen er an anderem Orte (9, 4—5) noch die anderen Vorzüge Israels vor den Heiden beifügt (Gotteskindschaft, Gottes Herrlichkeit, Bund Gottes, Gesetzgebung, Gottesdienst, Patriarchen, Christus nach seiner leiblichen Abstammung). Zwar sind ja nicht alle Israeliten wahre Israeliten, aber dadurch wird die besondere Stellung dieses Volkes in der Welt nicht aufgehoben (V. 3—4), wie ja auch in der Kirche nicht lauter wahre Christen sind und dennoch die Kirche ihre Bedeutung behält. Aber freilich, wenn Gott auch jetzt Israel nicht verstößt, so folgt daraus nicht, daß Israel überhaupt nicht gerichtet wird (2, 5—8).

So haben also die Juden zwar in der Welt eine besondere Stellung gegenüber den Heiden, aber sie haben nichts voraus vor den Heiden hinsichtlich der Sünde und des Gerichts (2, 9—20); auch sie sind Sünder, wie ihre h. Schrift selbst von ihnen bezeugt, wenn sie immer wieder auf die Sündhaftigkeit des Volkes hinweist, und die Kinder sind ja auch nicht besser als ihre Väter (Matth. 23, 29—31).

So wird also durch das Gesetz Mosis der Jude nicht gerecht (und der Heide ebenso wenig durch das Gewissensgesetz), denn, am Gesetz gemessen, entsprechen seine Werke (auch die der Christen) nicht der Forderung Gottes; aber „durch das Gesetz kommt Erkenntnis der Sünde“ (3, 20); wenn sie ihr Thun mit der Forderung Gottes vergleichen, so erkennen sie, daß sie hinter seiner Forderung zurückgeblieben sind; die Erkenntnis der Sünde fehlte aber den Heiden.

β. Was Paulus hier vom Judentum sagt, wird durch die Geschichte bestätigt und ebenso von Jesus behauptet. Das Judentum war nach dem

Exil immer mehr eine Religion des **Gesetzes** geworden; wer kennt nicht die rührenden Geschichten aus der Makkabäerzeit, wo jeder Jude für das Gesetz selbst das Leben hingiebt! Diese Gesetzestreue beruhte aber oft nicht auf der Liebe zu Gott, sondern auf dem Gedanken, daß Gott diese Frömmigkeit auch gebührend belohnen werde; viele fromme Juden waren doch nur Knechte, welche Gott um des Lohnes willen dienten. Damit hängt nun die Buchstäbelei der Pharisäer in der Gesetzesauslegung zusammen, welche Jesus so bitter geißelt.[1]) So ist denn der Pharisäer des N. T. ein rechtes Bild seiner Zeitgenossen, der da betet: „Ich danke dir, Gott, daß ich nicht bin wie andere Leute;" er ist in seinen Augen vollkommen gerecht, **Vergebung der Sünden braucht er nicht.** Zwar die **Verheißung**, welche im A. T. eine so große Rolle spielt, war nicht verschwunden und wurde sogar noch weiter entwickelt; aber auch in dieser Hinsicht trat die tote Gesetzlichkeit der Juden zu Tage; **jeder** Israelit, der dem Buchstaben des Gesetzes genügt hat, darf hoffen, am vollkommenen Reiche Gottes teilzuhaben; daß sie mit ihrer Frömmigkeit ins Reich Gottes nicht paßten, ahnten sie nicht.

So war es eine harte Predigt, wenn Christus seinen Zeitgenossen die wahre Frömmigkeit absprach, und die Zöllner und Sünder für besser erklärte als die Pharisäer. Und daß aller Ruhm eigener Frömmigkeit auch für den gesetzestreuen Juden ausgeschlossen sei (Röm. 3, 27), das haben dem Paulus nicht viele Juden geglaubt.

Und ebenso wird von der Geschichte bestätigt, was Paulus von dem **Heidentum** sagt.

„Daß auch das Heidentum unter seinen Bekennern nicht wenige gezählt habe, die ihre Götter in wahrhaft frommem Sinne verehrten, wird niemand zu leugnen wagen; aber auch **ihre** Frömmigkeit war vielfach eine bloß äußerliche und eigennützige **Legalität** [entsprechend der jüdischen Gesetzesfrömmigkeit]: der Mensch giebt den Göttern, was vorgeschrieben ist, und verlangt dagegen von ihnen, daß sie ihm auch ihrerseits geben, was er begehrt."[2])

Und was hier zunächst von den **Griechen** gesagt wird, das galt auch für die **Römer**.

„Der Gott des alten Italikers ist vor allen Dingen ein Hülfsinstrument zur Erreichung irdischer Zwecke, wie diese Sinnesart noch in dem heutigen Heiligenkult der Italiener hervortritt. Der rechtliche Mann erfüllt die Vorschriften des heiligen Rituals mit derselben Pünktlichkeit, womit er seinen irdischen Verpflichtungen nachkommt. Ja, wie der römische Kaufmann den Vertrag bloß dem **Buchstaben** nach zu erfüllen befugt ist, so ward auch im Verkehr mit den Göttern das Abbild statt der Sache (z. B. Puppen für Menschen) gegeben."[3])

Wie allgemein nun aber auch die bloße äußere Frömmigkeit in der späteren Zeit gefehlt hat, und wie tief die **Sittlichkeit** des ganzen Heidentums in der späteren Zeit gesunken war, das ist allgemein bekannt.

---

[1]) Vgl. bes. Matth. 5. 6. 23.

[2]) **Schömann**, griech. Alt.[3] II, 140.

[3]) **Mommsen**, röm. Gesch.[4] I, 170.

Auch die heutige Heidenwelt zeigt einen mehr oder weniger großen Verfall der Religion und der Sittlichkeit, und selbst der Buddhismus und der Islam sind nicht Religionen, in welchen der Mensch zu wahrer Frömmigkeit und Sittlichkeit geführt wird.

So bleibt es denn für Judentum und Heidentum in gleicher Weise bei der Behauptung des Paulus, daß kein Mensch vor Gott gerecht ist.

56. Das Wesen der Glaubensgerechtigkeit:

Röm. 3, 21—5, 11; Jakob. 2, 14—26.

„Sondern allein durch den Glauben."

(Luth. Kat. II; Heidelb. Kat.: „Von der Erlösung.")

Alle Menschen sind Sünder und werden nicht durch Erfüllung des Gesetzes gerecht; was der Mensch nun durch sein eigenes Thun nicht erreicht, das hat Gott aus Gnaden in Christus ihm ermöglicht unter der Bedingung, daß er an die Gnade Gottes glaubt; der Glaubende wird von Gott für gerecht erklärt. Von der Glaubensgerechtigkeit handelt nun der zweite Teil des Römerbriefs: K. 3, 21—5, 11.

a. Das Wesen der Glaubensgerechtigkeit: K. 3, 21—31 (Gal. 2, 11—21.)

„Durch das Gesetz kommt Erkenntnis der Sünde" (Röm. 3, 20); wie kommt nun der Mensch zur Gerechtigkeit? Nicht durch das Gesetz, sondern durch eine neue Ordnung der Dinge, in welcher das Gesetz seine Bedeutung verloren hat. Im Gesetzesbunde ist „durch das Zuthun des Gesetzes" (V. 20) „ohne Glauben" (V. 29) die Gerechtigkeit Gottes[1]) offenbart worden; da nun die Menschen der Norm des Gesetzes nicht entsprachen, so wurden sie im Alten Bunde nicht gerecht. Im Neuen Bunde aber ist eine Gerechtigkeit Gottes offenbart worden, welche bereits vom Gesetz d. h. im Alten Bunde (wie das Beispiel Abraham's zeigt, vgl. K. 4) und von den Propheten (z. B. Hab. 2, 4) bezeugt worden ist, nämlich eine Gerechtigkeit „ohne Zuthun des Gesetzes" (V. 20) „durch den Glauben" (V. 21). Während durch die Werke keine Gerechtigkeit gewonnen wurde, kommt sie jetzt über alle, die da glauben; denn die Sünder, welche bisher zur Herrlichkeit Gottes keinen Zutritt hatten (V. 23)[2]), werden jetzt gerecht durch Gottes Gnade, welcher den Tod Christi als ein Lösegeld ansah, durch welches wir von der Sünde losgekauft wurden, so daß wir nunmehr zu der Herrlichkeit Gottes gelangen können, welche über der Bundeslade thronend gedacht wurde (V. 24).

Das ist aber dadurch möglich geworden, daß Christus für uns ein „Gnadenstuhl" d. h. Deckel der Bundeslade (als Sitz [=Stuhl] der Gnade Gottes gedacht) geworden ist. Während bisher der Deckel der Bundeslade jährlich

---

[1]) Über die Bedeutung des Begriffes „Gerechtigkeit Gottes" siehe oben die Anmerkung zu Röm. 1, 17 (Nr. 54 c α).

[2]) Das ist die richtige Übersetzung statt: „sie mangeln des Ruhmes, den sie an Gott haben sollten."

vom Hohenpriester am großen Versöhnungstage mit Tierblut besprengt werden mußte, hat Christus durch sein Blut d. h. durch seinen Tod eine wahre und dauernde Versöhnung mit Gott bewirkt, so daß nunmehr die Sünde wirklich vergeben wird, welche bis dahin durch Gottes Langmut nur übersehen wurde (V. 25). Wer nunmehr Vergebung der Sünden haben will, bedarf nur des Glaubens, nicht der Werke oder der ATlichen Opfer[1]).

Während also im Alten Bunde die Gerechtigkeit Gottes nur dadurch hätte zur vollen Offenbarung kommen können, daß die Sünder verdammt worden wären (was aber infolge der Langmut Gottes nicht geschehen ist), kommt jetzt die Gerechtigkeit Gottes zur Geltung, indem als Norm für das Verhalten der Menschen zu Gott nicht mehr die Werke, sondern der Glaube betrachtet wird; nicht mehr „der Werke Gesetz", sondern „des Glaubens Gesetz" ist jetzt herrschend (V. 27). Aus Gnaden will Gott fortan diejenigen als gerecht ansehen, welche zwar keine guten Werke thun, aber an seine Gnade glauben (V. 28). In diesem berühmt gewordenen Verse faßt nämlich Paulus den Inhalt seiner Lehre zusammen: „So halten wir es nun, daß gerechtfertigt werde durch Glauben der Mensch ohne Werke des Gesetzes." In welchem Sinne δικαιοῦσθαι von Paulus gebraucht werde, ist schon oben bemerkt worden (K. 2, 13); es bedeutet nicht „gerecht gemacht werden", sondern „für gerecht erklärt werden." Das wird aber bewirkt durch den Glauben, und Luther setzt dem Sinne nach mit Recht hinzu „allein" (sola scil. fide justificamur).[2]) Der Glaube ist eben der Grund unserer Rechtfertigung als Vertrauen auf die Gnade Gottes, nicht als ein gutes Werk (fromme Gesinnung), auch nicht als Grund der Heiligung. Und wie der Apostel dem Juden gegenüber die Gesetzeswerke ausschließt, so müssen auch dem Christen gegenüber die Liebeswerke ausgeschlossen werden, auch die opera supererogationis des Katholiken[3]); dieselben beruhen zwar auf dem Glauben, aber nur der Glaube macht gerecht ohne alle Werke; das gilt für Juden und Heiden (V. 29—30), auch für die Christen. Damit ist aber Gottes frühere Ordnung im Alten Bunde (νόμος V. 31) nicht umgestoßen, sondern aufrechterhalten, wie Paulus im 4. Kap. darlegt, wenn auch von anderm Standpunkte aus ebenso richtig von Paulus selber gesagt wird, daß Christus des Gesetzes Ende ist.

b. Die Gerechtigkeit der Frommen vor Christus:

Röm. 4 (Hauptinhalt enthalten in V. 1—8 u. 23—25).

Paulus hatte oben behauptet (3, 21), daß die Glaubensgerechtigkeit schon vom Gesetz und den Propheten (d. h. im A. T.) bezeugt sei, und zuletzt gesagt (3, 31), daß er mit seiner Lehre das A. T. nicht umstoße. Wenn nämlich die Frommen des Alten Bundes wohl meinen konnten, durch das Gesetz gerecht werden zu können, so gilt das nach Paulus jetzt nicht mehr: das Gesetz war nur eine für eine bestimmte Zeit geltende Ordnung, und überdies weist das Alte Test. selbst auf eine neue Ordnung in der

---

1) Die genauere Auslegung dieses Verses siehe oben Nr. 43a.
2) Vgl. Luther's Schrift „Vom Dolmetschen".
3) D. h. die vom Gesetz nicht gebotenen guten Werke; vgl. Kircheng. Nr. 33a.

Zukunft hin. Das geschieht nun einerseits in der Weissagung, andrerseits aber ist nach Paulus auch schon aus dem Leben Abrahams (und David's, V. 7—8, wie aber nur nebenbei bemerkt wird) zu erkennen, daß die Gerechtigkeit durch den Glauben gewonnen werde. Auf Abraham weist Paulus auch im Galaterbriefe hin; daß jedoch dies Beispiel nicht einmal allen Christen, geschweige denn den Juden, als beweisend galt, zeigt der Jakobusbr., wo dasselbe in gerade entgegengesetztem Sinne verwertet wird (Jak. 2, 20—24). Zwar hat Paulus recht damit, daß er Abraham's Glauben rühmt, denn sein Glaube war ja eben auch vertrauensvolle Hingabe an Gott; aber von Vergebung der Sünden um seines Glaubens willen ist allerdings im A. T. keine Rede. Auf die Richtigkeit dieses Beweises kommt aber nichts an, die Lehre des Paulus von der Glaubensgerechtigkeit ist auch ohne diesen Beweis richtig.

Es scheint mir deshalb genügend, von diesem Kapitel in der Schule nur Anfang und Schluß zu lesen, die einer besonderen Erklärung kaum bedürfen.

Die Heilsgewißheit des Gerechtfertigten.

K. 5, 1—11.

Infolge der Rechtfertigung ist unser Verhältnis zu Gott geändert: er ist erstens nicht mehr unser Feind, sondern wir stehen in einem friedlichen Verhältnis zu ihm, da wir durch Christus seiner Gnade teilhaftig geworden sind; durch die Rechtfertigung ist uns zugleich die Gotteskindschaft zu teil geworden (2. Kor. 6, 18). Und (*καὶ καυχ.* ist Hauptsatz) wir rühmen uns zweitens der Hoffnung (Objekt) auf die Herrlichkeit Gottes, an der wir dereinst Anteil bekommen sollen (5, 1—2). Aber nicht bloß dieses Gutes rühmt sich der Christ, sondern auch der ihn treffenden Trübsale, da sie Ausdauer im Glauben bewirken, und die Ausdauer führt zur Bewährung, diese aber zu verstärkter Hoffnung (auf die Herrlichkeit Gottes — V. 3—4). Unsre Hoffnung ist aber keine eitle, da das Bewußtsein der Liebe Gottes (Gen. subj.) infolge des uns mit der Rechtfertigung geschenkten Geistes Gottes in uns wohnt (V. 5). Gottes Liebe hat sich aber darin geoffenbart (*γάρ* V. 6), daß Christus, als wir noch aus Schwachheit (Milderung, alsbald aber aufgehoben) Sünder waren, für[1]) uns Gottlose gestorben ist (*κατὰ καιρόν* wird entweder zu *ἀπέθανεν* gezogen: „zur rechten Zeit", Gal. 4, 4, oder zu *ἀσθενῶν*: „der damaligen Zeit entsprechend"). Diese Liebe Gottes wird uns besonders groß erscheinen, wenn wir bedenken, daß ein Mensch kaum für einen Gerechten, eher noch für das Gute (Neutr. oder Masc.: den Wohlthäter) stirbt, während doch Christus für uns Sünder gestorben ist (V. 7—8). Und mit unsrer Rechtfertigung ist die ewige Seligkeit von selbst gegeben, da der Zorn Gottes uns auch später nicht treffen wird (V. 9). Denn wenn wir als gottverhaßte (passivisch) Sünder (als Kinder des Zornes, Eph. 2, 3) mit Gott durch Christi Tod ausgesöhnt worden sind (Pass.), wie viel mehr ist dann anzunehmen, daß wir als Versöhnte auch durch

---

[1]) *ὑπέρ* nicht = „anstatt" (*ἀντί*), sondern bei Paulus stets, wie auch *περί*: zu unserm Besten.

den (im Himmel) lebenden (und die Welt einst richtenden) Christus vor dem ewigen Zorn gerettet werden (V. 10). Nicht nur aber versöhnt (ein Partic. zu ergänzen, vgl. das Ende des Satzes!), sondern auch Gottes (Objekt) uns rühmend, werden wir gerettet werden (aus V. 10 zu ergänzen), uns nämlich rühmend, wie Luther sagt, daß „Gott unser sei und wir sein".

Mit der Rechtfertigung ist uns für die Gegenwart die Gewißheit des Friedens mit Gott und auch der Bewahrung vor dem zukünftigen Zorne Gottes gegeben — das ist der Inhalt dieses Abschnittes.

d. Jakob. 2, 14—26.

„So halten wir es nun, daß der Mensch gerecht werde ohne des Gesetzes Werke allein durch den Glauben" (Röm. 3, 28) — so predigt der Apostel Paulus. Und was sagt Jakobus? „So sehet ihr nun, daß der Mensch durch die Werke gerecht wird, nicht durch den Glauben allein" (2, 24). Ist das nicht ein Widerspruch? Das hat allerdings Luther geglaubt, und darum war es kein Wunder, daß er von dieser angeblich „strohernen Epistel" nichts wissen wollte, ja, sie als eigentlich zur Bibel nicht gehörig betrachtete[1]). Aber Luther hat schwerlich recht. Auch Christus predigt wie Jakobus: „Es werden nicht alle, die zu mir sagen: Herr, Herr, [d. h. bloßen Glauben haben], in das Himmelreich kommen, sondern die den Willen thun meines Vaters im Himmel" (Matth. 7, 21). Und Paulus selber sagt: „Sollen wir sündigen, dieweil wir nicht unter dem Gesetz, sondern unter der Gnade sind? Das sei ferne" (Röm. 6, 15). Und hat nicht auch Spener in scheinbarem Widerspruch gegen Luther, und doch in Übereinstimmung mit Luther, die Werke betont gegenüber dem Glauben?

So wird wohl auch zwischen Paulus und Jakobus kein Widerspruch bestehen. Das allerdings ist nicht wahrscheinlich, daß der Jakobusbrief der ersten Zeit des Christentums, seiner vorpaulinischen Periode, angehöre (Beyschlag, Weiß); dann hätte allerdings nicht Jakobus den Paulus, aber wohl Paulus den Jakobus bekämpft. Aber diesen Eindruck macht der Jakobusbrief nicht; derselbe bekämpft ein bereits entartetes Christentum[2]). Und damit ist auch bereits die Lösung des Widerspruchs angedeutet; man muß vor allem darauf achten, wen die beiden Schriftsteller bekämpfen.

Paulus kämpft gegen die judaistischen Christen, welche am Gesetz nicht bloß für ihr Leben festhielten (das wurde ihnen auch von Paulus gestattet), sondern dasselbe auch den Heiden auferlegten und es damit als Heilsgrund neben den Glauben an Christus stellten. Ihnen gegenüber ist Paulus mit Petrus und Jakobus, wie der Galaterbr. bezeugt (2, 14—21),

---

[1]) Vgl. Heil. Gesch. Nr. 138c. — Luther: „Die Ep. St. Jakobi halte ich für keines Apostels Schrift. Sie giebt stracks wider St. Paulus und alle andere Schrift den Werken die Gerechtigkeit. Darum will ich ihn nicht haben in meiner Bibel in der Zahl der rechten Hauptbücher. Darum ist St. Jakob's Epistel eine rechte stroherne Epistel, denn sie doch keine evangelische Art an ihr hat." Bei diesem Urteil ist Luther immer geblieben.

[2]) Vgl. meine Heil. Gesch. Nr. 138c.

darüber einig, daß, wenn durch das Gesetz die Gerechtigkeit kommt, Christus vergeblich gestorben ist (2, 21), daß vielmehr der Mensch durch den Glauben an Jesum Christum gerecht wird (2, 16). Auf diesem Standpunkt der antipaulinischen Judaisten steht weder der Jakobusbrief, noch sonst eine Schrift des N. T.

Jakobus kämpft gegen ein Christentum, wie er es in den paulinischen und wohl auch nichtpaulinischen Gemeinden wahrnahm, welches sich damit begnügte, das Wort Gottes zu hören (Jak. 1, 22) und angeblich auch daran zu glauben, aber in totem, äußerlichem Glauben, der kein frommes Leben zur Folge hatte; aber gegen Paulus kämpft er nicht.

Und welches ist der Inhalt beider Lehrdarstellungen?

Paulus zeigt, wie oben dargelegt ist, wie der Mensch Vergebung der Sünden erlangt; **δικαιοῦσθαι** bedeutet bei ihm „für gerecht erklärt werden"; Gott erklärt den Menschen für gerecht, wenn er glaubt an die Gnade Gottes, die uns in Christus verbürgt ist. Von der Sündenvergebung spricht Jakobus nicht, sondern er faßt das Wort **δικαιοῦσθαι** zwar ebenfalls in dem Sinne von „für gerecht erklärt werden"; aber er versteht darunter „für Gott wohlgefällig erklärt werden". Und indem er nun von der Sündenvergebung nicht spricht, wirft er die Frage auf, wie der Mensch es dahin bringen könne, für Gott wohlgefällig erklärt zu werden. Und wenn er dazu Glaube und Werke für notwendig erklärt, so ist er damit im Recht. Der Glaube, den er bekämpft, ist ja ein toter Glaube, zu Worten fähig, aber nicht zu Werken (2, 14—17), ein bloßes Wissen von Gott (2, 19), nicht ein Vertrauen auf Gott, eine Kraft, die nichts wirkt (2, 26). Das ist nicht der von Paulus geforderte Glaube, der im Vertrauen auf Gott besteht und in der Liebe thätig ist; das ist ein Glaube von Anhängern des Paulus, deren Christentum ebenso tot war, wie das mancher Anhänger Luthers.

So hat denn Jakobus die Lehre des Paulus nicht bekämpft, sondern nur das Christentum mancher Anhänger des Paulus, und in den Briefen des Paulus finden sich Stellen genug, welche ganz dasselbe lehren wie Jakobus. Nur das ist richtig, daß Jakobus von der Sündenvergebung allerdings nichts lehrt; auf der ungerechten Forderung Luthers, daß jede Schrift des N. T. das Christentum in gleicher Weise und von demselben Standpunkte aus darstellen müsse, beruht sein hartes Urteil über den Jakobusbrief. „Wohl ist Luther's Stellung zum Jakobusbrief von hoher Bedeutung für die Erkenntnis seiner wesentlich religiösen Stellung zur heiligen Schrift, und daher trotz ihrer materiellen Unrichtigkeit ein wertvolles Stück seiner Theologie, wertvoll gerade für unsere Zeit, der die Aufgabe erwächst, nachdem die altdogmatische Inspirationslehre zerbrochen ist, die Lehre von der h. Schrift neu zu fundamentieren. Aber jenes Urteil war nach seiner materiellen Seite doch nur möglich, weil auch ein Luther noch nicht mit geschichtlichem Sinne die einzelnen Bücher der h. Schrift zu lesen und zu deuten vermochte."[1])

---

[1]) Kawerau, Die Schicksale des Jakobusbr. im 16. Jahrh. (Zeitschr. für kirchl. Wiss. 1889, 7.)

57. Das neue Leben des Christen, die Folge der Glaubensgerechtigkeit.

K. 6—8. 12, 1—15, 13.[1])

a. Röm. 6, 1—2 u. 12—14. 7, 7—25. Gal. 3, 10—14 u. 19—29. Röm. 10, 4.

b. Röm. 8.

c. Röm. 12, vgl. Matth. 22, 34—40. 1. Kor. 13. Röm. 13, 1—6; vgl. Matth. 22, 15—22. 1. Petr. 2, 13—17. Röm. 13, 7—14. Röm. 14, 1—15, 13.

Als Gerechtfertigte können wir beten „Vater unser" und fromm leben.

(Luth. Kat. III.; Heid. Kat.: „Von der Dankbarkeit.")

Durch die Gnade Gottes wird zunächst der Mensch für gerecht erklärt, aber er wird auch nach der Lehre des Paulus (wie Jakobus fordert), thatsächlich gerecht. So zeigt nun der dritte Abschnitt des Römerbriefes, wie der Christ auch thatsächlich von der Sünde frei wird (K. 6—8). Das beruht aber einerseits (negativ) darauf, daß er nicht mehr unter dem Gesetz steht, andrerseits (positiv) darauf, daß der Geist die Herrschaft des Fleisches in ihm bricht. Welche Forderungen dann an den Wandel des Christen zu stellen sind, zeigt (für die römische Gemeinde im besonderen) der zweite (praktische) Hauptteil des Römerbriefes (welcher auf den ersten, theoretischen, folgt): K. 12, 1—15, 13, dessen Lektüre an K. 6—8 alsbald angeschlossen werden mag.

a. Das neue Leben des Christen in Freiheit vom Gesetz.

Röm. 6, 1—2 u. 12—14. 7, 7—25. Gal. 3, 10—14 u. 19—29. Röm. 10, 4.

Paulus hatte (5, 20) gesagt, daß die durch das Gesetz gemehrte Sünde durch eine noch viel größere Gnade vergeben werde. Hieraus konnte ein Böswilliger folgern, dann möge man nur immer bei der Sünde bleiben, um die Gnade recht groß werden zu lassen (6, 1). Diese Aufforderung weist Paulus dadurch zurück, daß er darauf hinweist, daß der Christ bereits thatsächlich (durch die mit der Rechtfertigung verbundene Wiedergeburt[2])) der Sünde abgestorben ist (6, 2). Und der Apostel fordert nun (6, 12—14) die Christen auf, den Geist Gottes auch das wirken zu lassen, was er wirken kann und soll, die Ertötung des alten sündigen Menschen (6, 12—13). Sie können aber dieser Mahnung mit Erfolg nachkommen, und die Sünde wird nicht mehr über sie Herr werden, da sie nicht mehr unter dem Gesetz stehen (V. 14).

Das ist ja nun allerdings des Apostels Meinung, daß das Gesetz den Menschen nicht zur wahren Frömmigkeit führe (Röm. 7, 7—25). Diese

---

[1]) In den nun zunächst folgenden drei Kapiteln des Römerbriefs, K. 6—8, ist manches für den Schüler zu hoch und auch entbehrlich. Die Hauptgedanken sind:
a. 6, 1—2 und 12—14. 7, 7—25 (Das neue Leben in Freiheit vom Gesetz). Damit mögen die Abschnitte Gal. 3, 10—14 und 19—29 verbunden werden, so daß der frühere Abschnitt (Röm. 3, 1—20) über die Bedeutung des Gesetzes hier vervollständigt wird.
b. K. 8 (Das neue Leben im Geiste Gottes).
An die Kap. 6—8 mögen alsbald die Kap. 12, 1—15, 13 angeschlossen werden.

[2]) Vgl. die Erklärung von Röm. 5, 1—2.

Behauptung könnte aber befremden, und es könnte scheinen, als sei das Gesetz eine unheilige Institution (Röm. 7, 7—8); das ist aber nicht der Fall, sondern durch das Verbot wird nur die Begierde nach dem Verbotenen im Menschen erweckt, und so erkennt der Mensch, daß in ihm eine Neigung zu dem von dem heiligen Gott im Gesetz Verbotenen wohnt („nitimur in vetitum"). Und diese Erfahrung hat nun auch Paulus an sich selber (ἐγώ) gemacht: als Kind wußte er nichts von der Sünde, aber mit dem Eintritt des Gesetzes in sein Bewußtsein verlor er die kindliche Unschuld und verfiel dem geistlichen Tode (7, 9—11) — eine Erfahrung, die wir alle machen. Das Gesetz ist also nicht schuld an der Sünde, denn es ist eine heilige Institution (V. 12); die Schuld an unserer Unseligkeit trägt die in uns wohnende Sünde (V. 13); aber durch das Gesetz kommt doch die im Menschen schlummernde Sünde erst zum Erwachen.

Das Gesetz ist also heilig, der Mensch aber unter die Sünde verkauft (V. 14). Zwar besitzt ja der Mensch Willensfreiheit, aber er gebraucht sie nicht wirklich, denn er thut das, was er im Herzen verabscheut (V. 15 — video meliora proboque, deteriora sequor: Ovid. Met. 7, 19), und erkennt damit die Heiligkeit des Gesetzes an (V. 16); daß er trotzdem sündigt, beruht auf der in ihm wohnenden Sünde (V. 17—20). Als Regel (νόμον V. 21) für sein Thun erkennt also der Mensch einen Widerstreit zwischen Wollen und Thun; nach seinem inneren Menschen (= νοῦς V. 23, nicht = πνεῦμα, welches der neue Mensch empfängt) billigt der Mensch das Gesetz Gottes, aber der Macht (νόμος V. 23) des inneren Menschen (dem νοῦς, dem Gewissen, das auch der alte Mensch hat) widerstreitet eine andere Macht (νόμος ἐν τ. μ.), die Macht der Sünde[1]). So kann denn der Unwiedergeborene schließlich nur sich sehnen nach Befreiung von dem geistlichen Tode, und diese Sehnsucht findet ihre Erfüllung in Christus (V. 24—25).

Das Gesetz erweckt also unschuldigerweise die vorher schlummernde Sünde im Menschen, und ruft dadurch die Sehnsucht nach Erlösung hervor, aber den Menschen von der Sünde zu befreien vermag es nicht.

Aber „von wem redet der Apostel solches, von sich selber oder von einem andern?" (Apg. 8, 34) — so muß man auch hier fragen; redet Paulus hier von seinem jetzigen Zustande oder von einem früheren, vom Zustande des natürlichen oder des wiedergeborenen Menschen? Wenn bis in die neuere Zeit noch immer manche Ausleger diesen Abschnitt des Römerbr. (7, 7—25) vom Wiedergeborenen verstehen, so beruht das darauf, daß sie sagen, auch dieser erfahre noch immer in sich den Widerstreit von Fleisch und Geist. Aber Paulus spricht nicht vom Widerstreite des πνεῦμα, sondern nur des νοῦς gegen das Fleisch. Allerdings hat auch noch der Wiedergeborene gegen die Sünde zu kämpfen, und er kämpft oft erfolglos; aber hier heißt es eben, und zuletzt nochmals deutlich (V. 25), daß der Mensch über das Wollen des Guten gar nicht hinauskommt und immer das Böse thut — das kann unmöglich vom Wiedergeborenen

[1]) Paulus lehrt also nicht, was die Concordienformel lehrt, welche den Unwiedergeborenen als „truncus et lapis" (= Stock und Stein) bezeichnet.

gelten. So ist es gewiß richtig, was heute die meisten Ausleger annehmen, daß Paulus hier den alten Menschen zeichne, und zwar aus eigener Erfahrung, und darum so anschaulich und lebendig, und wir alle werden Ähnliches von uns sagen, wenn wir wie Paulus zu neuen Menschen werden.

Was Gott an den Heiden erreichte, indem er sie sich selber überließ, daß die Sünde sich vollständig entwickelte und die Sehnsucht nach Erlösung erwachte, das erreichte Gott an den Juden um so mehr, als sie nicht bloß, wie die Heiden, das Gewissensgesetz, sondern auch das Gesetz Mosis besaßen. Zwar sollte ja das Gesetz eigentlich ein Riegel sein, um der Sünde zu wehren, aber als solchen hat es sich doch wenig wirksam erwiesen, wie ja auch noch heute das beste Staatsgesetz ein Volk nicht vor dem Verfall bewahrt und die strengste Erziehung das Kind nicht sicher vor der Sünde behütet. Das Gesetz hat vielmehr gerade, wie der Apostel zeigt (7, 7—25), die Sünde gemehrt. Wenn nun das Gesetz zunächst die Sünde mehrt, so wird es gerade dadurch auch ein Spiegel für den Menschen, in welchem er seine Sünde erkennt: „Durch das Gesetz kommt Erkenntnis der Sünde“ (Röm. 3, 20), und zwar der nicht mehr schlummernden, sondern mit Bewußtsein vollbrachten Sünde.

Und wenn der Mensch seine Sünde erkennt, dann wird er auch anerkennen müssen, daß seine Sünde ihm den Fluch, die Strafe des gerechten Gottes zuzieht (Gal. 3, 10). Diesen Fluch verdankt er wiederum dem Gesetz, welches dem Übertreter Strafe androht (3, 11—12). Da aber Christus diesen Fluch für uns auf sich genommen hat, so giebt es nun für den Sünder eine Erlösung, wenn er an die Gnade Gottes in Christus glaubt (3, 13—14).

Wenn also das Gesetz gegeben ist, um die Sünde zu mehren (Gal. 3, 19: χάριν — jedenfalls ein Paulinischer Gedanke, vgl. Röm. 7; andere Ausleger: um der Sünde zu wehren), und wenn es Erkenntnis der Sünde und des Fluches Gottes bewirkt, so hat es doch nicht eine bleibende Bedeutung, sondern es sollte nur herrschen, bis die Verheißung erfüllt würde[1]) (3, 19—20). Gesetz und Verheißung, beides göttliche Gaben, stehen mit einander nicht im Widerspruch; das Gesetz hat die Sünde vollends zur Herrschaft gebracht, doch das Heil kommt aus dem Glauben (V. 21—22). So ist das Gesetz unser Zuchtmeister auf Christus, d. h. unser Erzieher und Führer zu Christus, geworden (V. 23—25); jetzt gilt es für alle Menschen an Christus zu glauben (V. 27—29); Christus ist des Gesetzes Ende (Röm. 10, 4). Inwiefern dasselbe doch nicht aufgehoben, sondern erfüllt wird und eine Regel auch noch für den Christen bleibt, ist bei der Auslegung der Bergpredigt entwickelt worden[2]).

b. Das neue Leben des Christen im Geiste: K. 8.

α. Der Geist Gottes wirkt Gerechtigkeit und Leben. K. 8, 1—11.

Durch die Rechtfertigung werden dem Menschen seine Sünden vergeben, durch den ihm infolge der Rechtfertigung mitgeteilten Geist (νόμος

[1]) Die Erklärung der einzelnen Schwierigkeiten in Gal. 3, 19—20 kann hier nicht ausführlich gegeben werden.

[2]) Vgl. meine Heil. Gesch. Nr. 113p.

V. 2, Macht des G., bez. der Sünde), wird die Herrschaft der Sünde in ihm aufgehoben und ein neues Leben hergestellt; folglich giebt es für den Christen jetzt kein Verdammungsurteil mehr (V. 1—2). Diese Befreiung von der Sünde ist aber dadurch erfolgt, daß das, was für das Gesetz unmöglich war (Nominat. abs.), worin es durch das Fleisch (vgl. 7, 18) gehindert war, von Gott bewirkt wurde, indem er seinen Sohn nicht in göttlicher Gestalt (Phil. 2, 6), sondern in einer Gestalt, welche der unseren ähnlich war, in der Gestalt eines sündigen Menschen, in die Welt sandte; er ist freilich der Sünde nicht anheimgefallen (2. Kor. 5, 21), aber er ist um der Sünde willen (*περὶ* — um ihre Macht zu brechen) erschienen und hat die Macht der Sünde (was das Gesetz nicht vermochte) gebrochen, indem er in seinem eigenen menschengleichen Leibe (*ἐν τῇ σαρκί*) sie in allen Versuchungen überwand. Das hat nun Gott gethan, um zu bewirken, daß von uns die Rechtsbestimmungen des Gesetzes durch den Wandel im Geiste erfüllt würden (V. 4). Das Leben im Fleisch ist ein Leben in der Sünde (V. 5—8), das Leben im Geist befreit zwar nicht vom leiblichen Tode, schafft aber dem Geiste (des durch Gottes Geist erneuerten Menschen) unvergängliches Leben um der in ihm wohnenden Gerechtigkeit willen (V. 9—10); ja schließlich wird auch der Leib auferweckt (V. 11).

β. Der Geist macht uns unseres vollkommenen Heiles gewiß. K. 8, 12—27.

Da der Geist in uns Gerechtigkeit und Leben wirkt (*ἄρα οὖν*), so sind wir nicht dem Fleisch zu Dank und Dienst verpflichtet (V. 12—13a); nur der Besitz des Geistes Gottes führt zum Leben und erweist uns als Kinder Gottes (V. 13b u. 14 — vgl. Gal. 4, 6: man ist bereits durch die Rechtfertigung ein Kind Gottes, wenn man den Geist empfängt). Denn nicht einen Geist des Knechtsstandes, so daß wir uns fürchten müßten, sondern einen Geist des Kindesstandes haben wir empfangen, der uns Gott als Vater anrufen läßt, wie Gott im A. T. zwar schon in Bezug auf das Volk, aber erst durch Christus auch in Bezug auf den einzelnen Menschen genannt wird (V. 15 — אַבָּא aramäisch [mit nachgesetztem Artikel] nach dem Vorbilde Jesu von den Christen gebraucht und festgehalten, von den griechisch redenden Christen zwar ebenfalls verstanden, aber in der Inbrunst des Kindschaftsgefühls durch das nachgesetzte *ὁ πατήρ* ihrer Muttersprache verstärkt). Der Gottesgeist selber aber macht unseren Geist unserer Gotteskindschaft gewiß, so daß wir dieselbe erkennen und fühlen (V. 16). Als Kinder Gottes sind wir aber auch Erben Gottes, welche Anteil erlangen an der von Christus bereits erlangten himmlischen Herrlichkeit; der Weg zur Herrlichkeit führt freilich, wie bei Christus, so auch bei uns, durch das Leiden (V. 17); doch diese Leiden kommen gegenüber unserer zukünftigen Herrlichkeit gar nicht in Betracht (V. 18). Die Gewißheit unserer Verherrlichung begründet (*γάρ* V. 19) der Ap. in den folgenden Versen (V. 19—22), indem er auf die schon im A. T. ausgesprochene (und auch unsern Dichtern geläufige, ja, auch der Wissenschaft nicht widersprechende) dereinstige Umgestaltung und Verklärung der Natur hinweist. Ihr ausdauerndes (natürlich unbewußtes) Harren sehnt sich nach der Offenbarung der vollkommenen Herrlichkeit der Kinder Gottes (V. 19). Die Natur befindet sich nämlich in einem Zustande, aus welchem sie sich heraussehnen muß; sie ist durch Gott (τὸν ὑποτάξ.) der Vergänglichkeit unterworfen worden (infolge des Sündenfalls, wie der Ap. jedenfalls annimmt); aber sie darf hoffen, daß (ὅτι V. 21, oder denn, zumal da vielleicht διότι zu lesen ist) auch sie von der Vergänglichkeit zur Herrlichkeit gelangen wird, und darauf ist ihr Sehnen und Seufzen gerichtet (V. 20—22). Wie die Natur, so erwarten auch wir, weil wir ja bereits den Geist als Erstlingsgabe (Genit. appos.) haben, Kinder Gottes zu werden (nämlich in vollkommener Weise — denn dem Anfange nach sind wir bereits durch die Rechtfertigung Kinder Gottes geworden, vgl. V. 15), und hoffen auf die Erlösung unseres Leibes von allen irdischen Mängeln (V. 23); denn unsere Erlösung ist jetzt nur eine Erlösung der Hoffnung nach, sie ist noch nicht vollendet (V. 24—25). Und wie die Kreatur (V. 19—22) und unser eigenes Herz (V. 23—25), so seufzt auch der in uns wohnende Gottesgeist (den Paulus vom Menschengeist unterscheidet) nach Erlösung (V. 26—27); er hilft unserer Schwachheit (im Beten), denn wir wissen oft nicht dem Bedürfnis gemäß zu beten, und dann treten für uns ein die nicht in Worte zu fassenden Seufzer des Geistes, welche Gott versteht, weil (= ὅτι V. 27) der Geist in gottgemäßer Weise für die Heiligen eintritt.

γ. Der letzte Grund unserer Gewißheit des Heils: K. 8, 28—39.

Den dritten (Heiligung) und zweiten (Rechtfertigung) Hauptteil seines Briefes abschließend, weist der Ap. den letzten Grund für die Gewißheit unseres Heils in der Vorherbestimmung Gottes auf, von welcher er im vierten Hauptteil seines Briefes (K. 9—11) ausführlich handelt. — Alles trägt den Christen zum Guten bei, da Gott sie ja seinem Vorsatz gemäß (zum Heil) berufen hat (V. 28). Denn die, welche von ihm als solche erkannt werden, die ihn lieben werden (V. 28), die bestimmt er zur zukünftigen Herrlichkeit (ἐδόξασε V. 30), in der sie seinem Sohn gleich sein werden; die Vorherbestimmten beruft er, die Berufenen erklärt er für gerecht (und damit ist die Heiligung verbunden), und die Gerechtfertigten verherrlicht er (V. 29—30; Aor. ἐδόξασεν zur Bezeichnung der für Gott vollendeten Handlung — im Hebr. prophet. Perfektum). Wenn Gott so mit uns verfährt, was werden wir daraus folgern? (V. 31.) Gott ist für uns und wird uns trotz aller Hindernisse zum vollkommenen Heil führen; er hat bereits seinen Sohn für uns in den Tod gegeben, folglich wird er auch alles andere thun, was noch zu unserm Heil notwendig ist (V. 32). In den letzten Versen nennt nun Paulus solche Mächte, welche gegen uns sein könnten (V. 31), aber unser Heil uns doch nicht entreißen können. Die Auserwählten Gottes brauchen keinen Ankläger (bei Gott) zu fürchten, denn Gott ist es ja, der sie für gerecht erklärt (V. 33); auch keinen sie verurteilenden Richter, denn Christus, der mächtige Weltrichter, ist ja ihr Erlöser (V. 34). Von der Liebe Christi (Gen. subj.) kann uns nichts trennen (V. 35—36), alles „überwinden wir weit" (Luther) durch Christus (V. 37), der uns geliebt hat; keine Macht und kein Schicksal kann uns von der Liebe Gottes trennen, nicht der drohende gewaltsame Tod, nicht die Engel in ihren verschiedenen Abstufungen (von denen die Juden viel zu sagen wußten), nicht Zeit (ἐνεστῶτα und μέλλ.) noch Raum (ὕψωμα und β.), überhaupt nichts Geschaffenes. Mit diesem Triumphgesange schließt P. diesen Abschnitt.

c.[1]) Ermahnung zu christlichem Wandel:

Röm. 12; vgl. Matth. 22, 34—40; 1. Kor. 13.

Röm. 13, 1—6; vgl. Matth. 22, 15—22; 1. Petr. 2, 13—17.

Röm. 13, 7—14.

Röm. 14, 1—15, 13.

Wenn der Apostel in K. 6—8 von dem christlichen Leben im allgemeinen spricht, so spricht er in den Kapiteln 12, 1—15, 13 (dem zweiten, ermahnenden Hauptteil des Briefes) von den Pflichten des Christen im besonderen, zunächst im Hinblick auf die Verhältnisse der römischen Gemeinde. Dieser Abschnitt zerfällt aber in zwei Hauptteile: K. 12—13, welcher die Christenpflichten überhaupt darstellt, und K. 14, 1- 15, 13, welcher zum Frieden ermahnt im Streite der Parteien.

Der erste Teil behandelt die Pflichten des Christen im allgemeinen, und auch hier wird, wie im 1. Korintherbriefe (K. 13) und in der Predigt Jesu die Liebe als der Grund aller Tugend dargestellt. Besonders aber ist in diesem Abschnitte zu beachten die Darlegung in Kap. 13, 1—6, eine Mahnung zum Gehorsam gegen die Obrigkeit, auch wenn dieselbe nicht nur nicht christlich, sondern, wie damals in Rom, ein Kaiser Nero ist; auch eine solche Obrigkeit ist von Gott geordnet. In demselben Sinne hatte Jesus (Mt. 22, 15—22) die Juden aufgefordert, dem Kaiser zu geben, was des Kaisers ist; auch für sie war die römische Herrschaft von Gott geordnet. Wenn 1. Petr. 2, 13—17 die Obrigkeit eine menschliche Ordnung genannt wird, so ist das kein Widerspruch: von Menschen wird im einzelnen Falle die bestimmte Obrigkeit eingesetzt, aber daß eine Obrigkeit überhaupt und zwar die bestimmte in jedem einzelnen Falle existiert, ist dennoch eine Ordnung und Fügung Gottes.

Der zweite Abschnitt (14, 1—15, 13) ermahnt zum Frieden im Streite der Parteien. Auch schon die alte Christenheit hat den Streit der Parteien gekannt — ein Trost für die Gegenwart. Wenn anderwärts Judenchristen und Heidenchristen einander gegenüberstehen, so stehen hier den freier gesinnten Christen aus Juden und Heiden überängstliche Judenchristen gegenüber, welche sich des Genusses von Fleisch und Wein gänzlich enthielten und noch die jüdischen Festtage beobachteten; dieser Übereifer der Frömmigkeit, welcher wohl von den Essäern herstammte, hatte im Judentum Verbreitung gefunden und war vom Judentum ins Christentum übergegangen. Da ermahnt nun Paulus die ängstlichen Christen, ihre freier gesinnten Brüder nicht zu verdammen, und diese ermahnt er, ihre ängstlichen Brüder nicht zu verachten, und auch das fordert er, daß die Starken den Schwachen keinen Anstoß geben, sondern bereit seien, um ihretwillen auch auf ihre Freiheit zu verzichten. Auch diese Mahnung müssen wir

[1]) Dieser zweite (ermahnende gegenüber dem belehrenden) Hauptteil des Briefes mag alsbald hier angeschlossen werden.

noch heute beachten, besonders der Geistliche muß um der Schwachen willen auch auf manchen unschuldigen Genuß zu verzichten bereit sein.

Der Abschnitt schließt mit einem Segenswunsche: 15, 13.

58. Adam, Moses und Christus: R. 5, 12—21; die Glaubensgerechtigkeit in ihrer geschichtlichen Verwirklichung: R. 9—11.

Die Lehre von der Prädestination.

a. Adam, Moses und Christus: R. 5, 12—21.[1])

Nachdem Paulus gezeigt hatte (R. 1, 18—5, 11), daß alle Menschen Sünder sind, aber auch, daß sie durch Christus gerechtfertigt werden, vergleicht er Christus mit Adam, den Urheber der Rechtfertigung mit dem Urheber der Sünde, und zeigt dabei auch, welche Bedeutung Moses für die Entwickelung der Menschheit hat.

Deshalb (V. 12: weil wir in Christus Heil und Seligkeit haben, vgl. 5, 1—11) ist Adam ein Vorbild Christi (V. 14 Schluß) — so wollte Paulus schreiben; aber über einem langen Zwischensatze (V. 13—14) verliert er den Faden, und der Vordersatz (V. 12) entbehrt grammatisch (aber nicht sachlich) des Nachsatzes. Durch den einen Stammvater unseres Geschlechts ist die Sünde (sich von ihm weitervererbend) in die Menschenwelt gekommen, und als Strafe der Sünde der (leibliche) Tod, zunächst für Adam, aber weil (ἐφ' ᾧ) sie alle sündigten (und noch heute sündigen) auch für seine Nachkommen,[2]) denn der Tod ist nun einmal die gottgeordnete Strafe der Sünde.[3]) Da der Tod so die Folge und Strafe der Sünde ist, so erleiden ihn auch diejenigen, die nicht gleich Adam ein ausdrückliches Gottesgesetz, auf welchem als Strafe der Tod steht, übertreten (V. 13—14). Wenn also Adam ein Vorbild Christi ist (V. 14, Schluß), indem von beiden eine Wirkung auf viele ausgeht, so ist doch (V. 15) die Wirkung der Gnade in Christus gewisser (πολλῷ μ. logisch zu fassen) und größer (ἐπερισσ). Auch unterscheiden sich Adam und Christus dadurch von einander, daß (V. 16—17) Christi Geschenk nicht beruht (erg. ἐστί), wie Adams Wirkung, auf einer sündigen That; das Urteil Gottes über des einen Adam Sünde wurde (erg. ἐγένετο) zum Strafurteil für viele, indem es auch über sie den Tod verhängte; das Gnadengeschenk Gottes wurde auf Grund vieler Sünden zum Rechtfertigungsurteil für viele (wenn sie glauben). Sicherer, als die Sünde den Tod, wirkt die Gnade ewiges Leben (V. 17). Wie es also (V. 18) durch eine Sünde für alle zum Verdammungsurteil gekommen ist

---

[1]) Dieser Abschnitt mag den Schluß der Lektüre des Römerbriefes bilden, wenn R. 9—11 (in Auswahl) nicht gelesen werden kann.

[2]) Vgl. oben Nr. 27.

[3]) Wenn auch die kleinen Kinder sterben, die noch nicht gesündigt haben, so ist Paulus doch nicht im Unrecht: er konnte (logisch schärfer) mit Recht sagen, weil alle sündig geworden sind — das sind auch die Kinder.

(erg. ἐγένετο), so durch ein Rechtfertigungsurteil für alle zur Rechtfertigung und zum ewigen Leben (wenn sie glauben). Endlich faßt Paulus (V. 19) das Gesagte nochmals vollständig zusammen: Adams Ungehorsam hat uns zu Sündern gemacht, Christi Gehorsam (in seinem Tode bewiesen) macht uns gerecht.

Adam und Christus hat also Paulus einander gegenübergestellt; aber hat denn Moses, der Urheber des von den Juden so hochgepriesenen Gesetzes, gar keine Bedeutung für die Welt? Diese Frage beantwortet Paulus in den beiden letzten Versen des Kapitels. Adam und Christus sind epochemachende Erscheinungen in der Welt, das Gesetz ist nur neben der Sünde noch in die Welt gekommen, ohne den Weltzustand zu ändern. Es sollte nur die Sünde mehren, ihre Macht und Herrschaft vergrößern (wie die Arzenei die Krankheit zunächst hervortreibt), damit die Gnade um so herrlicher würde; die Sünde ist durch das Gesetz erst recht zur Erscheinung gekommen, aber nicht durch das Gesetz, sondern durch Christus ist die Sünde überwunden worden.

Durch Adam ist Sünde und Tod, durch Christus Gerechtigkeit und Leben in die Welt gekommen; das Gesetz hat nur die Bedeutung, die Sünde zu steigern, damit die Gnade sich um so mächtiger erweise.

b. Die Glaubensgerechtigkeit in ihrer geschichtlichen Verwirklichung: K. 9—11.[1])

Lesen: a. 9, 1—5.
b. 9, 30—33 u. K. 10.
c. 11, 1—2a u. 25—36.

Als das Thema seines Briefes hatte Paulus (1, 16) bezeichnet, daß das Evangelium eine Gotteskraft sei zur Rettung für jeden Glaubenden, den Juden vornehmlich und auch den Heiden. Aber wenn doch nun, wie sich schon damals zeigte, die Juden als Volk nicht glaubten, so konnte es ja scheinen, daß das Evangelium sein Ziel nicht erreiche. So legt denn nunmehr Paulus in diesem Abschnitte dar, nachdem er zuerst seinem Schmerze über den Unglauben seiner Volksgenossen Ausdruck gegeben hat (9, 1—5), daß die jetzige Verwerfung der Juden wegen ihres Unglaubens der Verheißung Gottes nicht widerspreche (9, 6—29), sondern durch das eigene Verhalten der Juden verschuldet sei (9, 30—33 u. K. 10), und wie Gott dennoch Mittel und Wege finden werde, um seine Verheißung zur vollen Erfüllung zu bringen (K. 11).

Der Apostel versichert zunächst, daß er über das Schicksal seiner Volksgenossen (welches, das setzt er als bekannt voraus: ihr Unglaube und ihre Verwerfung) so betrübt sei, daß er bereit wäre (ἄν fehlt bei ηὐχόμην,

---

[1]) Auf diesen Abschnitt des Römerbriefes wird die Schule in der Regel (wenigstens als Ganzes) verzichten müssen; wenn der Lehrer (hier oder anderwärts) Zeit für denselben gewinnt, so kann er vielleicht die oben bezeichneten Stellen desselben lesen und dadurch den Hauptinhalt des Abschnitts (vgl. dazu die folgende Darlegung c) den Schülern nahe bringen.

obwohl der Wunsch unerfüllbar ist), von Christus getrennt (ἀπό) ein von Gott vernichtetes Fluchopfer, d. h. ewig verdammt, zu werden — ein Wunsch, der natürlich nur aus der Liebe des Apostels zu begreifen und freilich unerfüllbar ist. Daß nun aber die Israeliten nicht glauben an das vollendete Heil, ist um so mehr zu bedauern, als sie so großer Vorzüge durch die ihnen zu teil gewordene Offenbarung teilhaftig geworden sind. Das Volk Israel ist das Volk Gottes (als Ganzes, nicht jeder einzelne — also im ATlichen, nicht im NTlichen Sinne), in welchem die Herrlichkeit Gottes sich geoffenbart hat, mit welchem Gott wiederholt (mit den Patriarchen und besonders durch Moses) einen Bund geschlossen hat, welchem er sein Gesetz, den Kultus und die Verheißungen gegeben hat, und welches, ebenso wie andere Völker, stolz sein darf auf seine Väter, aber noch stolzer auf den, welcher jetzt aus ihm hervorgegangen ist, Christus; auch wir Christen wollen nicht vergessen, „daß unser Herr ein Jude war". Aber allerdings nur nach der menschlichen Seite stammt Christus von den Israeliten her, denn nach seiner göttlichen Seite ragt er über alles empor, so daß er von sich sagen durfte: „Mir ist gegeben alle Gewalt im Himmel und auf Erden" (Mt. 28, 18), und Johannes in ihm die vollkommene Offenbarung Gottes erkannt hat (Joh. 1, 1—18).[1]

Wenn nun von diesem auserwählten Volke Gottes jetzt nur wenige glauben, so geschieht jetzt dasselbe, was auch früher geschehen ist, daß nicht alle Nachkommen Abraham's zum auserwählten Volke Gottes gehören (vgl. Jakob und Esau), indem Gott aus freier Wahl nur einige zu seinen Kindern annimmt, andere aber ihre eigenen Wege gehen läßt, ja, sie durch seine Führungen von sich noch weiter abkommen läßt (V. 17—18), ohne doch darum sie für ewig verstoßen zu wollen, wie die Verteidiger der absoluten Prädestination lehren,[2]) da er ja auch an ihnen sich nicht unbezeugt gelassen hat (V. 22—29; vgl. R. 1, 18—23. Apg. 14, 16—17. 17, 26—28), und, wie besonders das Folgende zeigt, auch die Juden selber durch ihren Unglauben ihre zeitweilige Verwerfung verschuldet haben (9, 30—10, 21).

Die Israeliten eifern nämlich zwar um Gott, aber mit Unverstand (10, 2); sie wollen gerecht werden, aber durch ihr eigenes Thun (10, 3); aber der Mensch wird nur durch den Glauben gerecht (9, 32). Darum ist mit Christus der Alte Bund beendet (10, 4), mit ihm beginnt der Neue Bund, wo man sich nicht mehr auf die Erfüllung des Gesetzes verläßt und beruft, sondern an die in Christus geoffenbarte Gnade Gottes glauben muß (10, 5—13). Und die Botschaft vom Heil durch den Glauben an Christus ist nun an alle Welt ergangen; aber nur die Heiden haben dieselbe angenommen, nicht die Juden, und darum sind die Juden nicht zum Heil gelangt (10, 14—21). Daß sie aber an Christus nicht glaubten, hatte seinen Grund darin, daß Christus nicht ein Messias nach

---

[1]) Andere beziehen allerdings V. 5b auf den Vater und nicht auf Christus; aber auch durch die obige Fassung wird der Unterschied von Vater und Sohn nicht aufgehoben.

[2]) Augustinus und Calvin, vgl. unten c. Auf die Widerlegung dieser Lehre aus der Bibel braucht die Schule kaum einzugehen, da sie dem Schüler von selbst als unrichtig erscheint.

ihrem Sinne war, der ihnen die von ihnen ersehnten Güter brachte, sondern ein Gekreuzigter, dessen Reich nicht von dieser Welt war; die irdische Denkart des damaligen jüdischen Volkes machte dasselbe für die Predigt Christi unempfänglich.

Wenn nun also das Volk Israel als Ganzes für die Predigt Christi unempfänglich geblieben ist, so daß nur wenige Israeliten gläubig geworden sind (11, 1—10), so hat ihr Unglaube die Folge gehabt, daß die Predigt vom Reiche Gottes (durch Paulus) sich den Heiden zugewandt hat, durch deren Bekehrung der Verlust des Reiches Gottes infolge des Unglaubens Israels überreichlich ausgeglichen worden ist (11, 11—24).

Aber wenn die Heidenwelt als Ganzes in das Reich Gottes eingegangen sein wird, dann wird dereinst auch das Volk Israel als Ganzes sich bekehren (11, 25—32).

Im Hinblick auf diese wunderbaren Wege Gottes mit den Menschen, welcher dennoch schließlich die ganze Menschheit zum Ziel führt, aber freilich auf einem anderen Wege, als man zunächst erwarten durfte, stimmt der Apostel (wie schon 8, 31—39) ein Loblied an auf Gott, der so wunderbar alles hinausführt (11, 33—36), der alles geschaffen hat (ἐξ αὐτοῦ) und alles erhält und regiert (δι' αὐτοῦ) und dessen Zwecken alles dienen muß (εἰς αὐτόν).

c. Die Lehre von der Prädestination.

α. Darstellung für die Schule.

Auf K. 9—11 des Römerbriefes berufen sich vornehmlich diejenigen, welche in der heil. Schrift die Lehre von der Prädestination zu finden glauben; schwerlich mit Recht. Die Bibel stellt ja allerdings hier und anderwärts die Thätigkeit Gottes bei der Erlangung des Heils oft so dar, daß man glauben könnte, es sei damit alles menschliche Thun ausgeschlossen. Ebenso oft aber wird das Heil des Menschen als auf seinem eigenen Thun beruhend dargestellt. Es wird also das Richtige sein, Gottes und der Menschen Thun bei der Heilserlangung als vereinigt zu denken, auch wenn es nicht ganz gelingt, diese Verbindung für unser Denken ganz deutlich machen und in der Erfahrung bestimmt zu erkennen.

Mit dieser Frage hat sich aber die Christenheit vornehmlich seit Augustinus beschäftigt.[1]) Wenn derselbe nun des Menschen Thun bei der Heilserlangung ganz ausschloß und die Gnade allein und unwiderstehlich wirken ließ, so haben schon seine Zeitgenossen das Bedenkliche seiner Lehre erkannt, welche die Menschen zum Leichtsinn oder zur Verzweiflung führt, da ihr Thun ja doch nichts nütze, aber auch nichts schade. Aber selbst Augustinus hatte doch noch an einem Punkte, nämlich beim ersten Sündenfall, die Freiheit des Menschen stehen lassen; Calvin[2]) ging dagegen dazu fort, auch beim Sündenfall der ersten Menschen die Freiheit zu bestreiten; für ihn ist es ebenfalls ein Thun Gottes, daß die Menschheit in die Sünde gerät, wie auch in der Sünde verharrt und zu Grunde

---

[1]) Vgl. Kirchengesch. Nr. 18.

[2]) Vgl. Kirchengesch. Nr. 49 b.

geht; ebenso ist es ein bloßes Thun Gottes, wenn ein Teil der Menschheit gerettet wird.

Auch Luther stand ursprünglich auf diesem Standpunkt; aber er und seine Anhänger haben sich schließlich von demselben entfernt, und der Freiheit des Menschen eine gewisse Mitwirkung bei der Erlangung des Heils zuerkannt; ja, selbst die reformierte Kirche, wenigstens in Deutschland, hat die Lehre Calvin's gemildert oder sogar verworfen. Christus ist für alle Menschen gestorben, nicht bloß für die erwählten; Gott will, daß allen Menschen geholfen werde; wen Gott beruft, den will er auch wirklich zum Heil führen. Zwar ist ja des Menschen Bekehrung ein Werk Gottes, sowohl in ihrem Anfang, wie in ihrem Fortgang und in ihrer Vollendung, und Gott muß den Menschen bekehren, da er selbst in Sünden tot ist und sich nicht selber retten kann. Aber wenn der Mensch mit göttlicher Kraft erfüllt wird, dann erhält er ja auch eine Kraft eigener Mitwirkung bei der Heilserlangung, welche es ihm ermöglicht, daß er, wie die Bibel sagt, schaffe, daß er selig werde. Und dies eigene Thun des Menschen zeigt sich nun sowohl darin, daß er das ihm angebotene Heil annimmt, statt es zu verwerfen (was er ebenfalls könnte), und daß er bei Christus bleibt, statt sich von ihm wieder abzuwenden (was er ebenfalls könnte). Aber trotz seiner Mitwirkung führt doch der Gläubige sein Heil auf Gott zurück, und er bekennt mit der h. Schrift, daß Gott in ihm wirke das Wollen und das Vollbringen.

β. Der Gegensatz der lutherischen und der reformierten Kirche in der Lehre von der Prädestination[1]).

Darstellung für den Lehrer.

αα. Das Interesse des geängsteten Gewissens, das Friede und Seligkeit suchte, hat in dem durch Luther neu entdeckten Evangelium eine Befriedigung gefunden, die zur Verwerfung alles dessen trieb, was in der mittelalterlichen Kirche mit diesem Evangelium im Widerspruch stand, die aber auch jedes andere Interesse, auch das für die Gestaltung der Gesamtkirche, in den Hintergrund drängte, und die von diesem Evangelium Ergriffenen trieb, sich nur in den Genuß des neuen Besitzes zu versenken, der Gotteskindschaft und der Freiheit von allem äußerlich gesetzlichen Wesen sich zu freuen. Das Bedürfnis nun, den Heilsbesitz immer zugänglich, immer gegenwärtig zu haben, leitete auch dazu an, diese göttliche Gabe als im Kreatürlichen, Sinnlichen [den Gnadenmitteln] real gegeben anzusehen. Das eigene Verdienst mußte einer Gabe gegenüber, welche in erster Linie Hinwegnahme der drückenden Schuld war, völlig in Wegfall kommen, und auch der Glaube, der nach dieser Gabe sich ausstreckte, konnte nicht als Verdienst in Anschlag kommen. Erst eine nachträgliche Reflexion, wie sie diesem subjektiven Interesse zunächst ferne lag, konnte sich an der Frage, wie der Glaube zu stande komme [durch die menschliche Freiheit oder durch die göttliche Vorherbestimmung], zerarbeiten.

Diesem subjektiven, individuellen Ausgangspunkt der lutherischen trat nun der objektiv-sociale der schweizerischen Reformation gegenüber.

---

[1]) Nach H. Schmidt, Symbolik 1890, § 123.

Nicht eine subjektive Erfahrung von der Herrlichkeit des Evangeliums war hier das Entscheidende, sondern auf den Widerspruch der durch die Offenbarung und ihre Urkunde geforderten Form des religiösen und kirchlichen Lebens mit der dermaligen wurde das Augenmerk vor allem gelenkt. Nicht der Genuß des neuentdeckten Heilsgutes, sondern die Erstrebung eines von der Offenbarung an die Hand gegebenen Ideals war hier das Pathos. Der Gegensatz des Göttlichen und Menschlichen, der göttlichen Ordnung und der menschlichen Verkehrung, wurde hier in den Vordergrund gerückt; nicht die Freiheit des Gotteskindes galt es zu behaupten, sondern die unbedingte Unterordnung des persönlichen, wie des Gemeinschaftslebens unter die Gottesordnung galt es durchzuführen. Gerade die Vermischung des Menschlichen und Göttlichen schien die Wurzel alles Übels; darum galt es, überall beides reinlich auseinanderzuhalten und insbesondere das Sinnliche, Äußerliche in seiner Inadäquatheit gegen das Göttliche festzuhalten. Diese Inadäquatheit des Endlichen zum Göttlichen mußte, selbst abgesehen von der Sünde, auf seiten des Menschen den Gedanken des Verdienstes ausschließen. Nur kraft einer überwältigenden göttlichen Gnade kann der Mensch in den Stand gesetzt werden, jene göttlich vorgeschriebene Heilsordnung zu realisieren.

Dieser Unterschied der Ausgangspunkte der deutschen und der schweizerischen Reformation mußte sich nun als Gegensatz geltend machen zunächst da, wo der aus dem Geist der deutschen Reformation geborene Mensch die Bürgschaft seines individuellen Heils suchte, in den Heilsmitteln, und von da aus auch in dem Heilsmittler und in dem letzten Heilsgrunde; für uns aber kommt hier nur in Betracht der Gegensatz in der Betrachtung des letzten Heilsgrundes.

ββ. Nicht die Macht der Sünde, wie bei Augustinus, sondern das Gefühl der Schuld der Sünde rief in Luther das Sehnen nach Abnahme der Sündenschuld hervor. Die Gnade erforderte aber nichts anderes als Hinnahme derselben im Glauben. Wohl sagte man sich, daß der Glaube selbst erst durch eine göttliche That geweckt werden müsse; allein die Frage, ob man nicht so doch am Ende auf eine göttliche Vorherbestimmung geführt werde, hatte kein religiöses Interesse mehr. Auch setzte die Zuwendung der vergebenden Gottesliebe sofort ein neues Verhältnis Gottes zu dem Sünder, in dessen Genuß der letztere zunächst gar keinen Anlaß hatte zu der Frage, ob nicht am Ende diese göttliche Zuwendung eine bloß vorläufige und vorübergehende sein könne, so daß sie einer Bürgschaft ihrer Fortdauer [in der auf Grund der Gnadenwahl allmächtig wirkenden Gnade Gottes] bedürfe. Für das religiöse Bedürfnis Luther's hatte die Lehre von der göttlichen Erwählung auf Grund eines göttlichen Dekretes keine aktuelle religiöse Bedeutung.

Dagegen war für die schweizerischen Reformatoren das Motiv für das Gnadenbedürfnis nicht in erster Linie das Gefühl der Schuld der Sünde, sondern der Widerspruch der damaligen Zuständlichkeit der Kirche mit der idealen, die erst in der Vollendungszeit erreichbar erscheint. Das Auge richtete sich hier mehr auf die Zukunft, indem es nicht schon in der Erreichung der Rechtfertigung sich befriedigte. Sollte dieses Ziel der Zukunft erreicht werden, so mußte sich an die Rechtfertigung ein weiterer sittlicher Proceß schließen, über dessen Ausgang sich der Mensch nicht im Blick auf seinen eigenen Willen beruhigen konnte, sondern nur in einem ewigen, unbedingten Willensakte Gottes. So erhielt im System Calvin's, mehr als bei Zwingli, die Prädestination den religiösen Wert, den in der deutschen Reformation die Rechtfertigung besaß. Nicht das Bewußtsein, gerechtfertigt zu sein, sondern das Bewußtsein, erwählt zu sein, ist darum auch das eigentliche Kennzeichen der Erwählten.

Das Bewußtsein der Erwählung bedarf aber, um sich zu erhalten, notwendig des Zeugnisses der thatsächlichen Glaubensfrüchte in den Werken, und wir erkennen hier den letzten Grund der Thatsache, daß die reformierte Frömmigkeit auf die Werke ein viel höheres Gewicht legt, als die deutsche Reformation. Während für Luther das Bewußtsein der Rechtfertigung die Voraussetzung für die guten Werke ist, wirken nach Calvin erst die guten Werke das Bewußtsein der Rechtfertigung im vollen Sinne, das Bewußtsein des dauernden Gnadenstandes.

γγ. Dagegen lag nun der lutherischen Frömmigkeit alles an der Heilsgewißheit auf Grund der Rechtfertigung, auch abgesehen von den Werken. Die Heilsgewißheit aber sollte sich lediglich auf die Objektivität der Gnadenmittel und der Heilserwerbung durch Christus stützen. Wie konnte dann der Lutheraner zulassen, daß die Gnadenmittel in ihrem unbedingten Werte dadurch abgeschwächt würden, daß sie nicht allen Menschen das Heil wirklich zu vermitteln vermöchten? Daß Christus und sein Heil nicht für alle Menschen bestimmt sei, das war ein Gedanke, der geradezu den Grund des Heils zu erschüttern drohte.

Aber auch auf lutherischer Seite war man der Meinung, daß der Glaube zu seiner Entstehung einer göttlichen That bedürfe, und damit schien doch auch hier anerkannt, daß die Wirksamkeit der Gnadenmittel durch ein besonderes göttliches Wohlgefallen, eine göttliche Gnadenwahl, bestimmt sei. Dieser Konsequenz suchte man sich zu entziehen, indem man darauf hinwies, daß die Entstehung des Glaubens ein Ineinander göttlicher Wirkung und menschlicher, durch die göttliche Wirkung selbst erst entbundener Freiheit voraussetze, wodurch es verboten werde, den Glauben ausschließlich der einen oder der andern Seite zuzuschreiben, oder ein äußerliches Zusammenwirken göttlicher That und menschlicher Freiheit anzunehmen.

Mochte es indes auch nicht ganz gelingen, das Verhältnis der göttlichen Gnade zur menschlichen Freiheit scharf zu erfassen — jedenfalls blieb der Hauptgedanke der deutschen Reformation der der Rechtfertigung, nicht der der Erwählung, wie bei den Schweizer Reformatoren.

---

59. III. Lektüre nach dem Abschluß des Römerbriefes.

a. Luther's Vorrede zum Römerbrief.

b. Luther's Sendschreiben vom Dolmetschen.

c. Die Augsburgische Confession.

Vorbemerkung für den Lehrer.

Nach der Lektüre des Römerbriefes mag nun dem Schüler der Kern des Römerbriefes und das Wesen des evangelischen Glaubens noch in der Weise nahegebracht werden, daß er die oben bezeichneten Schriften (und wenn die Zeit reichte, noch etwas mehr von Luther's Schriften)[1]) liest.

Wenn etwa bei der Durchnahme der Glaubenslehre für diese Lektüre die Zeit fehlt, so kann dieselbe mit der Kirchengeschichte verbunden werden; dann wird der Lehrer bei der Reformationsgeschichte nach der Besprechung des Katechismus, der Unterscheidungslehren und des Gottesdienstes. zunächst den Inhalt des Römerbriefes und die Heilsordnung wiederholen, und alsdann folgt die Lektüre der oben bezeichneten Schriften.

Die Augsburgische Confession wird entweder fortlaufend gelesen, oder die Hauptabschnitte werden, im Anschluß an den Römerbrief in folgender Weise geordnet:

a. Vorrede und 21 b Vorwort zu 22. Schluß.
b. Der allgemein-christliche Glaube: 1. 3. 21 a.
c. Die Sünde: 18. 19. 2.
d. Rechtfertigung und Heiligung: 4 6 20.
e. Wort Gottes und Sakramente: 5. 9. 10. (22 24.) 11. (25.) 12. 13.
f. Die Kirche: 7. 8. 14—17. (28.)

Eine Einleitung für die Lektüre der oben genannten Schriften wird im folgenden dargeboten.

a. Luther's Vorrede zum Römerbriefe.

Schon der zweiten Ausgabe seines Neuen Testamentes, welche ebenfalls noch im Jahre 1522 erschien, kurz nach der ersten, hat Luther Vorreden zu den einzelnen Büchern des N. T. und zum N. T. als Ganzem beigegeben, durch welche er die heilige Schrift dem ganzen deutschen Volke zu eigen machen und zum Verständnis bringen wollte. Und da nun Luther in den Mittelpunkt der heiligen Schrift, die Gnade Gottes in Christus, so tief eingedrungen war, wie kein Kirchenlehrer vor ihm, so konnte er auch den Wert der einzelnen Schriften der Bibel für den Christen abwägen und vergleichen. Von diesem Standpunkte aus sagt Luther: „Sankt Jakobs Epistel ist eine recht stroherne Epistel, denn sie doch keine evangelische Art an ihr hat," und behauptet, daß sie der Lehre des Paulus von der Glaubensgerechtigkeit widerspreche (was wir heute nicht mehr glauben, und auch Luther später selber gemildert hat,)[2]) und stellt deshalb diesen Brief nebst dem Hebräerbriefe, dem Judasbriefe und der Offenb. Joh., abweichend von der bisherigen Ordnung der biblischen Bücher, ans Ende des N. T., um dieselben von „den rechten gewissen Hauptbüchern des N. T." zu unterscheiden. Dagegen rechnet er nun zu „den besten Büchern" des N. T. neben andern den Römerbrief.

An den Römerbrief wollte nun Luther die Leser des N. T. ganz besonders weisen, und darum hat er seine Vorrede zum Römerbriefe

---

[1]) Auf Luther und die Reformationszeit wird sich nach meiner Meinung in der Schule die Quellenlektüre aus den Schriften der Kirchenlehrer beschränken müssen.

[2]) Vgl. Nr. 56.

geschrieben, welchem Briefe er selber vornehmlich die Erkenntnis des im Mittelalter nicht recht erkannten Weges zur Seligkeit verdankte. In dieser Vorrede legt er den Lesern des N. T. kurz die Grundbegriffe seiner ganzen Lehre dar, wie auch kurz zuvor Melanchthon die erste evangelische Glaubenslehre nach dem Römerbriefe geschrieben hatte,[1]) und wir haben in dieser Vorrede eine der anregendsten und für den Schüler besonders geeigneten kurzen Ausführungen Luther's von den Grundwahrheiten des Evangeliums.

b. Luther's Sendschreiben vom Dolmetschen.

An den Römerbrief schließt sich sodann auch eine zweite vom Schüler zu lesende Schrift Luther's an, das im Jahre 1530 verfaßte „Sendschreiben vom Dolmetschen", mit welchem noch verbunden ist eine für den Schüler entbehrliche Darlegung über die Fürbitte der Heiligen. Dieses „Sendschreiben" hat Luther in die Form eines Briefes gekleidet, welches er an einen Freund[2]) gerichtet habe, und durch denselben ist auch dies Sendschreiben, wie ein an ihn gerichteter Brief, zuerst veröffentlicht worden. Wenn Luther in diesem berühmt gewordenen Briefe seine Grundsätze über die Art seines Übersetzens im allgemeinen dargelegt hat, so hat er auch im besonderen eine damals wie heute besonders angefochtene Stelle seiner Übersetzung (Röm. 3, 28: allein) gerechtfertigt. Gegen die Vorwürfe, welche ihm deshalb gemacht wurden (und noch heute gemacht werden), daß er das Wort „allein" dem Texte mit Unrecht hinzugefügt und die Bibel dadurch gefälscht habe, rechtfertigt er sich einerseits durch die Hinweisung darauf, daß ja doch der Apostel in der That die Werke von der Rechtfertigung ausschließe, und andrerseits durch die Art der deutschen Sprache, welche bei solchen Gegensätzen, wo das eine Glied schlechthin verneint wird, zum andern Gliede des volleren Ausdrucks wegen das Wort „allein" beizusetzen pflege.

Auch diese Schrift ist für Luther besonders charakteristisch und für den Schüler überdies auch als litteraturgeschichtliches Denkmal bedeutsam.

c. Die Augsburgische Confession.

Vornehmlich aber ist für die evangelische Kirche von Bedeutung die Augsburgische Confession. Wie dieselbe entstanden ist, und welche Bedeutung sie für die evangelische Kirche hat, ist in der Kirchengeschichte dargelegt worden; hier soll auf die Geschichte dieser Schrift als eines für die evangelische Kirche bedeutsamen Buches noch etwas genauer eingegangen werden.

α. Nachdem die Augsb. Confession vorgelesen worden war, wurden die beiden Exemplare, aus welchen die Vorlesung erfolgt war, dem Kaiser übergeben. Dieser behielt das lateinische Exemplar für sich, während er das deutsche dem Erzbischof von Mainz als dem Reichserzkanzler übergab, damit es dem Reichsarchiv zu Mainz übergeben würde. Beide Exemplare

---

[1]) Vgl. Nr. I.

[2]) Wenzeslaus Link, ein Freund und Mitarbeiter Luther's schon seit der ersten Zeit seines Wirkens.

sind heute nicht mehr vorhanden. Aber schon vor der Vorlesung waren von beiden Exemplaren Abschriften gemacht worden, welche wenigstens im ganzen übereinstimmen; auf Grund derselben wurde die Schrift trotz des Verbotes des Kaisers schon im Jahre 1530 gedruckt; Melanchthon selber gab seine Schrift nebst der Apologie erst im J. 1531 heraus, sowohl in deutscher als auch in lateinischer Sprache.

β. Immer aufs neue hat Melanchthon die Augsb. Confession in beiden Sprachen herausgegeben, und da er dabei von dem Streben geleitet war, seine Gedanken immer besser und deutlicher auszudrücken, so hat er unbedenklich an diesen Schriften gefeilt und geändert, wie es ihm gut schien, und daran hat zunächst niemand Anstoß genommen. Als nun vollends mit den mehr reformiert als lutherisch denkenden Süddeutschen die Wittenberger Concordie geschlossen worden war (1536), während die Trennung von den Katholiken, welche durch die ursprüngliche Augsb. Confession verhindert werden sollte, für immer erfolgt schien (und erfolgt war), so hielt es Melanchthon für nötig, den ursprünglich vorhandenen Gegensatz gegen die reformierten Glaubensgenossen möglichst zu beseitigen, wie er früher den Gegensatz gegen die Katholiken gemildert hatte. Diese Umgestaltung der ursprünglichen Augsb. Confession ist vornehmlich in der Ausgabe des Jahres 1540 erfolgt, und so spricht man später (aber nicht sofort nach 1540) von einer Variata (veränderte Confession) im Gegensatze zur Invariata (ursprüngliche Ausgabe), und die strengen Lutheraner der späteren Zeit haben ihm aus diesen Änderungen ein großes Verbrechen gemacht, namentlich auch deshalb, weil er auch im 10. Artikel bei der Darstellung der Lehre vom Abendmahl den Gegensatz gegen die Reformierten hatte fallen lassen. Luther hat an diesen Änderungen keinen Anstoß genommen, und die Neuzeit erkennt an, daß Melanchthon das eigentliche Wesen des Glaubensbekenntnisses nicht verändert hat.

γ. Wenn wir nun nach dem Inhalt der Augsburgischen Confession fragen, wobei wir von dem Anfang und dem Schluß absehen (deren Bedeutung in der Kirchengeschichte zur Geltung kommt), so finden wir, daß dieselbe aus zwei Hauptteilen besteht, von denen der erste 21, der zweite 7 Artikel umfaßt; der erste Teil stellt den Glauben der Christenheit dar, der zweite behandelt die Mißbräuche, welche in der Kirche aufgekommen sind. Die ganze Schrift ist geschrieben von dem damals für richtig geltenden (heute für unrichtig gehaltenen) Standpunkte aus, daß die ältere Kirche noch von Irrtümern und Mißbräuchen frei gewesen sei, und daß dieselben erst seit dem 6. Jahrhundert im Mittelalter aufgekommen seien; die Evangelischen werden in der Augsburgischen Confession als die Altkatholiken, wie man heute sagen würde, dargestellt. Wir geben heute zu, daß die katholischen Irrtümer und Mißbräuche viel älter sind, als man im 16. Jahrhundert geglaubt hat; aber wir halten dieselben darum doch nicht für richtig. Wenn so auch manche Beweisführung der Augsb. Confession heute für unrichtig gehalten wird, so ist doch der Kern dieses Bekenntnisses auch noch nach unserer Meinung durchaus christlich und evangelisch.

60. B. Die Heilsordnung.[1])

Lesen (zum Schluß): Röm. 8, 28—39.

Röm. 8, 30. Welche Gott verordnet hat, die hat er auch berufen; welche er aber berufen hat, die hat er auch gerecht gemacht; welche er aber hat gerecht gemacht, die hat er mich herrlich gemacht.

Luth. Kat. II, 3: Der heilige Geist hat mich durch das Evangelium berufen, mit seinen Gaben erleuchtet, im rechten Glauben (an die Vergebung der Sünden oder die Rechtfertigung)[2]) geheiligt und erhalten.

Die Rechtfertigung, von welcher der Römerbrief vornehmlich handelt, ist aber der Mittelpunkt der Heilsordnung, in welcher alles zusammengefaßt ist, was Gott am Menschen thut, um ihn zum Heil zu führen. Was nämlich Gottes Gnade dem Menschen zugedacht und für ihn gethan hat, das wird ihm zu teil in einer gewissen Ordnung (die man freilich beim einzelnen Menschen nicht immer nachweisen kann, aber auch nicht nachzuweisen braucht, wie der Pietismus und Methodismus fälschlich meinen), nämlich auf dem Wege der Heilsordnung. Welches nun die einzelnen Stufen der Heilsordnung sind, das soll uns der Katechismus zeigen.

a. „Welche Gott verordnet hat, die hat er auch berufen" (Röm. 8, 30); „der heil. Geist hat mich durch das Evangelium berufen" (Luth. Kat.) — mit der Berufung ist die erste Stufe der Heilsordnung bezeichnet.

Den letzten Grund unserer Gewißheit des Heils weist der Römerbrief in der Vorherbestimmung Gottes auf (8, 28—39 und ausführlich K. 9—11). Diese Bestimmung Gottes ist die (für uns unsichtbare) Erwählung; die (sichtbare) Ausführung der Erwählung ist die Berufung. Wo Erwählung ist, da ist auch Berufung; es giebt keine Berufung, die nicht auf der Erwählung beruhte, sondern etwa auf einer nicht ernstlich gemeinten Absicht Gottes, den Sünder zu retten, wie Augustinus (und ihm beistimmend Calvin, ja zuerst auch Luther) lehrte; Gott will, daß allen Menschen geholfen werde (1. Tim. 2, 4).[3])

Damit nun den Menschen das ihnen zugedachte Heil gebracht werde, werden sie zunächst von Gott berufen, sowohl die Völker durch das Werk der Mission, als auch in den bekehrten Völkern die einzelnen Menschen durch das ihnen nahegebrachte Wort Gottes. Wo keine Predigt ist, da ist auch keine Berufung, und nur aus der Predigt kann der Glaube entstehen (Röm. 10, 17). Und der Glaube soll auch nur durch die Predigt gewirkt werden, nicht durch Zwang, wie im Alten Bunde und in der katholischen Kirche; die Inquisition ist keine christliche Einrichtung.

---

[1]) Auf Grund des gelesenen Römerbriefs wird nun der Lehrer die Rechtfertigung im Zusammenhange der Heilsordnung dem Schüler im Anschluß an den Katechismus vorführen.

[2]) v. Zezschwitz, Katech.², S. 410: Wenn man die Rechtfertigung bei diesem Gliede behandelt, so muß ihr Lehrstück in den Worten: „im rechten Glauben" gefunden werden.

[3]) Die genauere Entwickelung der Prädestinationslehre siehe oben Nr. 59.

Wenn nun die Predigt an den Völkern und an den einzelnen Menschen wirksam werden soll, so müssen sie durch Gottes Führungen und Fügungen in der Weltgeschichte und im Einzelleben für das Wort Gottes empfänglich gemacht worden sein; nicht auf jeder Stelle kann der Same des Wortes Gottes wachsen (Matth. 13, Gleichnis vom Sämann). Und wenn wir nun sehen, daß so viele einzelne Menschen sterben (auch mitten in der Christenheit) und viele Völker untergehen (trotz der Anwesenheit von Missionaren), ohne daß sie mit Erfolg oder überhaupt für berufen gelten können, so haben wir nicht das Recht daraus zu schließen, daß Gott sie nicht berufen wolle; „alles Ding währt seine Zeit, Gottes Lieb' in Ewigkeit"; von ihm sind auch die Abgeschiedenen nicht geschieden; das ist ja der tröstliche Inhalt der Predigt von der sogen. Höllenfahrt Jesu, daß es auch im Jenseits noch eine Berufung giebt. Aber dieser Trost darf einerseits die Christen nicht träge machen in der Pflicht, das Evangelium zu predigen aller Kreatur; wer seinen Glauben nicht nach Kräften auch für andere wirksam sein läßt, der wird selber im Glauben schwach werden. Und diese Möglichkeit darf andrerseits uns, die wir berufen werden, nicht leichtsinnig machen gegenüber dem uns gepredigten Evangelium; wer das Wort Gottes verachtet, der hat kein Recht darauf zu hoffen, daß es ihm nochmals angeboten werde. Wir sind aber berufen worden durch die uns schon in der Jugend zu teil gewordene Taufe, wie auch durch den uns als Getauften zu teil gewordenen christlichen Unterricht; in den Missionsgebieten dagegen werden zunächst nur Erwachsene berufen, und diejenigen, welche das Wort der Berufung annehmen, lassen sich taufen und sollen dann so, wie auch wir, in der Apostel Lehre bleiben (Apg. 2, 41—42).

b. Die durch das Evangelium geschehende Berufung ist also die erste Stufe der Heilsordnung; die zweite ist die Erleuchtung.

Wenn der Mensch nämlich dem an ihn ergehenden Rufe Gottes folgt, so wird ihm von Gott eine Erleuchtung zu teil, durch welche ihm die zum heiligen Leben in Gott nötige Erkenntnis zu teil wird. Diese Erleuchtung ist aber nicht ein einmaliger Akt (wie die Berufung genannt werden kann, sobald sie erst zum Anfang des neuen Lebens geworden ist, also Erfolg gehabt hat — denn sonst erfolgt sie immer aufs neue, und nicht bloß einmal), sondern sie begleitet das ganze Leben des Christen, so daß er immer tiefer in die Geheimnisse Gottes eingeführt wird. Die Erleuchtung läßt uns nun aber wesentlich zwei Dinge erkennen: unsere Sünde und das uns von Gott angebotene Heil.

Erst durch die Erleuchtung des h. Geistes werden wir dahin gebracht, daß wir uns als Sünder erkennen. Wer nun seine Sünde erkennt, der soll dieselbe auch bereuen; wer sie bereut, den hat die Erleuchtung des h. Geistes zur Buße geführt (vgl. Ps. 51 und Luk. 15, 11s). Aber die Buße braucht nicht zum sogen. „Bußkampf" zu werden, wie der spätere Pietismus und der Methodismus fordern. Die Buße wird aber nicht einmal für allemal abgethan, denn da wir täglich viel sündigen, so brauchen wir auch tägliche Buße. Daß die katholische Kirche aus der Buße ein Sakrament gemacht hat, indem sie mit Unrecht von ihren

Anhängern die Beichte vor dem Priester fordert und nur dem reuig Beichtenden die Absolution gewährt, ist bekannt.

Wenn nun der Sünder durch die göttliche Erleuchtung zuerst zum Bewußtsein seiner Sünde und zur Reue geführt wird, so wird ihm alsdann auch gepredigt Vergebung der Sünden auf Grund des von Gott gewirkten Heils.

c.[1]) Dieser Predigt des Christentums von der auf der Gnade Gottes beruhenden Vergebung der Sünden steht aber der natürliche Mensch fremd gegenüber; entweder verlangt er gar nicht nach Vergebung der Sünden, oder er will sie sich selber verschaffen durch gute Werke oder schwere Kasteiungen. Wer aber von Gott erleuchtet wird, der giebt, wie Paulus von Abraham sagt, Gott die Ehre (Röm. 4, 21) und vertraut allein auf Gottes Gnade; dies Vertrauen auf die Gnade Gottes, durch welche uns unsere Sünden vergeben werden, ist der Glaube.

Wer nämlich durch Gottes Gnade zum Glauben geführt worden ist, dem, und nur dem, kann Gott Vergebung der Sünden schenken. Mit Recht fordert nämlich Paulus für die Botschaft der Sündenvergebung Glauben (Röm. 3, 28). So hat Paulus zunächst im Gegensatz gegen die Werkgerechtigkeit der Pharisäer gepredigt; diese forderten, daß der Mensch bereits gerecht sei, um am Reiche Gottes teilnehmen zu können[2]), und ihre Gerechtigkeit war ja eine den Buchstaben des Gesetzes betonende Werkgerechtigkeit. Dagegen ist es nach Paulus nicht unsere Gerechtigkeit, welche uns den Eintritt in das Himmelreich verschafft, sondern die im Tode Christi offenbar gewordene Gnade Gottes, durch welche wir Vergebung der Sünden erhalten und in das Reich Gottes eintreten. Während also nach der Lehre der Pharisäer die guten Werke des Menschen die Bedingung seiner Rechtfertigung sind, so ist es dagegen nach Paulus die Gnade Gottes, auf welcher die Rechtfertigung und der Eintritt des Menschen in das Gottesreich beruht; der Glaube des Menschen, welchen Paulus fordert, ist nicht etwa als menschliche Leistung die Bedingung der Rechtfertigung, sondern nur das einzig mögliche, aber deshalb auch unentbehrliche Mittel der Aneignung der Gnadenbotschaft von der Vergebung der Sünden.

Mit der Rechtfertigung, d. h. der Vergebung der Sünde, ist nun dem Menschen allerdings auch Friede mit Gott und damit die Gotteskindschaft geschenkt; aber trotzdem ist die Rechtfertigung doch nur der Weg zum Ziel, nicht das Ziel des christlichen Glaubens; sie ist der Eingang zum neuen Leben in Christus, von welchem auch Paulus selber im Römerbr. (K. 6—8) ausführlich handelt.

So besteht denn das Christentum darin, daß der Mensch seine Sünde als Schuld erkennt, daß in Christus uns von Gott unsre Schuld vergeben wird, wenn wir im Glauben die Rechtfertigung uns zu eigen machen, und daß wir auf Grund der Rechtfertigung das neue Leben in Christus gewinnen, welches hier als sittliches Leben beginnt, um im Jenseits

---

[1]) Vgl. Kirchengesch. Nr. 31 und 58a.

[2]) Ebenso fordern die Wiedertäufer, daß der zu taufende Mensch bereits gerecht sei, um in das Reich Gottes eintreten zu können.

in voller Gemeinschaft mit Gott, als dem höchsten Gute des Menschen, zur Vollendung zu kommen.

Wenn nun der evangelische Christ mit Luther daran festhält, daß er durch den Glauben allein der Vergebung der Sünde, d. h. der Rechtfertigung, gewiß werde, so ist der Katholik anderer Meinung. Er fordert drei Dinge, damit der Christ Vergebung seiner Sünden erhalte: Reue, Beichte und Genugthuung (contritio cordis, confessio oris, satisfactio operis), ohne des Glaubens besonders zu gedenken, auf den doch Paulus ein so großes Gewicht legt. Auch wir betrachten die Reue als notwendig, wenn der Mensch Vergebung der Sünden erhalten soll. Auch wir bestreiten nicht, daß der Mensch, wenn er das Verlangen danach hat, seine Sünde dem Geistlichen oder einem Freunde beichten möge; aber für notwendig halten wir die Beichte nicht, namentlich nicht die Beichte vor dem Geistlichen, als wenn nur der Geistliche und zwar nur dem Beichtenden die Vergebung zusprechen dürfe. Aber vor allem halten wir es für unrichtig und für gefährlich, daß zur Erlangung der Sündenvergebung die Leistung guter Werke nötig sei, weil nach unserer Meinung Gott uns unsre Sünden aus freier Gnade vergiebt, ohne daß wir die Gnade uns durch Werke zu verdienen haben; gute Werke sind eine Folge der Rechtfertigung, aber nicht eine Bedingung derselben. Auch Glauben und Werke beide für notwendig zur Rechtfertigung zu erklären, geht nicht an, denn wer auch auf seine Werke vertraut, der vertraut bald mehr auf seine Werke als auf Gottes Gnade, oder er vertraut sogar mehr auf andrer gute Werke, welche ihm durch den Ablaß zu teil werden, als auf die Gnade Gottes. Daß durch gute Werke und durch den Ablaß den Menschen die Gnade Gottes nicht zu teil werde, das bildete bekanntlich den einen Ausgangspunkt der Reformation, und das Vertrauen auf die alleinige Gnade Gottes (Röm. 3, 28) bezeichnet seitdem nach der einen Seite den Unterschied der evangelischen von der katholischen Frömmigkeit; es ist das Materialprincip des evangelischen Christentums, welchem als Formalprincip unserer Kirche die Lehre zur Seite steht, daß unser Glaube sich auf die Bibel stütze und nicht auf die Concilien und den Papst[1]).

d.[2]) Aber es ist nun das Ziel des Christen, im Glauben geheiligt (und erhalten) zu werden. In seinen gerechtfertigten Kindern erweckt Gott nämlich durch den heiligen Geist nun auch ein neues Leben, und ihr Glaube erweist sich thätig in der Liebe (Gal. 5, 6), und wenn er nicht Werke hat, so ist der Glaube tot (Jak. 2, 17), und wer im Glauben bleiben will, der muß auch gute Werke thun. Dies neue Leben in guten Werken ist aber nicht eine Frucht des Gesetzes, welches den Menschen zum Guten zwingt (Röm. 7), sondern eine Frucht des Geistes Gottes (Röm. 6 u. 8), der den Menschen ohne Zwang zur wahren Frömmigkeit führt. Zwar zu Heiligen im katholischen Sinne werden die Christen nicht, aber wohl zu frommen Menschen, welche trotz ihrer Schwachheit und Thorheit doch in Gemeinschaft mit Gott stehen und seinen Willen zu thun sich bemühen.

---

[1]) Vgl. Kirchengesch. Nr. 58b.

[2]) Der folgende Teil, Nr. 62—66 (Die christliche Sittlichkeit), ist eine Ausführung dieses Abschnittes von der Heiligung.

Während nun der evangelische Christ es als seine Aufgabe betrachtet, daß sein ganzes Leben vom Geiste Gottes durchdrungen werde, ohne daß er darum aus dem Leben in der Welt scheidet und von seinem Berufe sich lossagt, so betrachtet dagegen der Katholik es als das höchste Ziel des Frommen, daß er von der Welt sich überhaupt losmache und nur noch für Gott lebe. Der Evangelische erfüllt seinen Beruf in der Welt in Gott wohlgefälliger Weise und hält mit Luther die Magd, welche ihrer Herrschaft treu dient, für ebenso fromm wie den Geistlichen, der sein Amt treu verwaltet. Der Katholik fordert von jedem Christen, der fromm sein will, besondere Erweisungen der Frömmigkeit (Almosen, Beten, Fasten, Wallfahrten u. s. w.); aber die höchste Stufe der Frömmigkeit erreicht erst derjenige, welcher die Welt ganz verläßt, um nur Gott zu leben, der Einsiedler und der Mönch. Luther hat es an sich selber erfahren, daß der Mönch nicht besser ist, als die andern Menschen, und wir Evangelischen halten das Mönchtum für eine Verirrung.

Das Ideal des Mönchtums ist aber erreicht in den Heiligen, welche so viele gute Werke gethan haben, daß sie gar nicht mehr ins Fegefeuer kommen, sondern sofort in den Himmel eingehen und dort, die Gebete ihrer Verehrer vor Gott bringend, den Christen auf Erden die Erhörung ihrer Gebete vermitteln. Wir Evangelischen kennen keine vollkommenen Heiligen, und wir beten zu Gott, ohne einen Mittler außer Christus zu bedürfen.

So ist also das Lebensideal des Katholiken wesentlich verschieden von dem des evangelischen Christen.[1])

e. Wenn nun endlich unser Katechismus noch darauf hinweist, daß der heilige Geist uns auch im rechten Glauben erhält, so ist es für uns keinem Zweifel unterworfen, daß wir der Erhaltung im rechten Glauben und im frommen Wandel bedürfen; aber der Christ darf ja auch darauf vertrauen, daß Gott ihn im Glauben erhalten wird, da er mit dem Apostel sprechen darf: „Ich bin gewiß, daß weder Tod noch Leben, weder Gegenwärtiges noch Zukünftiges, weder Hohes noch Tiefes, noch eine andere Kreatur mag uns scheiden von der Liebe Gottes, die in Christo Jesu ist unserm Herrn“ (Röm. 8, 38—39).

---

61. C. Die Lehre von der Rechtfertigung in der christlichen Kirche.[2])

a. Die Lehre von der Rechtfertigung ist in der christlichen Kirche nur zweimal ein Hauptgegenstand der Verhandlung gewesen, in der apostolischen Zeit und im Reformationszeitalter. Der Apostel Paulus

---

[1]) Eine Ausführung dieses Gedankens für den Lehrer siehe Nr. 64 g; für den Schüler ist zu vergleichen meine Kirchengesch. Nr. 33.

[2]) Nur für den Lehrer bestimmt. — Vgl. das Progr. von Worms 1891, Nr. 626: Dieckmann, Die Lehre von der Rechtf. aus dem Glauben vom ethischen Gesichtspunkte aus dargestellt.

kämpfte für die Freiheit der Heiden vom mosaischen Gesetz, dessen Beobachtung nach der Meinung der Juden notwendig war, damit das vollkommene Gottesreich vom Himmel her geoffenbart werde. Paulus aber hatte es an sich selber erfahren (Röm. 7), daß es für den Menschen unmöglich sei, durch das Gesetz gerecht zu werden, und die Juden waren auch durch dasselbe nicht gerecht geworden, sondern besaßen höchstens Erkenntnis der Sünde (Röm. 2, 1—3, 20). So werden also die Juden ebensowenig wie die Heiden gerecht durch das Gesetz; wie wird nun aber der Mensch gerecht vor Gott? Dies geschieht auf Grund der Gnade Gottes, die sich in Christus geoffenbart hat; wenn wir an dieselbe glauben, so werden wir von Gott für gerecht erklärt; dann vergiebt uns nämlich Gott unsere Sünden und nimmt uns zu seinen Kindern an.

Durch den Glauben wird aber der Mensch nicht deshalb gerechtfertigt, weil derselbe ein gutes Werk oder eine Gott wohlgefällige Gesinnung, die Grundlage der Sittlichkeit, ist; dann würden wir eben doch wieder durch ein gutes Werk gerechtfertigt. Der Glaube ist nur das unentbehrliche Mittel, um die Rechtfertigung zu erlangen, wie Auge und Ohr nötig sind, um das Schöne zu sehen und zu hören. Der Glaube ist nur möglich, er kann nur entstehen, wenn uns von der Gnade Gottes gepredigt wird, und wenn wir diese Predigt für wahr halten. Aber Wissen und Fürwahrhalten sind nur die Voraussetzungen des Glaubens; der Glaube selber ist das Vertrauen auf die Gnade Gottes, welcher uns unsere Sünden um Christi willen vergiebt.

Wenn so der Mensch durch den Glauben Vergebung der Sünden erlangt und ein Kind Gottes wird, welches den Zorn Gottes nicht mehr zu fürchten hat (Röm. 5, 1—11), so folgt zwar aus der Rechtfertigung nach der Lehre des Paulus nicht mit psychologischer Notwendigkeit die Heiligung, aber wohl erfolgt dieselbe durch die nach der Rechtfertigung eintretende Gewährung des h. Geistes an das Kind Gottes. Durch den h. Geist wird also die Neugestaltung des Lebens bewirkt (Röm. 6). Aber freilich auch der Geheiligte thut noch Sünde (was aber nicht in Röm. 7, 7—25 zu finden ist); auch er bedarf also noch der Vergebung der Sünde, und dieselbe wird ihm auf Grund seines Glaubens immer wieder aufs neue geschenkt. Doch hat der Ap. Paulus diese Frage in seinen Briefen nicht behandelt.

b. Wie verhält sich nun die Lehre des Paulus von der Rechtfertigung zu der Lehre der andern Bücher der h. Schrift und namentlich zur Lehre Christi?

Wenn Paulus zum Beweis für seine Lehre von der Rechtfertigung sich auch auf das A. T. beruft, in welchem es heißt (1. Mose 15, 6): „Abraham glaubte an Gott, und das rechnete er ihm zur Gerechtigkeit", so ist das die einzige Stelle des A. T., in welcher Glaube und Rechtfertigung zu einander in Beziehung gesetzt werden. Es ist ja auch den Frommen des A. T. nicht unbekannt, daß sie der Gnade Gottes bedürfen, daß namentlich der Bund Gottes mit Israel auf Gottes Gnade beruhe; aber um zu erreichen, daß Gott sie für gerecht erkläre (הִצְדִּיק, LXX δικαιοῦν), dazu bedarf es nach ihrer Meinung doch nicht bloß des Glaubens, sondern auch des frommen Wandels. So stimmt denn das A. T. mehr mit Jakobus (2, 14—26) überein, als mit Paulus, da Jakobus zur Gerechtigkeit ja ebenfalls Glaube und Werke fordert.

Diese Betonung der Werke, die an sich ja berechtigt ist, wurde nun zur großen Gefahr für das jüdische Volk, als die Pharisäer das Gesetz Gottes durch ihre Auslegungen und Verschärfungen zu einem das ganze Leben veräußerlichenden Menschengesetz machten; da wurde die Sittlichkeit des Volkes verdorben, und die äußerlichste Gesetzesbeobachtung erschien vielen Juden als eine Frömmigkeit, die Gott reichlich belohnen müsse.

Im Gegensatze zu dieser lohnsüchtigen äußerlichen Frömmigkeit predigt nun Paulus, der im Gesetz keinen Frieden gefunden hatte (Röm. 7, 7 ff.), von der Rechtfertigung aus dem Glauben. Während im A. T. Gott den für gerecht erklärt, der, wenn auch nicht vollkommen, das Gesetz erfüllt, lehrt Paulus (Röm. 4, 5), daß Gott den Gottlosen für gerecht erkläre; das A. T. aber sagt (Spr. Sal. 17, 18): „Wer den Gottlosen für gerecht erklärt, der ist dem Herrn ein Greuel.“ Mit seiner Lehre trat Paulus dem jüdischen Hochmut, der sich auf seine Gesetzeserfüllung viel zu gute that, entgegen und forderte Gotte gegenüber vom Menschen das demütige Bekenntnis, daß alle seine Frömmigkeit nicht hinreiche, um vor Gott als gerecht zu erscheinen; wer sich aber als Sünder bekennt, dem vergiebt Gott seine Sünden. Wenn aber Paulus also lehrt, so stimmt seine Lehre mit der Lehre Jesu überein.

Jesus sagte (Luk. 18, 9—14) zu etlichen, die sich selbst vermaßen, daß sie fromm wären, und verachteten die andern (also zu Pharisäern — wie Paulus ebenfalls die Pharisäer bekämpft), das Gleichnis vom Pharisäer und Zöllner; nur dieser, der da betete: „Gott, sei mir Sünder gnädig“, ging hinab gerechtfertigt (δεδικαιωμένος) vor jenem; er wurde für gerecht erklärt um seines demütigen Vertrauens willen auf die Gnade Gottes, obwohl er ein Sünder war; er gehörte zu den geistlich Armen, denen Jesus das Himmelreich zuspricht (Matth. 5, 3). Ein Kind soll man sein, also demütig, um in das Himmelreich zu kommen, sagt Jesus anderswo (Matth. 18, 3—4); ein solches kindliches Vertrauen zeigt der verlorene Sohn, als er zum Vater zurückkehrt (Luk. 15); er hofft auf des Vaters Gnade, und er wird wirklich wieder als Kind angenommen, und seiner Sünden wird nicht mehr gedacht. Und das Vaterunser mahnt uns ja, täglich um Vergebung der Sündenschuld zu beten.

So stimmt die Lehre des Paulus mit der Predigt Christi zunächst bei den Synoptikern überein. Der μετάνοια (Sinnesänderung, „Buße“), welche Christus fordert, steht die πίστις (Glaube) bei Paulus nicht fern, nur daß in der Sinnesänderung auch schon der Grund zur Heiligung mitgelegt ist, da ja Christus überhaupt mehr von der Heiligung predigt als von der Sündenvergebung. Was Christus gelehrt, hat Paulus zwar weiterentwickelt, aber nicht umgestaltet. Allerdings hat Christus nicht davon gepredigt, daß das Gesetz für den Christen seine Bedeutung verliere; Christus will das Gesetz nicht auflösen sondern erfüllen (Matth. 5). Aber damals war eben von dem Verhältnis des Gesetzes zur Heidenwelt noch keine Rede (wie später bei Paulus), und auch Paulus selber betrachtet ja das Gesetz (d. h. das Alte Test.) als eine göttliche Norm für den Wandel der Christen; nur zur Gerechtigkeit kann es eben nicht verhelfen.

Noch mehr als bei den Synoptikern wird bei Johannes von Christus das ewige Leben betont, welches allerdings die Vergebung der Sünden voraussetzt, aber ohne daß bei ihm von derselben viel die Rede ist. Bei Johannes werden in den Reden Christi, vornehmlich in den Abschiedsreden (K. 14—16), diejenigen Gedanken ausgeführt, welche bei Paulus Röm. 6 u. 8 dargestellt werden, wie nämlich der h. Geist in den Christen ein neues Leben wirkt.

Auch in den andern Schriften des N. T. werden nicht so scharf, wie bei Paulus, Rechtfertigung und Heiligung von einander unterschieden; ja, selbst die späteren Briefe des Paulus heben die Lehre von der Rechtfertigung nicht mehr so sehr hervor, wie die Briefe an die Galater und an die Römer; der Gegensatz gegen die selbstgerechten Juden tritt eben nicht überall hervor. Daß Jakobus die Lehre des Paulus schwerlich bekämpft hat, ist oben dargelegt worden; auch er hat eben Rechtfertigung und Heiligung nicht so scharf von einander getrennt wie Paulus.

c. Die spätere Kirche hat für die Lehre des Paulus schnell das Verständnis verloren; das Judenchristentum verschwand, und so fehlte der Anlaß, sich in die Lehre des Paulus zu vertiefen. Die Vergebung der Sünden fand man in der Taufe gewährleistet; aber nur auf die früheren Sünden bezog sich diese Vergebung; nach der Taufe sollte der Christ heilig leben, und bei groben Sünden drohte ihm der Ausschluß aus der Kirche. Deshalb schien es gut, die Taufe möglichst bis zum Tode hinauszuschieben, um für alle Sünden des ganzen Lebens Vergebung zu erhalten. Daß auch jeder Getaufte noch Vergebung der Sünden täglich braucht und täglich erhalten kann (vgl. den 3. Artikel mit Luther's Ausl.), war der älteren Kirche lange verborgen. Selbst Augustinus hat nicht vermocht, die Gedanken des Paulus zu erfassen, auch er hat Rechtfertigung und Heiligung nicht deutlich unterschieden. Die Kirche des Mittelalters ist eher noch hinter Augustinus zurückgeblieben; die Vergebung der Sünden wurde zwar gesucht, aber von der Kirche im Beichtinstitut durch den Priester, der an Gottes Stelle steht, gewährt.

d. Die Predigt von der Gnade Gottes in Christus war im Mittelalter verstummt[1]); in der Beichte erhielt man Vergebung der täglichen Sünden, aber nur Erlaß der Sündenschuld und der ewigen Strafe; von den zeitlichen Sündenstrafen mußte man durch gute Werke hier auf Erden oder durch Leiden im Fegfeuer sich frei machen. Doch dafür gab es Hülfe im Ablaß, der die Sündenstrafen auf Erden und im Fegfeuer dem Christen abnahm. So galt es also für den Frommen, gute Werke zu thun und an der Heiligen guten Werken sich im Ablaß Anteil zu verschaffen; auf eigene und fremde gute Werke stützte sich des Christen Zuver=

---

[1]) Aber „es ist eine falsche Ansicht, daß der Katholicismus des Mittelalters in der Werkgerechtigkeit aufgehe" (Ritschl[3] I, 117); Bernhard von Clairvaux sagt einmal: solam iustificatus per fidem pacem habebit ad Deum (Ritschl I, 114), und die altprotestantischen Dogmatiker „haben mit Recht Zeugnisse für die evang. Rechtfertigungslehre aus dem Mittelalter gesucht und gefunden" (Harnack III, 306, Anm. 1).

sicht für die Vergebung der Sünden. So war denn aufs neue das Gesetz und die guten Werke in der Kirche zur Geltung gekommen. Da bedurfte es einer Erneuerung der Predigt des Paulus, und sie ist erfolgt, nicht zunächst auf Grund gelehrter Studien, sondern vornehmlich auf Grund der Lebenserfahrung von der Kraftlosigkeit der Werke, dem Sünder den Frieden zu geben. Der Urheber dieser neuen Paulinischen Predigt ist vornehmlich Luther gewesen.

„Wie wird der Mensch vor Gott gerecht?“ — das ist die Hauptfrage, die Luther bewegt, und die er beantwortet hat. Er hatte als guter Katholik versucht, auf dem ihm von der Kirche gewiesenen Wege, durch gute Werke, gerecht zu werden; er war sogar Mönch geworden, in der Hoffnung, dadurch um so sicherer sich den Himmel zu verdienen. Aber auch er erfuhr, was Paulus erfahren hat: „Durch des Gesetzes Werke wird kein Mensch gerecht.“ Da wurde er hingewiesen auf das Wort des dritten Artikels: „Vergebung der Sünden“; da lernte er die Lehre des Paulus, besonders den Römerbrief, kennen. Und nun erkannte er, daß der Mensch allein durch den Glauben gerecht wird. Und die Lehre von der Rechtfertigung aus dem Glauben ist das Materialprincip der Reformation geworden.[1])

Freilich ist ja später der Glaube vieler Evangelischen ein toter Glaube gewesen; da war die Forderung Spener's berechtigt, daß der Glaube sich in guten Werken bewähre. Aber der Pietismus und der ihm verwandte Methodismus gerieten bald in Gefahr, des Menschen Thun allzusehr zu betonen, indem sie die dem Glauben vorangehende Buße zu einem bewußten Bußkampf machten und die Werke der Heiligung in gesetzlichem Sinne feststellten. So legte der Pietismus schließlich doch ein größeres Gewicht auf des Menschen Fühlen und Thun, als auf die Gnade Gottes.

Nachdem in der Zeit der Aufklärung die Lehre von der Rechtfertigung allein aus dem Glauben fast vergessen worden war, ist dieselbe in der Neuzeit wieder mehr und mehr zur Anerkennung gekommen. Schleiermacher sah allerdings in der Rechtfertigung nicht ein Thun Gottes, sondern eine Folge des neuen Verhältnisses, in welches der Christ zu Gott getreten ist. Hengstenberg näherte sich in bedenklicher Weise der katholischen Lehre, indem er eine unter des Menschen Mitwirkung sich mehr und mehr vollziehende Rechtfertigung lehrte. Ritschl betrachtete die Rechtfertigung als ein Gut, welches zunächst der Gemeinde zu teil wird, an welchem der einzelne Christ nur teil hat, sofern er sich der Gemeinde zugehörig weiß. Andere Dogmatiker haben die altevangelische Lehre streng festzuhalten gesucht.

e. Gegenüber der evang. Lehre steht seit dem Tridentiner Concil die katholische Kirche mit ihrer abweichenden Lehre, welche wesentlich die Lehre der mittelalterlichen Kirche ist. Hier wird das δικαιοῦσθαι des Paulus nicht verstanden als „für gerecht erklärt werden“, sondern gegen den deutlichen Sinn des Wortes als „gerecht gemacht werden“. Dem Glauben dürfen nach der katholischen Lehre zwar nicht „Werke des Gesetzes“, aber

[1]) Das Formalprincip ist die Lehre von der Alleingültigkeit der h. Schrift gegenüber der Autorität der Kirche.

wohl müssen ihm „Werke der Liebe" zur Seite treten, wie ja auch Paulus selber einen Glauben fordere, der in der Liebe thätig ist. Durch Glaube und Werke wird der Mensch vor Gott gerecht. Diese Lehre wäre nun an sich selber vielleicht noch zu ertragen, wenn nicht die daran haftenden Irrlehren und Mißbräuche so sehr bedenklich wären: das Verdienst der guten Werke, die überflüssigen guten Werke der Heiligen, das Fegfeuer, der Ablaß. So muß denn die evangelische Kirche auch die kath. Lehre von sich weisen, die ja überdies mit der Lehre des Apostels Paulus durchaus nicht zu vereinigen ist; „allein durch den Glauben" — dabei muß es bleiben.

D. Die christliche Sittlichkeit.

Vorbemerkung für den Lehrer.

Daß der Christ geheiligt und immer mehr ein neuer Mensch werden soll, darauf hat der Römerbrief und der Katechismus den Schüler hingewiesen; wie nun der Christ ein heiliger Mensch werde, das zu zeigen ist die Aufgabe der Ethik. Aber eine christliche Ethik in systematischer Vollständigkeit zu geben, das ist nicht die Aufgabe der Schule; dagegen dürfte es allerdings wünschenswert und möglich sein, einige Grundgedanken der Ethik dem Schüler klar zu machen und für die sittlichen Vorschriften, die er aus der Bibel bei verschiedener Gelegenheit kennen gelernt hat, eine Zusammenfassung anzustreben, ohne auf Vollständigkeit des Systems bedacht zu sein und ohne alles Einzelne zu besprechen. So habe ich nun im folgenden drei Grundgedanken der Ethik dem Schüler nahezubringen gesucht: das Gewissen, das sittliche Ideal, das christliche Leben, und der Lehrer mag versuchen, wie viel er von diesen Darlegungen im einzelnen dem Schüler nahebringen kann; ich halte diese Zusammenfassung für fruchtbringend, aber nicht für eine leichte Sache.

Um die Darstellung für den Schüler verständlicher zu machen, habe ich hier an die philosophische Propädeutik angeknüpft, von der ich auch im Interesse dieser Besprechung dringend wünsche, daß sie dem Primaner nicht fremd bleibe. Nach meiner Verteilung der Pensen in der Prima wird der Schüler in die philosophische Propädeutik eher eingeführt (drittes Semester — wenn die Klasse geteilt ist!) als in diesen Abschnitt der Glaubenslehre (viertes Semester), und dadurch dürfte allerdings das Verständnis dieses Abschnittes erheblich erleichtert werden Da aber dieser Gegenstand eine notwendige Voraussetzung für die folgende Darlegung bildet und doch nicht ohne weiteres vorausgesetzt werden kann, so habe ich die Grundzüge des hier Erforderlichen der Darstellung der christlichen Sittlichkeit vorausgeschickt. Eine kurze Darlegung am Ende des Abschnittes weist auf das Verhältnis von Religion und Sittlichkeit hin.

Dieser ganze Abschnitt ist also vom Lehrer, ohne daß für denselben eine besondere Bibellektüre zu Grunde liegt, vorzutragen und zum Verständnis zu bringen; am besten dürfte er sich wohl, wie hier geschieht, an die Lektüre des Römerbriefes in der Prima anschließen; er würde natürlich auch an die Bergpredigt sich anschließen lassen, aber in die Sekunda, wo ich die Bergpredigt durchnehme, gehört er nicht.

62. Das geistige Leben des Menschen.

a. Das geistige Leben des Menschen zeigt zwei Grundthätigkeiten des Geistes im Verhältnis zur Welt: Erkennen und Wollen. Die Dinge außer uns treten nämlich zunächst in unsern Geist hinein, indem wir von ihnen mittels der Thätigkeit unsrer Sinne Anschauungen gewinnen, welche, vom Gedächtnis festgehalten und wieder hervorgerufen, zu Vorstellungen werden. Aus den Anschauungen und Vorstellungen entwickeln sich aber (auf Grund der Ideeen) durch die Thätigkeit der Phantasie die Ideale (und so entsteht die Kunst), durch die Thätigkeit des Verstandes die Begriffe (und so entsteht die Wissenschaft).

Während nun beim Erkennen die äußere Welt in den Menschen hineintritt, tritt beim Wollen des Menschen eigene innere Welt in die Außenwelt hinaus. Das daseiende deutsche Reich wird von uns erkannt; ein zunächst nur in seinem Innern seiendes neues deutsches Reich hat Kaiser Wilhelm ins Dasein gerufen.

Den beiden Grundthätigkeiten des menschlichen Geistes, dem Erkennen und Wollen, tritt nun eine passive Seite des Menschengeistes im Fühlen zur Seite, indem das Wahrgenommene und das Gewollte auf des Menschen Gemüt einen Eindruck machen. Im Gemüte des Menschen ist nämlich ein Sinn für das Erkannte und Gewollte vorhanden, und auf demselben beruhen die Gefühle der Lust und der Unlust, welche je nach der Verschiedenheit des Erkannten oder Gewollten im Gemüte des Menschen entstehen.

b.[1]) Das Wollen des Menschen, auf welchem ja das Gute und die Sittlichkeit beruhen, mit der wir uns im folgenden beschäftigen wollen, entwickelt sich aber in folgender Weise.

Der Mensch wird, wie das Tier, geboren mit Trieben, welche immer aufs neue Begierden erwecken (nach Nahrung, Bewegung u. s. w.), deren Befriedigung dem Menschen erlaubt ist. Aber die Befriedigung der Begierden ist noch kein sittliches Thun, da es zunächst gleichgültig ist, ob der Mensch ißt oder nicht, und ebenso gleichgültig, was er ißt Dagegen könnte ein Mensch unsittlich handeln, wenn er seine Begierden befriedigt, nämlich dann, wenn er sie im Übermaß oder auf unrechtem Wege oder auf Kosten eines höheren Princips befriedigt; ja, der Mensch würde ein Knecht seiner Triebe werden, d. h. den Leidenschaften anheimfallen, wenn er einerseits seine Begierden in maßloser Weise befriedigte, oder andrerseits dieselben in unnatürlicher Weise zu unterdrücken suchte.

Der Mensch soll aber nicht ein Knecht seiner Begierden werden, sondern er soll ein Herr seiner Begierden sein, denn er besitzt ja, wenn auch im Kinde noch schlummernd, etwas, was das Tier nicht besitzt, nämlich Freiheit, d. h. die Fähigkeit, sich mittels Überlegung in Bezug auf die verschiedenen Gegenstände des Wollens für einen derselben eigenmächtig zu entscheiden.

Die Voraussetzung des Handelns überhaupt ist also beim heranwachsenden Menschen die Freiheit; daß es aber wirklich zum Handeln kommt, beruht nicht auf der Freiheit, sondern auf einem Motiv (Beweggrund), welches den Menschen im einzelnen Falle zum Handeln bestimmt.

Die Motive sind aber entweder persönliche Motive oder Autoritäts- oder Vernunft-Motive.

Persönliche Motive sind solche, welche auf den Trieben beruhen, welche der Erwachsene im Gegensatz zum Kinde mit Bewußtsein befriedigt und befriedigen darf, soweit nicht höhere Motive ihre Befriedigung verbieten.

---

[1]) Diese Darlegung beruht auf: Deinhardt, Von der Entwickelung des Menschen zur Willensfreiheit (Progr. von Bromberg, 1867, vergriffen), in Deinhardt's Kleinen Schriften (1869).

Wer aber die persönlichen Motive befriedigen will, sieht sich an andere Menschen gewiesen, ohne deren Mitwirkung er dieselben nicht befriedigen kann, und so handelt er nach Autoritätsmotiven. Wer etwas thut, um gesund zu werden, folgt einem persönlichen Motiv; wer des Arztes Rat befolgt, um gesund zu werden, handelt nach einem Autoritätsmotiv.

Aber ebenso wenig wie wir von den Trieben beherrscht werden sollen, sollen wir auch nicht für immer und in allem Thun von Autoritäten beherrscht werden, sondern auch, und wenn auch nur in einem engeren Kreise, über die Autorität hinauskommen und die Freiheit erlangen, indem wir unserer eigenen Vernunft folgen, also nach Vernunftmotiven handeln; nur wer seiner eigenen Vernunft folgt, wird nicht mehr von seinen Trieben beherrscht und nicht mehr von Autoritäten bei seinem Thun bestimmt, sondern er bestimmt selber sein Thun und Lassen, d. h. er ist ein freier Mensch geworden.

c. Vernunftmotive sind aber die Ideeen, d. h. nicht etwa abstrakte Gedanken, welche im Kopfe des Menschen willkürlich entspringen, so daß sie auch wieder beseitigt werden könnten, auch nicht bloß Begriffe des allgemeinen Wesens der Dinge, wie sie vom Verstande gebildet werden, sondern lebenskräftige und schöpferische Urbilder des Vollkommenen[1]), welches vom Menschen in der Welt zwar nicht als daseiend wahrgenommen, aber dennoch als existierend angenommen und als höchstes Gut von ihm erstrebt wird oder hervorgebracht werden soll.

Für den erkennenden Menschen ist nun das von ihm erkannte und begehrte Vollkommene einerseits das Schöne, andrerseits das Wahre, für den wollenden das Gute; das Wahre, das Gute und das Schöne — das sind die drei Ideeen des Vollkommenen, welche der vernünftige Mensch wahrnimmt und begehrt.

d. Unter den Ideeen nimmt nun die Idee des Guten die höchste Stelle ein; nur derjenige Mensch ist ein rechter Mensch, dessen Leben und Streben nicht bloß von den Ideeen des Wahren und Schönen, sondern vornehmlich von der Idee des Guten beherrscht wird; der Mensch fühlt sich aber von der Idee des Guten beherrscht im Gewissen.

e. Daß nämlich der Mensch die Ideen wahrnimmt, das verdankt er der Vernunft; daß er sie aber begehrt, das beruht darauf, daß er in seinem Gemüte einen Sinn für das Schöne (den Schönheitssinn oder Geschmack), für das Wahre (den Wahrheitssinn) und für das Gute (das Gewissen) besitzt; auf dem Sinne für das Vollkommene beruht die Liebe zu dem Vollkommenen.

63. Das Gewissen.

a. Nach dem Guten zu streben, damit er geheiligt und immer mehr ein neuer Mensch werde, dazu fühlt sich der Mensch getrieben durch das Gewissen d. h. den Sinn für das Gute; nur wer der Stimme seines Gewissens folgt, der fühlt sich glücklich; wer ihr aber nicht folgt, sondern sich vom Bösen beherrschen läßt, der ist unglücklich, auch wenn er äußerlich das höchste Glück genießt. Zwar auch derjenige fühlt sich unbefriedigt, dem es nicht gelingen will, das Wahre zu finden, und ebenso derjenige,

[1]) Vgl. Hildebrand, Vom deutschen Sprachunterricht³ (1887) S. 217—219: „Eine treffliche Vollendung hat Begriff und Ausdruck [für das Fremdwort „Idee"] gefunden in „Urbild", worin auch Plato's Begriff erst wie ganz zu sich selber kommt."

welcher des Schönen gänzlich entbehren muß; aber wahrhaft und gänzlich unglücklich ist doch nur derjenige, welcher am Guten kein Wohlgefallen hätte, und am unglücklichsten wäre derjenige, welcher am Bösen geradezu Freude und am Guten Mißfallen empfände; ein solcher „Teufel in Menschengestalt“ ist aber, Gott sei Dank, nur selten oder niemals auf Erden zu finden.

b. Daß nun aber der Mensch für sein Wollen und Handeln durch sein Gewissen an das Gute, an das Sittengesetz gebunden ist, daß er dem inneren Sittengesetz unbedingt gehorchen und der Stimme seines Gewissens unbedingt folgen müsse, dessen sind sich weder die Völker im ganzen, noch die einzelnen Menschen von Anfang an deutlich bewußt; vielmehr finden und fühlen sich das Volk und der einzelne erwachsene Mensch für ihr Thun zunächst gebunden an bestimmte einzelne Normen, welche in ihrem Kreise und in ihrem socialen Verbande als sittlich gelten; sie handeln zunächst nach Autoritätsmotiven. Der Grieche thut bis zur Zeit der Perserkriege das, was in seinem Volke als schön und gut gilt; der Israelit folgt dem Gesetz Mosis, ohne zu fragen, warum er das thue; gar mancher Christ geht in die Kirche, ohne daß ihn sein Herz dazu treibt, nur aus Pflichtgefühl; der Officier duelliert sich, weil das in seinem Stande sich von selbst versteht, der fleißige Schüler folgt dem Beispiel seines Vaters, weil er es gar nicht anders kennt, als daß der Mensch fleißig arbeitet.

Wenn der Mensch auf diesem Standpunkte der Sittlichkeit steht, so ist es doppelt wichtig für ihn, daß er in einer guten Familie aufwächst, daß er einem tüchtigen Volke angehört, daß er zu einer Zeit lebt, wo das Gute im Volke die herrschende Macht ist; sonst folgt er blind den schlechten Impulsen, welche er von seiner Familie, von seinem Volke, von seiner Zeit empfängt; denn „gegen den Strom zu schwimmen“ ist sehr schwer, und es ist jedenfalls das Vorteilhafteste „mit den Wölfen zu heulen“.

c. Aber wenn es nun auch richtig ist, daß das Thun des einzelnen Menschen und das Handeln der Völker zunächst von der herrschenden Sitte bestimmt wird, so ist es doch eine unrichtige Annahme, daß aus der durch das Leben in der Gemeinschaft entstandenen Sitte sich erst das ursprünglich im Menschen nicht vorhandene Gewissen überhaupt gebildet habe. Wenn auch nur wenige Forscher sich dazu verirrt haben, das Gewissen des Menschen so entstehen zu lassen, wie die Scheu eines dressierten Jagdhundes vor dem Verzehren des von ihm apportierten Hasen, so lassen doch viele heutige Forscher das Gewissen nicht ursprünglich im Menschen vorhanden sein, sondern erst durch die erziehende Einwirkung der menschlichen Gemeinschaft entstehen. Aber wenn es auch richtig ist, daß die Entwickelung des Gewissens durch die Einwirkung der menschlichen Gemeinschaft bestimmt wird, so ist es doch eine Übertreibung, wenn man auch die Entstehung des Gewissens nur auf die Einwirkung des menschlichen Zusammenlebens zurückführt. Ein nur durch die gesellschaftliche Erziehung im Menschen produciertes Gewissen könnte bei demselben niemals jenen unwillkürlichen Eindruck von der absoluten Majestät eines göttlichen Gesetzes hervorbringen, welcher dem Gewissen nach allgemeiner

Annahme gerade der sittlich vollkommensten Menschen zukommt. Auch wäre es ganz unbegreiflich, wie einzelne und noch dazu besonders tüchtige Menschen dazu kommen könnten, den sittlichen Anforderungen ihres ganzen Zeitalters entgegenzutreten und als Gewissensheroen eine neue, höhere Sittlichkeit zu begründen.

d. So ist es eine richtige Behauptung, wenn man das Gewissen für eine Stimme Gottes im Menschen erklärt, d. h. seinen Ursprung auf Gott zurückführt, so daß es im Menschen nicht erst entsteht, sondern nur erwacht und sich entwickelt. So lange der Mensch nur denjenigen Impulsen folgt, welche durch das Leben in der Gemeinschaft an ihn herantreten, so lange ist er noch kein freier Mensch, er steht noch unter der Autorität der ihn bestimmenden Gemeinschaft; nur wer sich in seinem Wollen und Thun selbst bestimmt, der ist ein freier und darum auch wahrhaft sittlicher Mensch; nur ein solcher Mensch folgt der ihm vernehmbaren Stimme Gottes in seinem Herzen, er hört auf sein Gewissen.

e. Ein solches Erwachen des Gewissens, eine solche Erhebung über das bisherige nur vom Geiste der Gemeinschaft d. h. von der Autorität bestimmte Thun zeigt nicht bloß das Leben des Gebildeten, sondern auch das Leben des einfachsten Mannes im Volke. Wenn der einfache Mann aus dem Volke als Soldat im gewöhnlichen Dienste treu seine Pflicht thut, so gehorcht er dem Befehle seiner Vorgesetzten und wird bestimmt und getragen von dem Geiste des Gehorsams, der das ganze militärische Leben durchdringt. Aber wenn er nun in den Krieg gezogen ist, und wenn im Kampfe die Fahne verloren geht, dann stürzt aus den vielen, welche alle ihre Schuldigkeit thun, einer hervor und stürzt sich in das dichteste Kampfgewühl, um die Fahne den Feinden zu entreißen. Trotz der höchsten Lebensgefahr thut dieser Mensch etwas, was ihm nicht von seinen Vorgesetzten befohlen war, sondern wozu ihn nur sein Gewissen getrieben hat: in diesem Menschen ist das Gewissen erwacht, er hat als ein freier Mensch gehandelt, nur bestimmt von der Stimme seines Gewissens.

Und wie für den einzelnen Menschen, so kommt auch für ein ganzes Volk die Zeit, wo es nicht mehr bloß von der Sitte und dem Geiste der Gemeinschaft bestimmt wird, sondern wo die Stimme des Gewissens deutlich vernommen und mehr oder weniger befolgt wird. Eine solche Zeit der erwachenden geistigen Freiheit war für Griechenland die Zeit nach den Perserkriegen, wo einerseits die Sophisten auftraten und mit der Predigt einer falschen Freiheit, d. h. Willkür, der Volkssitte entgegentraten, und wo andererseits Sokrates auftrat, welcher die wahre Freiheit verkündete, indem er in seinem Herzen die Stimme der Gottheit vernahm und dieser auch da folgte, wo es sich für ihn um Leben und Tod handelte. Eine solche Zeit kam für das Volk Israel, als die Propheten darauf hinwiesen, daß das Gesetz nicht bloß äußerlich befolgt werden dürfe, sondern daß Gott das Herz ansehe. Eine solche Zeit kam für die Christenheit nach der Zeit des Mittelalters in der Reformation, wo der einzelne Christ darauf hingewiesen wurde, daß es nicht genüge zur Sittlichkeit, die Gebote der Kirche zu befolgen, sondern daß die guten Werke *freie* Thaten der Liebe sein müßten.

Von diesem Erwachen des Gewissens hat in der Bibel besonders Paulus gesprochen (Röm. 7, 7—25), wo er die beiden Perioden des schlummernden und des erwachenden Gewissens einander gegenüberstellt: der Mensch ist zuerst beherrscht von der Welt, und dann ist er entweder ein Knecht der in der Welt herrschenden Sünde, oder im günstigeren Falle ein Knecht Gottes, aber doch eben nur ein *Knecht* Gottes; wenn aber das Gewissen im Menschen erwacht, dann *verlangt* er zunächst nach Freiheit von der Sünde, und in Christus *gewinnt* er auch Freiheit von der Sünde, und aus dem *Knechte* Gottes wird ein *Kind* Gottes, welches seinem Gewissen mit Freiheit folgt.

f. Dem Gewissen, als einer Stimme Gottes in seinem Herzen, soll also der Mensch unbedingt gehorchen; aber nur für jeden einzelnen Menschen ist sein eigenes Gewissen der unbedingte Gebieter auf dem Gebiete des Wollens und Handelns; dagegen zeigt das Gewissen *nicht* jedem einzelnen Menschen in jedem einzelnen Falle unfehlbar das *wahre* Gute und das *höchste* Gute; trotzdem aber muß der Mensch zunächst der Stimme *seines* Gewissens folgen, denn im Gewissen redet Gott zu ihm. Aber allmählich entwickelt und verfeinert sich nun in der Menschheit und im einzelnen Menschen das Gewissen, und so kann es kommen, daß ein Mensch und ein Volk später nicht mehr billigen, was sie früher gebilligt haben; aber immer bleibt es dabei, daß der Mensch seinem Gewissen unbedingt gehorchen soll, weil er in ihm nicht eine Stimme vernimmt, welche auf der in der Gemeinschaft entstandenen Sitte, sondern auf der in ihm vorhandenen göttlichen Anlage beruht.

g. So sind also am Gewissen zwei wesentliche Faktoren zu unterscheiden, ein vorwiegend objektiver, in der Anlage des Menschen begründeter göttlicher Faktor und ein Faktor menschlicher Selbstthätigkeit, in welchem hauptsächlich die Intelligenz des Menschen thätig ist. Durch den göttlichen Faktor des Gewissens fühlt sich der Mensch getrieben, den beiden sittlichen Grundforderungen unbedingt zu gehorchen, daß er einerseits dem Drange der ihm angeborenen natürlichen Triebe gegenüber (der ersten Stufe des dem Menschen anerschaffenen Wollens) die Herrschaft seiner geistigen Persönlichkeit zur Geltung bringe, und daß er andererseits die Mitmenschen nicht schädige, sondern ihr Recht auf Dasein und Wohlsein anerkenne. Durch den Faktor der menschlichen Selbstthätigkeit gewinnt das Gewissen des Menschen eine immer bessere und feinere Erkenntnis dessen, was recht und gut ist, und bei dieser Entwickelung spielt die Gemeinschaft und die Zeit, in welcher der Mensch lebt, besonders aber große Männer der Geschichte (Sokrates bei den Griechen, die Propheten bei den Juden) eine große Rolle; aber vornehmlich ist durch Christus das Gewissen der Menschheit in einer Weise entwickelt und verfeinert worden, wie durch keinen der großen Männer vor ihm oder nach ihm; auch in dieser Beziehung ist mit Christus keiner unter den Menschen zu vergleichen.

64. Das sittliche Ideal des Christen.[1])

a. Unter den Ideeen, welche das Leben und Streben des Menschen bestimmen, nimmt die Idee des Guten die höchste Stelle ein; nur derjenige Mensch ist ein rechter Mensch, dessen Leben und Streben nicht bloß von den Ideeen des Wahren und Schönen, sondern vornehmlich von der Idee des Guten beherrscht wird; ja, schon derjenige ist ein guter Mensch, welcher auch nur von der Idee des Guten beherrscht wird, ohne daß sein Sinn für das Schöne und das Wahre sich bereits entwickelt hat oder auch überhaupt entwickelt. Wer also ein guter (und dadurch zugleich auch ein wirklich freier) Mensch werden will, dessen Wollen muß von der Idee des Guten (d. h. von Vernunftmotiven) bestimmt werden.

Durch das Gewissen fühlt sich nun der Mensch getrieben, nach dem Guten zu streben, und das Ziel, welches ihm hierbei vorschwebt, ist die Idee (das Urbild) des Guten, das sittliche Ideal.

Das sittliche Ideal zerlegt sich aber nach den verschiedenen Gebieten des menschlichen Lebens in verschiedene Formen und bildet sich nach den verschiedenen geistigen Entwickelungsstufen der Menschheit im ganzen und des einzelnen Menschen im besonderen zu immer vollkommeneren Gestalten herauf.

So giebt es denn ein Ideal edler Weiblichkeit und ein Ideal tüchtiger Mannhaftigkeit, und dasselbe wird sich für die verschiedenen Stände und Völker und Zeiten in verschiedene Farben kleiden, so gewiß auch das Gute seinem Wesen nach für alle Menschen dasselbe bleibt. Der griechische Weise und der indische Bramine, der altrömische Patriot und der christliche Märtyrer, das tugendsame Weib in den Sprüchen Salomo's und eine heilige Elisabeth — jedes in seiner Art ist ein Tugendideal, und doch wie verschieden ist ihre Physiognomie und ihr Kolorit! Trotzdem hat eins wie das andre seine Berechtigung in der Kulturgeschichte der Menschheit.

Auch dem einzelnen Menschen wandeln sich und steigern sich seine Ideale mit den Stufen seiner sittlichen und intellektuellen Entwickelung. Das glückliche Kind braucht sein Ideal nicht weit zu suchen; es blickt gläubig auf zu des Vaters hoher Gestalt: besser als den weiß es keinen Menschen in der Welt; es schaut selig in der Mutter seliges Gesicht: schöner als die dünkt ihm niemand auf Erden[2]). Der strebsame Knabe, der feurige Jüngling sieht seinen Helden vielleicht in irgend einer Person aus der Geschichte oder aus der Gegenwart: so wie du möchte ich auch sein; so wie du will ich auch werden — das ist der Vorsatz, mit dem er

---

[1]) Vgl. Gerok, Illusionen und Ideale, 1886. — Da es an Zeit fehlen wird, um diesen Abschnitt ganz durchzunehmen, so mag sich der Lehrer in der Schule auf Nr. a und b beschränken; deshalb sind auch die Abschnitte c—g etwas höher gehalten; den Unterschied der evang. und kath. Sittlichkeit (Nr. f und g) lernt der Schüler bei der Heilsordnung (vgl. oben Nr. 60d) und in der Kirchengeschichte kennen, vgl. Nr. 33.

[2]) Vgl. das wohl wenig bekannte Gedicht eines mir unbekannten Dichters:

Mama bleibt immer schön!

Durch's grünumrankte Fenster blickt
Die Sonne ins Gemach;

zu seinem Helden emporblickt. Und der Mann — braucht der auch noch Ideale? Kann er sie noch haben? Es ist ja wahr: mit dem jugendlichen Feuer der Phantasie wird auch der Pulsschlag der Begeisterung sich abkühlen; aber muß deswegen der Mann allem, was den Jüngling begeisterte, den Abschied geben, um mit dem Dichter zu sprechen:

„Die Ideale sind zerronnen,
Die einst das trunkne Herz geschwellt?“

Nein, nicht welken sollen dem reifen Mann seine Ideale, aber sie sollen mit ihm reifen. Und wenn nun für den Mann mit der Steigerung und Läuterung der Ideale die Kluft immer größer wird zwischen Ideal und Wirklichkeit: gerade einer schlechten Wirklichkeit gegenüber behauptet der echte Idealismus sein gutes Recht und seine beste Kraft.

Die beste Stütze aber für seinen Glauben an das sittliche Ideal gewährt dem Menschen der christliche Glaube. Das Christentum ist ja recht eigentlich die Religion des sittlichen Ideals. Das ist es aber nicht nur deshalb, weil es der Menschheit das idealste Ziel steckt mit der Forderung: „Ihr sollt vollkommen sein, gleichwie euer Vater im Himmel vollkommen ist,“ sondern auch weil es uns in Jesus Christus das persönliche Ideal zeigt, nicht als ein Phantasiebild, wie es der Dichter schafft, sondern als einen wirklichen Menschen, der leibhaftig auf Erden gewandelt ist. Und zu diesem persönlichen Ideal für den einzelnen Menschen zeigt uns das Christentum auch das sociale Ideal für die Menschheit im Reiche Gottes, welches hier auf Erden beginnt und im Jenseits sich vollendet.

Aber kein Ideal ohne Glauben; darum darf uns der Glaube an eine sittliche Weltordnung und an eine sittliche Lebensaufgabe der Menschheit niemals verloren gehen:

„Von Illusionen mach' dich frei,
Den Idealen bleibe treu!“

Großmutter sitzt und nickt und strickt,
Sie nickt den ganzen Tag.
Ihr Haar ward weiß; es grub die Zeit
Viel tiefe Furchen ein.
Zu ihren Füßen tändelnd kniet
Ihr jüngstes Enkelein. —
„Was nickst du denn so immerzu?“
Die kleine Unschuld spricht,
„Großmutter! gar nicht schön bist du'
Dein Haar gefällt mir nicht —
Und überm Auge auf der Stirn
Die große Falte da!
Es ist Mama viel schöner doch!
Wie schön ist doch Mama!“
Großmutter sieht den Liebling an:
„Schönheit vergehet bald!
Das Alter hat's mir angethan,
Und auch Mama wird alt!“
„Mama?“ Des Kindes Aug' umzieht
Ein Hauch von Kümmernis —
„O nein! Mama bleibt immer schön!
Das weiß ich ganz gewiß!“

Aus: Karl Helmerstein's Humor und Ernst, viertes Bändchen.
Mühlheim, Julius Bagel.

Wer aber den Idealen treu bleiben will, der muß zunächst an sie glauben; wer an sie glaubt, der wird auch in seinem Leben und Streben durch die Ideale bestimmt und beherrscht werden.

b. Was das Gute sei, das wird allerdings von den verschiedenen Philosophen und den verschiedenen Religionen sehr verschieden bestimmt; nach unserer Meinung hat nur das Christentum in richtiger Weise die Idee des Guten bestimmt, und nur durch das Christentum erreicht der Mensch seine Bestimmung; der „Christenmensch“, wie der Volksausdruck es treffend bezeichnet, ist oder soll und kann wenigstens der wahre Mensch sein.

Die Vollkommenheit der christlichen Sittlichkeit beruht aber zunächst darauf, daß das Christentum auch die vollkommenste Religion ist. Der Christ glaubt nicht bloß an einen mächtigen Gott, der ihn erschaffen hat und erhält, und dem er deshalb mit Recht Furcht und Vertrauen entgegenbringt, sondern auch an einen heiligen Gott, dem nur ein heiliger Mensch wohlgefallen kann, ja, endlich an einen Gott der Liebe, dem wir ähnlich werden sollen, indem wir ihn und die Brüder lieben. So führt der vollkommene Gottesbegriff auch zur vollkommenen Sittlichkeit, denn wie könnte Höheres vom Menschen verlangt werden, als daß er heilig werde und Gott und die Brüder liebe. Und zu dieser Höhe der Sittlichkeit führt den Menschen nicht bloß die Lehre eines Buches, sondern die persönliche Offenbarung des heiligen und liebenden Gottes in Jesus Christus, dem höchsten Propheten und zugleich dem sich für die Sünder in den Tod gebenden Heiland.

Aber wenn so der Christ zunächst ein inneres Leben führt, verborgen mit Christus in Gott, so hat doch gerade auch die Christenheit alles Natürliche in der Welt und alles wahrhaft Menschliche in demjenigen Sinne, wie es der Ordnung und Bestimmung des Schöpfers entspricht, in den Bereich ihrer sittlichen Aneignung und Bearbeitung hereingezogen, und die höchste weltliche Kultur ist gerade eine Schöpfung der christlichen Völker. „Alles ist euer“ — hat Paulus mit Recht gesagt, und so haben die Christen nicht bloß alle Gaben des Geistes ausgebildet, sondern sie haben auch die Güter der Erde sich zu eigen gemacht, und die christlichen Völker haben in jeder Beziehung, sowohl in der Religion und Sittlichkeit, wie auch in der Kunst und Wissenschaft und auch in der weltlichen Kultur, die anderen Völker weit überflügelt.

Als Ziel des Christentums ist nun aber zunächst die Vollendung des einzelnen Menschen zu betrachten, nicht die Vollendung der Kirche, wie der Katholicismus fordert, auch nicht die Vollendung des Staates, wie das Altertum forderte, oder die Vollendung der Gesellschaft, wie viele heutige Forscher und namentlich die Socialisten fordern. Aber allerdings kann und soll der einzelne Mensch seine sittliche Vollendung nicht als Einsiedler in der Zurückgezogenheit von der Welt erstreben, sondern seine eigene Vervollkommnung ist ja nur möglich in der Gemeinschaft, und des einzelnen Menschen Vervollkommnung soll dazu dienen, die Kreise, denen er angehört, Familie, Kirche, Staat und Gesellschaft, zu vervollkommnen. Die Vollendung zunächst des einzelnen Menschen und erst dann der Menschheit — das ist der berechtigte Standpunkt des Christentums gegenüber dem Altertum, der Reformation gegenüber dem Katholicismus, des 18. Jahrhunderts mit seinem übertriebenen Individualismus gegenüber dem übertriebenen Socialismus unserer Zeit. Aber das Christentum hat es verstanden, das Recht des einzelnen Menschen mit dem Rechte der Gesellschaft zu verbinden.

Aber freilich nicht in einem vollkommenen Gottesreiche auf Erden, wie noch das A. T. es darstellte, und wie der heutige Socialismus es erwartet, erwartet der Christ die Vollendung des sittlichen Ideals zu erreichen; auf Erden bleibt alles Stückwerk, auch das Christentum des einzelnen Menschen und der Zustand der Kirche; aber es giebt für den einzelnen Menschen eine vollendete Seligkeit im Himmel, und für die Menschheit ein vollkommenes Gottesreich im Himmel. Diese vollkommene Seligkeit im Himmel ist der Gegenstand der christlichen Hoffnung, und auch mit dieser Hoffnung, wie mit seiner ganzen Sittlichkeit, ragt das Christentum weit empor über alle andern Religionen und über alle Ideale der Philosophen.

c. Dem Christentum und seinem sittlichen Ideal stehen die andern Religionen und die meisten Philosophen mehr oder weniger fremd gegenüber. Am nächsten steht dem christlichen Menschheitsideal das Ideal der israelitischen Propheten, während das sittliche Ideal der jüdischen Zeitgenossen Jesu, der Pharisäer, dem christlichen gerade entgegengesetzt ist. Dagegen stehen die sittlichen Ideale des Altertums und auch der Neuzeit dem christlichen Ideal der Sittlichkeit mehr oder weniger fremd gegenüber. Und wenn nun vollends heute des Menschen höchste Glückseligkeit im Staate der Zukunft nur darin bestehen soll, daß er möglichst wenig Arbeit aber möglichst viel Genuß zugeteilt erhält, so ist dies Ideal himmelweit entfernt von dem sittlichen Ideal, welches die Christenheit in ihrem Meister erkennt, der nicht hatte, wo er sein Haupt hinlege, der da wirken und arbeiten wollte, so lange es Tag sei, dessen Speise und Genuß es war zu arbeiten und den Willen seines Vaters zu thun, und dessen Größe besonders auch im Leiden hervortritt.

Zwar gilt ja nun heute vielfach das sittliche Ideal des Christentums als eine Illusion, und man weist darauf hin, daß das Christentum selbst vielfach von seinem Ideal abgekommen sei. Aber als Illusionen erscheinen überhaupt alle Ideale demjenigen, der nur für die materiellen Dinge Sinn hat oder ein bloßer Verstandesmensch ist. Und daß das Christentum vielfach von seinem Ideal abgekommen ist, das kann niemanden befremden, der da bedenkt, daß das Christentum doch zunächst von irrenden und fehlenden Menschen angenommen wird, welche unmöglich sofort alles Unchristliche ablegen können. Aber das Christentum hat ja auch immer wieder sich selber erneuert und dann auch wieder eine neue Periode in der Menschheit hervorgerufen, wie das in der Reformation geschehen ist und in der Neuzeit geschieht. Und ihr Ziel wird nach unserer Meinung die Menschheit gewiß nur erreichen, wenn sie am Christentum festhält; keine andere Religion und keine Philosophie hat das sittliche Ideal des Christentums überboten oder auch nur erreicht; alle Propheten und alle Philosophen bleiben weit zurück hinter Jesus Christus.

d. Aber die Christenheit ist wie dem rechten Glauben, so auch der rechten Sittlichkeit nicht immer treu geblieben, sondern in mannigfacher

Beziehung auch von der rechten Sittlichkeit abgewichen. Es war eine Abweichung vom Christentum, wenn Augustinus und Calvin Gott allein den Menschen fromm machen lassen, aber ebenso, wenn Pelagius und der Rationalismus den Menschen ohne Gottes Beistand zur Frömmigkeit und Sittlichkeit gelangen lassen. Es war unchristlich, wenn die Mystik alle Berührung mit der Welt verpönte, aber ebenso, wenn der Katholicismus und der Socialismus alles Gewicht nur auf die richtige Gestaltung der Kirche oder der Gesellschaft legen. Es war unrichtig, daß die Tugend allein zum Glücke hinreichen sollte, so daß der Mensch eigentlich keinen Gott braucht, aber ebenso, daß das Gute nur deshalb für den Menschen wertvoll sein sollte, weil es sein irdisches oder himmlisches Glück begründet. Es war unchristlich, das christliche Leben wieder in ein gesetzliches Wesen einzuschnüren (Pharisäismus, Katholicismus und Pietismus), aber noch schlimmer, den christlichen Wandel zügellos werden zu lassen, so daß auch das Böse als berechtigt erscheint (Pantheismus). Alle diese „ethischen Häresieen" stammen aus vorchristlichen oder unchristlichen Anschauungen, und es ist die Aufgabe des Christentums, dieselben ebenso zu überwinden, wie die Häresieen des Glaubens.

e.[1]) Unter den verschiedenen Auffassungen des christlichen Sittlichkeitsideals ist aber nun für uns besonders von Bedeutung der Gegensatz des katholischen gegen das evangelische Ideal der Sittlichkeit, wie ja auch der Gegensatz des katholischen und des evangelischen Glaubens für jeden Christen von der größten Bedeutung ist. Nach unserer Meinung hat die evangelische Kirche, wie sie und weil sie den christlichen Glauben richtiger und tiefer erfaßt hat, auch die christliche Sittlichkeit tiefer erfaßt und richtiger dargestellt, und ein Vergleich der protestantischen und der katholischen Völker dürfte bei unbefangener Vergleichung schwerlich die katholischen Völker als sittlich höher stehend erscheinen lassen.

f. Was nun der Katholicismus dem evangelischen Christentum auf dem Gebiete der Sittlichkeit vorwirft, ist namentlich ein Dreifaches.

α. Statt den Christen an die Kirche zu weisen, stelle die evangelische Kirche jeden Christen als selbständig und vereinzelt hin, und darum sei es kein Wunder, daß der Evangelische wenig allgemeines Interesse zeige, um desto mehr seiner Subjektivität die Zügel schießen zu lassen; da sei es kein Wunder, daß die evangelische Kirche sich immer mehr in Sekten zersplittere, ja, daß schließlich aus dem Eigendünkel die Lust zur Revolution erwachse; die Revolution sei die natürliche Frucht der gegen die Kirche sich auflehnenden Reformation.

Es ist nicht ganz unrichtig, daß der evangelische Christ vielfach mehr an sein eigenes Heil denkt als an das Wohl der Kirche, des Staates und der Gesellschaft; aber in der Revolution haben es doch wohl die Katholiken viel weiter gebracht als die Protestanten, und den katholischen Mexikanern mit ihren 250 Revolutionen in 50 Jahren dürfte wohl kaum jemals ein anderes Volk gleichkommen.

---

[1]) Der Schüler lernt das Wesen der kath. Sittlichkeit im Gegensatze zur evangelischen in der Kirchengesch. kennen; vgl. daselbst Nr. 33 und 71 B.

β. Wenn sodann behauptet wird, daß der Protestantismus die Sittlichkeit schädige durch die Lehre von der Alleinwirksamkeit Gottes bei der Bekehrung des Menschen und bei seiner Erhaltung in der Frömmigkeit, so trifft dieser Vorwurf doch erstens nur die Anhänger von Calvin, und diese sind wenigstens in Deutschland ausgestorben, und andrerseits ist dieser Mangel unserer Kirche ein Erbteil des von den Katholiken so hoch geehrten Augustinus.

γ. Und wenn endlich die evangelische Kirche infolge ihrer Lehre von der Rechtfertigung allein aus dem Glauben gegen die Sittlichkeit überhaupt gleichgültig sein soll, so trifft dieser Vorwurf doch nicht die evangelische Kirche, sondern nur einzelne Christen, und überdies hat ja der Pietismus diesem Mangel (eher zu sehr als zu wenig) abgeholfen.

So wird allerdings noch heute die evangelische Kirche von den Katholiken als die Sittlichkeit schädigend verunglimpft, und es war ja nur konsequent, wenn auch ihre Stifter selbst noch in der neuesten Zeit als unsittliche Menschen dargestellt wurden, wenn sogar Luther zum Selbstmörder gemacht wurde. Die evangelische Kirche betrachtet ihre großen Männer nicht als katholische Heilige, aber manche Heiligen der katholischen Kirche und vollends manche Päpste und andere gefeierte katholische Männer und Frauen sind viel weniger sittliche Ideale, als unsere Reformatoren.

g. Wenn man nun aber die katholische Sittlichkeit genauer betrachtet, so zeigt sie, vom evangelischen Standpunkte aus beurteilt, besonders folgende Mängel.

α. Während die evangelische Kirche die Sittlichkeit des Menschen, wie seine Frömmigkeit, von Gott abhängen läßt und damit, da doch heute allgemein des Menschen Mitwirkung dabei anerkannt wird, des Menschen Freiheit nicht wahrhaft schädigt, so hält die katholische Kirche ihre Glieder in einer beständigen Abhängigkeit von sich selber, so daß dieselben niemals zur Freiheit und Selbständigkeit gelangen; der Priester soll ja auch nach der katholischen Lehre für den Laien stets unentbehrlich bleiben. Deshalb betrachtet der Katholik den Glauben, ein Kind Gottes zu sein, als einen eitlen Wahn, und er verwirft die aus der Gotteskindschaft entspringende Selbständigkeit und eigene Verantwortlichkeit des evangelischen Christen. Mit dieser Freiheit des Christen verträgt sich allerdings die Ohrenbeichte nicht, noch weniger die Prüfung der Kirchenlehre durch jeden Christen am Maßstabe der heiligen Schrift, auch nicht die eigene Verwaltung und Leitung der Kirche durch Laien[1]). Aber am bedenklichsten zeigt sich diese Abhängigkeit des Katholiken von seiner Kirche, wenn dieselbe sogar verlangt, daß er an den unfehlbaren Papst glaube, der da berechtigt sei, neue Glaubenssätze aufzustellen, denen gegenüber der Katholik „das Opfer seiner Einsicht" (sacrificio dell' intelletto) bringen muß. Ja, noch schlimmer erscheint es uns, daß sogar „das Opfer des Willens" zu bringen und „perinde ac cadaver" zu handeln (d. h. bei seinem Handeln sich wie ein Leichnam beliebig bestimmen zu lassen), vom Katholiken gefordert wird. Es war echt katholisch, wenn der Generalvikar des Bischofs von Nimes

[1]) So verstößt also das Gesetz von der Verwaltung des kath. Kirchenvermögens durch Laien allerdings gegen das katholische Princip.

im J. 1871 an einige Abgeordnete schrieb: „Ihr seid nicht allein die Herren eures Gewissens, das ist euer Beichtvater und sodann euer Bischof (und schließlich der Papst)". Das ist eine Abhängigkeit von Menschen, wie sie der evangelische Christ nicht erträgt!

Ein „neues Gesetz" ist also, wie der Katholik selber sagt, aus „dem Evangelium der Freiheit" in der katholischen Kirche geworden; die katholische Haupttugend ist der Gehorsam gegen die Kirche; der evangelische Christ aber weiß sich zwar als einen „Knecht Gottes", aber er weigert sich, ein Knecht der Menschen zu werden. Dadurch ist der Protestantismus der Hort der von den Katholiken noch heute verdammten Gewissensfreiheit (Ketzerproceß!), und infolge dessen der Geistesfreiheit überhaupt geworden, welche sich weigert, es vom Papste abhängig sein zu lassen, ob die Sonne sich bewegt oder nicht (Galilei). Und wenn trotz dieser „Freiheit des Christenmenschen" dennoch auch evangelische Gemeinden und Kirchen vorhanden sind, so zeigt es sich eben, daß die Freiheit mit der Autorität nicht unvereinbar ist, wie ja auch im modernen Staate die Autorität der Obrigkeit und die Freiheit der Unterthanen ohne Gefahr für den Staat neben einander bestehen.

β. Wenn nun der Katholik der Kirche gegenüber zu wenig oder vielmehr gar keine Freiheit hat, so legt er sich (nach der katholischen Lehre) Gotte gegenüber zu viel Freiheit bei. Wie viel Gutes vermag angeblich der Katholik zu thun, nämlich so viel, daß er Gott nicht bloß befriedigt, sondern sogar noch mehr thut, als Gott von ihm fordert, wie das bei den Heiligen der Fall ist. Freilich wenn man so wenig vom Christen fordert, wie das in der katholischen Kirche möglich ist[1]), so ist es „nicht schwer ein Christ zu sein", wie eins unserer Kirchenlieder in einem ganz andern Sinne sagt. Und wie durch die Moral der Jesuiten dem Katholiken das Leben noch viel leichter gemacht wird, so daß ihre Anweisungen zur Sittlichkeit geradezu als eine Anweisung zur Unsittlichkeit erscheinen können, ist bekannt[2]).

Wie sehr sich aber vollends die katholische Kirche als Institution und besonders der Papst Gotte gegenüber überhebt, das ergiebt sich aus der Macht, welche sich die Kirche über Himmel und Erde und Fegfeuer zuschreibt, und noch mehr aus der Unfehlbarkeitserklärung eines nicht einmal für heilig erklärten Menschen. An Gottes Stelle setzt sich der Papst, wenn er nach der Bestimmung des letzten Vatikanischen Concils „Hirte und Lehrer aller Christen" zu sein verlangt, dem „alles, was getauft ist, unterthan sein muß", und sich die Unfehlbarkeit zuschreibt. Mit dieser Lehre des neusten Concils ist ein Mensch so nahe an Gott herangerückt, daß der evangelische Christ darin nur eine maßlose Überhebung sehen kann.

γ. Wenn sodann Jesus die Moral der Pharisäer mit ihren äußerlichen Werken aufs entschiedenste bekämpft hat, wie kann es dann eine christliche Sittlichkeit sein, welche die katholische Kirche, besonders aber der Jesuitismus, lehrt und billigt, wo auf äußere gute Werke, auf die Verehrung

---

[1]) Liguori fordert, daß man „den Akt der Liebe Gottes einmal im Monat in sich erwecke" — andere forderten es nur alle fünf Jahre einmal oder nur einmal im Leben.

[2]) Vgl. Kirchengesch. Nr. 71 B.

von Bildern und Reliquien so viel Wert gelegt wird, daß die innere Frömmigkeit dadurch notwendig Schaden leiden muß.[1]) Und dazu nun noch die Lehre von der Verdienstlichkeit solcher äußeren Werke und dem Ablaß, so daß der Katholik genau Buch führen kann, wie viel Jahre Fegfeuer er bereits nicht mehr abzubüßen braucht!

δ. Wenn ferner der Katholik eine niedere von einer höheren Sittlichkeit unterscheidet, so würde diesen Unterschied auch der Protestant anerkennen; aber daß nun derjenige eine höhere Sittlichkeit besitzen soll, der im Kloster lebt, das bestreiten wir; die in den evangelischen Kreisen bekannten Bilder von Mönchen zeigen dieselben (der Wirklichkeit gewiß oft entsprechend) in einer Beschäftigung, die uns nicht als besondere Frömmigkeit gilt, und Luther hatte vollständig recht, wenn er behauptete, die Magd, welche die Stube ordentlich fege, sei nicht schlechter, als der Pastor, welcher ordentlich predige. Eine höhere Sittlichkeit hängt nicht mit einer bestimmten Gestalt des Lebens zusammen; ein Mönch ist an sich nicht besser als ein Laie.

ε. Endlich aber zeigt sich ganz besonders deutlich in den streng katholischen Ländern auch noch der Mangel der katholischen Sittlichkeit, daß der Katholicismus zwar ein kirchliches Leben hervorzurufen vermag, aber es nicht versteht, das ganze Leben sittlich umzugestalten; diese sittliche Gestaltung des ganzen Lebens ist nach unserer Meinung in protestantischen Ländern in einem viel höheren Grade wahrzunehmen. Und das ist ja durchaus begreiflich; denn der gesetzliche Geist der katholischen Sittlichkeit vermag nicht das zu leisten, was das in Freiheit aufgenommene Christentum der evangelischen Kirche vermag; die Freiheit bringt bessere Früchte, als die Knechtschaft.

So besteht also auf dem Gebiete der Sittlichkeit ein großer Unterschied zwischen der evangelischen und der katholischen Kirche, und derselbe hängt natürlich mit dem Unterschiede zwischen dem evangelischen und dem katholischen Glauben aufs innigste zusammen.

63. Das christliche Leben.[2])

Als wir uns oben die Frage vorlegten, wie der Mensch vor Gott gerecht werde, da gab uns Paulus die Antwort: „Nicht durch des Gesetzes Werke, sondern allein durch den Glauben.“ Dabei handelte es sich aber nicht darum, wie aus dem sündigen Menschen ein frommer Mensch werde, sondern darum, wie der Sünder Vergebung der Sünden erlange. Aber wenn nun der Sünder von Gott Vergebung seiner Sünden erlangt hat, dann soll und will er doch auch ein frommer Mensch werden. „Aber wie kann solches zugehen?“ Diese Frage soll uns im folgenden beschäftigen.

a. Der natürliche Charakter des Menschen ist von der Selbstliebe nicht bloß bewegt, sondern beherrscht, d. h. er ist selbstsüchtig, und

---

[1]) Vgl. Kirchengesch. Nr. 32.

[2]) Vgl. K. Fischer, Über die menschliche Freiheit. Wiese, Die Bildung des Willens.

durch den Charakter werden ja nun die Handlungen des Menschen bestimmt. Die einzelnen Handlungen des Menschen sind also nicht frei:

„Sie sind notwendig wie des Baumes Frucht,
Sie kann der Zufall gaukelnd nicht verwandeln;
Hab' ich des Menschen Kern erst untersucht,
So weiß ich auch sein Wollen und sein Handeln."

Wenn nun auch der Charakter des Menschen so unfrei wäre, wie die einzelnen Handlungen, die Äußerungen des Charakters, so gäbe es keine Freiheit. Daß das aber nicht der Fall ist, erkennen wir aus der Stimme des Gewissens, welches unsere einzelnen bösen Handlungen verdammt, obwohl sie notwendige Folgen unseres Charakters sind. Aber das Gewissen sagt eben dem Menschen nicht, daß eine einzelne That anders war, als sie sein sollte, sondern daß sein Charakter anders ist, als er sein sollte und könnte; denn das Gewissen trifft den Grund unserer Handlungen, aber es kümmert sich wenig um deren Folgen. Wenn der Grund unserer Handlung uns schwer auf die Seele fällt, so hat das Gewissen geredet; wenn uns dagegen nur die Folgen drücken, so ist das bloß der Verdruß, nicht klüger gehandelt zu haben. Das Gewissen sagt: „wie schlecht!" — dagegen sagt der Verdruß: „wie dumm!"

Das Gewissen fordert also, daß wir unsern Charakter ändern, den Grund der einzelnen Handlungen; ja, es fordert sogar nicht bloß eine Änderung des Charakters, eine Besserung, wie der Rationalismus meinte, sondern eine gänzliche Umgestaltung desselben. Wenn der menschliche Wille, wenn er Gott gefallen soll, nicht so bleiben darf, wie er ist, so muß er entweder umgewandelt oder vernichtet werden; hier scheiden sich von einander die beiden größten Religionen der Welt: der Buddhismus und das Christentum; jener hofft auf eine Vernichtung, dieses fordert eine Umwandlung des menschlichen Geistes. Bei der Umwandlung des menschlichen Willens geschieht, was Christus von Nikodemus fordert (Joh. 3), daß der Mensch von neuem geboren werde, in welcher Geburt, wie ein morgenländischer Dichter sagt, „stirbt das Ich, der dunkele Despot", welche auch unser großer Dichter fordert in den bekannten Worten:

„Und so lang du das nicht hast,
Dieses: Stirb und Werde!
Bist du nur ein trüber Gast
Auf der dunkln Erde."

Aber wie geschieht diese Umwandlung des menschlichen Herzens, wie wird der Mensch ein neuer Mensch?

Sich selbst überlassen, kommt des Menschen Wille allerdings zu Kräften, aber nicht zur Freiheit; so ein wildgewachsener Naturwille, welcher ungeheuren Widerstandskraft ist er fähig; wie zerstörend kann er wirken, welche Energie und Ausdauer im Bösen bewähren! Aber nicht die Kraft und Stärke ist es, worauf es beim Willen ankommt, sondern das Ziel, worauf er gerichtet ist.

„Zu Dir, o Gott, hast Du uns geschaffen, und unsere Seele bleibt unruhig, bis sie Ruhe findet in Dir“ — dies Wort, welches wir schon oben betrachtet haben,[1]) zeigt uns auch hier den rechten Weg, indem es uns das höchste Ziel erkennen läßt, auf welches sich unser Wille richten soll. Den eigenen Willen mit dem Willen Gottes in Übereinstimmung zu setzen — das ist die sittliche Aufgabe des Menschen. Wenn das Kind nicht mehr bloß von den Trieben beherrscht wird, dann regt sich in ihm der eigene Wille, und wenn der erwachsene Mensch seinen eigenen Willen recht gebraucht, dann bringt er ihn in Übereinstimmung mit dem Willen Gottes; damit hat der Mensch sein Ziel erreicht.

Wie gelangt nun der Mensch zur Einheit mit Gott im Willen?

Durch uns selbst vermögen wir das nicht zu erreichen; der Apostel sagt mit Recht (Röm. 7): „Wollen habe ich wohl, aber Vollbringen das Gute, das finde ich nicht. Ich elender Mensch, wer wird mich erlösen von dem Leibe dieses Todes?“ Aber der Apostel ist zur Einheit mit Gott gelangt, und dafür „dankt er Gott durch Jesum Christum, seinen Herrn“ (Röm. 8, 1). Im Glauben an Christus hat Paulus zunächst Vergebung der Sünden erlangt; sodann aber hat der Glaube an die Liebe Gottes in Christus sein selbstsüchtiges Wollen in den Gehorsam gegen Gottes Gebote umgewandelt, so daß nunmehr derselbe Apostel von sich sagen kann: „Ich vermag alles durch den, der mich mächtig macht, Christus“ (Phil. 4, 13).

b. Und was erreicht nun derjenige, welcher durch Christus zur Gemeinschaft mit Gott gekommen ist?

Er gewinnt zunächst ein neues Leben für sich selber, und zwar zunächst eine neue Stellung zu Gott. Auch das Heidentum hat an Gott geglaubt, aber seine Götter waren nur mächtige Wesen, und darum konnte der Heide sie zwar fürchten, aber nicht lieben. Der Israelit sieht in seinem Gott zwar nicht mehr bloß den mächtigen, sondern auch den heiligen Gott; aber darum steht er Gotte noch nicht als sein Kind gegenüber, sondern als Knecht Gottes betet er zu seinem Herrn. Wer aber Gott in Christus als den Gott der Liebe erkannt hat, der wird auch den Gott lieben, der ihn zuerst geliebt hat, und so hat der Christ eine Stellung zu Gott gewonnen, die ihn in Gott seinen Vater sehen und lieben läßt.

Aus dem religiösen Leben des Christen entwickelt sich dann aber auch der Sinn für die Teilnahme am kirchlichen Leben; denn auch hier macht sich der Trieb nach Gemeinschaft geltend, der uns angeboren ist. Auch der evangelische Christ soll Liebe zu seiner Kirche, ja, zur Kirche überhaupt haben, wenn er auch die Kirche, wenigstens die Geistlichkeit, nicht so hoch stellt wie der Katholik, für den die Kirche und vollends der Papst beinahe an die Stelle Gottes treten. Auch der evangelische Christ freut sich der schönen Gottesdienste seiner Kirche und feiert gern den Tag des Herrn und die Feste der Kirche. Ja, seit der neusten Zeit ist auch dem Laien eine eigene Mitarbeit an den Aufgaben der Kirche

---

[1]) Vgl. Nr. 7.

gestattet und zugemutet, und dadurch wird es hoffentlich wieder mehr dahin kommen, daß auch uns Evangelische nicht bloß ein religiöses, sondern auch ein kirchliches Interesse beseelt. Daß aber Religion und Kirche besonders auch für unsere Zeit eine große Bedeutung haben, ist allgemein anerkannt; nach welchen Richtungen sich das Interesse für das kirchliche Leben bethätigen soll, das zeigt die Kirchengeschichte, indem sie die Aufgaben und Bestrebungen der Kirche darstellt.

Aus der rechten Frömmigkeit entwickelt sich aber auch ein ernstes Streben nach Sittlichkeit. Dieses Streben wird den Christen vor allem dahin führen, daß er sich selber sittlich zu vervollkommnen sucht. Das war die starke Seite des Rationalismus; der „kategorische Imperativ" des großen Philosophen Kant in Königsberg („Handle so, daß die Maxime deines Wollens den Wert eines allgemeinen Princips haben kann!")[1]) hat in Deutschland ein allgemeines Streben sittlicher Begeisterung erweckt; Friedrich II. bekannte, daß es nicht nötig sei, daß er lebe, aber wohl, daß er seine Pflicht thue, und diese Gesinnung hat, wie die Lebensbeschreibungen der damaligen Zeit deutlich zeigen, allgemein ein ernstes Streben nach sittlicher Thätigkeit erweckt. Aber freilich dabei wurde der Mensch seines Lebens nicht froh, weil er doch schließlich erkannte, daß sein Herz der erkannten Pflicht widerstreite. Da erklang dem von den Pflichtgeboten bedrängten Herzen wie eine frohe Botschaft das Wort von Schiller, der „durch das Morgenthor des Schönen", d. h. durch die Kunst, die Menschen zur freien Sittlichkeit führen wollte, so daß sie nicht mehr bloß als Knechte der Pflicht gehorchten, sondern als freie Menschen das Gute thäten. Und Schiller wurde für seine Zeitgenossen ein Führer zum Christentum, welches den Menschen allerdings nicht durch die Kunst, sondern durch die Gemeinschaft mit Gott in Christus zur wahren Freiheit führt.

Die Sittlichkeit des Lebens bewährt sich aber in der Tüchtigkeit im Beruf, in welchen Gott den Menschen gestellt hat, im fleißigen Arbeiten. Das ist nun eine Forderung, die heute für die Menschen doppelt nötig ist, wo man die Arbeit vielfach nur als einen Fluch ansieht, als etwas, was der Mensch sich möglichst vom Leibe halten muß. Aber ohne Arbeit ist es nun einmal für die überwiegende Mehrzahl der Menschen unmöglich, ihren Lebensunterhalt zu gewinnen, und ist denn derjenige wirklich zu beneiden, der gar nicht zu arbeiten braucht? „Müßiggang ist aller Laster Anfang" — das bewährt sich nur zu sehr an denen, welchen das zweifelhafte Glück zu teil geworden ist, nicht arbeiten zu müssen. Darum kann man es den heutigen Menschen nicht oft genug sagen, daß die Arbeit ein Segen für den Menschen ist; sie bewahrt ihn vor dem Bösen; sie schafft ihm sein tägliches Brot; sie macht es ihm möglich, seinen Mitmenschen Gutes zu thun. So ist die Arbeit, auch wenn sie an sich selber nicht angenehm wäre, für den tüchtigen Menschen eine Quelle der edelsten Freuden. Aber das gilt besonders für die Jugend und für denjenigen, der einen Beruf hat, den er sich frei erwählt hat, weil er seiner Neigung entspricht. Der Jugend hat ein berühmter Historiker (Niebuhr) mit

[1]) Vgl. das Gedicht von Schwab: Johannes Kant.

Recht zugerufen: „Lernen, gewissenhaft lernen — der Jugend Beruf und Glück", und was giebt es wohl Schöneres auch für den Mann und den Greis, als sich immer an den geistigen Schätzen seines Volkes und der Menschheit erfreuen zu können! Und wer sich vollends einen Beruf erwählt hat, der ihn anregt und befriedigt, für den muß ja die Arbeit eine Quelle dauernder Freude sein.

Aber damit soll dem Menschen die Erholung und das Vergnügen nicht versagt sein.

Zur Erholung ist dem Menschen der Sonntag gegeben, und fast jeder Mensch hat auch an den Wochentagen immer noch Zeit übrig, um von der Arbeit auszuruhen. Und auch das Vergnügen ist niemandem zu verbieten, wie es der spätere Pietismus fälschlich gethan hat. Zwar Spener hatte davor gewarnt, die Jugend gewaltsam abzuhalten von allem dem, wozu ihre auch an sich nicht sündliche Neigung geht, und er ermahnte, der Jugend Ergötzlichkeiten zu gestatten, welche der Ermunterung ihres Gemütes und der Erhaltung ihres Leibes gemäß seien. Auch hat Spener selber es als seine Erfahrung bezeugt, daß „solche, die auch von erlaubten Ergötzungen wider Willen zurückgerissen worden sind, sobald sie der verdrießlichen Aufseher los sind, alsdann in ein ungleich unbändigeres und dissoluteres Leben geraten, als andere, welchen eine angemessene Freiheit von Jugend auf gelassen worden." Trotzdem war der spätere Pietismus dahin gekommen, auch der Jugend jedes Vergnügen, selbst das unschuldigste, verbieten zu wollen. Dieses Übermaß hat sich natürlich bald gerächt, und der Pietismus verlor seine Macht über die Gemüter.

Aber freilich, es ist ja richtig, was Bodmer in seinem bekannten Briefe über Klopstock sagt (wenn es auch hinsichtlich des Jünglings Klopstock nicht ganz richtig sein dürfte): „Klopstock unterscheidet nicht zwischen den zwar unschuldigen aber kleinen Freuden, viel weniger zwischen den würdigen und würdigeren Freuden." Was für den Jüngling paßt, paßt darum noch nicht für den Mann; was für den einen Stand paßt, darauf muß der andere im Interesse des Guten verzichten. Und daß eine solche Mahnung auch heute notwendig ist, das behaupten auch solche Männer, denen gewiß niemand eine pietistische Richtung zum Vorwurf machen kann.[1]) „Das Kartenspiel absorbiert heute, soweit es sich nicht um die tägliche Tretmühle des Geschäfts- oder Amtslebens handelt, vielfach den ganzen Menschen; daneben hat höchstens noch etwas Tagesklatsch und die Bierfrage Platz; aber von einem Interesse für die Kunst, für wissenschaftliche Gegenstände, für die politischen, religiösen und wirtschaftlichen Fragen, die unser Volk bewegen, für eine vernünftige, ernsthafte oder heitere Unterhaltung, für einen Auge und Gemüt erquickenden Naturgenuß ist kein Platz."

So hat auch beim Vergnügen der Mensch noch Pflichten gegen sich und seine Mitmenschen zu erfüllen; unschuldige Freuden sind keinem zu versagen, aber:

„Vor Unwürdigem soll dich der Wille, der ernste, bewahren."

---

[1]) Vgl. Posener Tageblatt 1886, Nr. 373 (Bericht über den Skat-Kongreß).

c. Ein rechter Christ gewinnt aber auch eine rechte Stellung gegenüber seinen Mitmenschen, und zwar sowohl gegenüber den einzelnen Menschen, als auch gegenüber dem Staate und der Gesellschaft.

Jeder Mensch steht nicht vereinzelt da, sondern er ist ein Glied einer Familie, er gehört einer Genossenschaft an, er hat Freunde und Bekannte. Allen diesen Mitmenschen gegenüber hat der Christ Pflichten zu erfüllen. An seine Familie knüpfen ihn die Bande der Dankbarkeit für alles Gute, das er von ihr empfangen hat; in den Genossen findet er Teilnehmer und Gehülfen seines Strebens, und er soll ihnen ein hülfsbereiter Genosse sein; den Freunden gegenüber ist er zu treuer Freundschaft verpflichtet. Wer die Pflichten gegen die ihm so nahestehenden Mitmenschen nicht erfüllt, der wird schwerlich die Pflichten gegen Staat und Gesellschaft erfüllen.

Dem Staate gegenüber hat der Christ erst recht ernste Pflichten zu erfüllen. Das Mindeste, was der Staat zu fordern hat, ist der Gehorsam; wenn Paulus für den Kaiser Nero Gehorsam forderte, wie viel mehr sollen wir unserer Obrigkeit gehorsam sein! Aber auch freie Dienste können wir dem Staate leisten, wenn wir Aufgaben übernehmen, die der Staat uns zwar nicht mit Zwang auferlegt, aber die zu verrichten die Ehre von jedem guten Bürger fordert. Aber sogar Hab' und Gut, ja, unser oder der Unsrigen Leben darf uns nicht zu kostbar sein, um es „für König und Vaterland" aufzuopfern; wir dürfen uns nicht beschämen lassen von den heidnischen Völkern, welchen das Vaterland das Höchste war, was sie kannten, auch wenn wir noch etwas Höheres kennen als das Vaterland.

d. Aber noch umfassendere Aufgaben sind der christlichen Sittlichkeit zugewiesen, als die Liebe zu Haus und Vaterland, Aufgaben, welche über Haus und Staat hinausführen in die menschliche Gesellschaft, ja in die Menschheit überhaupt, die ja für den Christen und heute für alle Gebildeten gilt als „ein einig Volk von Brüdern", wie weit wir auch noch davon entfernt sind, daß alle Menschen von allen als Brüder wirklich behandelt werden.

Auch hier treten uns wieder die Ideeen entgegen, als diejenigen Mächte, von denen das Leben auch der Menschheit beherrscht werden soll, die Ideeen des Schönen, des Wahren und vor allem des Guten.

Nicht bloß für den einzelnen Menschen, sondern für die ganze Menschheit hat das Schöne eine große Bedeutung; wer das von den bildenden Künsten nicht sofort begreift, der wird es von der Musik und der Dichtkunst doch gewiß verstehen. Was für eine große Bedeutung hat doch Schiller mit seinen Dichtungen für das deutsche Volk gewonnen; wie wichtig ist das Kirchenlied für die evangelische Kirche geworden! Es wäre nun unrichtig, dieser herrlichen Gottesgabe sich fremd und gleichgültig gegenüberzustellen; auch die Kunst führt schließlich zu Gott, auch das Schöne führt zum Guten.

Und auch der Wissenschaft soll der Christ nicht fremd oder gar feindlich sich gegenüberstellen. Des Menschen Geist ist darauf angelegt, die Wahrheit zu suchen, und derjenige wäre zu tadeln, dem die wissenschaftliche Wahrheit eine gleichgültige Sache wäre. Zwar Glauben kann man besitzen, auch ohne irgendwie von der Wissenschaft berührt zu sein; aber die Reformation, welche uns zum rechten Glauben zurückgeführt hat, hat ihre kräftigste Stütze gefunden an der Wissenschaft, welche die Unrichtigkeit der katholischen Lehren nachzuweisen vermochte. Auch die Wissenschaft führt zu Gott.

e. Aber die höchste Aufgabe, welche die Menschheit zu lösen hat, ist die, daß das Gute zur herrschenden Macht werde. Die höchste sittliche Idee ist nun die Idee der Liebe, welche dem Nächsten nicht bloß giebt, was ihm gebührt (wer nur das thut, dessen Thun ist nur von der Idee der Gerechtigkeit beherrscht), sondern mehr als ihm gebührt, welche dem Nächsten alles das Gute zu teil werden läßt, das jeder für sich selber begehrt.

Das Christentum hat ja nun im Gegensatze zum Heidentum die allgemeine Menschenliebe von jeher gepredigt und geübt, und ein schönes Buch hat neulich die christliche Liebesthätigkeit umfassend dargestellt[1]); mit dieser Predigt von der Liebe zu allen Menschen werden uns aber große Aufgaben gestellt.

Es gilt zunächst den Unglücklichen zu helfen, und unsere Zeit sucht ja nun immer besser und immer umfassender für die Leidenden zu sorgen. Es gilt natürlich auch hier, daß zunächst jeder einzelne seinem Nächsten in der Not helfe, so viel er kann; aber wo nun die Einzelhülfe nichts vermag, da tritt der Staat ein oder die Gesellschaft in den vielen Vereinen, welche der Leidenden sich annehmen, nicht bloß im Vaterlande, sondern auch in der Fremde (Krankenhäuser auch im Auslande u. s. w.).

Sodann sucht das Christentum auch üble staatliche oder gesellschaftliche Einrichtungen zu bekämpfen, welche als Leiden vielfach noch gar nicht empfunden werden und doch die schwersten Leiden über die Menschheit bringen, z. B. die Sklaverei, die ja noch lange nicht überall beseitigt ist.

Endlich aber ist eine sittliche Frage auch die sociale Frage, welche heute die Gemüter der Reichen und der Armen in gleicher Weise beschäftigt und erregt, die Frage, wie den Armen das Leben erträglich und menschenwürdig gemacht werden könne. Nicht darum handelt es sich bloß bei dieser Frage, daß man etwa den Tagelohn für den Arbeiter verdoppele und nur die halbe Arbeit von ihm fordere; wenn das möglich wäre, so würde sich sofort zeigen, daß dann freilich von Überbürdung mit Arbeit keine Rede mehr wäre, aber wohl von Überbürdung mit Genuß, und zwar mit den niedrigsten Genüssen; denn es ist eine Kunst, die doch auch heute nicht einmal jeder Gebildete versteht, sich sittlich erlaubte und edle Genüsse zu verschaffen. Und wenn nun vollends der socialistische Staat eingerichtet würde, wo alles Privateigentum aufhören und jeder nur für die Gesellschaft arbeiten soll — ein Staat, den Bellamy so anziehend darzustellen gewußt hat — würde ein solcher Staat denn bestehen können ohne eine allgemeine Sittlichkeit? Wenn der Mensch heute arbeitet, dann thut er es, um durch seine Arbeit sich und den Seinigen das Notwendige und wo möglich noch etwas mehr zu verschaffen. Wenn aber jeder den Anspruch erheben darf, dasselbe zu erhalten wie der andere, und zwar

[1]) Uhlhorn, Die christl. Liebesthätigkeit. 3 Bde.

darum „weil jeder Einzelne ein Mensch ist wie der andere"[1]) — so kann der notwendige Lebensunterhalt nur gewonnen werden, wenn statt des Hungers andere Mächte jeden Menschen zur Arbeit treiben; solche Mächte können aber nur sein Pflicht und Ehre, wie sie auch von den Socialisten als notwendig erkannt werden. Also sittliche Mächte sind auch für denjenigen Staat unentbehrlich, der angeblich an die Stelle des heutigen Staates zu treten berufen ist. Um so mehr gilt es also, den Armen nicht bloß nach Art der römischen Kaiser Brot und Vergnügen (panem et circenses) zu gewähren, sondern ihn auch sittlich zu fördern und zu veredeln. Und an dieser Aufgabe, deren Notwendigkeit auch der Socialist einsehen muß, soll erst recht der Christ mitarbeiten. Darum wird ja auch ja schon heute nicht bloß vom Staate für die leiblichen Bedürfnisse der Armen gesorgt, sondern auch von der Gesellschaft und besonders auch von der christlichen Kirche das Ziel verfolgt, die Armen geistig und sittlich zu heben. Wenn es aber gelingt, die Menschen, die armen wie die reichen, sittlich zu heben, dann wird auch der leiblichen Not der Armen abgeholfen, dann wird die sociale Frage in friedlicher Weise gelöst werden.

Aber auch dann wird die Erde noch nicht zum Himmel geworden sein, denn weder der einzelne Mensch noch die ganze Menschheit wird auf Erden jemals ganz vollkommen sein; ganz vollkommene Menschen und eine ganz vollkommene Menschheit giebt es erst im Himmel.

66. Religion und Sittlichkeit.

Zur wirklichen Vollendung gelangt das Gute nicht hier auf Erden, wo weder der einzelne Mensch noch die ganze Menschheit jemals ganz vollkommen sein werden, noch die äußere Glückseligkeit mit der inneren überall und vollkommen verbunden sein wird, sondern erst in einem Jenseits. So führt der Glaube an das Gute mit Notwendigkeit zum Glauben an das ewige Leben, wo sowohl der einzelne Mensch als auch die ganze Menschheit vollkommen sittlich und vollkommen selig sein werden.

So führt also der Glaube an die unbedingte Geltung des Sittengesetzes und an die Vollendung des sittlichen Ideals zum Glauben an ein ewiges Leben, und der Glaube an ein ewiges Leben ist ja unzertrennlich von dem Glauben an einen Gott, als den Geber des ewigen Lebens für die Menschen und den Vollender der Seligkeit für die Menschen auch im Reiche der Natur, über welche nur Gott eine unbedingte Gewalt hat.

Die Sittlichkrit führt also zur Religion; aber andererseits führt auch die Religion zur Sittlichkeit.

Zwar diese Behauptung, daß die Religion zur Sittlichkeit führe oder führen solle, wird von mancher Seite bestritten. Zunächst weist man darauf hin, daß die Sittlichkeit beruhen müsse auf der sicheren Anerkennung der Pflicht und nicht auf dem doch immer unsicheren Glauben an Gott; das Gute müsse um seiner selbst willen gethan werden und nicht um Gottes willen,

---

[1]) Bellamy S. 74 (Ausg. von Reclam).

der es gebietet und belohnt. Aber wie kann das Gute als eine unbedingt verpflichtende Macht betrachtet werden, wenn es nicht seinen Ursprung in Gott hat, sondern im einzelnen Menschen oder in der Gemeinschaft der Menschen!

Sodann werde die sittliche Energie gelähmt, wenn der Mensch bei seinem Streben sich auf die Hülfe Gottes verlasse, und nicht auf seine eigene Kraft. Aber gerade nur durch das Vertrauen auf Gott gewinnt der Mensch im Kampfe des Lebens die Kraft, im Guten auszuharren, ja, für das Gute seine Güter und sein Leben hinzugeben.

Ferner werde die Sittlichkeit erfahrungsgemäß durch die Verbindung mit der Religion geschädigt, indem dann die äußere Frömmigkeit und eine tote Rechtgläubigkeit nur allzuleicht als wahre Sittlichkeit betrachtet würden; auch habe ja die Religion ursprünglich und vielfach nichts mit der Sittlichkeit zu thun, da ja in der Religion zunächst Güter von den Göttern begehrt, aber nicht das Gute erstrebt würde. Aber wenn auch der Mensch allerdings zunächst in der Religion nur Güter von Gott begehrt, zuerst sogar nur irdische, erst später auch geistige, und erst zuletzt die Gemeinschaft mit Gott selbst als das höchste Gut, und wenn auch vielfach die Frömmigkeit von der Sittlichkeit getrennt bleibt, so führt doch die Religion sogar schon auf den niederen Stufen, vollends aber auf den höheren, zur Sittlichkeit, sobald der Mensch erkennt, daß er von Gott die begehrten Güter nur erhalte, wenn er selber gut wird, besonders aber wenn er erkennt, daß Gott auch selber eine heilige Macht ist, deren Wohlgefallen nur ein heiliger Mensch gewinnen könne.

So sind also Sittlichkeit und Religion aufs engste mit einander verbunden, indem die Sittlichkeit zur Religion, und die Religion zur Sittlichkeit führt.

Fünfter Abschnitt.

Das Reich Gottes auf Erden und im Himmel.

67. Einleitung.

Wie der Mensch vor Gott gerecht wird, hat der vorige Abschnitt gezeigt; aber nicht bloß der einzelne Mensch soll vor Gott gerecht werden, sondern alle Menschen, indem sie in das Reich Gottes eingehen; vom Reiche Gottes auf Erden haben wir daher nunmehr noch zu sprechen. Aber das Gottesreich auf Erden wird erst vollendet im Himmel; so weist uns denn dieser Abschnitt über die Erde hinaus zum Himmel, wo ja erst des Christen Streben sein Ziel findet. Vom Reiche Gottes auf Erden und im Himmel handelt also dieser letzter Abschnitt der Glaubenslehre.

Die Lehre von der Kirche und die Lehre von den letzten Dingen wird also hier für den Schüler in einem Abschnitt zusammengefaßt; die Lektüre der Bibel wird vornehmlich nur für die letztere Lehre in Betracht kommen können.

68. Das israelitische Gottesreich.

a. Ein Reich Gottes war im Volke Israel aufgerichtet worden, wie es nirgends bei den Heiden zu finden war; die heidnischen Götter sollen zwar ihren Verehrern ebenfalls äußere und innere Güter gewähren, aber ein letztes Ziel, ein Gottesreich, wird durch die Thaten dieser Götter nicht erstrebt. Zwar bei den Persern will der gute Gott ein Lichtreich gründen, aber mehr um seinetwegen, als um der Menschen willen. So steht denn das Volk Israel über allen heidnischen Völkern auch darum, weil in demselben ein Gottesreich gegründet und aufrechterhalten wird. In seinem Volke, welches er aus Ägypten erlöst, und mit dem er am Sinai einen Bund geschlossen hat, waltet Gott als König, und er regiert dies Volk durch seine Organe. Aber Israel ist Gottes Volk nur dann, wenn es Gottes Gebote hält; wenn es gottlos ist, so hat es die strengsten Strafen von Gott zu erwarten; dieselben sollen jedoch nur dazu dienen, das Volk immer aufs neue zu Gott, als seinem König, zurückzuführen.

b. Aber das israelitische Gottesreich ist noch nicht das vollkommene Gottesreich. Zunächst ist ja dies Gottesreich noch auf das Volk Israel beschränkt, während doch alle Menschen in das vollkommene Gottesreich eingehen sollen. Sodann ist die Frömmigkeit in diesem Gottesreiche noch gebunden an bestimmte heilige Orte, wo man allein in rechter Weise Gott anbeten und ihm opfern kann, gebunden auch an Priester und Opfer, durch welche erst der Laie mit Gott in Gemeinschaft treten kann, und gebunden an die Beobachtung äußerer Satzungen, welche unmöglich zur wahren Frömmigkeit gehören können. Auch ist das israelitische Gottesreich ein Reich des Diesseits und nicht des Jenseits; in der Unterwelt giebt es keine wahre Gemeinschaft mit Gott.

c. Über diese Schranken des israelitischen Gottesreiches haben sich die Propheten mehr oder weniger erhoben, indem sie weissagten von einem dereinstigen vollkommenen Gottesreiche, in welchem die Schranken des israelischen Gottesreiches überwunden werden sollten. Aber auch die Predigt der Propheten hat diese Schranken weder vollkommen erkannt, noch in Wirklichkeit überwunden; erst im Christentum ist das vollkommene Gottesreich recht verkündet und wirklich gegründet worden.

69. Das christliche Gottesreich.

„Ich glaube eine heilige, allgemeine christliche Kirche,
die Gemeinde der Heiligen."

Ein Gottesreich war zunächst im Volke Israel gegründet worden, aber dasselbe war nur ein Vorläufer des vollkommenen Gottesreiches, welches heute in der christlichen Kirche vorhanden ist. Das Wesen der christlichen Kirche soll uns nun der dritte Artikel im Anschluß an die heilige Schrift erkennen lassen.

a. Wenn man heute von der „Kirche" spricht, so denkt man dabei entweder an das Gotteshaus, oder man meint damit eine rechtlich organisierte Verbindung gleichartiger Einzelgemeinden, deren es eine größere Anzahl giebt (katholische, evangelische, anglikanische Kirche u. s. w.)[1]); in diesem Sinne wird das Wort „Kirche" in der Bibel nicht gebraucht. Das N. T. kennt überhaupt das dem deutschen Worte „Kirche" zu Grunde liegende erst dem späteren Kirchengriechisch angehörende griechische Wort nicht (*κυριακόν* = Haus des Herrn, erst später *κυριακή*, beides von *κύριος* [Herr] abgeleitet)[2]), sondern gebraucht das Wort *ἐκκλησία*, d. h. Gemeinde, und versteht darunter entweder die Einzelgemeinde, welcher jeder Christ zunächst angehört, oder die Christenheit (wie Luther in seiner Erklärung des dritten Artikels für das Wort „Kirche" sagt) d. h. die Gemeinde aller Gläubigen, aber nirgends eine „Kirche" in unserm Sinne, d. h. eine rechtlich organisierte Verbindung aller oder einiger Gemeinden; eine solche hat es nämlich zur Zeit der Apostel noch gar nicht gegeben.

b. Die Kirche oder die Christenheit ist nun zuvörderst, wie der dritte Artikel sagt, eine allgemeine christliche Kirche, zu welcher einerseits alle Christen gehören und andrerseits alle Menschen gehören sollen. Wenn

---

[1]) Den größeren Kirchen stellt man dann die kleineren Religionsparteien als Sekten gegenüber.

[2]) Daß das deutsche Volk nicht das lateinische (ecclesia, vgl. das französische église), sondern das griechische Wort für diesen Begriff aufgenommen hat, beruht jedenfalls darauf, daß es das Christentum zuerst von den Griechen erhalten hat, wie dies die Kirchengeschichte berichtet.

heute die römische Kirche sich vor den andern die katholische d. h. die allgemeine Kirche nennt, so stimmt das weder mit dem N. T. überein, in welchem die Kirche alle Christen umfaßt, noch hat die evangelische Kirche darauf verzichtet, ebenfalls zur allgemeinen Kirche zu gehören[1]). In dieser Aussage von der Allgemeinheit der Kirche ist nun aber auch eine Verpflichtung für die Christenheit ausgesprochen, nämlich die, ihren Glauben über alle Völker auszubreiten; dieser Verpflichtung kommt die Kirche nach in der Mission. Welchen Erfolg die Predigt des Christentums in den verschiedenen Perioden der Kirche gehabt hat, zeigt die Kirchengeschichte[2]).

c. Die allgemeine Kirche soll aber auch eine einige Kirche sein,[3]) und sie ist auch trotz aller Spaltungen noch heute eine einige Kirche, da es ja nur eine einzige Christenheit geben kann. Zwar zunächst sehen wir die Christenheit in viele Parteien zerspalten, welche einander vielfach bekämpfen und verdammen, und es wird wohl noch recht lange dauern, ehe es eine Herde unter einem Hirten auf Erden geben wird. Diese Einheit soll nun allerdings erstrebt, aber nicht erzwungen werden, wie das die katholische Kirche thut, wenn sie durch die „heilige Inquisition", welche noch heute als zu Recht bestehend angesehen wird, die Andersgläubigen zur Annahme ihres Glaubens zwingen will.[4]) Diese äußere Einheit ist aber trotz der Inquisition dennoch nicht erreicht worden, sondern schon seit der Trennung der griechischen und noch mehr seit der Trennung der evangelischen von der römischen Kirche ist dieselbe, soweit sie überhaupt auch nur damals vorhanden war, aufgelöst worden. Aber trotzdem ist eine innere Einheit der Kirche im Glauben (wenn auch nicht in dem Glaubensbekenntnisse[5])) und sogar in manchen äußeren Dingen vorhanden, wenn dieselbe auch nicht so groß ist, wie man gewöhnlich glaubt, da selbst bei Taufe und Abendmahl Spaltungen eingetreten sind, so daß fast nur der Gebrauch des Vaterunsers der ganzen Kirche gemeinsam ist.

So hat denn die Kirche auch hier eine Aufgabe zu lösen, nämlich nach immer größerer Einheit in der rechten Weise zu streben, und diesem Streben gehört die Gründung der Union und der evangelischen Allianz an, durch welche wenigstens in der evangelischen Kirche der für die Wirksamkeit der Kirche so sehr schädlichen Spaltung der Christenheit mit Erfolg entgegengewirkt wird.[6]) Dagegen wird es sobald nicht gelingen, zwischen der katholischen und der evangelischen Kirche auch nur eine beschränkte gegenseitige Anerkennung zu stande zu bringen; hier müssen wir uns damit begnügen, daß in einem Staate die verschiedenen Kirchen möglichst friedlich neben einander leben.[7])

---

[1]) Vgl. Kirchengesch. Nr. 80 B c.
[2]) Vgl. Kirchengesch. Nr. 71 C.
[3]) Die Einheit der Kirche, von welcher im apostolischen Bekenntnis noch nichts gesagt ist, wird mit Recht vom Nicänischen Bekenntnis ausdrücklich gelehrt (allerdings erst in dem späteren Zusatz; vgl. Kirchengesch. Nr. 17 c. u. e.)
[4]) Vgl. Kirchengesch. Nr. 77 a.
[5]) Vgl. Kirchengesch. Nr. 56 und 17 e.
[6]) Vgl. Kirchengesch. Nr. 70 E und F.
[7]) Vgl. Kirchengesch. Nr. 75.

d. Endlich aber wird die Kirche im dritten Artikel auch eine heilige Kirche oder eine Gemeinde der Heiligen genannt. Nun ist es zwar allerdings von allen Parteien einstimmig anerkannt, daß damit nur eine Forderung und eine Hoffnung für die Kirche ausgesprochen wird; aber auch hier hat es bis auf den heutigen Tag nicht an Zwiespalt gefehlt. Zwar nur kleinere Parteien haben bisweilen den Versuch machen können, eine in allen ihren Gliedern heilige Kirche herzustellen; aber auch in den größeren Kirchen ist doch infolge des Strebens nach Heiligkeit der Kirche manche Behauptung aufgestellt worden und manche Einrichtung ins Leben getreten, welche von den andern Kirchen mit Recht bekämpft worden ist. Wenn die katholische Kirche allerdings vom Laien nicht erwartet, daß er wirklich heilig sei, so fordert sie doch von ihren Priestern eine größere Heiligkeit, weshalb sie ihnen die Ehe verbietet,[1]) und sie betrachtet das Mönchtum als eine höhere Stufe des christlichen Lebens, in welcher von wenigen das erreicht werde, was von den gewöhnlichen Christen nicht einmal erstrebt werde.[2])

Die evangelische Kirche verwirft mit Recht die Forderung der Ehelosigkeit der Geistlichen und bestreitet die Behauptung von einer höheren Sittlichkeit der Mönche. Aber auch in der evangelischen Kirche hat es nicht an Irrtümern hinsichtlich der Heiligkeit der Kirche gefehlt; der Pietismus der späteren Zeit mit seiner Forderung einer bestimmten äußeren Gestalt des christlichen Lebens ist mit Recht von der Orthodoxie bekämpft worden.[3]) Das Ideal einer heiligen Kirche ernstlich zu erstreben, daran soll jeder Christ nach Kräften mitwirken; das Christentum immer mehr zur sittlich herrschenden Macht auch im Volke werden zu lassen, das ist die Aufgabe der inneren Mission.[4])

e. So glauben wir denn allerdings an eine einige, allgemeine, heilige christliche Kirche, aber wenn wir nun auch eine sichtbare Christenheit vor uns haben, so ist doch die wahre Kirche nur die unsichtbare Gemeinde der rechten Christen, welche nicht von Menschen gezählt werden können, wie die Glieder der sichtbaren Kirche. Die verschiedenen Kirchen, welche wir in Wirklichkeit vor uns sehen, gehören alle zu der einen Kirche, aber keine darf von sich behaupten, daß sie allein die Kirche sei.

Wenn aber keine äußere Kirche die wahre Kirche ist, so ist es natürlich auch nicht nötig, einer bestimmten rechtlichen Verfassung einer Kirche sich zu unterwerfen, in der Erwartung, dadurch zum wahren Christentum zu gelangen. Es ist in der Kirchengeschichte gezeigt worden, wie die Verfassung der Kirche in den verschiedenen Zeiten und Kirchen sich verschieden gestaltet hat. Die apostolische Kirche kennt zwar eine Gemeindeverfassung, aber keine Kirchenverfassung in unserem Sinne.[5]) Die spätere Kirche hat eine bischöfliche Verfassung, aber ohne daß der

[1]) Vgl. Kirchengesch. Nr. 31 B.
[2]) Vgl. oben Nr. 64 und Kirchengesch. Nr 33—35.
[3]) Vgl. Kirchengesch. Nr. 60 b.
[4]) Vgl. Kirchengesch. Nr. 76 d.
[5]) Vgl. Kirchengesch. Nr 13.

Kaiser (wie in der griechischen Kirche nach Constantin) oder der Papst (in der römischen Kirche des Mittelalters) über den Bischöfen stehen.[1]) Vom Kaiser und von den Bischöfen haben sich in der griechischen Kirche die Sekten, vom Papste in der römischen Kirche alle Protestanten losgesagt, und alle diese von den großen alten Kirchen getrennten Parteien haben sich zu besonderen Kirchen mit eigentümlicher Verfassung entwickelt.[2]) Eine gute Verfassung der Kirche ist nun zwar eine wichtige Sache, aber nicht so wichtig, wie die katholische Kirche glaubt, welche gerade die Unterwerfung unter ihre kirchliche Verfassung als das besondere Kennzeichen des rechten Christentums betrachtet; der evangelische Christ fordert dagegen nur die Unterwerfung des Christen unter Christus, nicht aber unter den Papst,[3]) und kann den alten Satz: „Extra ecclesiam nulla salus" („Außerhalb der Kirche giebt es kein Heil") nur dann für richtig halten, wenn er nicht im katholischen Sinne besagen soll, daß man nur selig werde, wenn man einer bestimmten äußeren Kirchenpartei angehört, sondern nur in dem Sinne, daß nur im Christentum die vollkommene Religion zu erkennen sei; nur in diesem Sinne sprechen wir von einem „allein selig machenden Glauben", aber wir kennen nicht eine allein selig machende nach Gottes Ordnung mit einer bestimmten Verfassung versehene äußere Kirche; der Christ findet sein Heil allein im Glauben an die in Christus geoffenbarte Gnade Gottes.

f. Wenn wir nun an eine einige, allgemeine, heilige christliche Kirche glauben, so erklären wir die christliche Kirche für eine höhere Religion als das Judentum, aus welchem sie hervorgegangen ist. Während nämlich das Judentum eine Volksreligion ist, ist das Christentum eine Weltreligion; seine Anhänger sind nicht bloß die Genossen eines Volkes, sondern es soll aus allen Völkern gewonnen werden; die christliche Kirche soll eine allgemeine Kirche werden, wie ja Jesus gesagt hat: „Gehet hin in alle Welt und machet zu meinen Jüngern alle Völker!"

Wenn sodann die christliche Kirche auch eine heilige Kirche werden soll, so war das zwar auch schon das Ziel des jüdischen Gottesreiches; aber die christliche Frömmigkeit ragt über die jüdische hinaus. Das Judentum war eine Religion des Gesetzes, welche aufrechterhalten wurde durch äußeren Zwang und weltliche Strafen, welche gerichtet war auf die Erfüllung äußerer Gebote, welche die äußere Reinigkeit neben die innere Reinheit als gleichberechtigt stellte. Dagegen ist das Christentum eine Religion der Freiheit; hier giebt es nicht (oder soll es wenigstens nicht geben) äußere Strafen und Zwangsmittel zur Aufrechterhaltung der Religion, sondern die Frömmigkeit soll frei aus dem Herzen herauskommen, so daß die äußeren Werke ohne Zwang geschehen, und ohne daß das äußere Werk des Menschen Wert vor Gott bestimmt. So ist also das Christentum eine höhere Religion als das Judentum, indem es eine allgemeine Religion werden will und eine höhere Sittlichkeit erstrebt als das Judentum.

---

[1]) Vgl. Kirchengesch. Nr. 13 und 27.
[2]) Vgl. Kirchengesch. Nr. 69 und Nr. 52 C.
[3]) Vgl. Kirchengesch. Nr. 75 e.

g. Obwohl nun das Reich Gottes von Jesus auf Erden begründet worden ist und noch heute in der Christenheit vorhanden ist, so betet doch auch noch der Christ, daß das Reich Gottes komme, und er trachtet nach dem Reiche Gottes (Matth. 6, 33), denn dasselbe soll erst noch vollendet werden, sowohl innerlich, indem es als der rechte Sauerteig die ganze Welt durchdringt, als auch äußerlich, indem aus dem Senfkorn der große Baum wird, der die ganze Welt überschattet, und auch in der Beziehung, daß das Unkraut, welches jetzt noch neben dem Weizen steht, endlich von demselben gesondert wird. Das Reich Gottes ist nämlich nicht, wie die Juden erwarteten, durch die Ankunft des Messias auf einmal gegründet worden, sondern es ist ein werdendes Gottesreich; das Gericht ist nicht der Anfang oer Aufrichtung des Gottesreiches, wie noch Johannes der Täufer glaubte (Matth. 3, 10—12), sondern dasselbe tritt erst am Ende der Entwickelung ein und führt erst zur Vollendung des Gottesreiches. Was nämlich auch die Christenheit noch nicht erreicht hat, das vollkommene Gottesreich, das hofft sie doch einst zu erreichen, und so hat denn auch die christliche Kirche noch eine Hoffnung; sie hofft nämlich, wie schon die Propheten des Volkes Israel, auf ein dereinstiges vollkommenes Gottesreich.

70. Das vollkommene Gottesreich.

a. Die Vollendung des Gottesreiches.

Dan. 2, 44—45. 7, 17—18 und 27. Mt. 23, 37—25, 46. Offenb. Joh. 21—22.

α. Auf ein dereinstiges vollkommenes Gottesreich haben schon die ATlichen Propheten immer aufs neue hingewiesen, und die Betrachtung der messianischen Weissagung hat uns mit dem Inhalt dieser ATlichen Hoffnung bekannt gemacht.[1]) Wenn nun das Neue Testament gleichfalls noch eine Predigt von dem zukünftigen Gottesreiche hat, so beruht dieselbe natürlich auf dem A. T., und sie schließt sich allerdings nicht bloß an die Predigt der eigentlichen Propheten, sondern auch an die (dem Schüler im ganzen fremd bleibende) Apokalyptik des jüdischen Volkes an.[2]) Wir werden aber die genügende Grundlage für das Verständnis der prophetischen Predigt des N. T. gewinnen, wenn wir auch hier, wie oben bei der Betrachtung der Person Jesu[3]), einen Hauptabschnitt des Propheten Daniel betrachten, da gerade dieses nicht prophetische, sondern apokalyptische Buch (die Grundlage der Offenbarung Johannis, des apokalyptischen Buches des N. T.) im späteren Judentum und im N. T. eine große Rolle spielt.

Als nämlich in der blutigen Verfolgung durch Antiochus Epiphanes die Existenz der israelitischen Religion in Frage gestellt wurde, da wurden die bedrängten Frommen gerettet durch das Auftreten

---

[1]) Vgl. H. Gesch. Nr. 75.
[2]) Vgl. H. Gesch. Nr. 91.
[3]) Vgl. Nr. 34.

der Makkabäer und getröstet durch das Auftreten des Propheten Daniel,[1]) welcher in der Zeit der größten Trübsal, ehe noch die Rettung bewirkt war, hoffte und predigte von der Vernichtung der nach einander gegründeten Weltreiche und besonders des letzten derselben, und von der Gründung des ewigen Gottesreiches, in welchem die Heiligen des Höchsten, die frommen Israeliten, über alle Völker ewig herrschen würden. Das Haupt der Heiligen des Höchsten sollte nach Daniel's Predigt der von „dem Alten der Tage“ mit der Weltherrschaft bekleidete „Menschensohn“, der Messias, sein, dessen Herrschaft ewig bestehen werde (Dan. 2,44—45. 7,17—18 und 27).

β. An die Weissagung Daniel's, welche bei den Juden in hohem Ansehen stand, hat sich nun die Predigt Jesu von der Vollendung des Gottesreiches angeschlossen, wie wir sie in den drei ersten Evangelien (vgl. besonders Matth. 23, 37—25, 46) aufgezeichnet finden.

Wie das Gottesreich durch das Auftreten des Messias gegründet worden war, so kann es nach der Predigt Jesu auch nur durch das Wiederauftreten des Messias vollendet werden. Wenn nun Jesus von den Juden gekreuzigt wurde, so mußte er von den Toten auferstehen und wiederkommen, um das von ihm gegründete Gottesreich zu vollenden. Wenn nun auch Jesus in Übereinstimmung mit allen Propheten gepredigt hat von seiner baldigen Wiederkunft, so hat er doch auch darauf hingewiesen, daß das Gericht nicht alsbald komme, sondern daß die Welt erst für das Gericht reif werden müsse, und sodann hat er ausdrücklich abgelehnt, Tag und Stunde seiner Wiederkunft angeben zu wollen — eine Warnung, welche viele Ausleger der Off. Joh. nicht beachtet haben. Wenn nun das Gericht kommt, dann werden für immer Gute und Böse von einander geschieden, und es wird das vollkommene Gottesreich gegründet. Aber dasselbe ist nicht mehr ein Gottesreich auf Erden, wie die israelitischen Propheten dachten, sondern ein überirdisches, himmlisches Gottesreich, an welchem auch die Verstorbenen teilhaben. Die Seligkeit des vollendeten Gottesreiches wird darin bestehen, daß die Frommen Gott schauen (Matth. 5, 8), während die Gottlosen ewig von ihm getrennt sind.

γ. Im Anschluß an die Weissagung Daniel's und Jesu Christi weist die Offenbarung Johannis[2]) zunächst auf die Plagen hin, welche der als unmittelbar bevorstehend gedachten Wiederkunft Jesu vorangehen werden, indem die feindlichen Weltmächte, die „Satanssynagoge“ und „Babel“ (d. h. das christusfeindliche Judentum und das heidnische Römertum) die Christenheit aufs äußerste bedrängen. Wenn aber die Not am größten ist, dann erscheint vom Himmel her der Messias, welcher die feindlichen Mächte für immer besiegt und vernichtet[3]).

---

[1]) Vgl. H. Gesch. Nr. 71 u. 91.

[2]) Vgl. Heil. Gesch. Nr. 144.

[3]) Daß diese Schlacht bei Harmagedon (Off. 16, 6) d. h. Megiddo, wo in der alten Zeit (Richt. 5, 19) die Kanaaniter von den Israeliten geschlagen wurden, nur sinnbildlich zu verstehen ist, versteht sich von selbst — trotz der unlängst in England erschienenen und in Hunderttausenden von Exemplaren verbreiteten Schrift über diese Schlacht, über welche sogar auf den Kanzeln Englands gepredigt wurde.

Nunmehr beginnt das vollendete Gottesreich auf Erden, an welchem auch die Heiden teilnehmen; aber dasselbe währt nur eine Zeit lang, nämlich tausend Jahre, da nach dieser Zeit der in der Zwischenzeit gefesselte Teufel noch einmal „los wird“[1]). So ist also das „tausendjährige“ Reich noch ein irdisches Reich, wie es etwa in der Kirche Christi vorhanden ist[2]), noch nicht das vollendete himmlische Gottesreich[3]). Daß schon in der jüdischen Apokalyptik diese Unterscheidung eines vollendeten irdischen und eines himmlischen Gottesreiches vorhanden war, ist anderwärts bemerkt worden[4]); die Kirche Christi auf Erden und das vollendete Gottesreich im Himmel werden in der That mit Recht von einander unterschieden.

Aber nachdem der Teufel noch einmal frei geworden ist, wird er für immer besiegt und vernichtet, und nunmehr wird das ewige himmlische Gottesreich aufgerichtet, an welchem natürlich nur die Frommen teilhaben, während die Gottlosen dem ewigen Tode anheimfallen.

Dieses himmlische Gottesreich erscheint dem Seher als die Vollendung des israelitischen (und natürlich auch des christlichen) Gottesreiches, ein neues Jerusalem, welches vom Himmel auf die Erde herabkommt, d. h. dessen Erscheinen von Gott vorherbestimmt war. An diesem Gottesreiche haben alle Menschen teil, Juden und Heiden, natürlich nur die Frommen, aber auch diese nur dadurch, daß sie, die ebenfalls vorher gestorben sind, durch die Auferstehung zu neuem Leben erweckt worden sind. Ihre Seligkeit besteht in einer vollkommenen und ewigen Gemeinschaft mit Gott. Diese Gemeinde ist nun wirklich, was Israel nur sein sollte, das Volk Gottes, und jeder einzelne in derselben ist Gottes Sohn (Off. 21, 3 u. 7). Nach dieser Seligkeit sehnt sich des Sehers Seele, wenn er sein Buch schließt mit dem Worte: „Ja, komm Herr Jesu!“

b. Die Unsterblichkeit der Seele.

Aber ist denn auch die Hoffnung der Christen auf ein ewiges Leben nicht ein eitler Wahn? Giebt es denn auch wirklich eine Unsterblichkeit?

α. Der Materialist weiß allerdings nichts von einer Seele und darum auch nichts von einer Unsterblichkeit; nur der Stoff ist ewig, und wenn der Mensch stirbt, so ist es mit seinem geistigen Leben, welches ja doch auch hier nur ein materielles Leben war, zu Ende, und er existiert nur weiter als ein Teil des Stoffes.

Der Pantheist läßt zwar den Geist des Menschen weiterleben, aber doch nur in dem Allgemeingeist, welcher die ganze Welt beseelt; aber eine Unsterblichkeit des einzelnen Menschen kann er nicht zugeben.

Aber was liegt dem Menschen daran, daß sein Leib in der Materie oder auch sein Geist in dem Allgemeingeist weiterbesteht? Der Mensch

---

1) Auf dieser Anschauung beruht die deutsche Redensart: „Der Teufel ist los.“
2) Daß die Zahl „tausend“ nur eine sinnbildliche Bedeutung hat, versteht sich von selbst.
3) Die Ausleger haben bekanntlich sehr verschiedene Meinungen über dieses Reich ausgesprochen.
4) Vgl. Heil. Gesch. Nr. 91.

begehrt danach, als Einzelwesen weiterzuleben, und er würde sich damit begnügen, wenn auch nur seine Seele nach dem Tode weiterlebt. Aber ist denn diese Hoffnung auf die Unsterblichkeit der Seele kein eitler Wahn?

β. Wie der Glaube an die Existenz Gottes und an die Existenz einer Seele im Menschenleibe, so ist auch der Glaube an die Unsterblichkeit der Seele bei allen Völkern verbreitet, und fast alle einzelnen Menschen teilen denselben noch heute, oder sie suchen sich höchstens dieses Glaubens, der auch an sie herantritt, zu erwehren.

Aber wenn es nun doch, zwar nicht ganze Völker, aber doch einzelne Menschen giebt, welche den allgemein verbreiteten Glauben an die Unsterblichkeit der Seele bestreiten, was sollen und können wir diesen Zweiflern entgegnen?

Mit dieser Frage haben sich die Menschen schon seit der alten Zeit beschäftigt, und immer wieder hat man nach Beweisen für die Unsterblichkeit der Seele gesucht. Solche werden aber vornehmlich in folgenden Betrachtungen aufgestellt.

γ. Wie der Glaube an Gott, so ist auch der Glaube an die Unsterblichkeit der Seele allgemein verbreitet. Was aber unter den Menschen allgemein verbreitet ist, kann nicht bloß ein eitler Wahn, sondern muß in der Natur des Menschen begründet sein. So ist also der Glaube an die Unsterblichkeit in der Natur des Menschen begründet.[1]) — Das ist nun allerdings richtig, aber es fragt sich, ob ein naturgemäßer Glaube auch ein richtiger Glaube ist. Daher bedarf es noch anderer Beweise.

δ. Einen solchen glaubt man darin zu finden (Platon's und Mendelssohn's Phädon[2])), daß man auf die Immaterialität und die Einfachheit der Seele hinweist. Wer eine mathematische Figur zeichnet, der schafft etwas Materielles; wer aber an dieser Figur einen Beweis führt, der thut etwas Immaterielles, denn Verstehen und Beweisen sind, ebenso wie Fühlen und Wollen, immaterielle Vorgänge, welche der Materialismus von seinem Standpunkte aus gar nicht zu erklären vermag. Wenn aber der Mensch Immaterielles thut, so muß als Träger und Urheber dieser immateriellen Thätigkeiten ein Immaterielles, d. h. eine Seele, angenommen werden; was aber nicht materiell ist, braucht auch nicht zu Grunde zu gehen, wenn der materielle Leib zu Grunde geht.

Überdies ist die Seele ein einfaches Wesen, da sie zwar Verschiedenes thut, aber in allem Thun sich als ein einiges Wesen betrachtet, und auch in den verschiedenen Altersstufen, die der Mensch nach einander durchläuft, sich als immer dieselbe betrachtet. Was aber einfach ist, braucht ebenfalls nicht unterzugehen, da nur das Zusammengesetzte sich wieder aufzulösen vermag.

So führt also die immaterielle Thätigkeit der Seele und das Bewußtsein ihrer Einheit in allem neben einander hergehenden und auf einander folgenden Thun auf den Gedanken der Notwendigkeit oder wenigstens Möglichkeit einer unbeschränkten Dauer der Seele.

---

1) Historischer Beweis.

2) Metaphysischer oder ontologischer Beweis.

Ein anderer Beweis[1]) stützt sich darauf, daß in jedem Menschen so viele Keime zu höherer Entfaltung im Wissen und Wollen und Fühlen liegen, welche hier auf Erden doch meist nicht zur Entwickelung kommen. Sollte wohl Gott diese Keime in den Menschen gelegt haben ohne die Absicht ihrer Entwickelung? Und wo anders können dieselben entwickelt werden als in einem ewigen Leben?

Ein dritter Beweis (vornehmlich von Kant betont[2])) weist darauf hin, daß in jedem Menschen einerseits das Verlangen nach Glück vorhanden sei, andrerseits der Trieb zum Guten. Nun kommen aber diese beiden von Natur in uns vorhandenen Triebe oft mit einander in Konflikt, indem das Glück und die Tugend oft mit einander nicht vereinbar sind oder wenigstens nicht verbunden sind. Sokrates ist getötet worden, weil er die Gesetze des Staates nicht übertreten zu dürfen glaubte; Jesus ist gekreuzigt worden, weil er nicht leugnen wollte, daß er der Sohn Gottes sei. Wenn nun jetzt Tugend und Glück oft nicht mit einander verbunden sind, so muß man, da beide Triebe in unserm Herzen wohnen, annehmen, daß dereinst eine Zeit kommen wird, wo Tugend und Glück mit einander verbunden sind. Eine solche Zeit giebt es aber für den einzelnen Menschen nur, wenn seine Seele unsterblich ist.

ε. Alle diese Beweise sind wertvolle Stützen für den Menschen, wenn er am Glauben an die Unsterblichkeit der Seele irre wird; gezwungen werden zu diesem Glauben kann er aber durch diese Beweise ebenso wenig, wie zum Glauben an Gott durch die dafür aufgestellten Beweise; auch hier giebt es Einwendungen, welche die Sicherheit des Glaubens erschüttern.

Trotzdem aber glauben die meisten Menschen an eine Unsterblichkeit der Seele, und dieser Glaube ist, wenigstens für den Ungebildeten, unentbehrlich, wenn er die Religion und die Sittlichkeit nicht verlieren soll; mag der Gebildete vielleicht auch ohne diesen Glauben dennoch den Glauben an Gott und das Streben nach Tugend festhalten können (wie viele Beispiele zeigen) — die Masse des Volkes verliert mit dem Glauben an die Unsterblichkeit der Seele auch den Glauben an Gott und den Halt für die Sittlichkeit.

c. Die Auferstehung und die Seligkeit im Himmel.

1. Kor. 15.

Mit dem Glauben an die Unsterblichkeit der Seele begnügen sich nun viele Menschen, und wir wollen keinen verdammen, der bei diesem Glauben stehen bleibt, über den ja freilich das Christentum noch hinausgeht; denn mit diesem Glauben ist ja der Grund gegeben, auf welchem der christliche Glaube ruht. Aber das Christentum lehrt allerdings noch mehr, als eine Unsterblichkeit der Seele, nämlich auch eine Auferstehung des Leibes.[3])

Zwar für den Israeliten der alten Zeit gab es noch nicht mehr als eine Unsterblichkeit der Seele in der Unterwelt,[4]) und dies Leben war

[1]) Teleologischer Beweis.
[2]) Moralischer Beweis.
[3]) Daß im dritten Artikel richtiger von der Auferstehung des Leibes, als des Fleisches, zu sprechen wäre, ist allgemein anerkannt.
[4]) Luther übersetzt das entsprechende hebr. Wort mit „Hölle", z. B. Ps. 16, 10.

für ihn, wie für den alten Griechen und alle andern Völker, nur ein Schattenleben, in welchem sogar die Gemeinschaft mit Gott aufhörte (Ps. 6, 6). Aber aus der Gewißheit, daß der Fromme in der Gnadengemeinschaft mit dem ewigen Gotte sterbe, und aus dem Glauben, daß Gott auch über die Unterwelt Macht habe, hat sich später der Glaube an ein wahres Fortleben in der Gemeinschaft mit Gott nach dem Tode, und sogar der Glaube an eine Auferstehung auch schon bei den Israeliten entwickelt. Das hat zwar Hiob noch nicht geglaubt,[1]) aber vom zweiten Jesaias (K. 24—27; diese Kapitel gehören nicht dem älteren Jesaias an)[2]) und von Daniel wird die Hoffnung ausgesprochen, daß die verstorbenen frommen (so Jes. 24—27) oder alle Israeliten (so Daniel), aber noch nicht alle Menschen, von Gott dereinst auferweckt werden sollen, die Frommen zu ewigem Leben, die Gottlosen zu ewiger Pein. Diesen Glauben haben also die späteren Juden, aber nur die Pharisäer und ihre Anhänger, bereits vor Christus gehabt, während freilich die Sadducäer denselben nicht teilten.

Das Christentum hat diese Hoffnung auf eine Auferstehung bestätigt, und zwar nicht durch einen Verstandesbeweis, sondern durch eine Thatsache, welche ein kräftigerer Beweis war, als jeder Verstandesbeweis, nämlich durch die Thatsache der Auferstehung Jesu vom Tode. Daß die Auferstehung Jesu nicht ein „Märlein" (Luk. 24, 11), sondern eine Thatsache sei, ist anderwärts dargelegt worden;[3]) hier gilt es, die Bedeutung dieser Thatsache für unsern Glauben zu erkennen; dazu aber werden wir vornehmlich durch den Apostel Paulus angeleitet, welcher die Bedeutung der Auferstehung Jesu für den christlichen Glauben besonders im 1. Korintherbriefe (K. 15) ausführlich entwickelt.

Der leibliche Tod ist nach der Lehre des Paulus für den Christen kein Tod mehr, d. h. kein Zustand der Trennung von Gott, wie für den alten Israeliten, sondern ein Zustand ungetrübter Seligkeit in Gemeinschaft mit Christus (2. Kor. 5, 8). Aber völlig besiegt wird der Tod erst durch die dem Christen zu teil werdende Auferstehung, da die Leiblichkeit eine wesentliche Bedingung des vollen Lebens ist. Wenn nämlich Christus auferstanden ist, so werden auch die an ihn Glaubenden kraft ihrer Gemeinschaft mit ihm der Auferstehung teilhaftig werden. Durch die Auferstehung erlangt aber der Christ nicht bloß, wie die israelitischen Propheten (auch noch Daniel) erwarteten, wieder einen irdischen Leib auf der bisherigen Erde, sondern wie sich aus dem irdischen Samenkorn die viel schönere Pflanze entwickelt, so wird dem Christen durch die Auferstehung ein viel herrlicherer Leib zu teil, als er ihn früher gehabt hat (1. Kor. 15, 35—49), der natürlich unvergänglich ist. Mit dem neuen Leibe aber hat der Christ erst das vollkommene Leben wiedergewonnen, denn der Mensch ist nicht bloß ein rein geistiges, sondern ein geistleibliches Wesen, und darum gehört zur Vollkommenheit für ihn auch ein neuer Leib, wie er ihn durch die Auferstehung erhält.

---

[1]) Vgl. Hiob 19, 25; dazu meine Heil. Gesch. Nr. 80, 3 D.
[2]) Vgl. Heil. Gesch. Nr. 67.
[3]) Vgl. Heil. Gesch. Nr. 129.

Wenn nun die Auferstehung erfolgt, dann ist das vollkommene Gottesreich erschienen,[1]) in welchem der Gegensatz von Himmel und Erde aufgehoben und die ganze Welt verklärt ist (Röm. 8, 20--22), so daß der Schauplatz des Himmelreiches die neue Erde und der neue Himmel ist (Off. 21, 1 u. 5).

Wenn aber das vollkommene Gottesreich aufgerichtet ist, dann hört die Herrschaft Christi in dem besonderen Reiche Christi auf, denn dann sind alle Frommen Gott unterthan, und Gott ist alles in allem, d. h. es giebt nunmehr nur noch (abgesehen von den Gottlosen) ein allgemeines Gottesreich; dann ist erfüllt, was Paulus sagt (Röm. 11, 36), daß, wie alles aus Gott und durch Gott ist, so auch alles auf ihn hin (nicht „in ihm", wie Luther übersetzt) d. h. zur Gemeinschaft mit ihm geschaffen ist. Die bei der Schöpfung erstrebte Gemeinschaft Gottes mit den Menschen ist dann erreicht, und darum gebührt Gott die Ehre in Ewigkeit (Röm. 11, 36).

Schluß[2]).

Mit der Bitte, daß Gottes Name geheiliget werde, beginnt das Vaterunser, und die Glaubenslehre hat uns Gott, den allmächtigen Schöpfer Himmels und Erde, auch als den Heiligen, ja, noch mehr, auch als den Gott der Liebe erkennen lassen.

Wenn wir aber bitten, daß der Name Gottes geheiligt werde, so muß das durch uns geschehen, indem wir heilig werden. Damit wir nun heilig werden, bitten wir zunächst, daß Gott uns unsere Sünden vergebe. Aber wenn uns auch unsere Sünden vergeben worden sind, so stehen wir doch jeden Tag in Gefahr, aufs neue zu sündigen, und darum beten wir weiter: „Führe uns nicht in Versuchung, sondern bewahre uns vor dem Bösen."[3]) Aber es ist nicht genug, daß wir Vergebung der Sünden erlangen, sondern wir sollen auch geheiligt werden, und darum beten wir: „Dein Wille geschehe!" Die Glaubenslehre hat uns darauf hingewiesen, daß wir sündige Menschen sind, aber auch darauf, daß wir durch den Glauben an die Gnade Gottes in Christus Vergebung der Sünden erhalten, und daß wir durch den uns mitgeteilten Geist Gottes geheiligt werden.

Wenn so der einzelne Mensch zunächst für sich um Befreiung von der Schuld und der Macht der Sünde bittet, so erhebt sich doch im Vaterunser

---

[1]) Paulus lehrt nichts von einem vollkommenen irdischen (tausendjährigen) Gottesreiche, wie die Off. Joh. Daß auch in der jüdischen Apokalyptik diese Unterscheidung des irdischen von dem himmlischen Gottesreiche nicht allgemein war, ist in der H. Gesch. dargelegt worden; vgl. Nr. 91.

[2]) Mit einer Betrachtung, welche an das Vaterunser anknüpft, hat die hier vorgelegte Glaubenslehre begonnen (vgl. Nr. 7), und mit einer Betrachtung, welche sich an das Vaterunser anknüpft, mag sie auch schließen; auch der Primaner mag ein Schüler des Katechismus bleiben, und er wird es auch gern bleiben, wenn er seine tiefere Erkenntnis an den Katechismus anknüpfen lernt, wie das in diesem Buche überall erstrebt wird.

[3]) So die richtige Übersetzung der 7. Bitte — vgl. Heil. Gesch. Nr. 114.

(und die Glaubenslehre stimmt damit überein) das Verlangen des Frommen noch weiter, indem wir ja beten: „Dein Reich komme!" Nicht der einzelne Mensch allein soll und will mit Gott in Gemeinschaft treten, sondern alle Menschen sollen schon hier auf Erden und dereinst im Himmel in einem vollkommenen und ewigen Gottesreiche vereinigt werden; erst in der Gemeinschaft mit den andern Frommen ist auch die Gemeinschaft des einzelnen Menschen mit Gott zur Vollkommenheit geführt. Zu dieser vollkommenen Seligkeit möge — das ist unser tägliches Gebet — der Gott uns führen, zu dem wir am Schlusse des Vaterunsers beten: „Dein ist das Reich und die Kraft und die Herrlichkeit in Ewigkeit! Amen."

Welche Aufnahme der erste Teil des **Handbuchs für den Religionsunterricht in den oberen Klassen,** die Kirchengeschichte enthaltend, von Prof. R. Heidrich, Direktor des Königl. Gymnasiums zu Nakel, von seiten der Kritik gefunden hat, zeigen die dem zweiten Bande beigefügten Kritiken. Es sei gestattet, denselben noch eine erst in der letzten Zeit erschienene Besprechung dieses Bandes beizufügen.

Neue Jahrbücher für Philologie und Pädagogik, 1891, Heft 5.

Ein Buch, welches, wie das vorliegende, so viele Vorzüge in Bezug auf die Auswahl und Anordnung des Stoffes aufweist, findet ohne weitere Schwierigkeit seinen Leserkreis und macht sich selbst bekannt. Und trotzdem möchte ich nicht unterlassen, auch in dieser Zeitschrift die Aufmerksamkeit auf dasselbe zu lenken. Es enthält nur einen Teil des religiösen Unterrichtsstoffes für die oberen Klassen höherer Lehranstalten, nämlich die Kirchengeschichte, während das Erscheinen der beiden anderen Teile, „Heilige Geschichte" und „Glaubenslehre", von der günstigen Aufnahme dieses ersten abhängig gemacht ist. Das Neue an dem Buche besteht darin, daß es nach anderen Gesichtspunkten bearbeitet und für einen weiteren Leserkreis bestimmt ist als andere Bücher dieser Art. Allerdings soll es zunächst dem Religionslehrer wesentliche Dienste bei seinen Vorbereitungen für den Unterricht leisten, und das ist der Hauptzweck des Buches. Daneben ist es auch nach der Ansicht des Verfassers für die Schüler bestimmt, als ein Lese- und Wiederholungsbuch zur Befestigung und Vertiefung ihres Wissens. Aber nicht minder werden auch die Gebildeten unseres Volkes, die nicht speziell theologische Bildung besitzen, das Werk benutzen können, um an der Hand desselben einen Einblick in die verschiedenen Entwickelungsperioden der christlichen Kirche zu thun, wie es auch außerdem wohl geeignet ist, Sinn und Verständnis des christlichen Hauses für kirchliche Dinge zu wecken und zu beleben. So vermeidet das Buch, auf einen weiteren Leserkreis Rücksicht nehmend, die Extreme eines theologischen Kompendiums einerseits und die eines mageren Hilfs- oder Repetitionsbuches für die Kirchengeschichte andrerseits.

Leider ist es uns nicht möglich, den mannigfachen Inhalt des Werkes noch näher zu beleuchten. Wohl aber möchten wir wünschen, daß der Herr Verfasser in seiner amtlichen Thätigkeit die nötige Zeit finden möge, um diesem ersten Teile seines Handbuches die beiden andern hinzuzufügen und uns in nächster Zeit mit der Herausgabe derselben zu erfreuen.

Über den zweiten Band des Handbuches, die Heilige Geschichte enthaltend, hat sich die Kritik in folgender Weise ausgesprochen.

Post, 7. Nov. 1890, Beilage 2.

Der erste Teil (Kirchengeschichte) ist im Jahre 1888 erschienen, mit dem dritten Bande (Glaubenslehre) soll im nächsten Jahr das Handbuch seinen Abschluß finden. Die vorliegenden zwei Bände sind lautredende Zeugen rühmlichsten Fleißes; das Werk lobt den Meister, und der Segen von oben wird nicht fehlen; die Amtsgenossen des Verfassers werden die willigen Mittler des Segens sein. Des Verfassers Absicht war, den Hauptinhalt der Bibel zusammenzufassen und schulmäßig darzustellen und somit zu zeigen, wie die Bibel in der Schule zu behandeln sei. Er wollte das, was Mezger in seinem leider nur begonnenen „Hilfsbuch zum Verständnis der Bibel" dem Lehrer zu seinem Privatstudium darzubieten unternahm, mit der entsprechenden Beschränkung zur Benutzung für den Unterricht darstellen. Das Vorwort giebt wie der einleitende Abschnitt „über den Unterricht in der heiligen Geschichte" manchen beachtenswerten Wink hinsichtlich der Behandlung des Gegenstandes und der Verteilung des Stoffes, und auch weiterhin benutzt der Verfasser jede sich bietende Gelegenheit, um dem Lehrer seine Ansichten über die schulmäßige Entwickelung des betreffenden Punktes mitzuteilen. Man braucht dem Verfasser nicht durchweg zuzustimmen, man wird ihm aber bezeugen müssen, daß er seine Überzeugungen auf Grund sorgfältiger Berücksichtigung der Litteratur, unter umsichtiger Erwägung des Für und Wider, mit gläubigem, doch freiem Geiste sich gebildet hat. Seine wissenschaftliche Richtung bezeichnet er mit den Worten Riehms: „Mein letztes Ziel bei der Betrachtung der Bibel ist! kein anderes, als dem Offenbarungsglauben seine wahre, wissenschaftlich haltbare, vor der Kritik bestehende Grundlage zu zeigen. Der Bibelglaube ist nämlich durch die Kritik der Bibel keineswegs gefährdet u. s. w."

Kreuzzeitung, 16. November 1890.

Der Verfasser läßt die für den Unterricht in der Sekunda bestimmte heilige Geschichte auf seine Kirchengeschichte folgen und will sein Handbuch alsdann mit der Glaubenslehre abschließen. Das Buch ist aus liebevoller Behandlung des Religionsunterrichts hervorgegangen und kann zu einer solchen mit Segen anleiten.

Deutsch-evangelische Kirchenzeitung, 1890, Dezember.

Des Verfassers Kirchengeschichte hat bei ihrem Erscheinen ausnahmslose Anerkennung gefunden. Diese heilige Geschichte steht derselben ebenbürtig zur Seite und bietet dem Religionslehrer der oberen Klassen alles Wissenswerte zum Verständnis und Unterricht in sachlich gründlicher und formell mustergiltiger Weise. Besonders das Alte Testament ist trefflich behandelt; der Verfasser beherrscht seinen Gegenstand durchaus und wählt richtig aus. So orientiert er auch über die Wellhausenschen Hypothesen und setzt ihnen die Resultate besonnener Forschung entgegen. Ebenso ist die innere Entwickelung der Heilsthatsachen mit großer Kenntnis und offenbarer Liebe beschrieben; auch Studenten und Kandidaten der Theologie werden das Buch mit Nutzen lesen.

Litteratur-Bericht für Theologie, 1891, Nr. 16.

Dem ersten Teile seines Handbuches für den Religionsunterricht, der Kirchengeschichte, hat Verfasser rasch den zweiten folgen lassen, die heilige Geschichte, und damit das Pensum für die beiden Sekunden bearbeitet. Wir wissen ihm dafür aufrichtigen Dank. Alle Vorzüge, welche den ersten Teil in so reichem Maße auszeichnen, sind auch in diesem vereinigt. Die Behandlung und Anordnung des Stoffes ist eine durchaus sachgemäße und vorzügliche. Die wichtigeren Abschnitte erfahren mit Recht eine eingehende Berücksichtigung, und auch das Schwierigere weiß der Verfasser in anregender und faßlicher Weise dem Verständnis der Schüler nahe zu bringen. Überhaupt erkennt man durchgehends, daß das Buch aus dem Unterricht herausgewachsen ist, und daß hier ein Mann redet, der ihn mit voller Liebe und Hingabe an seinen Gegenstand erteilt. Bei aller innigen, warmen Frömmigkeit ist Verfasser frei von jeglicher dogmatischen Voreingenommenheit und läßt der Kritik ihr Recht widerfahren, ohne je die Grenzen der Besonnenheit zu überschreiten. Wohl kann ich nicht in allem mit dem Verfasser übereinstimmen, auch mit manchen Einzelheiten mich nicht befreunden; aber dies vermag mich nicht abzuhalten, die hohen Vorzüge dieses Buches rückhaltlos anzuerkennen und dasselbe als eine wertvolle Bereicherung der Hilfsmittel für den Unterricht in den oberen Gymnasialklassen anzusehen und zu empfehlen. Seine volle Brauchbarkeit wird es aber erst erlangen, wenn auch das für die Hand der Schüler in Aussicht gestellte Hilfsbuch des Verfassers vorliegt, worauf uns derselbe nicht allzu lange warten lassen möge.

Zeitschrift für das Gymnasialwesen, Juli-August 1891.

Wir haben es hier nicht mit einem Werke zu thun, das als Leitfaden für Schüler dienen soll, sondern das den Religionslehrern in den oberen Klassen höherer Schulen zeigen will, nicht nur *was* sie von der Bibel und ihrem Inhalte zu lehren, sondern auch *wie* sie dabei zu verfahren haben. Das Werk ist jedoch nicht eine nur theoretische Methodologie des Religionsunterrichtes, sondern eine die ganze heilige Geschichte umfassende praktische Darlegung, wie der Stoff nach geschichtlichen Perioden oder allgemeinen Gesichtspunkten zu gruppieren ist, was als wesentlich hervorgehoben werden muß, und was als unwesentlich nebensächlich behandelt werden kann. In klarer Erkenntnis der hohen Bedeutung dieses Unterrichtsgegenstandes sucht ihn der Verf. nicht allein durch treffliche methodische Weisungen zu fördern, sondern auch durch Berücksichtigung der neueren wissenschaftlichen Bibelforschungen dem entwickelteren Bewußtsein der Schüler oberer Klassen angemessen zu gestalten. Das ganze Werk kann als eine praktische, durchaus selbständige Verwertung der zahlreichen methodischen Vorschläge zur Förderung des Religionsunterrichts bezeichnet werden, die in den letzten Jahren veröffentlicht worden sind. Auf die einschlägigen Arbeiten von Johann Gottschick, R Schmidt, Kübel, Hollenberg u. a. hat der Verfasser mehrfach verwiesen und bald seine Billigung ihrer Ansichten, bald seine Abweichung von ihnen bekundet. Er geht zwischen den sich oft entgegenwirkenden Tendenzen seinen eigenen Weg, und sein Versuch, die Lehrmethode eines Lehrgegenstandes an diesem selbst praktisch zur Darstellung zu bringen, ist unter allen Umständen beachtenswert, auch für den, der nicht in allen Punkten mit dem Verfasser übereinstimmen dürfte. Für die zahlreichen methodischen Winke, die das Buch enthält, wird jeder, der sie benutzt, dem Verfasser Dank wissen.

Kolibri 360 GmbH
Ferdinand-Jühlke-Straße 7
99095 Erfurt, Deutschland
produktsicherheit@kolibri360.de